ODPOWIEDZI NA WSZYSTKIE PYTANIA

200 INFOGRAFIK OBJAŚNIAJĄCYCH ŚWIAT

ROB ORCHARD | CHRISTIAN TATE | MARCUS WEBB

z czasopisma „Delayed Gratification"

Przełożył
Radosław Kot

DOM WYDAWNICZY REBIS

Tytuł oryginału
An Answer for Everything

This translation of *An Answer for Everything* is published by Dom Wydawniczy REBIS sp. z o.o.
by arrangement with Bloomsbury Publishing Plc.
and Macadamia Literary Agency

Redakcja
Agnieszka Horzowska i Krzysztof Tropiło

UWAGA
Książka w oryginalnej angielskojęzycznej wersji ukazała się w październiku 2021 roku.
Prezentuje stan wiedzy z lat 2020–2021.

Projekt książki i ilustracje
Christian Tate

Wydanie I
Poznań 2023

ISBN 978-83-8188-607-9

Dom Wydawniczy REBIS Sp. z o.o.
ul. Żmigrodzka 41/49, 60-171 Poznań
tel. 61-867-47-08, 61-867-81-40
e-mail: rebis@rebis.com.pl
www.rebis.com.pl

DTP: MAGRAF sp.j., Bydgoszcz

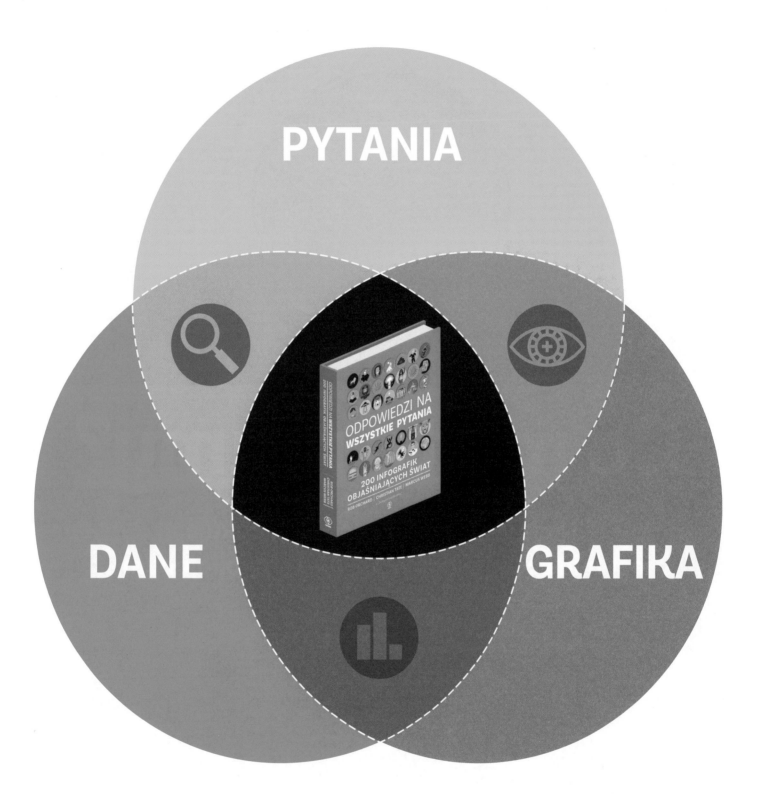

PYTANIA

DANE

GRAFIKA

Co my tu mamy?

Nasz świat zachwyca i zaskakuje,
jest miejscem cudownym, ale i niepokojącym...

...co skłoniło nas do podjęcia pracy, która zajęła ponad dziesięć lat i wynikła z chęci ogarnięcia informacji pochodzących z różnych profesjonalnych źródeł i przedstawienia ich w ujęciu graficznym dla naszego czasopisma „Delayed Gratification", należącego do nurtu uważnego i dogłębnego dziennikarstwa.

Ta książka zawiera zaktualizowane wersje naszych najlepszych infografik oraz szereg całkiem nowych arkuszy stworzonych jako próby odpowiedzi na najróżniejsze pytania, od poważnych po trywialne.

Można dzięki nim prześledzić największe osiągnięcia sportowców (s. 052), znakomite dokonania sztuki inżynierskiej (s. 064), a także dać się zaskoczyć miłej sercu informacji o ponownym pojawieniu się przedstawicieli gatunku ryjkowców guzowatych, od wielu lat uznawanych za wymarłe (s. 116).

Można też przeanalizować problemy, takie jak ryzyko przegrzania Ziemi (s. 088), narastająca fala strzelanin w miejscach publicznych (s. 274) czy pojawianie się chmar szarańczy trzy razy większych od obszaru Nowego Jorku (s. 255).

Można tutaj przyjrzeć się zagadnieniom, które od wieków nurtują ludzi – jakie są największe dobrodziejstwa cywilizacji (s. 030), co dobrego zawdzięczamy wojnie (s. 278) albo czy największe tragedie rzeczywiście zdarzają się na morzu (s. 252).

Znalezienie odpowiedzi na te i dziesiątki innych pytań było łatwiejsze dzięki obecnemu dostępowi do informacji. Jest to w naszych czasach prostsze niż kiedykolwiek w historii, co niewątpliwie ratuje wszystkich nerdów, którzy mają szczęście żyć w XXI wieku. Jesteśmy głęboko wdzięczni ludziom z różnych zakątków świata, którzy przygotowali dla nas szczegółowe opracowania najróżniejszych tematów.

W NASA znaleźli się archiwiści zdolni wyliczyć wszystko, co astronauci zostawili na Księżycu, od piłek golfowych po pióra sokoła (s. 180). W Organizacji Narodów Zjednoczonych do spraw Wyżywienia i Rolnictwa objawiły się osoby, które wiedzą, w którym kraju świata na każdego człowieka przypada 39 kurczaków (s. 123). Inni ludzie dokonali rachunku wszystkich wojen i poważniejszych konfliktów (s. 264), podsumowali obserwacje potwora z Loch Ness (s. 184) albo sprawdzili, co i gdzie pije się na świecie (s. 080). Był to cały ocean danych, który aż zachęcał, żeby w nim zanurkować.

Mamy nadzieję, że ta książka okaże się dla was inspirującą lekturą, że pobudzi ciekawość i może nawet połechce trochę czyjeś ego, prowadząc do żywych debat przy stole, w pubie lub w ulubionym zakątku internetu. A jeśli nawet nie, to przynajmniej będziecie wiedzieli, jak wygląda UFO (s. 168), ile by kosztowało wykupienie wszystkiego, co reklamuje „Vogue" (s. 070), i skąd się biorą dzieci (s. 032). Czyli cała ta nasza praca na coś jednak się przyda.

Mamy nadzieję, że spodoba wam się ta książka!

Rob, Christian i Marcus

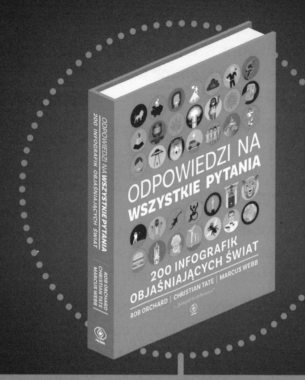

Co jest w tej książce?

Spis treści

GDZIE ZACZĄĆ?

KIM JESTEŚMY?
S014

KTO JEST NAJLEPSZY?
S038

? Jak poruszać się
po książce

? Pytania o życie
i człowieka

? Pytania z dziedziny sportu,
urbanistyki i architektury

Możesz przejść bezpośrednio do indeksu na
s. 302 i wybrać temat, który cię zaciekawi.
Ewentualnie możesz się skupić na wybranych
pytaniach i wybrać albo poważną, albo
niefrasobliwą podróż przez tę książkę.

Czy możemy przez chwilę być poważni?
Najpoważniejsze i najważniejsze pytania w każdym
rozdziale

Czy możemy przez chwilę się pobawić?
Najbardziej głupie i zabawne pytania w każdym
rozdziale

S016 **Ilu ludzi żyło dotąd na Ziemi?**
S020 **Skąd się tu wzięliśmy?**
Kiedy zaczęło się życie na Ziemi?
Kiedy pojawiły się dinozaury?
Kiedy wyewoluowali nasi przodkowie?
Kiedy pojawił się *Homo sapiens*?
Jak się rozwijaliśmy?
Kiedy zaczęliśmy prowadzić osiadłe życie?
Kiedy zaczęła się współczesność?
S028 **Co ostatnio osiągnęliśmy?**
Co jest lepsze od krojonego chleba?
S032 **Skąd się biorą dzieci?**
Ile dzieci rodzi się każdego roku?
S034 **Ile lat można żyć?**
Ile lat żył najstarszy człowiek?
Ile lat żyło najstarsze zwierzę?
S037 **Czy marzy ci się zwyczajne życie?**

S040 **Kto jest najlepszym sportowcem
wszech czasów?**
Kto jest najlepszym olimpijczykiem wszech czasów?
Kto jest najlepszym paraolimpijczykiem wszech
czasów?
Kto jest najlepszym krykiecistą wszech czasów?
Kto jest najlepszym golfistą wszech czasów?
Kto jest najlepszym tenisistą wszech czasów?
Kto jest najlepszym bokserem wszech czasów?
Kto jest najlepszym kierowcą Formuły 1 wszech
czasów?
Kto jest najlepszym piłkarzem wszech czasów?
Kto jest najlepszy ze wszystkich??
S050 **Dlaczego Muhammad Ali był taki
wspaniały?**
S052 **Czy sportowcy są coraz lepsi?**
S054 **Czy pokonałbyś Usaina Bolta
w wyścigu?**
S055 **Kto jest lepszy w piłce nożnej,
mężczyźni czy kobiety?**
S056 **Kto jest mistrzem świata?**
S058 **Kto zdobywa medale na olimpiadach
i paraolimpiadach?**
S060 **W którym kraju żyje się najlepiej?**
S062 **W którym mieście najlepiej się bawią?**
S063 **Kto jest gotów na piknik?**
S064 **Jakie były najwyższe budowle
różnych epok?**
S066 **Gdzie dzisiaj są najwyższe budowle?**
S067 **Jakie obiekty są najbardziej
popularne?**

CZEGO PRAGNIEMY?
S068

? Pytania o nałogi, pragnienia i dziwactwa

S070 **Ile by kosztowały wszystkie produkty z „Vogue'a"?**

S072 **Ile kosztuje ten pies z wystawy?**

S074 **Czy powinienem upłynnić moje aktywa?**

S075 **Czy podoba ci się to, co widzisz?**

S076 **Chcesz być na haju?**
Kto pali najwięcej zioła?
Kto nie korzysta?

S078 **Ile koki można mieć za sto dolców?**

S080 **Co zwykle pijemy?**
Kto pije najwięcej piwa?
Kto pije najwięcej wina?

S082 **Co myślimy?**

S084 **Kto mnie poprze?**

JAK URATOWAĆ PLANETĘ?
S086

? Pytania z dziedziny lotnictwa, energetyki i weganizmu

S088 **Kto produkuje najwięcej CO$_2$?**
Kto jest na dobrej drodze?

S090 **Jakie są źródła emisji w Wielkiej Brytanii?**
Emisja rośnie czy maleje?
Co to jest tona CO$_2$?

S092 **A gdyby wszystkie samochody w Wielkiej Brytanii były elektryczne?**
Ile samochodów jest w Wielkiej Brytanii?

S094 **A gdybyśmy przestali korzystać z samolotów w podróżach krajowych i zagranicznych**
Jak duży ruch panuje na brytyjskich lotniskach?

S096 **A gdybyśmy zamknęli wszystkie elektrownie korzystające z paliw kopalnych?**
W jakim stopniu Wielka Brytania polega na paliwach kopalnych?

S098 **A gdyby wszyscy w Wielkiej Brytanii stali się weganami?**
Ile gazów cieplarnianych produkuje weganin?
Co by się stało z tymi wszystkimi zwierzętami?

S100 **A gdybyśmy posadzili więcej drzew?**
Ile CO$_2$ pochłaniają drzewa?
Co jeszcze moglibyśmy zrobić, aby wychwytywać CO$_2$?

S102 **Czy znajdziemy drugą Ziemię?**
Czy istnieje planeta B?
Kiedy polecimy na Marsa?
Co to jest rok świetlny?
Czy jesteśmy już blisko?

CO W PRZYRODZIE PISZCZY?
S104

? Pytania o faunę, florę i lawinowo rosnącą liczbę kurczaków

S106 **Co masz na ścianie?**
Ile lwów zostało w Afryce?
Gdzie mogę kupić kawałek krokodyla?
Jakie są najcenniejsze części słonia?

S112 **Ile ryb jest w morzu?**

S114 **Co właśnie znika?**

S116 **Może wymarłe gatunki tylko ukrywają się przed nami?**

S118 **Ile kurczaków jest na świecie?**

S122 **Gdzie żyją te wszystkie kurczaki?**
Kto zjada najwięcej kurczaków?

S124 **Co nam dają rośliny?**

DOBRZE SIĘ BAWICIE?
S126

? Pytania o filmy, muzykę i mordercze opery mydlane

CZY JEST TAM KTOŚ?
S166

? Pytania o UFO, kosmos i teorie spiskowe

JAK ZDOBYWAĆ PRZYJACIÓŁ I WPŁYWAĆ NA LUDZI?
S188

? Pytania o władzę, politykę i przemowy

S128 **Jaki jest twój ulubiony film?**
Jaki jest największy kinowy przebój wszech czasów?
Czemu filmy Disneya są takimi przebojami?
Kto rządzi bardzo, bardzo odległą galaktyką?
Jakie były najgorsze kity?

S138 **Ilu trzeba bohaterów, żeby zarobić 24 miliardy?**

S140 **Kto był najlepszym Jamesem Bondem?**

S142 **Gdzie pan bywał, panie Bond?**
I kto tu oszukiwał?

S144 **Jak zdobyć Oscara?**

S146 **Co takiego jest w Meryl Streep?**

S148 **Które piosenki wytrzymały próbę czasu?**

S150 **Kto sprawuje muzyczny rząd dusz?**

S154 **Co światu dali The Beatles?**
Jaki jest wasz ulubiony utwór Beatlesów?
Jaki jest wasz ulubiony album Beatlesów?
Kto jest najlepszym Beatlesem?
Kto wspierał potem przyjaciół?

S160 **Kto trafił do Rock & Roll Hall of Fame?**

S161 **Co lepsze: Broadway czy West End?**

S162 **Jak przedstawia się lista 100 najlepszych książek?**

S164 **Najbardziej mordercza opera mydlana?**
W jakim serialu umiera się najczęściej?
Jakie są przyczyny śmierci w serialach?

S168 **Jak wygląda UFO?**

S170 **Ilu ludzi było w przestrzeni kosmicznej?**
Kto był na Księżycu?
Jak było z pierwszą stacją kosmiczną?
Co wydarzyło się w 1986 roku?
Kto był pierwszym kosmicznym turystą?
Gdzie mogę zobaczyć wahadłowiec kosmiczny?
Kto następny poleci w kosmos?

S177 **Kto właściwie przebywał w próżni kosmicznej?**

S178 **Kto ma największą rakietę?**
Jaka była największa rakietowa porażka w programach kosmicznych?

S179 **Skąd w przestrzeni kosmicznej wzięło się tyle śmieci?**

S180 **Co zostawiliśmy na Księżycu?**

S182 **Kto wierzy, że lądowanie na Księżycu zostało sfingowane?**

S184 **Kto widział potwora z Loch Ness?**

S186 **Kto wierzy w Boga?**
Jakie kraje są najmniej religijne?

S190 **Kto może zostać prezydentem Stanów Zjednoczonych?**

S192 **Kto może zostać premierem Wielkiej Brytanii?**

S194 **Kto może zostać najwyższym przywódcą?**

S195 **Kto zmarł i uczynił cię królem?**

S196 **Jak wygłosić pamiętną przemowę?**

S198 **Co nazwano imieniem królowej Elżbiety II?**

S199 **Jak został zapamiętany Nelson Mandela?**

S200 **Który przywódca utrzymał się najdłużej przy władzy?**
Jak oni odeszli z urzędu?

S202 **Gdzie kobiety były u władzy?**

S204 **Co lepsze, Oksford czy Cambridge?**

S205 **Czy zaszczyty są równo przyznawane?**

S206 **Kto ma pieniądze?**

S208 **Kto ma złoto?**

S209 **Jak bogate są Chiny?**

S210 **Jak zmieniają się Chiny?**

S212 **Jak Chiny zmieniają świat?**

CZY WIODĘ DOBRE ŻYCIE?

S214

? Pytania o nadzieje, marzenia i ciemne sprawki

CO NAJGOR-SZEGO MOŻE SIĘ ZDARZYĆ?

S236

? Pytania o pandemię, szarańczę i wielkie asteroidy

DLACZEGO NIE DA SIĘ ŻYĆ SPOKOJNIE?

S262

? Pytania o wojny, broń i Eurowizję

S216 **Czy jesteście szczęśliwi?**
Kto zyskuje, a kto traci?

S218 **Czy nie jest za późno?**

S220 **Czy umiesz chodzić po linie?**

S222 **Jaki rekord by tu pobić?**

S224 **Jak żyje ta lepsza część ludzkości?**

S225 **Może powinieneś wziąć nadgodziny?**

S226 **Czy Ariana Grande mogłaby zaśpiewać na moim przyjęciu?**

S228 **Jak stworzyć prawdziwy przebój?**
Kto zdobył podwójną Grammy?

S230 **Jak napisać przebój bożonarodzeniowy?**

S231 **A może wspiąć się na Everest?**

S232 **Kto otrzymał Nagrodę Nobla?**

S234 **Co masz na liście życzeń?**

S235 **Które filmy powinienem zobaczyć, zanim umrę?**

S238 **Czy świat zmienia się na gorsze?**

S240 **Czy coś się poprawia?**

S242 **Czym powinniśmy się martwić?**

S243 **Jakie szkody potrafi spowodować huragan?**
Ile kosztuje sprzątanie po huraganie?

S244 **Czy naprawdę jest tak ciepło?**
Co z temperaturą wody?

S246 **Co może mnie zabić?**

S248 **Jak Covid-19 rozprzestrzeniał się po świecie?**

S250 **Jak się żyło w lockdownie?**

S252 **Co najgorszego zdarzyło się na morzu?**

S254 **W których miastach jest najbardziej niebezpiecznie?**

S255 **Czy powinniśmy się obawiać plagi szarańczy?**

S256 **Jakie jest ryzyko, że uderzy w nas asteroida?**

S258 **Czy koniec świata jest bliski?**

S260 **Ile czasu nam zostało?**

S264 **Czy wiesz, gdzie w tej chwili toczy się wojna?**
Ile lat pokoju mieliśmy?

S266 **Gdzie ludzie giną w konfliktach?**

S268 **Jakie zwierzę jest najdzielniejsze?**

S270 **Czy wygrałbyś walkę z gęsią?**

S272 **Gdzie jest najwięcej broni?**

S274 **Jak bardzo poważny jest amerykański problem z bronią palną?**

S276 **Która wojna kosztowała USA najwięcej?**
Jaki jest dzienny koszt wojny?

S278 **Co dobrego mamy z wojny?**

S280 **Czy miłujesz sąsiada swego?**

JESZCZE JAKIEŚ PYTANIA?
S282

? Pytania o ryż, mydło
i powidło

CO JESZCZE MOŻNA POWIEDZIEĆ...?
S302

? Indeks spraw
i sprawek

S284 **Co to jest kiddle?**
S286 **Ile kosztuje wieża Eiffla**
S288 **Ile wody zamienia się w wino?**
S289 **Jak szybki jest najszybszy komputer?**
Jak szybkie jest 5G?
S290 **Co wspólnego ma z tym miłość?**
S292 **Kogo najbardziej lubicie w rodzinie królewskiej?**
S293 **Czy zwięzłość służy żartom?**
S294 **Co wolicie psy czy koty?**
S295 **Co mają ze sobą wspólnego Donald Trump i Jezus?**
S296 **Czy nie jesteśmy czasem trochę zbyt irlandzcy?**
S297 **Poparzyłeś sobie paluszki?**
S297 **Czy twój kot jest gotów na Halloween?**
S298 **Czy oni wiedzą, że są święta?**
S300 **Jak żyć wiecznie?**

3139 haseł, od **I wojna światowa**
po **Żywe obrazy**

KIM JESTEŚMY

Pytania o życie i człowieka

Ilu ludzi żyło dotąd na Ziemi?

Przez ostatnie 192 tysiące lat było nas tu całkiem sporo

Jak to zrobiliśmy:
Każda postać reprezentuje 10 milionów ludzi

Źródło: Population Reference Bureau

ODPOWIEDZI NA **WSZYSTKIE PYTANIA** 017

Według szacunków
116,76 miliarda
ludzi „współczesnego wzoru"*
żyło na Ziemi przez ostatnie 192 tysiące lat

Jesteś jednym z 7,86 miliarda żyjących obecnie ludzi

Na każdego żyjącego dzisiaj człowieka ▶
przypada prawie 14 nieżyjących ludzi ◀

* Definiowanego zgodnie z zasadami paleoantropologii na podstawie rozmaitych cech, jak użycie języka, praktykowanie sztuki i religii, zdobnictwo oraz znajomość technologii. Szacunkowe liczby Population Reference Bureau dotyczące *Homo sapiens*, który pojawił się 190 tysięcy lat p.n.e.

Szacuje się, że do 2050 roku na Ziemi urodzi się jeszcze 4,21 miliarda ludzi

Skąd się tu wzięliśmy?

Historia wszechświata jest bardzo bogata – oto jej najważniejsze momenty

Jak to zrobiliśmy: Nanieśliśmy kluczowe wydarzenia od Wielkiego Wybuchu na siedem osi czasu. Każda z kolejnych osi czasu na następnych stronach rozwija ostatnią część osi poprzedniej, żeby lepiej przybliżyć dany okres.

Źródła: BBC, Population Reference Bureau, Smithsonian National Museum of Natural History

OSTATNIE
**CZTERNAŚCIE
MILIARDÓW**
LAT

Wielki Wybuch

Wedle obecnych teorii wszechświat zaczął się 13,8 miliarda lat temu

14 13 12 11 10 9

KIEDY ZACZĘŁO SIĘ ŻYCIE NA ZIEMI?

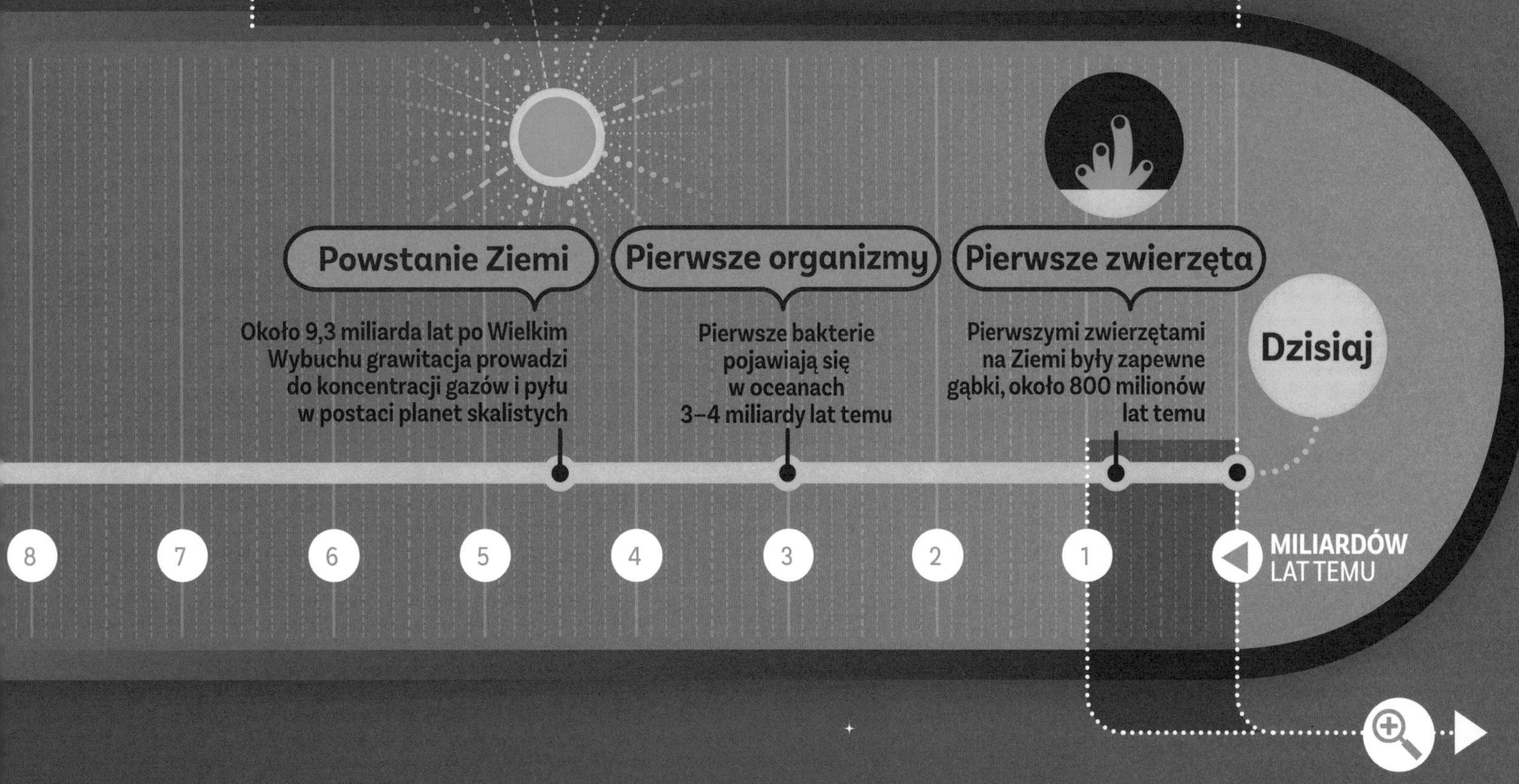

Powstanie Ziemi

Około 9,3 miliarda lat po Wielkim Wybuchu grawitacja prowadzi do koncentracji gazów i pyłu w postaci planet skalistych

Pierwsze organizmy

Pierwsze bakterie pojawiają się w oceanach 3–4 miliardy lat temu

Pierwsze zwierzęta

Pierwszymi zwierzętami na Ziemi były zapewne gąbki, około 800 milionów lat temu

Dzisiaj

8 7 6 5 4 3 2 1

MILIARDÓW LAT TEMU

KIEDY POJAWIŁY SIĘ DINOZAURY?

OSTATNI **MILIARD** LAT

Pierwsze zwierzęta

1000 | 900 | 800 | 700 | 600

KIEDY WYEWOLUOWALI NASI PRZODKOWIE?

OSTATNIE **STO MILIONÓW** LAT TEMU

Dinozaury

Welociraptor, 74–70 milionów lat temu

Tyranozaur, 68–66 milionów lat temu

Pierwsze naczelne

Pierwszymi naczelnymi były przypominające wiewiórki stwo... z chwytnymi przednimi łapkami ... pojawiły się około 55 milionów la...

100 | 90 | 80 | 70 | 60

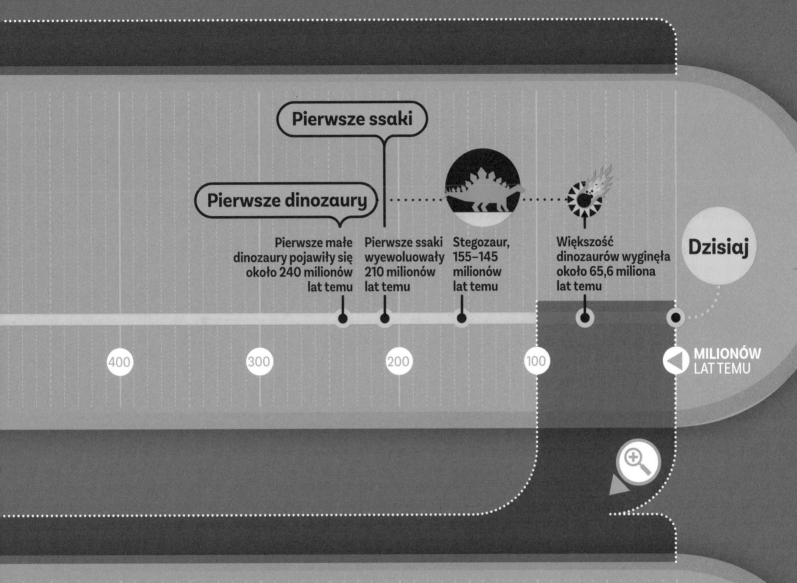

Pierwsze ssaki

Pierwsze dinozaury

Pierwsze małe dinozaury pojawiły się około 240 milionów lat temu

Pierwsze ssaki wyewoluowały 210 milionów lat temu

Stegozaur, 155–145 milionów lat temu

Większość dinozaurów wyginęła około 65,6 miliona lat temu

Dzisiaj

400 300 200 100

MILIONÓW LAT TEMU

Lucy

Dzisiaj

Żeńska przedstawicielka linii hominidów *Australopithecus afarensis*, nazwana przez badaczy Lucy, żyła w dolinie Auasz w dzisiejszej Etiopii około 3,2 miliona lat temu. Analiza jej szkieletu pozwoliła ustalić, że chociaż nie miała jeszcze czaszki hominidów, poruszała się w postawie wyprostowanej, przez co można sądzić, że nasi przodkowie stali się dwunogami, zanim jeszcze zyskali większe mózgi

40 30 20 10 5

MILIONÓW LAT TEMU

KIEDY POJAWIŁ SIĘ *HOMO SAPIENS?*

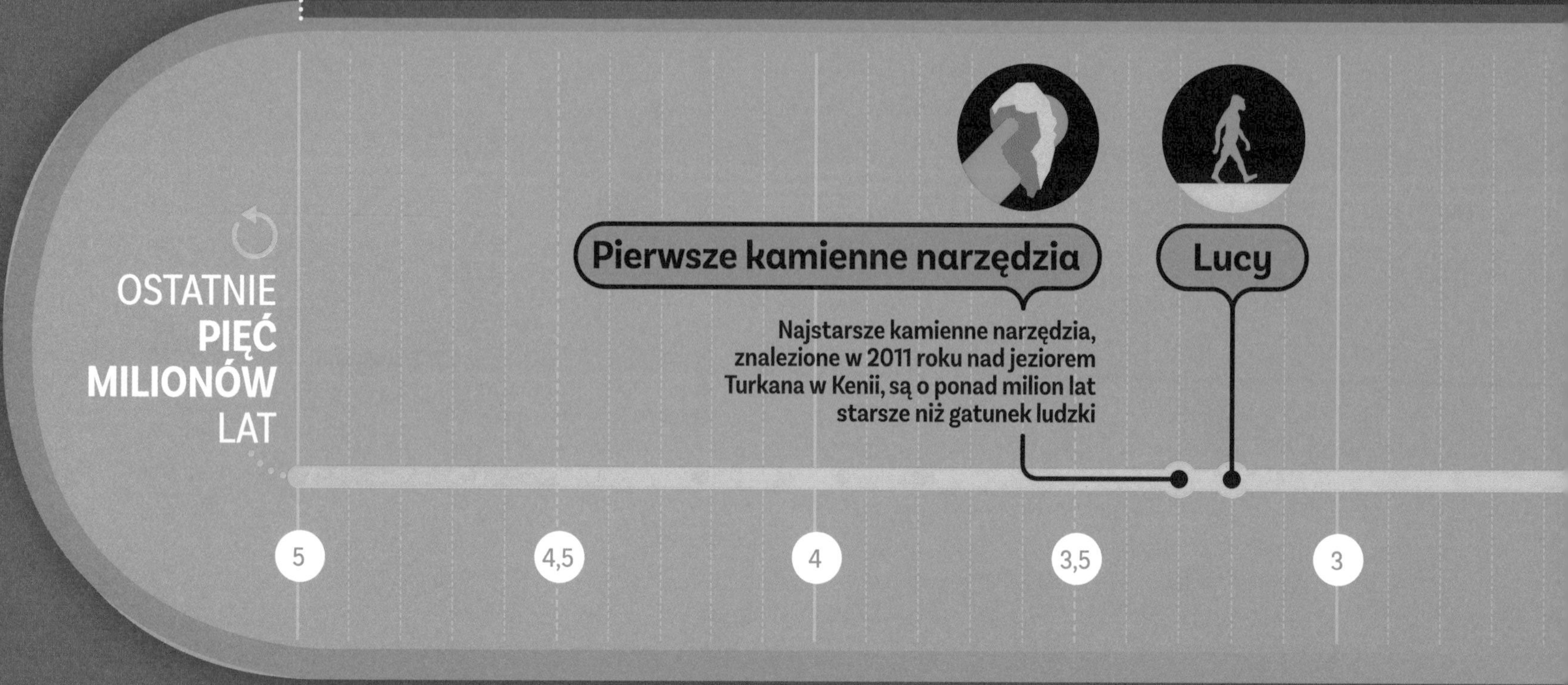

OSTATNIE **PIĘĆ MILIONÓW** LAT

Pierwsze kamienne narzędzia

Najstarsze kamienne narzędzia, znalezione w 2011 roku nad jeziorem Turkana w Kenii, są o ponad milion lat starsze niż gatunek ludzki

Lucy

5   4,5   4   3,5   3

JAK SIĘ ROZWIJALIŚMY?

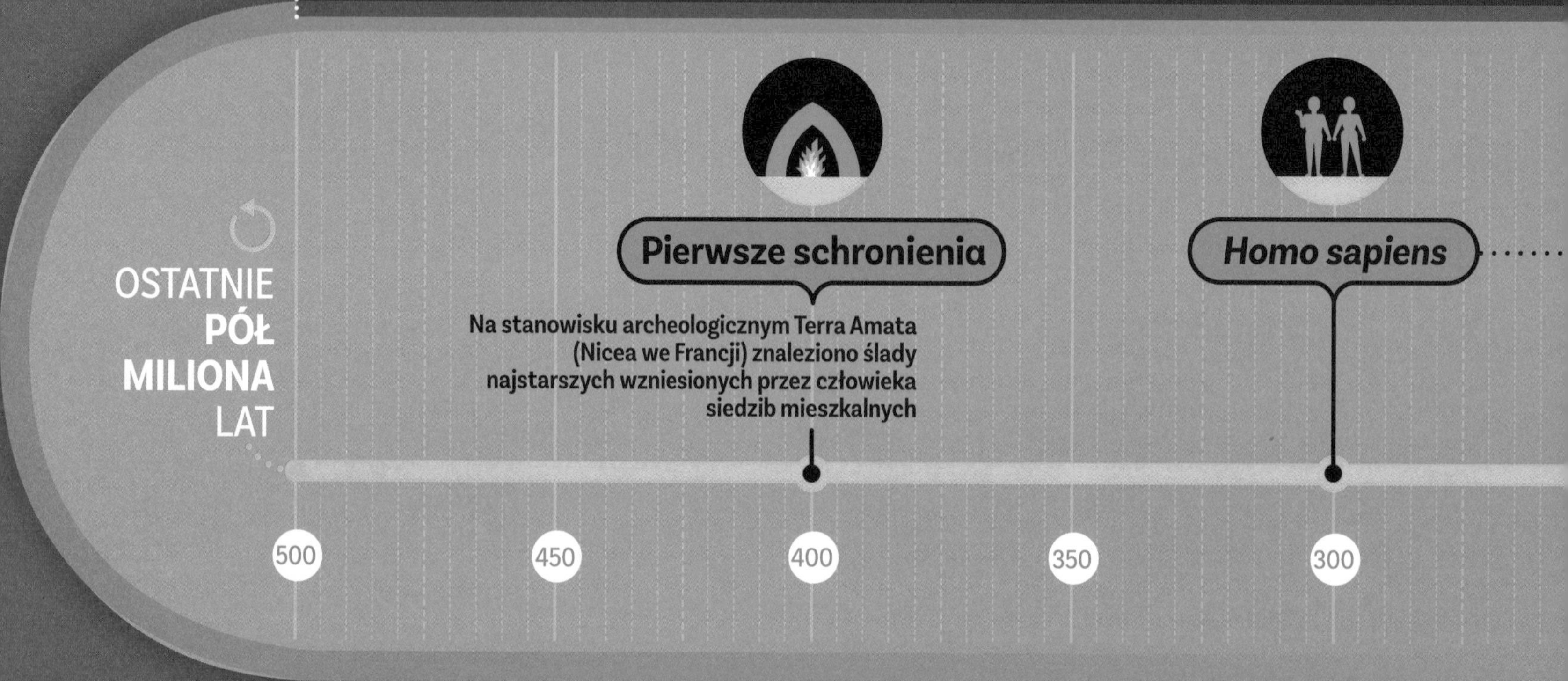

OSTATNIE **PÓŁ MILIONA** LAT

Pierwsze schronienia

Na stanowisku archeologicznym Terra Amata (Nicea we Francji) znaleziono ślady najstarszych wzniesionych przez człowieka siedzib mieszkalnych

Homo sapiens

500   450   400   350   300

Pierwsi ludzie

Pierwsi znani ludzie, *Homo habilis*,
żyli w okresie od 2,4 do 1,4 miliona lat temu

Przed nami byli też jeszcze:
Homo rudolfensis – od 1,9 do 1,8 miliona lat temu
Homo erectus – od 1,89 miliona do 110 tysięcy lat temu
Homo heidelbergensis – od 700 do 200 tysięcy lat temu
Homo neanderthalensis – od 400 do 40 tysięcy lat temu
Homo naledi – od 335 do 236 tysięcy lat temu

Użycie ognia

Zwęglone kawałki drewna znalezione
na stanowisku Geszer w dzisiejszym
Izraelu to pierwsze dowody na użycie
ognia przez człowieka

Homo sapiens

Najstarsze znalezione
w Afryce skamieliny należące
do naszego gatunku pochodzą
sprzed 300 tysięcy lat

Dzisiaj

2 1,5 1 0,5

◀ MILION
LAT TEMU

Ludzie współcześni

Utrzymuje się, że *Homo sapiens*
„współczesnego wzoru" pojawił się
około 192 tysięcy lat temu

Inni ludzie

Niektóre gatunki ludzi wyewoluowały po nas:
Homo longi – około 146 tysięcy lat temu
Homo floresiensis – od 100 do 50 tysięcy lat temu
Homo luzonensis – od 67 do 50 tysięcy lat temu

Dzisiaj

200 150 100 50

◀ TYSIĘCY
LAT TEMU

KIEDY ZACZĘLIŚMY PROWADZIĆ OSIADŁE ŻYCIE?

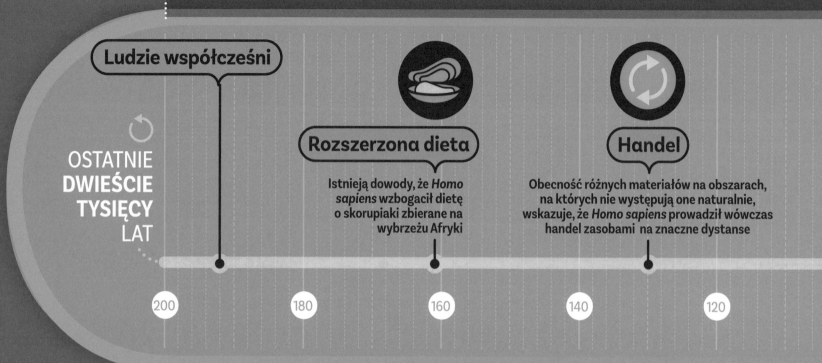

Ludzie współcześni

↻ OSTATNIE **DWIEŚCIE TYSIĘCY** LAT

Rozszerzona dieta

Istnieją dowody, że *Homo sapiens* wzbogacił dietę o skorupiaki zbierane na wybrzeżu Afryki

Handel

Obecność różnych materiałów na obszarach, na których nie występują one naturalnie, wskazuje, że *Homo sapiens* prowadził wówczas handel zasobami na znaczne dystanse

200 180 160 140 120

KIEDY ZACZĘŁA SIĘ WSPÓŁCZESNOŚĆ?

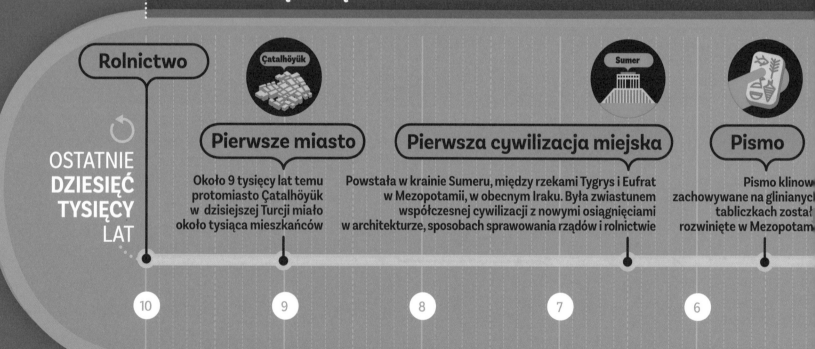

Rolnictwo

↻ OSTATNIE **DZIESIĘĆ TYSIĘCY** LAT

Çatalhöyük

Pierwsze miasto

Około 9 tysięcy lat temu protomiasto Çatalhöyük w dzisiejszej Turcji miało około tysiąca mieszkańców

Sumer

Pierwsza cywilizacja miejska

Powstała w krainie Sumeru, między rzekami Tygrys i Eufrat w Mezopotamii, w obecnym Iraku. Była zwiastunem współczesnej cywilizacji z nowymi osiągnięciami w architekturze, sposobach sprawowania rządów i rolnictwie

Pismo

Pismo klinow zachowywane na glinianych tabliczkach został rozwinięte w Mezopotam

10 9 8 7 6

Malowidła naskalne

Najstarsze znane malowidło jaskiniowe przedstawiające dziką świnię brodawkowatą zostało znalezione w 2017 roku na wyspie Sulawesi w Indonezji

Rolnictwo

„Rewolucja neolityczna" (10-12 tysięcy lat temu) polegała na odejściu ludzi od zbieractwa i polowania na rzecz uprawy zbóż i hodowli. Rolnictwo zaczęło się zapewne w pasie „żyznego półksiężyca" przebiegającego na terenach dzisiejszych Egiptu, Syrii, Palestyny, Izraela i Libanu

Dzisiaj

80 60 40 20

TYSIĘCY LAT TEMU

Epoka żelaza

W epoce żelaza doszło do wyparcia broni i narzędzi z brązu, które dominowały w metalurgii przez wcześniejsze 2000 lat

Rewolucja przemysłowa

Zaczęła się w Wielkiej Brytanii w połowie XVIII wieku, doprowadziła do szerokiego zastosowania maszyn w procesach wytwarzania i wielkiego przyrostu ludności

Dzisiaj

4 3 2 1

TYSIĘCY LAT TEMU

Szczepionki
Edward Jenner zainicjował rozwój badań nad szczepionkami w 1796 roku, podając zarazki krowianki trzynastoletniemu chłopcu, by ochronić go przed ospą

Lodówka
Pierwsza lodówka z kompresorem została opatentowana w 1835 roku przez amerykańskiego wynalazcę Jacoba Perkinsa

Fotografia
Naświetlenie pierwszej fotografii, widoku z okna w pewnym francuskim majątku, zabrało osiem godzin, przez co słońce zdaje się na niej oświetlać równocześnie obie strony budynku

Odziarniarka
Stosowana w celu oddzielania nasion bawełny od włókien

Kombajn zbożowy
Maszyna do koszenia, młócenia i odsiewania zboża

Baterie elektryczne

Maszyna parowa

Rakieta, parowóz Stephensona

1780 • • • • • • 1790 • • • • • • 1800 • • • • • • 1810 • • • • • • 1820 • • • • • • 1830 • • • • • • 1840

Co ostatnio osiągnęliśmy?

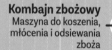

Od początku rewolucji przemysłowej minęło już 260 lat i ludzkość nie spoczywała w tym czasie na laurach. Oto część „największych wynalazków", które stworzyliśmy.

★ Liczba list z danym wynalazkiem

8

7

Telefon
6

Pierwsze słowa przekazane przez telefon brzmiały: „Panie Watson, proszę tu przyjść. Jest pan potrzebny". Wypowiedział je Alexander Graham Bell do swojego asystenta przebywającego w sąsiednim pokoju

Żarówka elektryczna
Włókna w pierwszych żarówkach stworzonych przez Thomasa Edisona były wykonane ze zwęglonego bambusa

Automobil
5

Pierwszym samochodem, który mógł wozić ludzi, był trzykołowy Benz Patent-Motorwagen

Telegraf
4

Pierwszy telegram nadany przez Samuela Morse'a z Waszyngtonu do Baltimore głosił: „Czego dokonał Bóg?"

Konwertor Bessemera
Urządzenie przetwarzające żelazo w stal

Silnik spalania wewnętrznego
Ten pierwszy silnik pozwalał trzykołowemu samochodowi osiągać prędkość dwóch mil na godzinę

Radio
3

Guglielmo Marconi przekazał pierwszy sygnał radiowy na dystans nieco ponad dwóch kilometrów, a jego odbiór został potwierdzony machaniem chusteczką

Znieczulenie
2

W październiku 1846 roku w Bostonie po raz pierwszy zastosowano znieczulenie pacjenta eterem

Wieża wiertnicza
Pierwsza udana instalacja wiertnicza służąca do wydobycia ropy powstała w 1859 roku w Pensylwanii

Saksofon

Bezpieczna winda

Nowoczesna rafineria

Pasteryzacja

Celuloid

Rejestracja dźwięku

Sieć elektroenergetyczna

Turbina parowa

Turbina wiatrowa

Ciągniki benzynowe

1

1840 — 1850 — 1860 — 1870 — 1880 — 1890 — 1900 ▶

Jak to zrobiliśmy:

Sięgnęliśmy do list „największych wynalazków w historii ludzkości" – z wyjątkiem dokonań sprzed rewolucji przemysłowej – sporządzonych przez różne gremia i połączyliśmy je w celu utworzenia listy zbiorczej.

Kategorie wynalazków zostały określone kolorami:

- ○ Rolnictwo
- ● Łączność i nawigacja
- ○ Elektronika
- ○ Energetyka
- ○ Zdrowie
- ○ Dom i rozrywka
- ○ Przemysł i wytwarzanie
- ● Wojskowość
- ○ Nauki kosmiczne
- ○ Transport

★ **Źródła:** „The Atlantic", Big Think, Britannica, British Science Association, „The History Channel Inc.", Interesting Engineering, Live Science, „National Geographic", Wydział Historii Uniwersytetu Stanu Ohio, „Popular Mechanics"
Dodatkowe źródło: „Time"

SAMOLOT
Bracia Wright rzucili monetą, żeby ustalić, kto pierwszy poleci ich maszyną: wygrał Wilbur, ale jego próba okazała się nieudana, przez co Orville został pierwszym lotnikiem w historii ludzkości

Jaki jest najlepszy wynalazek wszech czasów?
(Od rewolucji przemysłowej)

Penicylina
„Nie wynalazłem penicyliny. Jest ona dziełem natury, ja tylko przypadkiem ją odkryłem", powiedział Alexander Fleming, komentując opracowanie pierwszego prawdziwego antybiotyku

Telewizja
Szkocki wynalazca John Logie Baird wykorzystał w swojej pierwszej transmisji telewizyjnej pokaz brzuchomówcy znanego jako Stooky Bill

Reaktor atomowy
Pierwszy stos atomowy zbudowano w podziemiach stadionu Stagg Field przy Uniwersytecie Chicagowskim

ENIAC
Elektroniczny, Numeryczny Integrator i Komputer był lampowym przodkiem dzisiejszych komputerów, tyle że zajmował blisko 75 m² powierzchni

Rakiety na paliwo ciekłe
Amerykanin Robert Goddard wystrzelił pierwszą rakietę na paliwo ciekłe na wysokość ponad 12 metrów w Auburn w stanie Massachusetts

Wiązanie azotu cząsteczkowego
Proces, który pozwala na wychwytywanie azotu z powietrza w produkcji nawozów sztucznych

Klimatyzacja
Współczesna klimatyzacja została opracowana przez inżyniera Willisa Havilanda Carriera w 1902 roku

Tranzystory
Wynalezienie tranzystora zaowocowało aż trzema Nagrodami Nobla w dziedzinie fizyki

Satelity
Pierwszym sztucznym satelitą Ziemi był Sputnik 1, wystrzelony 4 października 1957 roku

Silnik odrzutowy

Kod kreskowy

Gotowe dania mrożone

Samochód Forda, Model T

Obuwie sportowe

Samolot typu DC-3

Rakieta V-2

Karty kredytowe

Transport kontenerowy

1900 • 1910 • 1920 • 1930 • 1940 • 1950 • 1960

Co jest lepsze od krojonego chleba?

7 lipca 1928
Pierwszy raz pojawił się w sprzedaży chleb w postaci pokrojonej, do czego Chillicothe Baking Company z Missouri wykorzystała automatyczną krajalnicę wynalezioną przez Ottona Fredericka Rohweddera

Najlepsze rzeczy od czasów krojonego chleba

Od pojawienia się krojonego chleba jedynie dwa wynalazki zyskały na listach większą od niego liczbę głosów, penicylina i internet. Penicylina ledwie łapie się do tej grupy, gdyż została wyizolowana we wrześniu 1928, raptem dwa miesiące po rzuceniu do sprzedaży krojonego chleba

★ Liczba list z danym wynalazkiem

8

7

6

5

Internet
W 1983 istniejące sieci komputerowe zostały połączone z wykorzystaniem protokołów TCP/IP, co otworzyło drogę budowy znanego nam internetu

4

Komputer osobisty
Komputer osobisty Kenbak-1 wszedł do sprzedaży w 1971, ale został wycofany z oferty w 1973 po sprzedaniu ledwie 40 egzemplarzy

3

Mikroczip
Opatentowany przez Roberta Nortona Noyce'a, zwanego „Burmistrzem Doliny Krzemowej"

2

Pigułka antykoncepcyjna
Gdy pojawiła się pierwszy raz na rynku, zawierała więcej progesteronu, niż było to potrzebne – 10 tysięcy mikrogramów wobec 50-150 mikrogramów w dzisiejszych środkach

Technologia GPS

Drukarki 3D

Wiadomości tekstowe

Konsola do gier firmy Sony

Technologia chmury

Łazik marsjański *Curiosity*

Mikrofalowa antena tubowa

Tomografia komputerowa

Sieci społecznościowe

1

Walkman firmy Sony

Telefonia komórkowa

Teleskop kosmiczny Hubble'a

Dron bojowy Predator

Wielki zderzacz hadronów

Komputery kwantowe

1960   1970   1980   1990   2000   2010   2020

Kategorie wynalazków zostały określone kolorami:

○ Rolnictwo
● Łączność i nawigacja
○ Elektronika
○ Energetyka
○ Zdrowie

○ Dom i rozrywka
● Przemysł i wytwarzanie
● Wojskowość
○ Nauki kosmiczne
○ Transport

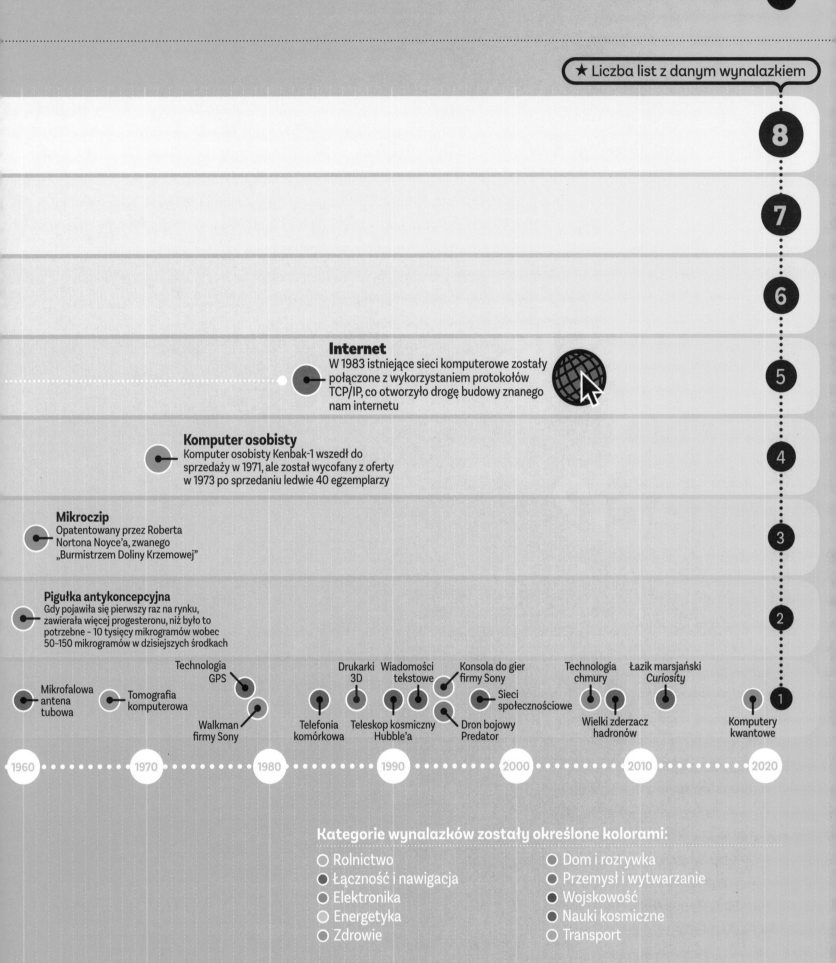

Skąd się biorą dzieci?

W ostatnich dziesięcioleciach „współczynnik dzietności" – średnia liczba dzieci urodzonych przez kobietę w jej latach rozrodczych – dramatycznie spadł. W wielu krajach utrzymuje się obecnie poniżej statystycznego poziomu 2,1 dziecka na każdą kobietę, która to wartość konieczna jest dla utrzymania liczebności.

Jak to zrobiliśmy: Mapa ukazuje kraje i terytoria o współczynniku dzietności 2,1 lub wyższym, niezbędnym do tego, żeby „populacje o niskiej śmiertelności" miały w dłuższym okresie zerową stopę wzrostu – według raportu ONZ „Światowa płodność i planowanie rodziny" z 2020 roku.

Źródło: Global age-sex-specific fertility, mortality, healthy life expectancy (HALE), and population estimates in 204 countries and territories, 1950–2019, „The Lancet". Szare obszary oznaczają kraje, dla których nie są dostępne żadne dane.

AMERYKA PÓŁNOCNA

AMERYKA POŁUDNIOWA

Kraje, w których rodzi się dość dzieci
Kraje, w których na każdą kobietę przypada średnio więcej niż 2,1 narodzonego dziecka, co gwarantuje stabilną liczebność

Kraje, w których nie rodzi się dość dzieci
Kraje, w których na każdą kobietę przypada średnio mniej niż 2,1 narodzonego dziecka, co przy braku napływów migracyjnych oznacza spadek liczebności

Ile dzieci rodzi się każdego roku?
Według danych ONZ codziennie przychodzi na świat około 385 tysięcy dzieci, co daje ponad 140 milionów dzieci rocznie

EUROPA

AZJA

AFRYKA

AUSTRALIA
I OCEANIA

D A B

C

E

W

V

X

Z

PIĘĆ KRAJÓW
O NAJWYŻSZYM PRZYROŚCIE

Niger 7,44 **A** ▲ NAJWYŻSZY
Czad 6,87 **B**
Somalia 6,36 **C**
Mali 6,04 **D**
Burundi 5,63 **E**

PIĘĆ KRAJÓW
O NAJNIŻSZYM PRZYROŚCIE

V 1,16 Singapur
W 1,14 Zjednoczone Emiraty Arabskie
NAJNIŻSZY **X** 1,13 **Andora**
Y 1,10 **Puerto Rico**
▼ **Z** 1,06 **Tajwan**

Ile lat można żyć?

Ilu lat życia może realnie oczekiwać przeciętny człowiek i jak się to ma do średniej długości życia przedstawicieli różnych gatunków zwierząt?

Jak to zrobiliśmy: Wyszukaliśmy dane o najstarszych przedstawicielach poszczególnych gatunków zwierząt i nanieśliśmy je na oś czasu obejmującą 510 lat.

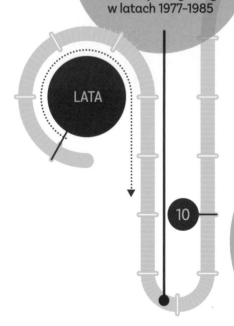

LATA

Najstarsza mysz
7 lat, 7 miesięcy
Fritzy, najstarsza znana mysz hodowlana, żyła z rodziną w Edynburgu w latach 1977–1985

Najstarszy królik
18 lat, 10 miesięcy
Tyle żył **Flopsy**, najstarszy znany królik, złapany w Tasmanii w 1964 roku

Najstarsza koza
22 lata, 5 miesięcy
Był to **McGinty**, który mieszkał na brytyjskiej wyspie Hayling i odszedł w 2003 roku

Najstarszy kot
38 lat, 3 dni
Był to **Creme Puff**, który mieszkał z rodziną w Austin w Teksasie w latach 1967–2005

Najstarszy pająk
43 lata
Oznaczona jako **Numer 16** samica gatunku *Ctenolophus* żyła dziko w australijskim rezerwacie Bungulla w latach 1974–2018

Najstarszy pies
29 lat, 5 miesięcy
Bluey, australijski pies pasterski, żył w stanie Wiktoria w latach 1910–1939

Najstarsza krowa
48 lat, 9 miesięcy
Była to **Big Bertha**, która żyła w hrabstwie Kerry w Irlandii

10   20   30   40   50

50,75
Tylu lat życia może oczekiwać przeciętny mieszkaniec **Lesotho**, najniższa średnia na świecie

Źródła: *Księga rekordów Guinnessa*, PRB, RSPCA, ONZ, WHO

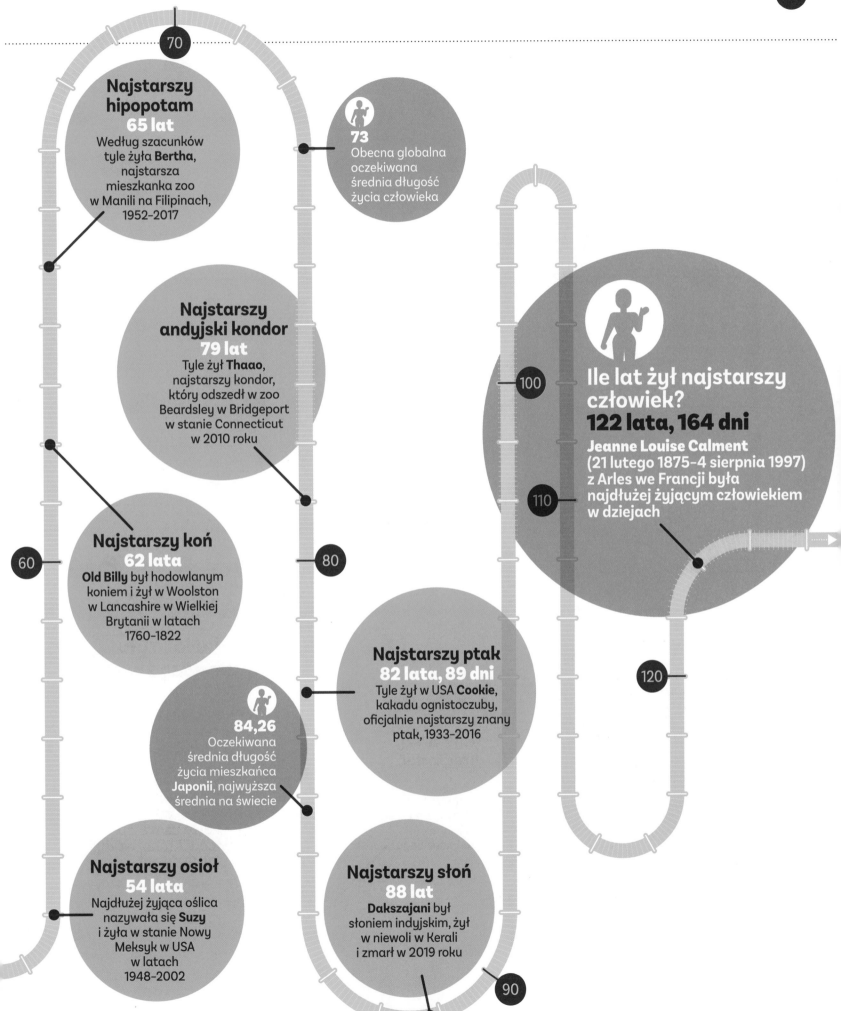

70

Najstarszy hipopotam
65 lat
Według szacunków tyle żyła **Bertha**, najstarsza mieszkanka zoo w Manili na Filipinach, 1952–2017

73
Obecna globalna oczekiwana średnia długość życia człowieka

Najstarszy andyjski kondor
79 lat
Tyle żył **Thaao**, najstarszy kondor, który odszedł w zoo Beardsley w Bridgeport w stanie Connecticut w 2010 roku

100

110

Ile lat żył najstarszy człowiek?
122 lata, 164 dni
Jeanne Louise Calment (21 lutego 1875–4 sierpnia 1997) z Arles we Francji była najdłużej żyjącym człowiekiem w dziejach

60

Najstarszy koń
62 lata
Old Billy był hodowlanym koniem i żył w Woolston w Lancashire w Wielkiej Brytanii w latach 1760–1822

80

84,26
Oczekiwana średnia długość życia mieszkańca **Japonii**, najwyższa średnia na świecie

Najstarszy ptak
82 lata, 89 dni
Tyle żył w USA **Cookie**, kakadu ognistoczuby, oficjalnie najstarszy znany ptak, 1933–2016

120

Najstarszy osioł
54 lata
Najdłużej żyjąca oślica nazywała się **Suzy** i żyła w stanie Nowy Meksyk w USA w latach 1948–2002

Najstarszy słoń
88 lat
Dakszajani był słoniem indyjskim, żył w niewoli w Kerali i zmarł w 2019 roku

90

350

500

200

150

300

Najstarszy ssak
200 lat

Szacowana maksymalna długość życia wieloryba grenlandzkiego

Najstarszy krokodyl
140 lat

Według szacunków tyle żył **Mr Freshie**, słodkowodny krokodyl z Queensland w Australii, 1870–2010

Najstarszy żółw
188+ lat

Tu'i Malila, madagaskarski żółw promienisty, który mieszkał u rodziny królewskiej Tonga w latach 1777–1965, był najdłużej żyjącym znanym przedstawicielem swego rzędu (który obejmuje żółwie wodne i lądowe)

Najstarszy kręgowiec
400 lat

Szacowana maksymalna długość życia rekina grenlandzkiego

Ile lat żyło najstarsze zwierzę?
507 lat

Małż twardy, znany jako **Hafrún**, żyjący na dnie morskim przy północnym wybrzeżu Islandii, jest najstarszym znanym zwierzęciem w historii. Uważa się, że zaczął życie w 1499 roku. Według niektórych raportów miał podobno zostać przypadkowo uśmiercony przez naukowców, którzy odkryli go w 2006 roku

250

400

450

Czy marzy ci się zwyczajne życie?

Najczęściej występujące cechy obecnie żyjących 7 miliardów 860 milionów ludzi

Jaki wiek jest najpowszechniejszy?

33,3%

jest w wieku poniżej 20 lat

Kolejne najliczniejsze grupy to 20-39 (30%), a potem 40-59 (23,2%). Najmniejsze wartości to 80-99 (1,9%) i ponad 100 (0,01%)

Na której półkuli głównie żyjemy?

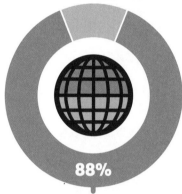

88%

żyje na półkuli północnej

Ledwie 12% wszystkich ludzi mieszka na półkuli południowej .

Który kontynent jest najbardziej zamieszkany?

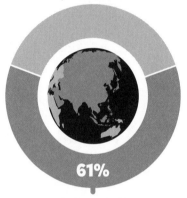

61%

żyje w Azji

Kolejne najbardziej ludne to Afryka (17%), Europa (10%), Ameryka Łacińska i Karaiby (8%) oraz Ameryka Północna i Oceania (5%)

Gdzie najczęściej mieszkamy?

55,7%

mieszka w miastach i miasteczkach

Świat stał się mocno zurbanizowany, na terenach wiejskich mieszka tylko 44,3% ludzkości

Która klasa społeczna jest najliczniejsza?

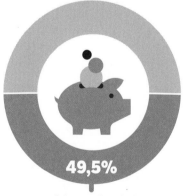

49,5%

to klasa średnia

Klasa średnia jest wyróżniana przez World Data Lab na podstawie kryterium dochodu. 43,6% ludzi jest w „niepewnej sytuacji finansowej", 4,1% to „biedni", a 2,8% to „bogaci"

Który język ma najwięcej natywnych użytkowników?

12,3%

używa mandaryńskiego

Inne przodujące języki to hiszpański (6%), arabski i angielski (oba 5,1%), hindi (3,5%), bengalski (3,3%), i portugalski (3%)

Ile najczęściej ważymy?

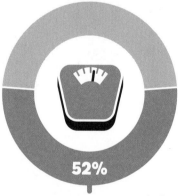

52%

ma poprawną masę ciała (BMI między 18,5 a 25)

Badania ONZ pokazują, że 39,1% ludzi ma nadwagę (BMI 25+), z czego 13,2% to osoby otyłe (BMI 30+), i że 8,9% cechuje niedowaga (BMI 18,5 lub mniej)

Jaki jest najczęstszy kolor oczu?

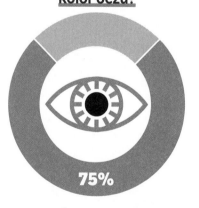

75%

ma brązowe oczy

Wprawdzie brązowe oczy dominują, ale zdarzają się też niebieskie (10%), bursztynowe (5%), orzechowe (5%), szare (3%) i zielone (2%)

Jak to zrobiliśmy: Dane przy ilustracjach odzwierciedlają najpopularniejsze odpowiedzi na poszczególne pytania.

Źródła: CIA World Factbook, ONZ, „Washington Post", World Atlas, World Data Lab

KTO JEST NAJLEPSZY

Pytania z dziedziny sportu,
urbanistyki i architektury

Kto jest największym sportowcem wszech czasów?

Gdy trzeba wskazać najlepszego sportowca wszech czasów, każdy kibic ma własną opinię – tylko kto z nich ma rację? Oprzemy się na konkretnych danych.

Jak to zrobiliśmy: Punktem wyjścia były listy „najlepszych sportowców wszech czasów" ułożone przez dziennikarzy sportowych i specjalistów w branży. Pod uwagę braliśmy konkretne osiągnięcia podczas występów na igrzyskach olimpijskich i paraolimpijskich, a także wyniki rozgrywek w takich dyscyplinach, jak piłka nożna, golf, krykiet, boks, Formuła 1 i tenis (są to najczęściej wyszukiwane w Google'u dziedziny sportu w Wielkiej Brytanii w latach 2015–2020). Jeśli lista była mieszana, braliśmy pod uwagę pięcioro najwyżej sklasyfikowanych sportowców płci męskiej i żeńskiej. Jeśli nie była, braliśmy pierwsze piątki z osobnych list – „męskiej" i „żeńskiej." Następnie uszeregowaliśmy naszą listę zawodników od 1 do 10, biorąc pod uwagę siedem istotnych dla pozycji w świecie sportu czynników. Sportowiec, który uzyskał sumarycznie najwięcej punktów, został uznany za najlepszego.
Z powodu wyznaczonych terminów oddania tej książki do druku nie mogliśmy uwzględnić wszystkich imprez sportowych z 2021 roku, w tym igrzysk olimpijskich w Tokio, więc wykorzystaliśmy dane statystyczne na 31 grudnia 2020.

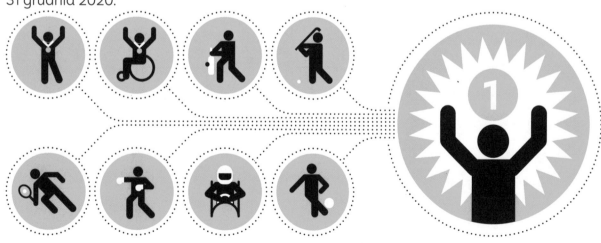

Kto jest najlepszym olimpijczykiem wszech czasów?

Od 1896 roku w igrzyskach olimpijskich wzięło udział ponad 187 tysięcy sportowców. Dziesięcioro trafiło na tę listę, ale tylko jeden z nich może być największy.

Zawodnicy

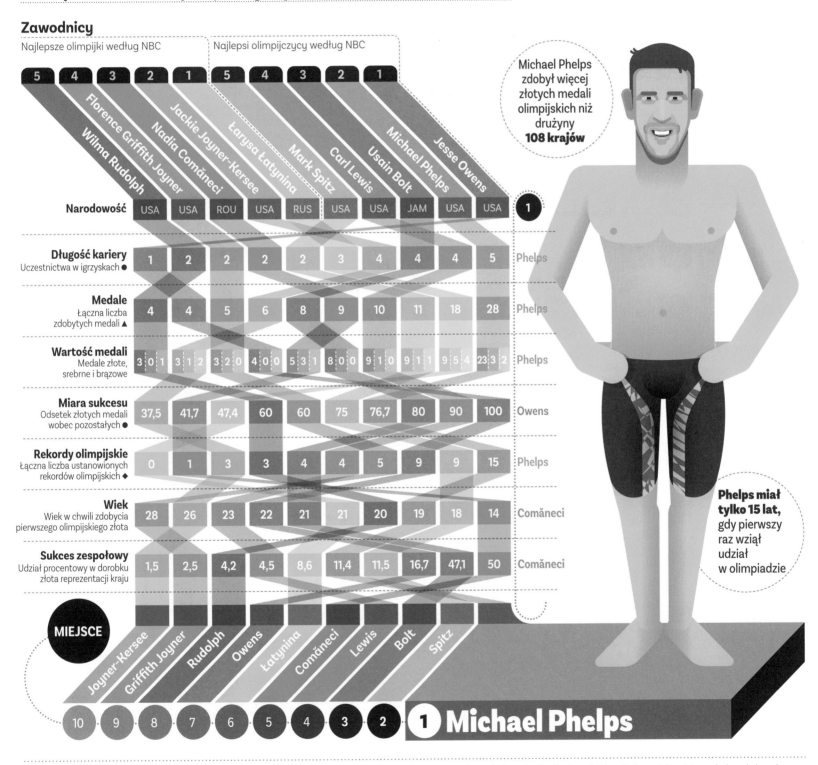

Najlepsze olimpijki według NBC: 5 4 3 2 1
Najlepsi olimpijczycy według NBC: 5 4 3 2 1

	Wilma Rudolph	Florence Griffith Joyner	Nadia Comăneci	Jackie Joyner-Kersee	Łarysa Łatynina	Mark Spitz	Carl Lewis	Usain Bolt	Michael Phelps	Jesse Owens	
Narodowość	USA	USA	ROU	USA	RUS	USA	USA	JAM	USA	USA	
Długość kariery Uczestnictwa w igrzyskach ●	1	2	2	2	2	3	4	4	4	5	Phelps
Medale Łączna liczba zdobytych medali ▲	4	4	5	6	8	9	10	11	18	28	Phelps
Wartość medali Medale złote, srebrne i brązowe	3 0 1	3 1 2	3 2 0	4 0 0	5 3 1	8 0 0	9 1 0	9 1 1	9 5 4	23 3 2	Phelps
Miara sukcesu Odsetek złotych medali wobec pozostałych ●	37,5	41,7	47,4	60	60	75	76,7	80	90	100	Owens
Rekordy olimpijskie Łączna liczba ustanowionych rekordów olimpijskich ◆	0	1	3	3	4	4	5	9	9	15	Phelps
Wiek Wiek w chwili zdobycia pierwszego olimpijskiego złota	28	26	23	22	21	21	20	19	18	14	Comăneci
Sukces zespołowy Udział procentowy w dorobku złota reprezentacji kraju	1,5	2,5	4,2	4,5	8,6	11,4	11,5	16,7	47,1	50	Comăneci

MIEJSCE

Miejsce	Zawodnik
10	Joyner-Kersee
9	Griffith Joyner
8	Rudolph
7	Owens
6	Łatynina
5	Comăneci
4	Lewis
3	Bolt
2	Spitz
1	**Michael Phelps**

Michael Phelps zdobył więcej złotych medali olimpijskich niż drużyny **108 krajów**

Phelps miał tylko 15 lat, gdy pierwszy raz wziął udział w olimpiadzie

● W przypadku remisu wyżej plasuje się olimpijczyk, który startował w większej liczbie dyscyplin. Jeśli nadal jest remis, punkty są dzielone, ale olimpijczyk z największą liczbą medali zostaje w celach poglądowych wymieniony wyżej ▲ Jeśli suma medali jest taka sama, punkty są dzielone, ale sportowiec z większą liczbą złotych medali zostaje wymieniony wyżej ◆ W przypadku remisu wyższą pozycję otrzymuje sportowiec, którego rekordy olimpijskie były również rekordami świata. Ze względu na charakter tego sportu rekordy olimpijskie nie są ustanawiane w gimnastyce, ale Nadia Comăneci była pierwszą gimnastyczką, która uzyskała absolutnie doskonały wynik na igrzyskach olimpijskich

Kto jest najlepszym paraolimpijczykiem wszech czasów?

Igrzyska paraolimpijskie zaczęły się ponad 60 lat temu i gościły szereg niezwykłych sportowców. Na podstawie danych wyróżniliśmy najlepszego z nich.

Zawodnicy

Najlepsze paraolimpijki według Pledge Sports: 5 4 3 2 1

Najlepsi paraolimpijczycy według Pledge Sports: 5 4 3 2 1

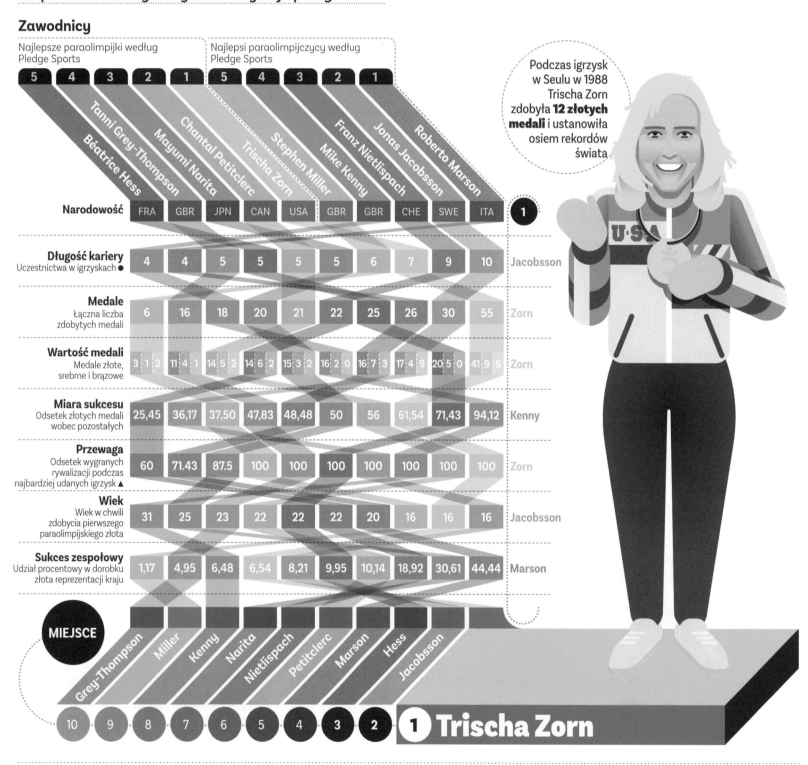

Podczas igrzysk w Seulu w 1988 Trischa Zorn zdobyła **12 złotych medali** i ustanowiła osiem rekordów świata

	Béatrice Hess	Tanni Grey-Thompson	Mayumi Narita	Chantal Petitclerc	Trischa Zorn	Stephen Miller	Mike Kenny	Franz Nietlispach	Jonas Jacobsson	Roberto Marson	
Narodowość	FRA	GBR	JPN	CAN	USA	GBR	GBR	CHE	SWE	ITA	**1**
Długość kariery Uczestnictwa w igrzyskach ●	4	4	5	5	5	5	6	7	9	10	Jacobsson
Medale Łączna liczba zdobytych medali	6	16	18	20	21	22	25	26	30	55	Zorn
Wartość medali Medale złote, srebrne i brązowe	3 1 2	11 4 1	14 5 2	14 6 2	15 3 2	16 2 0	16 7 3	17 4 9	20 5 0	41 9 5	Zorn
Miara sukcesu Odsetek złotych medali wobec pozostałych	25,45	36,17	37,50	47,83	48,48	50	56	61,54	71,43	94,12	Kenny
Przewaga Odsetek wygranych rywalizacji podczas najbardziej udanych igrzysk ▲	60	71.43	87.5	100	100	100	100	100	100	100	Zorn
Wiek Wiek w chwili zdobycia pierwszego paraolimpijskiego złota	31	25	23	22	22	22	20	16	16	16	Jacobsson
Sukces zespołowy Udział procentowy w dorobku złota reprezentacji kraju	1,17	4,95	6,48	6,54	8,21	9,95	10,14	18,92	30,61	44,44	Marson

MIEJSCE

Grey-Thompson	Miller	Kenny	Narita	Nietlispach	Petitclerc	Marson	Hess	Jacobsson	Trischa Zorn
10	9	8	7	6	5	4	3	2	**1**

● W przypadku remisu wyżej plasuje się paraolimpijczyk, który startował w większej liczbie dyscyplin. Jeśli nadal jest remis, punkty są dzielone, ale paraolimpijczyk z największą liczbą medali zostaje w celach poglądowych wymieniony wyżej ▲ W przypadku remisu zawodnik, który rywalizował w większej liczbie dyscyplin podczas swoich najbardziej udanych igrzysk, zajmuje wyższą pozycję

Kto jest najlepszym krykiecistą wszech czasów?

Uwzględniliśmy długość kariery, sukcesy oraz talent do odbijania, miotania i gry w polu, żeby znaleźć wśród tytanów tego sportu najlepszego zawodnika.

Zawodnicy

Najlepsze krykiecistki według GMS

Najlepsi krykieciści według BBC

5 4 3 2 1 | 5 4 3 2 1

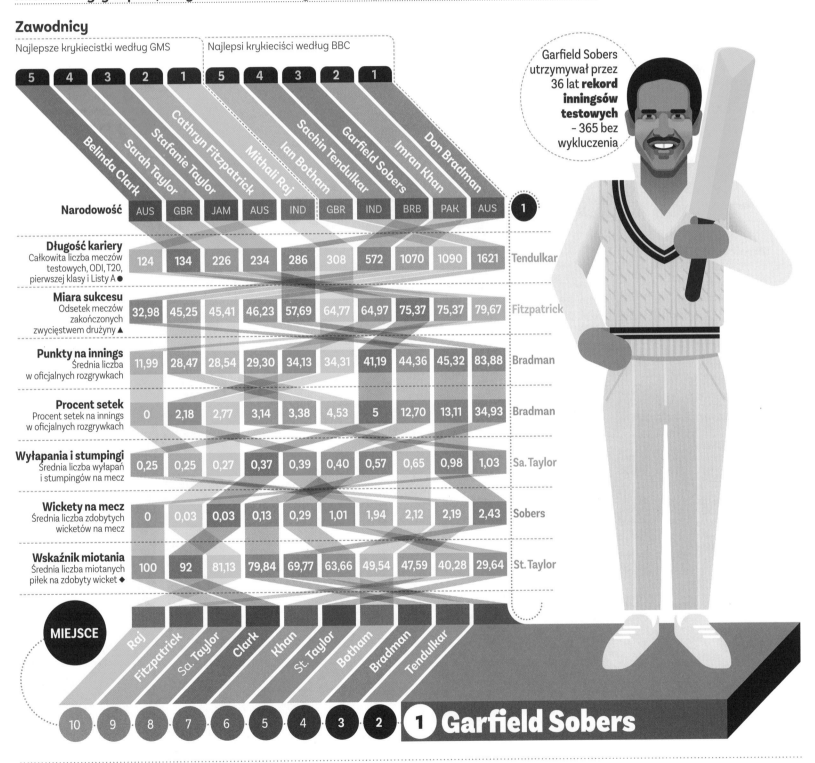

> Garfield Sobers utrzymywał przez **36 lat rekord inningsów testowych** – 365 bez wykluczenia

	Belinda Clark	Sarah Taylor	Stafanie Taylor	Cathryn Fitzpatrick	Mithali Raj	Ian Botham	Sachin Tendulkar	Garfield Sobers	Imran Khan	Don Bradman	
Narodowość	AUS	GBR	JAM	AUS	IND	GBR	IND	BRB	PAK	AUS	
Długość kariery Całkowita liczba meczów testowych, ODI, T20, pierwszej klasy i Listy A ●	124	134	226	234	286	308	572	1070	1090	1621	Tendulkar
Miara sukcesu Odsetek meczów zakończonych zwycięstwem drużyny ▲	32,98	45,25	45,41	46,23	57,69	64,77	64,97	75,37	75,37	79,67	Fitzpatrick
Punkty na innings Średnia liczba w oficjalnych rozgrywkach	11,99	28,47	28,54	29,30	34,13	34,31	41,19	44,36	45,32	83,88	Bradman
Procent setek Procent setek na innings w oficjalnych rozgrywkach	0	2,18	2,77	3,14	3,38	4,53	5	12,70	13,11	34,93	Bradman
Wyłapania i stumpingi Średnia liczba wyłapań i stumpingów na mecz	0,25	0,25	0,27	0,37	0,39	0,40	0,57	0,65	0,98	1,03	Sa. Taylor
Wickety na mecz Średnia liczba zdobytych wicketów na mecz	0	0,03	0,03	0,13	0,29	1,01	1,94	2,12	2,19	2,43	Sobers
Wskaźnik miotania Średnia liczba miotanych piłek na zdobyty wicket ◆	100	92	81,13	79,84	69,77	63,66	49,54	47,59	40,28	29,64	St. Taylor

MIEJSCE

10	9	8	7	6	5	4	3	2	1
Raj	Fitzpatrick	Sa. Taylor	Clark	Khan	St. Taylor	Botham	Bradman	Tendulkar	**Garfield Sobers**

Chociaż zaokrągliliśmy liczby do dwóch miejsc po przecinku, klasyfikacja uwzględnia pełne wyniki ● Postanowiliśmy zsumować wszystkie mecze, ponieważ nie wszyscy krykieciści mieli takie same możliwości rozegrania każdej wersji (gra kobiet preferuje formuły jednodniowe, męska skłania się ku testowym, a T20 zostało wprowadzone dopiero w 2003) ▲ W przypadku remisu gracz z największą liczbą wygranych figuruje wyżej w rankingu ogólnym ◆ Gracze z mniej niż 50 wicketami otrzymują 20 punktów, gracze z mniej niż 10 wicketami 50 punktów, a gracze, którzy nie zdobyli wicketa, 100 punktów

Kto jest najlepszym golfistą wszech czasów?

Od rozegrania pierwszego Open Championship w 1860 roku w golfie działo się naprawdę wiele, a my na podstawie masy danych wyłoniliśmy najlepszego gracza.

Zawodnicy

Najlepsze golfistki według „Golf Monthly"

Najlepsi golfiści według „Golf News"

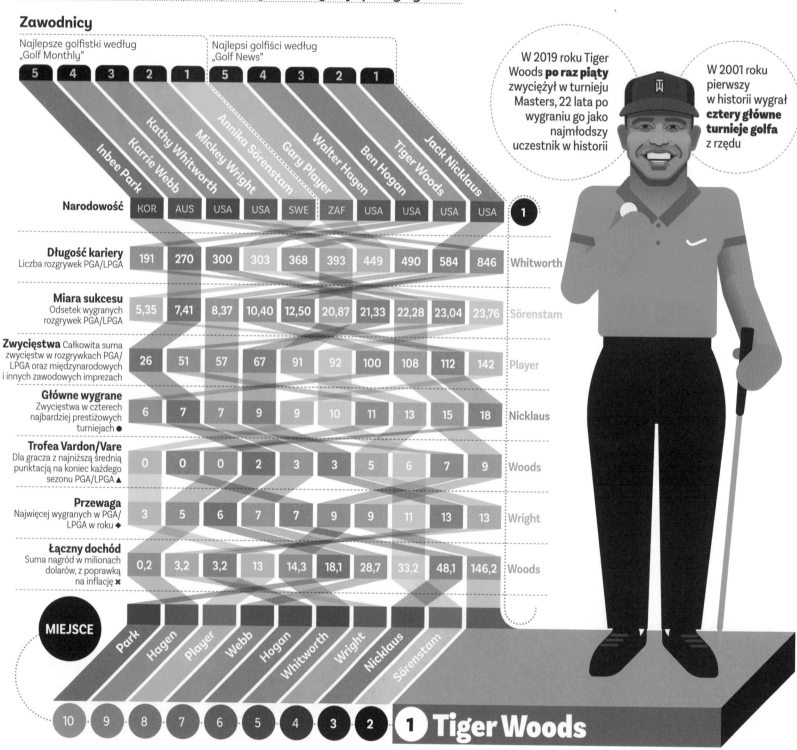

W 2019 roku Tiger Woods **po raz piąty** zwyciężył w turnieju Masters, 22 lata po wygraniu go jako najmłodszy uczestnik w historii

W 2001 roku pierwszy w historii wygrał **cztery główne turnieje golfa** z rzędu

	Inbee Park	Karrie Webb	Kathy Whitworth	Mickey Wright	Annika Sörenstam	Gary Player	Walter Hagen	Ben Hogan	Tiger Woods	Jack Nicklaus	
	5	4	3	2	1	5	4	3	2	1	
Narodowość	KOR	AUS	USA	USA	SWE	ZAF	USA	USA	USA	USA	1
Długość kariery Liczba rozgrywek PGA/LPGA	191	270	300	303	368	393	449	490	584	846	Whitworth
Miara sukcesu Odsetek wygranych rozgrywek PGA/LPGA	5,35	7,41	8,37	10,40	12,50	20,87	21,33	22,28	23,04	23,76	Sörenstam
Zwycięstwa Całkowita suma zwycięstw w rozgrywkach PGA/LPGA oraz międzynarodowych i innych zawodowych imprezach	26	51	57	67	91	92	100	108	112	142	Player
Główne wygrane Zwycięstwa w czterech najbardziej prestiżowych turniejach ●	6	7	7	9	9	10	11	13	15	18	Nicklaus
Trofea Vardon/Vare Dla gracza z najniższą średnią punktacją na koniec każdego sezonu PGA/LPGA ▲	0	0	0	2	3	3	5	6	7	9	Woods
Przewaga Najwięcej wygranych w PGA/LPGA w roku ◆	3	5	6	7	7	9	9	11	13	13	Wright
Łączny dochód Suma nagród w milionach dolarów, z poprawką na inflację ✖	0,2	3,2	3,2	13	14,3	18,1	28,7	33,2	48,1	146,2	Woods

MIEJSCE

Park | Hagen | Player | Webb | Hogan | Whitworth | Wright | Nicklaus | Sörenstam

10 | 9 | 8 | 7 | 6 | 5 | 4 | 3 | 2 | **1 Tiger Woods**

● W przypadku remisu punkty są dzielone, a gracze ustawiani w celach poglądowych według całkowitej sumy wygranych turniejów ▲ W przypadku remisu punkty są dzielone, a gracz z największą liczbą głównych wygranych zostaje wymieniony jako pierwszy ◆ W przypadku remisu gracz z największą liczbą wygranych w najważniejszych turniejach w danym roku zajmuje wyższą pozycję ✖ Aby dokonać rzetelnego porównania nagród pieniężnych, wzięliśmy pod uwagę medianę pierwszego i ostatniego z najważniejszych turniejów i skorygowaliśmy ją o wskaźnik inflacji od tamtego roku

Kto jest najlepszym tenisistą wszech czasów?

Całe pokolenia doskonaliły się we władaniu rakietami tenisowymi w celu uzyskania Wielkiego Szlema. Kto okazał się najlepszy?

Zawodnicy

Najlepsze tenisistki według „The Guardiana" ● — 5, 4, 3, 2, 1
Najlepsi tenisiści według „The Guardiana" ● — 5, 4, 3, 2, 1

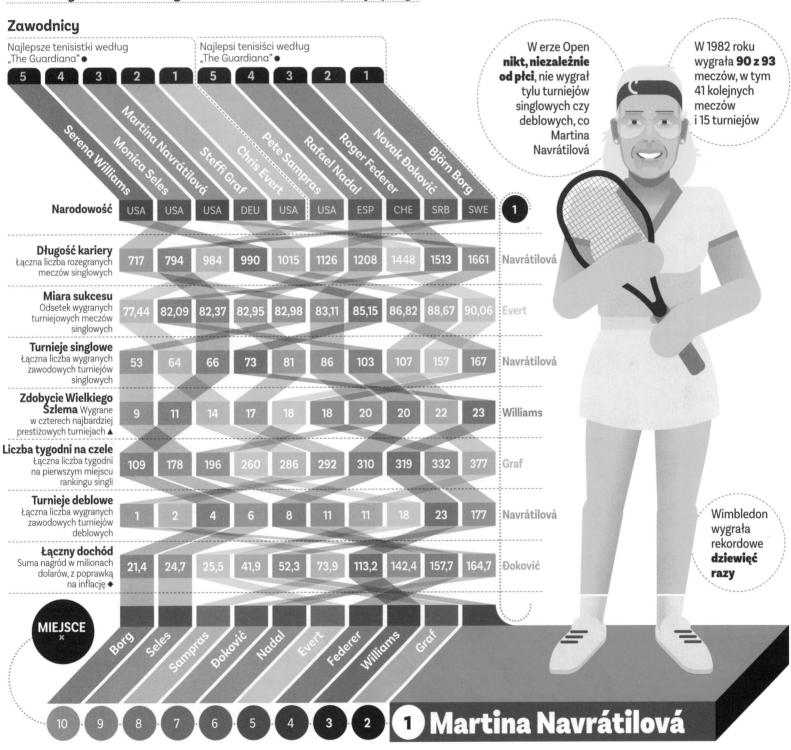

	Serena Williams	Monica Seles	Martina Navrátilová	Steffi Graf	Chris Evert	Pete Sampras	Rafael Nadal	Roger Federer	Novak Đoković	Björn Borg	
Narodowość	USA	USA	USA	DEU	USA	USA	ESP	CHE	SRB	SWE	
Długość kariery Łączna liczba rozegranych meczów singlowych	717	794	984	990	1015	1126	1208	1448	1513	1661	Navrátilová
Miara sukcesu Odsetek wygranych turniejowych meczów singlowych	77,44	82,09	82,37	82,95	82,98	83,11	85,15	86,82	88,67	90,06	Evert
Turnieje singlowe Łączna liczba wygranych zawodowych turniejów singlowych	53	64	66	73	81	86	103	107	157	167	Navrátilová
Zdobycie Wielkiego Szlema Wygrane w czterech najbardziej prestiżowych turniejach ▲	9	11	14	17	18	18	20	20	22	23	Williams
Liczba tygodni na czele Łączna liczba tygodni na pierwszym miejscu rankingu singli	109	178	196	260	286	292	310	319	332	377	Graf
Turnieje deblowe Łączna liczba wygranych zawodowych turniejów deblowych	1	2	4	6	8	11	11	18	23	177	Navrátilová
Łączny dochód Suma nagród w milionach dolarów, z poprawką na inflację ◆	21,4	24,7	25,5	41,9	52,3	73,9	113,2	142,4	157,7	164,7	Đoković

MIEJSCE ✕

10	9	8	7	6	5	4	3	2	❶
Borg	Seles	Sampras	Đoković	Nadal	Evert	Federer	Williams	Graf	**Martina Navrátilová**

W erze Open **nikt, niezależnie od płci**, nie wygrał tylu turniejów singlowych czy deblowych, co Martina Navrátilová

W 1982 roku wygrała **90 z 93** meczów, w tym 41 kolejnych meczów i 15 turniejów

Wimbledon wygrała rekordowe **dziewięć razy**

● Ponieważ lista „The Guardiana" nie klasyfikuje piątki najlepszych, podajemy ich tutaj alfabetycznie ▲ Jeśli dwóch graczy ma taką samą liczbę zwycięstw w Wielkim Szlemie, wyższą pozycję zajmuje osoba z większą liczbą występów w finałach Wielkiego Szlema ✚ Przy takiej samej liczbie wygranych turniejów deblowych wyższą pozycję zajmuje gracz z większą liczbą wygranych turniejów deblowych Wielkiego Szlema ◆ Aby dokonać rzetelnego porównania nagród pieniężnych, wzięliśmy pod uwagę medianę pierwszego i ostatniego z najważniejszych turniejów i skorygowaliśmy ją z poprawką na inflację w tamtym roku ✕ Federer i Evert mają ten sam łączny wynik. Jako gracz z największą liczbą zwycięstw Wielkiego Szlema Federer zajmuje wyższe miejsce

Kto jest najlepszym **bokserem** wszech czasów?

Najlepsi zawodnicy obu płci, zmierzą się ze sobą w ringu. Zapraszamy na siedem rund statystyki.

Zawodnicy

Najlepsze bokserki według Boxing Addicts

Najlepsi bokserzy według „The Daily Telegraph"

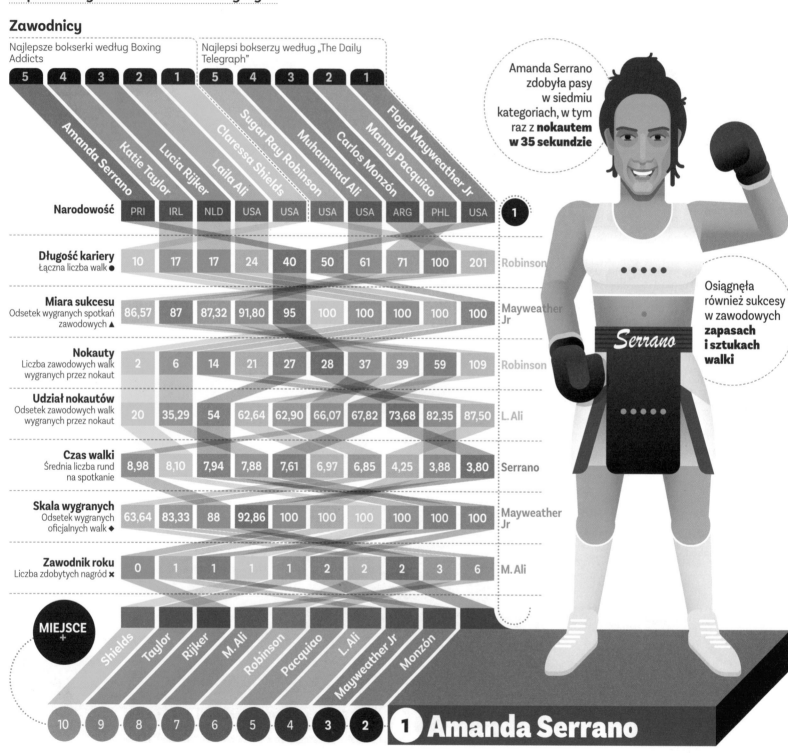

> Amanda Serrano zdobyła pasy w siedmiu kategoriach, w tym raz z **nokautem w 35 sekundzie**

> Osiągnęła również sukcesy w zawodowych **zapasach i sztukach walki**

	Amanda Serrano (5)	Katie Taylor (4)	Lucia Rijker (3)	Laila Ali (2)	Claressa Shields (1)	Sugar Ray Robinson (5)	Muhammad Ali (4)	Carlos Monzón (3)	Manny Pacquiao (2)	Floyd Mayweather Jr (1)	
Narodowość	PRI	IRL	NLD	USA	USA	USA	USA	ARG	PHL	USA	①
Długość kariery Łączna liczba walk ●	10	17	17	24	40	50	61	71	100	201	Robinson
Miara sukcesu Odsetek wygranych spotkań zawodowych ▲	86,57	87	87,32	91,80	95	100	100	100	100	100	Mayweather Jr
Nokauty Liczba zawodowych walk wygranych przez nokaut	2	6	14	21	27	28	37	39	59	109	Robinson
Udział nokautów Odsetek zawodowych walk wygranych przez nokaut	20	35,29	54	62,64	62,90	66,07	67,82	73,68	82,35	87,50	L. Ali
Czas walki Średnia liczba rund na spotkanie	8,98	8,10	7,94	7,88	7,61	6,97	6,85	4,25	3,88	3,80	Serrano
Skala wygranych Odsetek wygranych oficjalnych walk ◆	63,64	83,33	88	92,86	100	100	100	100	100	100	Mayweather Jr
Zawodnik roku Liczba zdobytych nagród ✖	0	1	1	1	1	2	2	2	3	6	M. Ali

MIEJSCE +

10	9	8	7	6	5	4	3	2	①
Shields	Taylor	Rijker	M. Ali	Robinson	Pacquiao	L. Ali	Mayweather Jr	Monzón	**Amanda Serrano**

● W przypadku remisu punkty są dzielone. Bokser z większą liczbą rund został wymieniony jako pierwszy w celach poglądowych ▲ W przypadku remisu bokserzy są klasyfikowani według liczby walk ◆ W przypadku remisu bokserzy zostali uszeregowani według liczby wygranych walk ✖ Tytuł „Zawodnika roku" to coroczna nagroda przyznawana przez „The Ring" (boks mężczyzn) i WBAN (boks kobiet). W przypadku remisu bokserzy są klasyfikowani według liczby zdobytych nagród „Walka roku" ✚ Mayweather Jr i Laila Ali mają taki sam łączny wynik. Jako zawodnik z większą liczbą zwycięstw Mayweather Jr plasuje się wyżej

Kto jest najlepszym kierowcą Formuły 1 wszech czasów?

Sami mężczyźni – jak dotąd tylko pięć kobiet wzięło udział w wyścigach F1 i żadna z nich nie wygrała – ubiegają się o pierwsze pole startowe.

Zawodnicy

Najlepsi kierowcy F1 według „Top Gear"

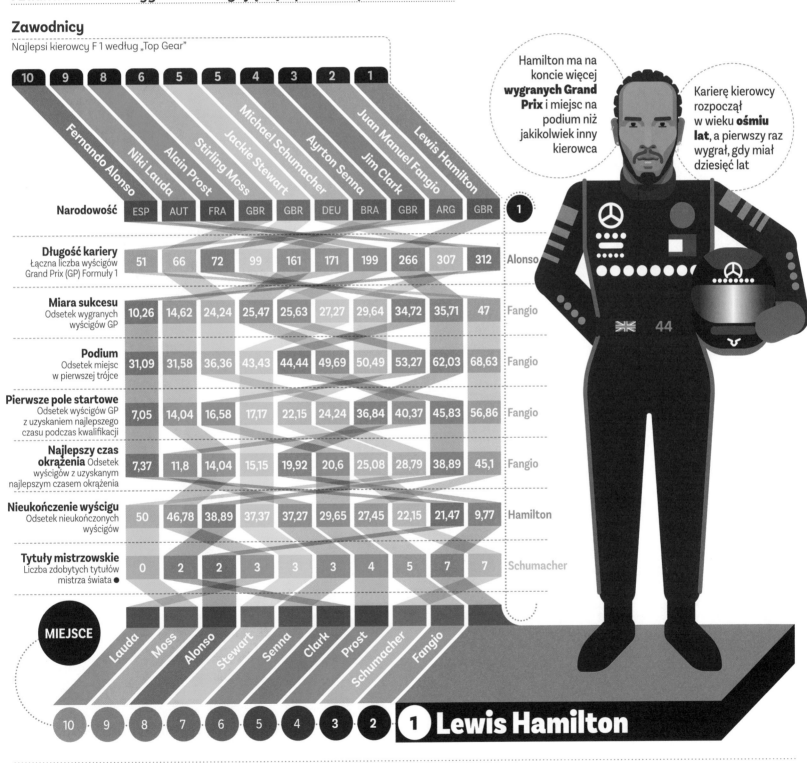

Hamilton ma na koncie więcej **wygranych Grand Prix** i miejsc na podium niż jakikolwiek inny kierowca

Karierę kierowcy rozpoczął w wieku **ośmiu lat**, a pierwszy raz wygrał, gdy miał dziesięć lat

	Fernando Alonso	Niki Lauda	Alain Prost	Stirling Moss	Jackie Stewart	Michael Schumacher	Ayrton Senna	Jim Clark	Juan Manuel Fangio	Lewis Hamilton	
	10	9	8	6	5	5	4	3	2	1	1
Narodowość	ESP	AUT	FRA	GBR	GBR	DEU	BRA	GBR	ARG	GBR	
Długość kariery Łączna liczba wyścigów Grand Prix (GP) Formuły 1	51	66	72	99	161	171	199	266	307	312	Alonso
Miara sukcesu Odsetek wygranych wyścigów GP	10,26	14,62	24,24	25,47	25,63	27,27	29,64	34,72	35,71	47	Fangio
Podium Odsetek miejsc w pierwszej trójce	31,09	31,58	36,36	43,43	44,44	49,69	50,49	53,27	62,03	68,63	Fangio
Pierwsze pole startowe Odsetek wyścigów GP z uzyskaniem najlepszego czasu podczas kwalifikacji	7,05	14,04	16,58	17,17	22,15	24,24	36,84	40,37	45,83	56,86	Fangio
Najlepszy czas okrążenia Odsetek wyścigów z uzyskanym najlepszym czasem okrążenia	7,37	11,8	14,04	15,15	19,92	20,6	25,08	28,79	38,89	45,1	Fangio
Nieukończenie wyścigu Odsetek nieukończonych wyścigów	50	46,78	38,89	37,37	37,27	29,65	27,45	22,15	21,47	9,77	Hamilton
Tytuły mistrzowskie Liczba zdobytych tytułów mistrza świata ●	0	2	2	3	3	3	4	5	7	7	Schumacher

MIEJSCE

Lauda	Moss	Alonso	Stewart	Senna	Clark	Prost	Schumacher	Fangio
10	9	8	7	6	5	4	3	2

1 Lewis Hamilton

● Jeśli zawodnicy mają taką samą liczbę zwycięstw w mistrzostwach, klasyfikujemy ich według tego, ile razy ukończyli wyścig na drugim miejscu, trzecim, czwartym i tak dalej

Kto jest najlepszym piłkarzem wszech czasów?

Ci zawodnicy są supergwiazdami najchętniej oglądanego na świecie sportu, jego ikonami. Który zostanie uznany za największego w historii? Za chwilę pierwszy gwizdek.

Zawodnicy

Najlepsze piłkarki według Bleacher Report

Najlepsi piłkarze według FourFourTwo

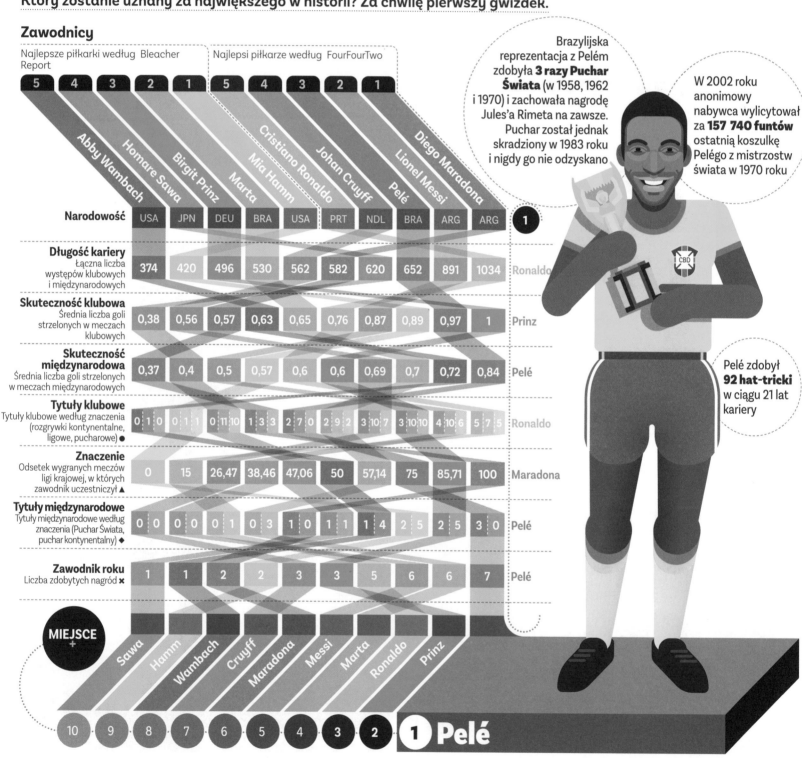

Brazylijska reprezentacja z Pelém zdobyła **3 razy Puchar Świata** (w 1958, 1962 i 1970) i zachowała nagrodę Jules'a Rimeta na zawsze. Puchar został jednak skradziony w 1983 roku i nigdy go nie odzyskano

W 2002 roku anonimowy nabywca wylicytował **za 157 740 funtów** ostatnią koszulkę Peléго z mistrzostw świata w 1970 roku

Pelé zdobył **92 hat-tricki** w ciągu 21 lat kariery

	Abby Wambach	Homare Sawa	Birgit Prinz	Marta	Mia Hamm	Cristiano Ronaldo	Johan Cruyff	Pelé	Lionel Messi	Diego Maradona	
Narodowość	USA	JPN	DEU	BRA	USA	PRT	NDL	BRA	ARG	ARG	
Długość kariery Łączna liczba występów klubowych i międzynarodowych	374	420	496	530	562	582	620	652	891	1034	Ronaldo
Skuteczność klubowa Średnia liczba goli strzelonych w meczach klubowych	0,38	0,56	0,57	0,63	0,65	0,76	0,87	0,89	0,97	1	Prinz
Skuteczność międzynarodowa Średnia liczba goli strzelonych w meczach międzynarodowych	0,37	0,4	0,5	0,57	0,6	0,6	0,69	0,7	0,72	0,84	Pelé
Tytuły klubowe Tytuły klubowe według znaczenia (rozgrywki kontynentalne, ligowe, pucharowe) ●	0 1 0	1	0 11 10	1 3 3	2 7 0	2 9 2	3 10 7	3 10 10	4 10 6	5 7 5	Ronaldo
Znaczenie Odsetek wygranych meczów ligi krajowej, w których zawodnik uczestniczył ▲	0	15	26,47	38,46	47,06	50	57,14	75	85,71	100	Maradona
Tytuły międzynarodowe Tytuły międzynarodowe według znaczenia (Puchar Świata, puchar kontynentalny) ◆	0 0	0 0	0 1	0 3	1 0	1 1	1 4	2 5	2 5	3 0	Pelé
Zawodnik roku Liczba zdobytych nagród ✗	1	1	2	2	3	3	5	6	6	7	Pelé

MIEJSCE +

Sawa · Hamm · Wambach · Cruyff · Maradona · Messi · Marta · Ronaldo · Prinz

10 · 9 · 8 · 7 · 6 · 5 · 4 · 3 · 2 · **1 Pelé**

● Ranking według tytułów kontynentalnych (np. Liga Mistrzów UEFA), krajowych tytułów ligowych (np. La Liga) i krajowych zwycięstw w pucharach (np. Copa del Rey) ▲ Z klubem, w którym gracz zdobył najwięcej krajowych tytułów ligowych ◆ Ranking według tytułów Pucharu Świata i pucharu kontynentalnego ✗ W przypadku mężczyzn jest to nagroda Złotej Piłki. Chociaż do 1995 roku dotyczyła tylko graczy europejskich, w 2016 zwycięzcy zostali ponownie przeliczeni, żeby z mocą wsteczną uwzględnić też graczy spoza Europy. W przypadku kobiet jest to najlepsza piłkarka roku według FIFA. W przypadku remisu wyższą pozycję zajmuje zawodnik, który częściej lokował się na drugim miejscu + Cruyff i Wambach mają taki sam łączny wynik. Cruyff plasuje się wyżej jako zdobywca większej liczby tytułów krajowych i międzynarodowych

Kto jest najlepszy ze wszystkich?

Zestawiamy zawodników z najwyższą łączną oceną w ich dyscyplinach sportu, żeby znaleźć absolutnie najlepszego z najlepszych.

1

Michael Phelps

Ur. **30 czerwca 1985**
Baltimore, USA

Największa gwiazda i absolutny zwycięzca to Michael Phelps. 23 złote medale olimpijskie w ciągu pięciu igrzysk dowodzą jego dominacji i wyjątkowej długości kariery. Chyba każdy z tym się zgodzi.

2

Pelé

Ur. **23 października 1940**
Três Corações, Brazylia

Rywalizacja o miano najlepszego piłkarza była ostra, ale trzy złote medale Pucharu Świata i 1279 goli strzelonych w 1363 meczach (nie wliczając bramki zdobytej w filmie *Ucieczka do zwycięstwa*) zapewniają Pelému drugie miejsce na naszej liście.

3

Trischa Zorn

Ur. **1 czerwca 1964**
Orange, USA

Zorn jest najznakomitszą paraolimpijką. Niewidoma od urodzenia, przywiozła jako pływaczka siedmiu igrzysk paraolimpijskich 55 złotych medali, z czego aż 12 zdobyła w Seulu w 1988 roku.

4

Martina Navrátilová
Ur. **18 października 1956,**
Praga, Czechosłowacja

Mało kto ma szansę zająć w swojej dyscyplinie taką pozycję. Navrátilová w trakcie kariery odniosła 344 zwycięstwa i ponad sześć lat zajmowała pierwsze miejsce w światowym rankingu.

5

Tiger Woods
Ur. **30 grudnia 1975**
Cypress, USA

Chyba nikt nie powtórzy nigdy kariery Woodsa, od wygrania turnieju Masters w wieku 21 lat po powrót tamże w zielonej marynarce w 2019 roku.

6

Lewis Hamilton
Ur. **7 stycznia 1985**
Stevenage, Wielka Brytania

Hamilton pobił już wszelkie rekordy w Formule 1, ale w dalszym ciągu jeździ i nie wiadomo, jak wysoko jeszcze podniesie próg trudności.

7

Garfield Sobers
Ur. **28 lipca 1936**
Bridgetown, Barbados

Kapitan reprezentacji Indii Zachodnich w krykiecie i wszechstronny gracz o swobodnym, agresywnym stylu, który wciąż naśladują wielbiciele nowoczesnej gry.

8

Amanda Serrano
Ur. **9 października 1985**
Carolina, Portoryko

Portorykańska leworęczna pięściarka, bezkonkurencyjna w tym, że dzierży dziewięć tytułów mistrzowskich w siedmiu kategoriach wagowych.

Jak to zrobiliśmy: Policzyliśmy wyniki każdego ze sportowców w skali 1–10, 10 punktów za 1 miejsce, 9 za 2 itd. Zdobywając 1 miejsce w czterech kategoriach i zajmując 3, 4 i 5 miejsce w pozostałych, Michael Phelps uzyskał łącznie 61 punktów

Dlaczego Muhammad Ali był taki wspaniały?

Muhammad Ali nazwał sam siebie „największym", po czym to zrealizował, stając się najbardziej znaczącym i wpływowym sportowcem XX wieku. Przyglądamy się karierze legendarnego pięściarza.

Jak to zrobiliśmy: Na liście po prawej stronie przedstawiliśmy 61 walk w karierze Alego, uwzględniając jego przeciwników, rok i liczbę rund. Krzywe przebiegające po obu stronach listy reprezentują szacunkowe dane na temat publiczności oraz wynagrodzenia, które Ali otrzymał. Poniższa grafika ukazuje liczbę ciosów zadanych podczas najsłynniejszej walki, „bijatyki w dżungli", w 1974 roku.

Źródła: BoxRec, Greatest of All Time: A Tribute to Muhammad Ali

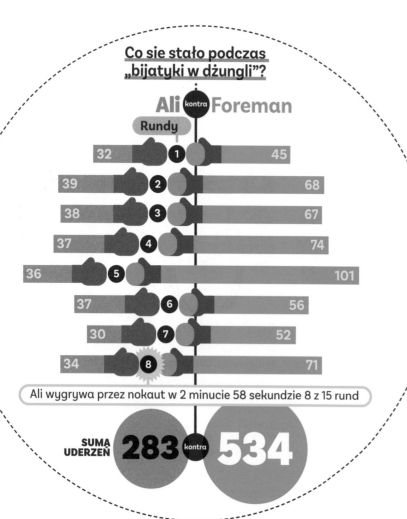

Co się stało podczas „bijatyki w dżungli"?

Ali kontra **Foreman**

Rundy

Runda	Ali	Foreman
1	32	45
2	39	68
3	38	67
4	37	74
5	36	101
6	37	56
7	30	52
8	34	71

Ali wygrywa przez nokaut w 2 minucie 58 sekundzie 8 z 15 rund

SUMA UDERZEŃ 283 kontra 534

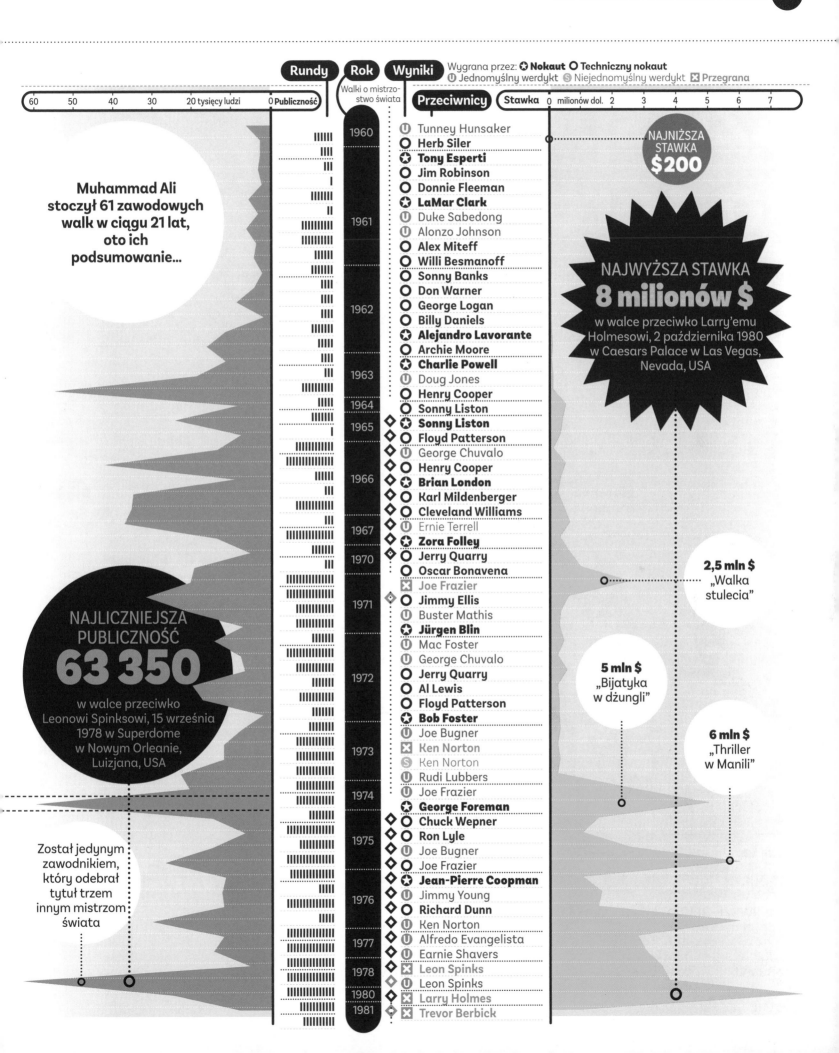

Rundy **Rok** **Wyniki**

Wygrana przez: ✪ **Nokaut** ⓞ Techniczny nokaut
ⓤ **Jednomyślny werdykt** ⓢ Niejednomyślny werdykt ☒ Przegrana

60 50 40 30 20 tysięcy ludzi 0 **Publiczność**

Walki o mistrzostwo świata

Przeciwnicy Stawka 0 milionów dol. 2 3 4 5 6 7

Muhammad Ali stoczył 61 zawodowych walk w ciągu 21 lat, oto ich podsumowanie...

NAJNIŻSZA STAWKA **$200**

NAJWYŻSZA STAWKA **8 milionów $**
w walce przeciwko Larry'emu Holmesowi, 2 października 1980 w Caesars Palace w Las Vegas, Nevada, USA

NAJLICZNIEJSZA PUBLICZNOŚĆ **63 350**
w walce przeciwko Leonowi Spinksowi, 15 września 1978 w Superdome w Nowym Orleanie, Luizjana, USA

2,5 mln $ „Walka stulecia"

5 mln $ „Bijatyka w dżungli"

6 mln $ „Thriller w Manili"

Został jedynym zawodnikiem, który odebrał tytuł trzem innym mistrzom świata

Rok	Przeciwnicy
1960	ⓤ Tunney Hunsaker
	ⓞ Herb Siler
	✪ **Tony Esperti**
	ⓞ Jim Robinson
	ⓞ Donnie Fleeman
	✪ **LaMar Clark**
1961	ⓤ Duke Sabedong
	ⓤ Alonzo Johnson
	ⓞ Alex Miteff
	ⓞ Willi Besmanoff
	ⓞ Sonny Banks
	ⓞ Don Warner
1962	ⓞ George Logan
	ⓞ Billy Daniels
	✪ **Alejandro Lavorante**
	ⓞ Archie Moore
1963	✪ **Charlie Powell**
	ⓤ Doug Jones
	ⓞ Henry Cooper
1964	ⓞ Sonny Liston
1965	✪ **Sonny Liston**
	ⓞ Floyd Patterson
	ⓤ George Chuvalo
1966	ⓞ Henry Cooper
	✪ **Brian London**
	ⓞ Karl Mildenberger
	ⓞ Cleveland Williams
1967	ⓤ Ernie Terrell
	✪ **Zora Folley**
1970	ⓞ Jerry Quarry
	ⓞ Oscar Bonavena
	☒ Joe Frazier
1971	ⓞ Jimmy Ellis
	ⓤ Buster Mathis
	✪ **Jürgen Blin**
	ⓤ Mac Foster
	ⓤ George Chuvalo
1972	ⓞ Jerry Quarry
	ⓞ Al Lewis
	ⓞ Floyd Patterson
	✪ **Bob Foster**
	ⓤ Joe Bugner
1973	☒ Ken Norton
	ⓢ Ken Norton
	ⓤ Rudi Lubbers
1974	ⓤ Joe Frazier
	✪ **George Foreman**
	ⓞ Chuck Wepner
1975	ⓞ Ron Lyle
	ⓤ Joe Bugner
	ⓞ Joe Frazier
	✪ **Jean-Pierre Coopman**
1976	ⓤ Jimmy Young
	ⓞ **Richard Dunn**
	ⓤ Ken Norton
1977	ⓤ Alfredo Evangelista
	ⓤ Earnie Shavers
1978	☒ Leon Spinks
	ⓤ Leon Spinks
1980	☒ **Larry Holmes**
1981	☒ Trevor Berbick

Czy sportowcy są coraz lepsi?

Kiedy Johnny Hayes przebiegł maraton w czasie krótszym niż trzy godziny na igrzyskach olimpijskich w 1908 roku, uznano to za przełomowe osiągnięcie. Ale od tego czasu sportowcy naprawdę sporo dokonali. Pokazujemy, o ile szybciej biegają gwiazdy lekkiej atletyki, o ile wyżej skaczą, o ile więcej rzucają, od początku historii rekordów sportowych...

Jak to zrobiliśmy: Wykres słupkowy pokazuje różnicę między pierwszym oficjalnym rekordzistą w sześciu konkurencjach lekkoatletycznych (na białym podium) a oficjalnymi rekordzistami świata wedle stanu na 31 grudnia 2020 (na czerwonym podium). Podaliśmy daty ustanowienia rekordu i kraje, które reprezentowali ci sportowcy.

Źródło: World Athletics

Kipchoge osiągnął w październiku 2019 nieoficjalny czas 01:59,40, co oznacza, że był o prawie **32% szybszy** niż Hayes w 1908

▼ AKTUALNE OFICJALNE REKORDY ŚWIATA

16.07.1988
Florence Griffith-Joyner
USA
⏱ 10,49 s

16.08.2009
Usain Bolt
JAM
⏱ 9,58 s

14.07.1998
Hicham El Guerrouj
MAR
⏱ 3 min 26 s

17.07.2015
Genzebe Dibaba
ETH
⏱ 3 min 50,07 s

16.09.2018
Eliud Kipchoge
KEN
⏱ 2 h 01 min 39 s

13.10.2019
Brigid Kosgei
KEN
⏱ 2 h 14 min 4 s

+10% +23% +13% +11% +31% +39%

M	100 METRÓW	K
M	1500 METRÓW	K
M	MARATON	K

▼ PIERWSZE OFICJALNE REKORDY ŚWIATA

6.07.1912	5.081922	6.08.1912	3.06.1967	24.06.1908	3.10.1926
Donald Lippincott	**Marie Mejzliková II**	**Abel Kiviat**	**Anne Smith**	**Johnny Hayes**	**Violet Piercy**
USA	CZE	USA	GBR	USA	GBR
⏱ 10,6 s	⏱ 13,6 s	⏱ 3 min 55,08 s	⏱ 4 min 17,3 s	⏱ 2 h 55 min 18 s	⏱ 3 h 40 min 22 s

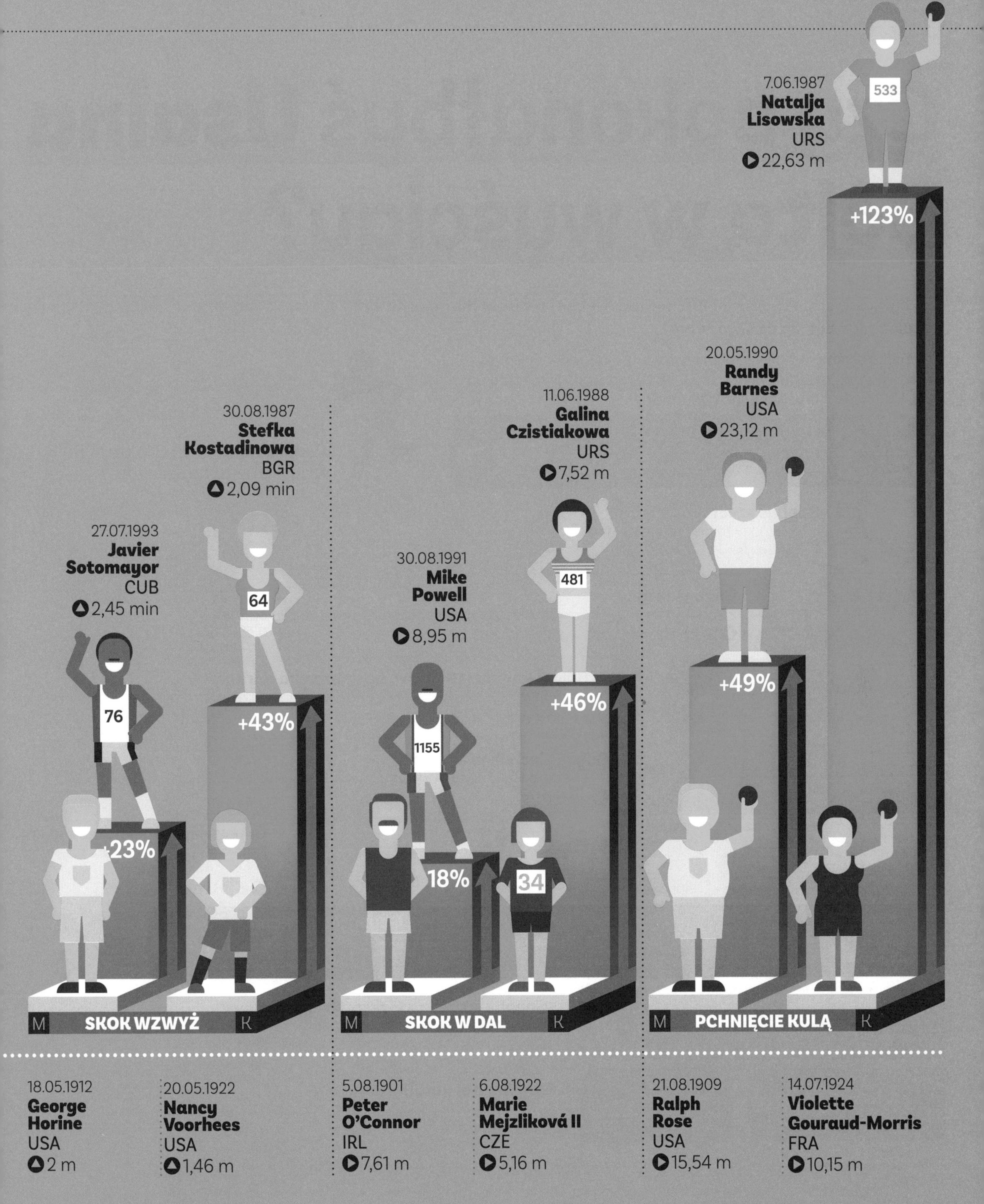

7.06.1987
Natalja Lisowska
URS
▶ 22,63 m

533

+123%

30.08.1987
Stefka Kostadinowa
BGR
▲ 2,09 min

20.05.1990
Randy Barnes
USA
▶ 23,12 m

11.06.1988
Galina Czistiakowa
URS
▶ 7,52 m

27.07.1993
Javier Sotomayor
CUB
▲ 2,45 min

64

+43%

76

+23%

30.08.1991
Mike Powell
USA
▶ 8,95 m

481

+46%

1155

18%

34

+49%

M **SKOK WZWYŻ** K

M **SKOK W DAL** K

M **PCHNIĘCIE KULĄ** K

18.05.1912
George Horine
USA
▲ 2 m

20.05.1922
Nancy Voorhees
USA
▲ 1,46 m

5.08.1901
Peter O'Connor
IRL
▶ 7,61 m

6.08.1922
Marie Mejzlíková II
CZE
▶ 5,16 m

21.08.1909
Ralph Rose
USA
▶ 15,54 m

14.07.1924
Violette Gouraud-Morris
FRA
▶ 10,15 m

Czy pokonałbyś Usaina Bolta w wyścigu?

Czy byłbyś w stanie pokonać 100 metrów szybciej niż legendarny sprinter?
To zależy, jak byś się do tego zabrał...

Jak to zrobiliśmy: Poniższe paski reprezentują proporcjonalnie dystans, który można pokonać w 9,58 sekundy, czyli rekordowy czas Usaina Bolta w biegu na 100 metrów.

100 m

16.08.2009
Usain Bolt, Stadion Olimpijski, Berlin
▶ 10,44 metra na sekundę

12,84 m

Gdybyś szedł
Przeciętna prędkość zdrowego dorosłego piechura
▶ 1,34 m/s

27,69 m

Gdybyś biegł
Przeciętna prędkość zdrowego dorosłego uczestnika biegu parkowego na 5 km
▶ 2,89 m/s

56,43 m

Gdyby Rommel Griffith biegł z tobą na barana
Rekord świata w biegu na 100 metrów na barana
▶ 5,89 m/s

51,35 m

Gdybyś jechał na rowerze
Przeciętny zdrowy dorosły rowerzysta rozwija prędkość
▶ 5,36 m/s

82,20 m

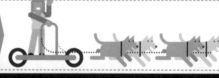

Gdybyś jechał psim zaprzęgiem
Rekord świata w wyścigu z czterema psami na 100 metrów
▶ 8,58 m/s

Gdyby jechał konno
Przeciętna prędkość konia Secretariata podczas gonitwy Kentucky Derby **161,42 m**
▶ 16,85 m/s

66,49 m

Gdybyś jechał na elektrycznej hulajnodze
Maksymalna prędkość modelu Segway Ninebot KickScooter MAX G30
▶ 6,94 m/s

39,66 m

Gdybyś jechał autobusem
Przeciętna prędkość londyńskiego autobusu
▶ 4,14 m/s

Źródła: Britannica, *Księga rekordów Guinnessa*, Newark & Sherwood District Council, ParkRun, Segway, Transport for London, Uniwersytet Michigan, World Athletics

Kto jest lepszy w piłce nożnej, mężczyźni czy kobiety?

Męska odmiana piłki nożnej cieszy się większą popularnością, ale czy zasłużenie?
Oto porównanie dwóch niedawnych imprez o światowym zasięgu.

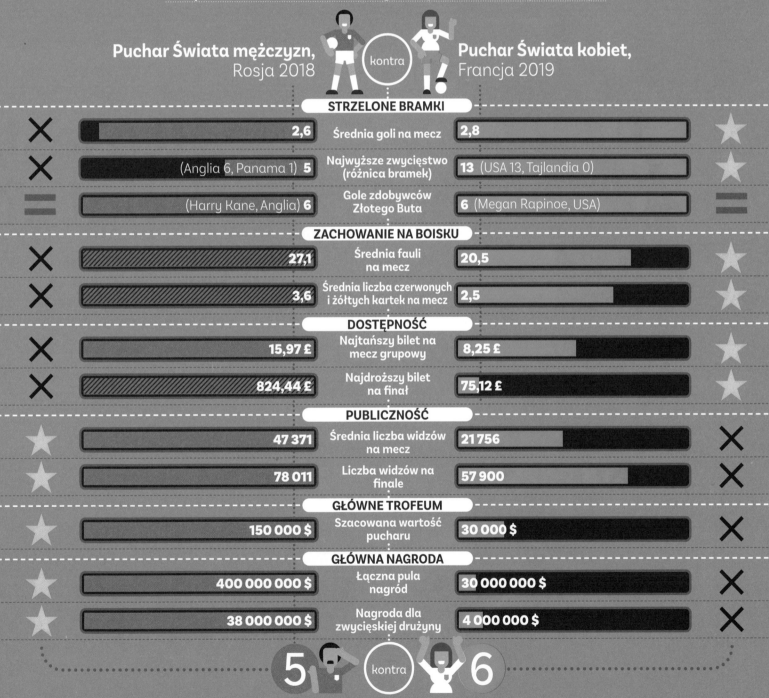

Puchar Świata mężczyzn, Rosja 2018 — kontra — **Puchar Świata kobiet,** Francja 2019

STRZELONE BRAMKI

	Mężczyźni	Kategoria	Kobiety	
✕	2,6	Średnia goli na mecz	2,8	★
✕	(Anglia 6, Panama 1) 5	Najwyższe zwycięstwo (różnica bramek)	13 (USA 13, Tajlandia 0)	★
=	(Harry Kane, Anglia) 6	Gole zdobywców Złotego Buta	6 (Megan Rapinoe, USA)	=

ZACHOWANIE NA BOISKU

✕	27,1	Średnia fauli na mecz	20,5	★
✕	3,6	Średnia liczba czerwonych i żółtych kartek na mecz	2,5	★

DOSTĘPNOŚĆ

✕	15,97 £	Najtańszy bilet na mecz grupowy	8,25 £	★
✕	824,44 £	Najdroższy bilet na finał	75,12 £	★

PUBLICZNOŚĆ

★	47 371	Średnia liczba widzów na mecz	21 756	✕
★	78 011	Liczba widzów na finale	57 900	✕

GŁÓWNE TROFEUM

★	150 000 $	Szacowana wartość pucharu	30 000 $	✕

GŁÓWNA NAGRODA

★	400 000 000 $	Łączna pula nagród	30 000 000 $	✕
★	38 000 000 $	Nagroda dla zwycięskiej drużyny	4 000 000 $	✕

5 — kontra — 6

Jak to zrobiliśmy: Porównaliśmy dane w 12 kategoriach, przyznając punkt zwycięzcy w każdej z nich. Różnica między stronami jest pokazana proporcjonalnie, z większą liczbą zajmującą cały pasek. Jeśli większa liczba reprezentuje atrybut ujemny (np. cenę biletu), pasek jest ukośnie liniowany.

Źródła: BBC, fifa.com

Kto jest mistrzem świata?

Prawie każda znacząca dyscyplina sportu, jak i trochę pomniejszych, ma międzynarodowe mistrzostwa pozwalające ustalić najlepszych zawodników na świecie. Który kraj dzierży obecnie najwięcej tytułów mistrzowskich?

Jak to zrobiliśmy: Wzięliśmy pod uwagę najbardziej prestiżowe mistrzostwa międzynarodowe w każdym sporcie. Wykluczyliśmy wersje halowe sportów na otwartym powietrzu oraz turnieje, na które kraje mogą wysłać więcej niż jedną drużynę (np. zespoły A i B). Tworzony przez różne kraje zbiorczy zespół Indii Zachodnich uznawany jest jedynie w rozgrywkach krykieta.

Źródła: BBC, Britannica, CBS, Fifa, Floorball Today, Huffington Post, ICC, Inside the Games, „Japan Times", prokabaddi.com, Sky Sports, „The Guardian", worldcurling.org

* Wedle stanu z 31 grudnia 2020

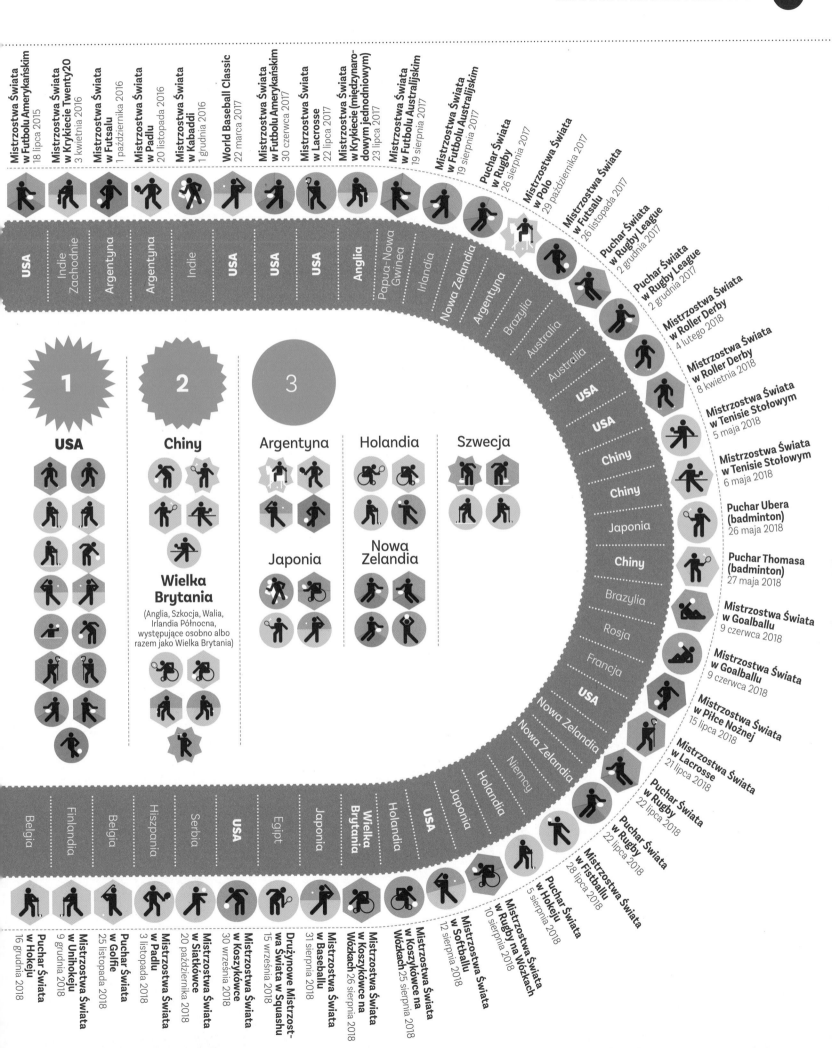

AMERYKA
PÓŁNOCNA

Kto zdobywa medale na olimpiadach i paraolimpiadach?

AMERYKA
POŁUDNIOWA

Igrzyska olimpijskie i paraolimpijskie to największe imprezy sportowe na świecie. Które kraje nie zdobyły jeszcze na nich medalu? Przyjrzyjmy się statystykom osiągnięć z ostatnich stu lat i zobaczmy, jak to wygląda.

Jak to zrobiliśmy: Na mapie zaznaczono kraje i terytoria, których reprezentanci zdobyli złoty, srebrny lub brązowy medal na igrzyskach olimpijskich (zimowych albo letnich) lub paraolimpijskich w latach 1896–2018.

Źródła: olympic.org, olympedia.org, paralympic.org

Ci zdobyli medal
Kraje lub terytoria, które zdobyły złoto, srebro albo brąz na zimowych i letnich igrzyskach olimpijskich lub na igrzyskach paraolimpijskich w latach 1896–2018

Ci nie mają jeszcze medalu
Kraje lub terytoria, które nie zdobyły żadnego medalu na zimowych i letnich igrzyskach olimpijskich ani na igrzyska paraolimpijskich w latach 1896–2018

A co ze sztuką?
Chociaż mapa dotyczy jedynie medali uzyskanych w zawodach sportowych, należy wspomnieć, że w latach 1912–1948 na olimpiadach przyznawano też medale w dziedzinach artystycznych. Jedyny kraj, który zdobył taką nagrodę i nie ma dotąd sportowego medalu olimpijskiego, to Monako, które w 1924 roku otrzymało brąz w dziedzinie architektury.

EUROPA
A

AFRYKA

AZJA

B

AUSTRALIA
I OCEANIA

NAJMNIEJSZY KRAJ, KTÓRY ZDOBYŁ MEDAL:
LICHTENSTEIN Ⓐ 38 019 MIESZKAŃCÓW

Z ludnością równą jednej czwartej liczby mieszkańców wyspy Wight Lichtenstein jest najmniejszym krajem, który może pochwalić się zdobyciem medali olimpijskich i paraolimpijskich. Jego sukcesy wiążą się ze śniegiem i lodem – zdobył dwa złote, dwa srebrne i sześć brązowych medali na zimowych olimpiadach oraz brązowy medal na zimowych igrzyskach paraolimpijskich. Siedem z tych dziesięciu medali zdobyli członkowie tej samej rodziny.

✕ NAJWIĘKSZY KRAJ BEZ MEDALU:
BANGLADESZ Ⓑ 163 046 161 MIESZKAŃCÓW

Bangladesz to największy kraj, którego sportowiec nie stanął jeszcze na podium podczas olimpiady ani paraolimpiady. Do czasu olimpiady w Tokio Bangladesz wysłał na igrzyska tylko 38 olimpijczyków i dwóch paraolimpijczyków. Najlepiej spośród nich sprawił się Abdullah Hel Baki, który w 2016 ukończył konkurencję męskiego strzelania z wiatrówki jako 25 na 50 zawodników.

Indeks Rozwoju Społecznego (SPI)	Global Gender Gap Report	World Happiness Report	Globalny Indeks Innowacji	Environmental Performance Index	Global Peace Index
Uwzględnia takie kryteria jak m.in. opieka medyczna, odżywianie, stan sanitarny, edukacja i wolność polityczna	Skupia się na postępie w podejściu do zagadnień płci, parytetach płci w edukacji, opiece medycznej, polityce i gospodarce	Uwzględnia rozmaite czynniki związane z dobrym samopoczuciem, takie jak długość życia, dochód, pomoc socjalna i wolność	Skupia się na poziomie badań naukowych, rozwoju nauki i współpracy przemysłu z nowoczesnymi instytucjami naukowymi	Ocenia takie czynniki jak jakość powietrza, zarządzanie rybołówstwem, emisje CO_2 i bioróżnorodność	Bierze pod uwagę zaangażowanie w trwające konflikty krajowe i międzynarodowe, militaryzację i wpływ terroryzmu

	SPI	Gender Gap	Happiness	Innowacji	Environmental	Peace
1	Norwegia	Islandia	Finlandia	Szwajcaria	Dania	Islandia
2	Dania	Norwegia	Dania	Szwecja	Luksemburg	Nowa Zelandia
3	Finlandia	Finlandia	Szwajcaria	USA	Szwajcaria	Portugalia
4	Nowa Zelandia	Szwecja	Islandia	Wielka Brytania	Wielka Brytania	Austria
5	Szwecja	Nikaragua	Norwegia	Holandia	Francja	Dania
6	Szwajcaria	Nowa Zelandia	Holandia	Dania	Austria	Kanada
7	Kanada	Irlandia	Szwecja	Finlandia	Finlandia	Singapur
8	Australia	Hiszpania	Nowa Zelandia	Singapur	Szwecja	Czechy
9	Islandia	Rwanda	Austria	Niemcy	Norwegia	Japonia
10	Holandia	Niemcy	Luksemburg	Korea Południowa	Niemcy	Szwajcaria

LICZBA KRAJÓW NA DANEJ LIŚCIE

	SPI	Gender Gap	Happiness	Innowacji	Environmental	Peace
	163	153	153	131	180	163

NAJGORSZE

SPI	Gender Gap	Happiness	Innowacji	Environmental	Peace
Gwinea	Oman	Indie	Zambia	Burundi	Rosja
Afganistan	Liban	Malawi	Mali	Czad	RŚ
● DR Konga	Arabia Saudyjska	Jemen	Mozambik	Wyspy Salomona	DR Konga
Niger	Czad	Botswana	Togo	Madagaskar	Libia
Burundi	Iran	Tanzania	Benin	Gwinea	Somalia
Somalia	DR Konga	RŚ	Etiopia	*WKS	Jemen
Erytrea	Syria	Rwanda	Niger	Sierra Leone	Sudan Płd.
▲ RŚ	Pakistan	Zimbabwe	Mjanma	Afganistan	Irak
Czad	Irak	Sudan Płd.	Gwinea	Mjanma	Syria
Sudan Płd.	Jemen	Afganistan	Jemen	Liberia	Afganistan

● Demokratyczna Republika Konga
▲ Republika Środkowoafrykańska
* Wybrzeże Kości Słoniowej

W którym kraju żyje się najlepiej?

Norwegia jest postępowa, Islandia spokojna, a Nowa Zelandia wolna od korupcji. Ale czy jest kraj, który łączy te wszystkie cechy i jak żaden inny nadaje się przez to do życia? I gdzie jest najgorzej?

Jak to zrobiliśmy: Przydzieliliśmy punkty dziesięciu krajom znajdującym się na szczycie i na dole każdej z list. Ostatecznie wyniki opierają się na zsumowanej punktacji wziętych pod uwagę krajów. W przypadku remisu wyżej plasują się te, które w zestawieniu z roku na rok poprawiają swoją pozycję. W przypadku dalszego remisu braliśmy pod uwagę pozostałe, wyższe lub niższe miejsca zajmowane na szczegółowych listach. Nie wszystkie kraje świata pojawiają się na naszej liście.

Good Country Index

Ocenia działania kraju na rzecz globalnego pokoju, kultury, dobrobytu, zdrowia, ochrony klimatu i równouprawnienia

World Press Freedom Index

Ocenia pluralizm, niezależność mediów, jakość prawnych ram ich działania i bezpieczeństwo dziennikarzy

Corruption Perception Index

Ocenia jakość procesów zarządzania, środowisko biznesowe, wolność osobistą i kapitał społeczny

Democracy Index

Opiera się na 60 wskaźnikach ujętych w pięciu kategoriach, określających pluralizm, swobody obywatelskie i kulturę polityczną

CZOŁOWA DZIESIĄTKA

Good Country Index	World Press Freedom Index	Corruption Perception Index	Democracy Index		Czołowa dziesiątka
Szwecja	Norwegia	Nowa Zelandia	Norwegia		**Dania** ①
Dania	Finlandia	Dania	Islandia		**Finlandia** ②
Niemcy	Dania	Finlandia	Szwecja		**Szwecja** ③
Kanada	Szwecja	Szwajcaria	Nowa Zelandia		Norwegia ④
Holandia	Holandia	Singapur	Finlandia		Szwajcaria ⑤
Finlandia	Jamajka	Szwecja	Irlandia		Nowa Zelandia ⑥
Francja	Kostaryka	Norwegia	Kanada		Islandia ⑦
Wielka Brytania	Szwajcaria	Holandia	Dania		Holandia ⑧
Hiszpania	Nowa Zelandia	Niemcy	Australia		Kanada ⑨
Norwegia	Portugalia	Luksemburg	Szwajcaria		Wielka Brytania ⑩

149	180	180	167		
Mali	Kuba	DR Konga	Jemen		Czad
Bahamy	Laos	Korea Północna	Tadżykistan		Korea Północna
Papua-Nowa Gwinea	Iran	Afganistan	Arabia Saudyjska		DR Konga
Gabon	Syria	Sudan	Gwinea Równikowa		Irak
Burundi	Wietnam	Gwinea Równikowa	Turkmenistan		Gwinea
Irak	Dżibuti	Wenezuela	Czad		RŚ
Mauretania	Chiny	Jemen	Syria		Afganistan
Gwinea	Erytrea	Syria	RŚ		Sudan Płd.
Jemen	Turkmenistan	Sudan Płd.	DR Konga		Syria
Libia	Korea Płn.	Somalia	Korea Płn.		Jemen

NAJGORSZE ▼

OSTATNIA DZIESIĄTKA

W którym mieście najlepiej się bawią?

Zestawiamy liczbę uczestników z liczbą mieszkańców, żeby dać pojęcie o frekwencji podczas największych imprez w niektórych światowych stolicach kultury.

Jak to zrobiliśmy: ⚙ Zestawiliśmy **średnią liczbę uczestników** największej imprezy miasta z **liczbą jego mieszkańców** ●

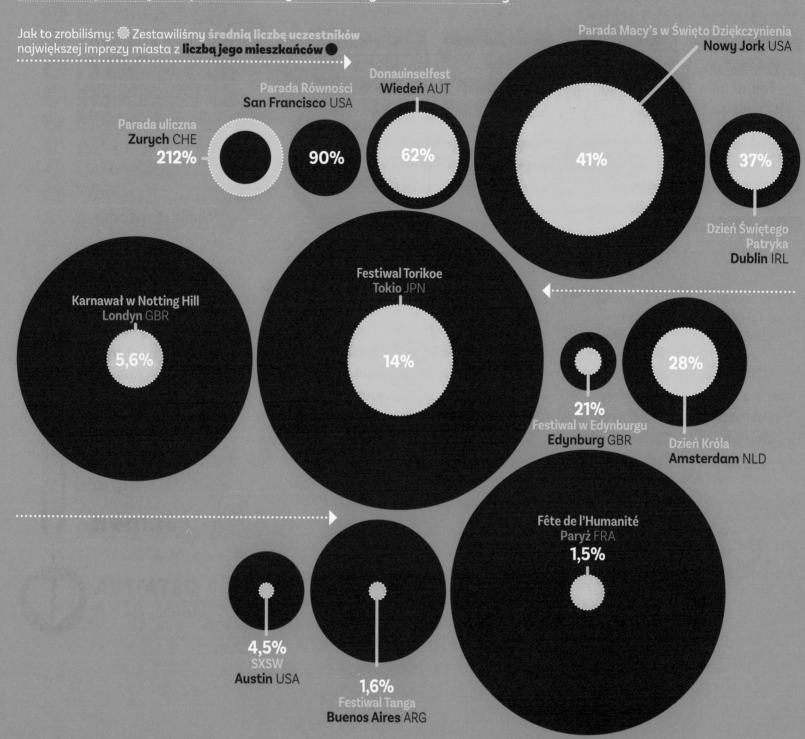

Parada uliczna
Zurych CHE
212%

Parada Równości
San Francisco USA
90%

Donauinselfest
Wiedeń AUT
62%

Parada Macy's w Święto Dziękczynienia
Nowy Jork USA
41%

37%
Dzień Świętego Patryka
Dublin IRL

Karnawał w Notting Hill
Londyn GBR
5,6%

Festiwal Torikoe
Tokio JPN
14%

21%
Festiwal w Edynburgu
Edynburg GBR

28%
Dzień Króla
Amsterdam NLD

Fête de l'Humanité
Paryż FRA
1,5%

4,5%
SXSW
Austin USA

1,6%
Festiwal Tanga
Buenos Aires ARG

Źródło: World Cities Culture Forum

Kto jest gotów na piknik?

Zurych wie, jak się bawić, ale jeśli chcecie rozłożyć koc i wyjąć przekąski, to najlepiej jedźcie do Dublina.

Jak to zrobiliśmy: Sprawdziliśmy, ile powszechnie dostępnych terenów zielonych mają miasta z poprzedniej strony. Na rysunku każdy zielony kwadrat odpowiada metrowi kwadratowemu publicznych parków i ogrodów, przypadającemu na głowę mieszkańca.

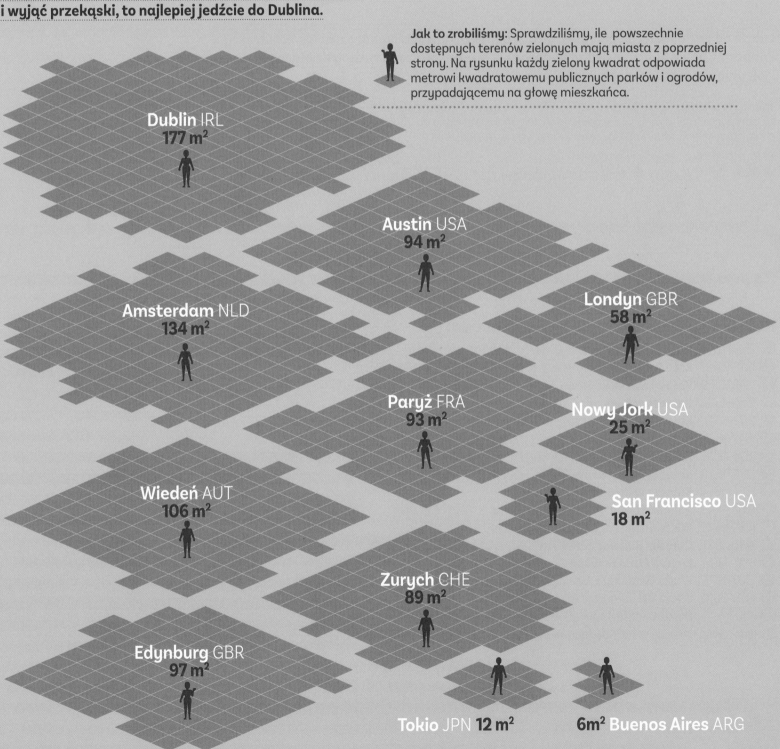

Dublin IRL
177 m²

Austin USA
94 m²

Londyn GBR
58 m²

Amsterdam NLD
134 m²

Paryż FRA
93 m²

Nowy Jork USA
25 m²

Wiedeń AUT
106 m²

San Francisco USA
18 m²

Zurych CHE
89 m²

Edynburg GBR
97 m²

Tokio JPN **12 m²**

6m² Buenos Aires ARG

Źródło: World Cities Culture Forum

Jakie były najwyższe budowle różnych epok?

Ludzie od co najmniej pięciu tysięcy lat pragnęli budować sięgające niebios konstrukcje. Zobaczmy, jakie były najwyższe budowle na świecie, do czego służyły dzieła ich budowniczych i jak długo utrzymywały prymat. Nieźle, Giza.

Jak to zrobiliśmy: Na osi czasu uwzględniliśmy najwyższe wolno stojące konstrukcje (w tym pomniki, budynki i wieże telekomunikacyjne) wzniesione od 2560 roku p.n.e., oznaczając je kolorami według ich zasadniczego przeznaczenia:

● Pomniki ● Kościoły i katedry
● Budynki użytkowe ● Wieże telekomunikacyjne

Kto i kiedy dzierżył palmę pierwszeństwa:

1. 2560 p.n.e.–1311 **Wielka Piramida w Gizie**, Egipt, △**146 m** (po erozji w 1647 roku 139 m)
2. 1311–1549 **Katedra w Lincoln**, Anglia, △**160 m** (iglica runęła w 1549 roku)
3. 1549–1569 **Kościół Mariacki**, Stralsund, Niemcy, △**151 m**
4. 1569–1573 **Katedra w Beauvais**, Francja, △**153 m** (iglica runęła w 1573 roku)
3b. 1573–1647 **Kościół Mariacki**, Stralsund, Niemcy, △**151 m** (iglica zniszczona przez piorun w 1647 roku)
5. 1647–1874 **Katedra w Strasburgu**, Francja, △**142 m**
6. 1874–1876 **Kościół św. Mikołaja**, Hamburg, Niemcy, △**147 m**
7. 1876–1880 **Katedra Notre-Dame**, Rouen, Francja, △**151 m**
8. 1880–1884 **Katedra w Kolonii**, Niemcy, △**157 m**
9. 1884–1889 **Pomnik Waszyngtona**, USA, △**169 m**
10. 1889–1930 **Wieża Eiffla**, Paryż, Francja, △**300 m**
11. 1930–1931 **Chrysler Building**, Nowy Jork, USA, △**319 m**
12. 1931–1967 **Empire State Building**, Nowy Jork, USA, △**381 m**
13. 1967–1975 **Wieża Ostankino**, Moskwa, Rosja, △**540 m**
14. 1975–2007 **Wieża CN**, Toronto, Kanada, △**553 m**
15. 2007– **Burdż Chalifa**, Dubaj, ZEA, △**830 m**
16. Planowane otwarcie w 2024 **Jeddah Tower**, Dżuda, Arabia Saud., △**1000 m**

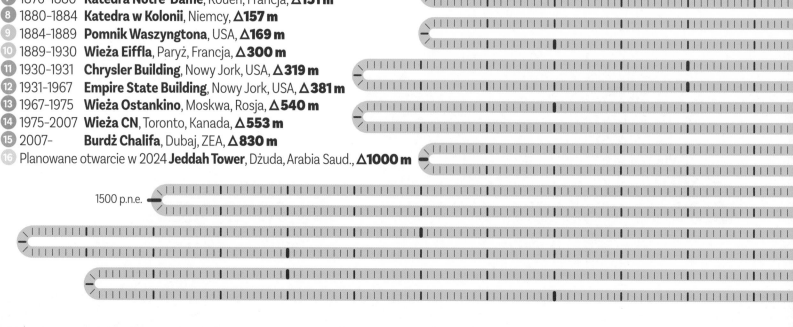

1800

1700

1900

1500 p.n.e.

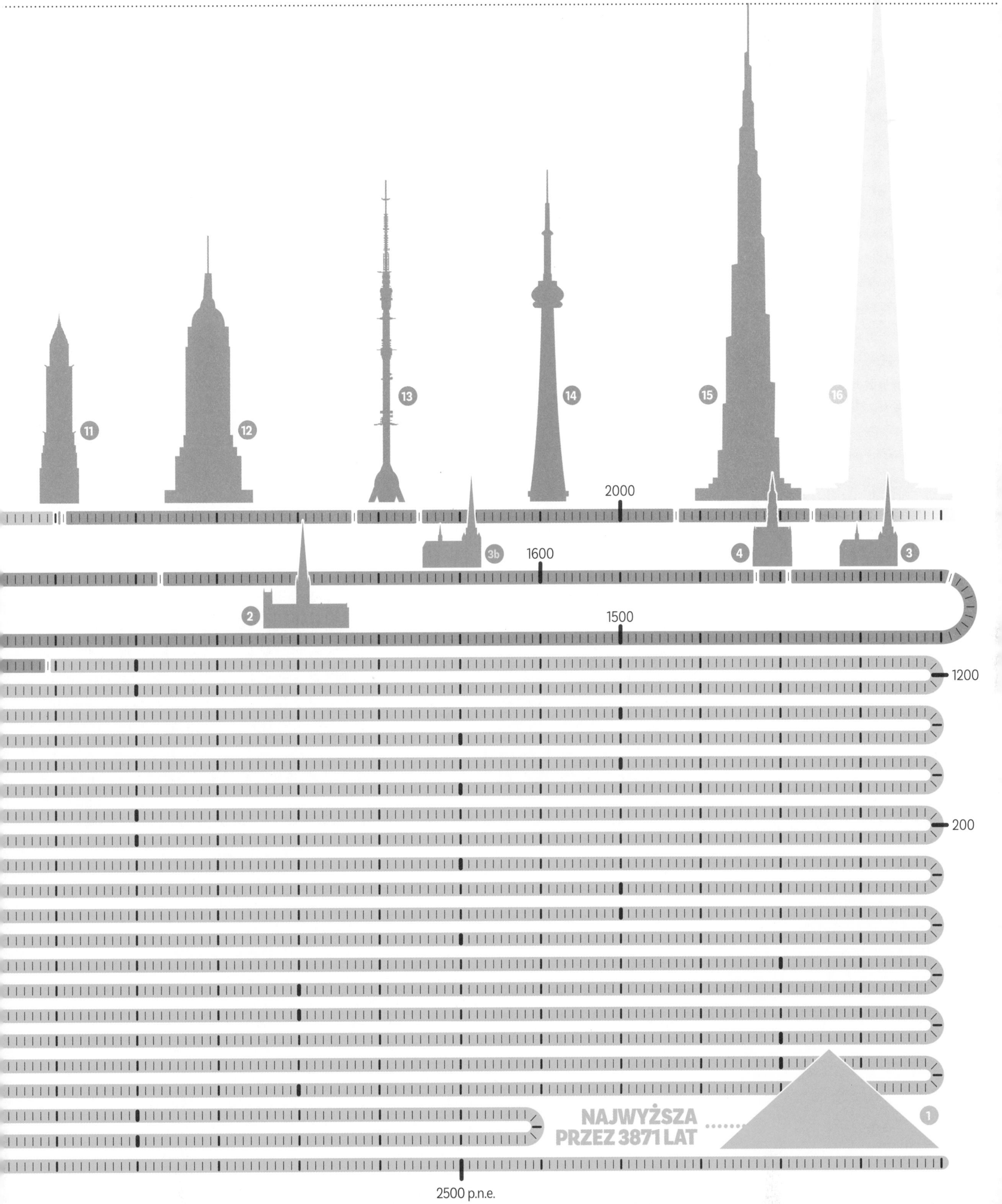

11

12

13

14

15

16

2000

3b

1600

4

3

1500

2

1200

200

NAJWYŻSZA
PRZEZ 3871 LAT

1

2500 p.n.e.

Gdzie dzisiaj są najwyższe budowle?

Chociaż pierwsze drapacze chmur wyrosły w Nowym Jorku i Chicago, dzisiaj więcej znajdziecie ich w Kantonie i Shenzhen, gdyż kolejne chińskie miasta sięgają nieba.

Jak to zrobiliśmy: Wieże zostały przedstawione proporcjonalnie, zgodnie z ich rzeczywistą wysokością, mierzoną do samego czubka, z uwzględnieniem iglic. Dane z 31 grudnia 2020

Tarcza zegara na wieży Abradż al-Bajt jest największa na świecie, jej średnica wynosi **43 metry**, czyli sześć razy więcej niż tarcza Big Bena (na Elizabeth Tower w Londynie)

① Burdż Chalifa △ 830 m
Dubaj, Zjednoczone Emiraty Arabskie, 2010

② Shanghai Tower △ 632 m
Szanghaj, Chiny, 2015

③ Wieża zegarowa Abradż al-Bajt △ 601 m
Mekka, Arabia Saudyjska, 2012

④ Ping An Finance Centre △ 599 m
Shenzhen, Chiny, 2017

⑤ Goldin Finance 117 △ 596 m
Tiencin, Chiny, 2021

⑥ Lotte World Tower △ 556 m
Seul, Korea Południowa, 2016

⑦ One World Trade Center △ 546 m
Nowy Jork, USA, 2014

⑧ CTF Finance Centre △ 530 m
Kanton, Chiny, 2016

⑨ Tianjin Finance Centre △ 530 m
Tiencin, Chiny, 2019

⑩ China Zun △ 528 m
Pekin, Chiny, 2018

600 m

400 m

200 m

Sześć z dziesięciu najwyższych budynków świata znajduje się obecnie w Chinach, które mają więcej drapaczy chmur niż jakikolwiek inny kraj – prawie dwa razy więcej niż USA, Zjednoczone Emiraty Arabskie, Korea Południowa i Japonia razem wzięte.

Pierwsza piątka krajów, które mają budowle liczące ponad 200 metrów:

CHINY 823

USA 220

ZEA 129

KOREA PŁD. 74

JAPONIA 44

Źródło: Council on Tall Buildings and Urban Habitat. Goldin Finance 117, choć zwieńczony iglicą, nie został ukończony

Jakie obiekty są najbardziej popularne?

Oto dziesięć najczęściej fotografowanych obiektów miejskich na świecie.
Co sprawia, że tak bardzo kuszą ludzi?

Jak to zrobiliśmy: Grafika pokazuje proporcjonalną analizę cech dziesięciu obiektów najczęściej przedstawianych na Instagramie według danych z czerwca 2020.

DZIESIĘĆ OBIEKTÓW NAJCZĘŚCIEJ WRZUCANYCH NA INSTAGRAM

Wieża Eiffla ①
Paryż, Francja

Big Ben (Elizabeth Tower) ②
Londyn, Wielka Brytania

Luwr ③
Paryż, Francja

Empire State Building ④
Nowy Jork, USA

Burdż Chalifa ⑤
Dubaj, Zjedn. Emiraty Arabskie

⑥ **Notre-Dame**
Paryż, Francja

⑦ **Bazylika św. Piotra**
Watykan

⑧ **Times Square**
Nowy Jork, USA

⑨ **Sagrada Família**
Barcelona, Hiszpania

⑩ **Koloseum**
Rzym, Włochy

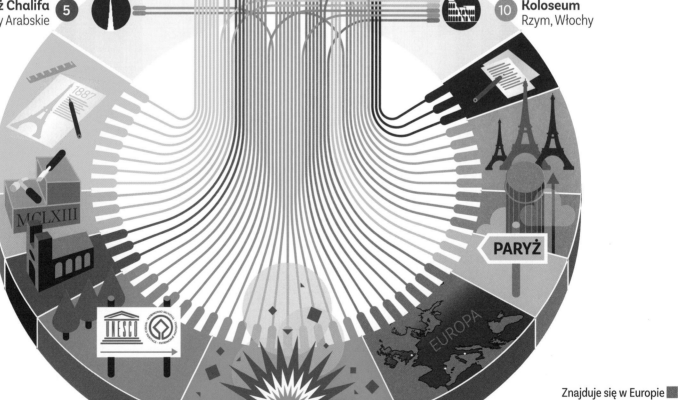

PARYŻ

EUROPA

Ponadstuletnie
Ponadpięćsetletnie
Kościół
Na liście dziedzictwa światowego UNESCO
Zniszczony w jakimś filmie

Znajduje się w Europie
Znajduje się w Paryżu
Kiedyś najwyższa budowla świata
Ma replikę w innym mieście
Na liście 100 najchętniej odwiedzanych obiektów

Źródła: bucketlist.org, Condé Nast Traveller ME, „USA Today"

CZEGO PRAGNIEMY

Pytania o nałogi,
pragnienia i dziwactwa

VOGUE

916 STRON

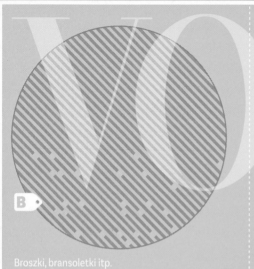

B

Broszki, bransoletki itp.
178 958 $

Kolczyki
72 516 $

**Biżuteria
i zegarki
397 948 $**

Pierścionki
48 819 $

Naszyjniki
69 070 $

Zegarki
31 585 $

C

Suknie
354 195 $

**Spódnice
i suknie
390 872 $**

Spódnice
36 667 $

**Płaszcze i żakiety
263 388 $**

**Podróże
200 000 $**

A

Płaszcze
126 228 $

D

Żakiety i blezery
115 810 $

Peleryny, poncza i kamizelki
21 350 $

**Akcesoria
168 482 $**

Torebki
84 525 $

E

Obróżki,
krawaty i chustki
13 742 $

Kapelusze
12 623 $

Rękawiczki
47 325 $

Inne
10 267 $

Okrycia górne 62 178 $

Swetry
zwykłe
i rozpinane
12 590 $

T-shirty,
podkoszulki
i inne topy
31 081 $

H

Bluzki
i koszule
18 507 $

**Obuwie
61 870 $**

F

G

Zwykłe
spodnie
12 321 $

Marynarki
11 196 $

**Marynarki i spodnie
42 919 $**

Eleganckie spodnie 19 402 $

I

**Różne
22 934 $**

Pantofle
39 686 $

Buty
22 184 $

Domowe itp.
12 142 $

Maski
10 792 $

Ile by kosztowały wszystkie produkty z „Vogue'a"?

Wrześniowy numer „Vogue'a" jest najbardziej znaczącą i wpływową publikacją, która dyktuje style na następny rok, służy za barometr nastrojów rynkowych i wiele mówi o stanie branży odzieżowej i modowej. We wrześniu 2012 musiała być ona w doskonałej kondycji, skoro numer „Vogue'a" osiągnął rekordową objętość 916 stron. Czy twój portfel przetrzymałby jednak próbę skorzystania z oferty magazynu?

Jak to zrobiliśmy: Najpierw zsumowaliśmy wszystkie ceny artykułów prezentowanych w tym rekordowym numerze amerykańskiej edycji „Vogue'a" z września 2012 roku. Podzieliliśmy artykuły na stosowne kategorie na grafice. Przedstawiliśmy najdroższe przedmioty w każdej kategorii razem z ich cenami. Nie braliśmy pod uwagę produktów z zamieszczonych w numerze reklam.

ŁĄCZNA WARTOŚĆ WSZYSTKICH ARTYKUŁÓW Z NAJWIĘKSZEGO NUMERU „VOGUE'A" 1 610 591 $

Wielkie przeboje: Najdroższe artykuły w każdej kategorii

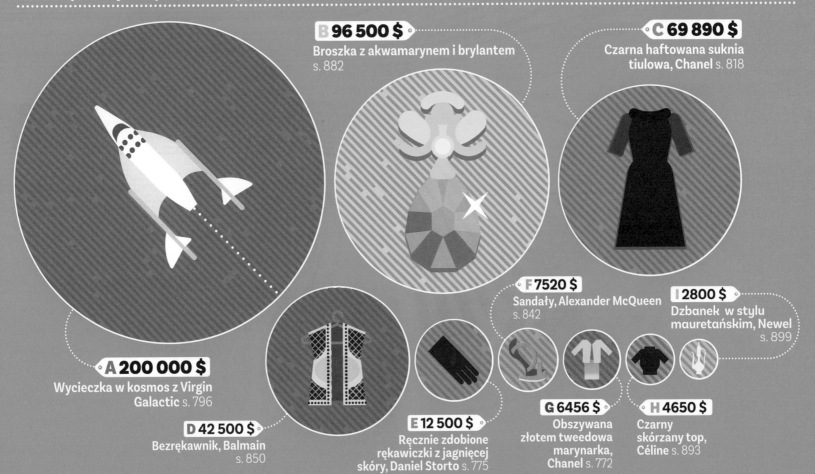

B 96 500 $
Broszka z akwamarynem i brylantem
s. 882

C 69 890 $
Czarna haftowana suknia tiulowa, Chanel s. 818

F 7520 $
Sandały, Alexander McQueen s. 842

I 2800 $
Dzbanek w stylu mauretańskim, Newel s. 899

A 200 000 $
Wycieczka w kosmos z Virgin Galactic s. 796

D 42 500 $
Bezrękawnik, Balmain s. 850

E 12 500 $
Ręcznie zdobione rękawiczki z jagnięcej skóry, Daniel Storto s. 775

G 6456 $
Obszywana złotem tweedowa marynarka, Chanel s. 772

H 4650 $
Czarny skórzany top, Céline s. 893

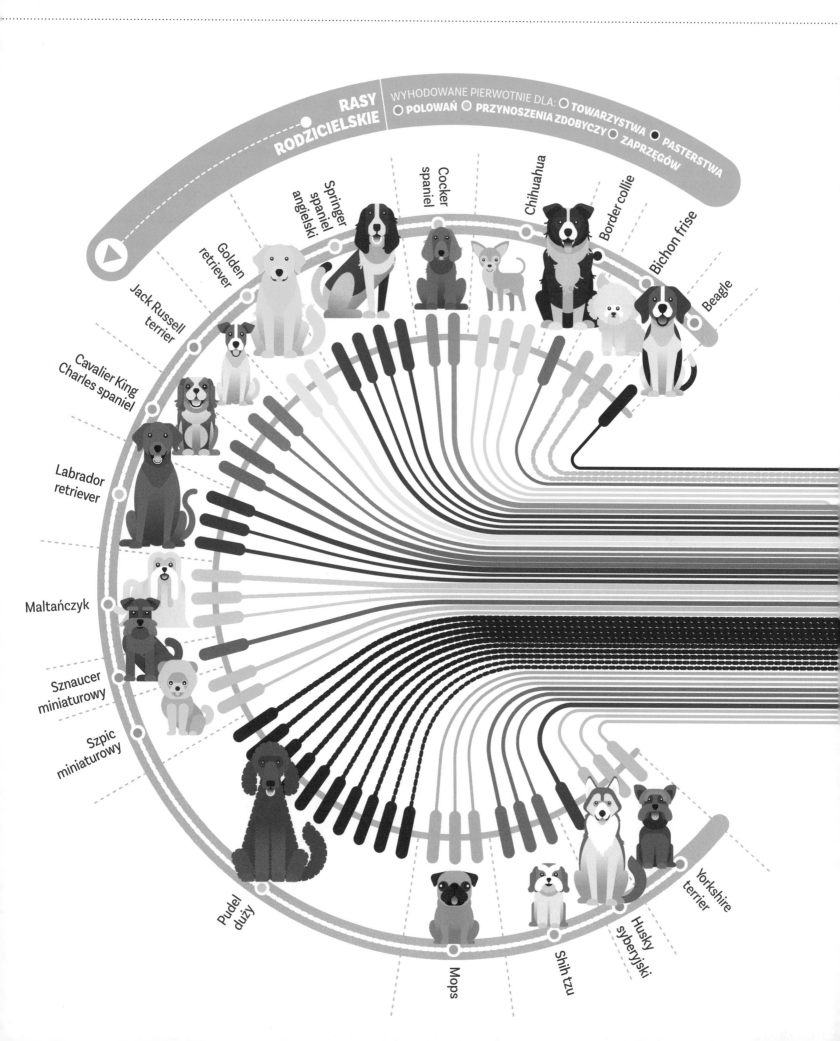

RASY RODZICIELSKIE

WYHODOWANE PIERWOTNIE DLA: ○ TOWARZYSTWA ● PASTERSTWA ○ POLOWAŃ ○ PRZYNOSZENIA ZDOBYCZY ○ ZAPRZĘGÓW

Golden retriever

Springer spaniel angielski

Cocker spaniel

Chihuahua

Border collie

Bichon frise

Beagle

Jack Russell terrier

Cavalier King Charles spaniel

Labrador retriever

Maltańczyk

Sznaucer miniaturowy

Szpic miniaturowy

Pudel duży

Mops

Shih tzu

Husky syberyjski

Yorkshire terrier

Ile kosztuje ten pies z wystawy?

Ceny hybrydowych psów wzrosły w ciągu ostatnich kilku lat, napędzane częściowo przez Brytyjczyków szukających futrzanych towarzyszy podczas pandemii. Ale jak duży jest ten wzrost? I która hybryda kosztuje najwięcej?

Jak to zrobiliśmy: Porównaliśmy średnie ceny psów hybrydowych wystawionych na sprzedaż w 2019 i 2020 w serwisie Pets4Homes.co.uk. Rasy rodzicielskie zostały przedstawione po lewej stronie, połączone liniami do hybryd po prawej. Linie kropkowane wskazują na rasy hipoalergiczne. Kolorowe kółka przy rasach rodzicielskich i hybrydach informują o celu wyhodowania konkretnej rasy.

Źródło: Pets4Homes

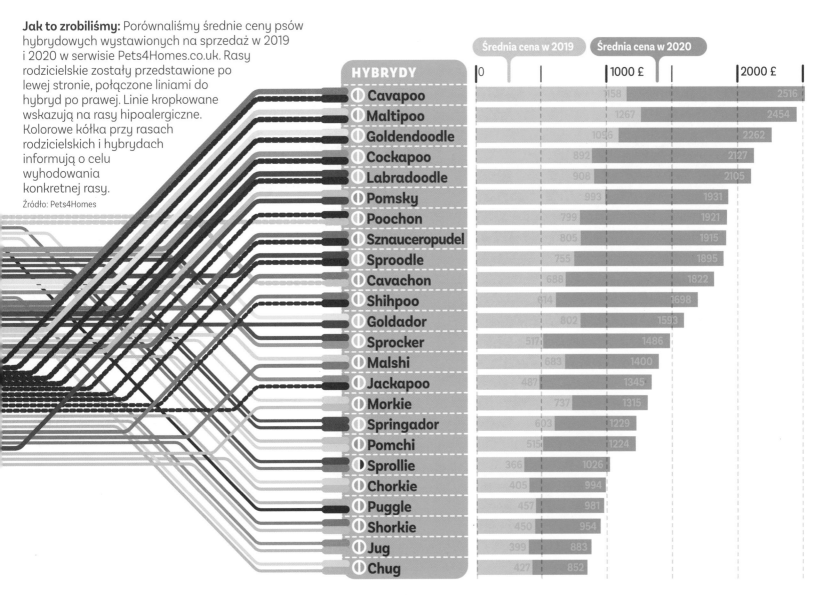

HYBRYDY	Średnia cena w 2019	Średnia cena w 2020
Cavapoo	1158	2516
Maltipoo	1267	2454
Goldendoodle	1096	2262
Cockapoo	892	2127
Labradoodle	908	2105
Pomsky	993	1931
Poochon	799	1921
Sznauceropudel	805	1915
Sproodle	755	1895
Cavachon	688	1822
Shihpoo	614	1698
Goldador	802	1593
Sprocker	517	1486
Malshi	683	1400
Jackapoo	487	1345
Morkie	737	1315
Springador	603	1229
Pomchi	515	1224
Sprollie	366	1026
Chorkie	405	994
Puggle	457	981
Shorkie	450	954
Jug	399	883
Chug	427	852

Jaka rasa rodzicielska jest najpopularniejsza?

W **dziesięciu** z 24 najpopularniejszych hybryd **pudel** jest jednym z rodziców

Jaka hybryda jest najpopularniejsza?

Cockapoo, których przez Pet4Homes. co.uk sprzedano w 2020 roku 39 092

Która hybryda jest najdroższa?

Na szczycie jest **Cavapoo** ze średnią ceną 2516 funtów w 2020 roku

Czy powinienem upłynnić moje aktywa?

Najdroższym płynem na świecie jest podobno jad najbardziej śmiercionośnego skorpiona. Gdyby jednak miało się wolne 7,3 miliona funtów, to czy najlepiej byłoby zainwestować w litr tego jadu, czy może raczej w jakąś inną ciecz?

Jak to zrobiliśmy: Postanowiliśmy sprawdzić, jaką objętość innych cennych płynów dałoby się kupić za cenę litra jadu wspomnianego skorpiona (7 289 016 funtów). Są one uporządkowane od najdroższego z podaniem ceny za litr.

1 litr jadu skorpiona *Leiurus quinquestriatus*

Z jednego skorpiona można uzyskać tylko 0,2 mg jadu na każde wydojenie. Jest on używany w rozpoznawaniu i leczeniu nowotworów.

KOSZT NA LITR:
7 289 016 £

5 butelek szkockiej whisky słodowej

Macallan Fine and Rare 1926 – sześćdziesięcioletnia, najdroższa whisky na świecie. W 2019 roku dom aukcyjny Sotheby's sprzedał jej butelkę za 1 452 000 funtów.

KOSZT NA LITR:
2 074 286 £

Mnóstwo potencjalnych koni

Za 7 289 016 funtów można kupić 8098 porcji spermy konia Big Star, mistrza olimpijskiego w skokach przez przeszkody, którego ejakulat jest ceniony przez hodowców.

KOSZT NA LITR:
884 563 £

18 butelek czerwonego wina

1945 Romanée-Conti, najdroższe wino świata, którego butelka została sprzedana w 2018 roku przez Sotheby's za równowartość 394 517 funtów.

KOSZT NA LITR:
526 023 £

40 494 flakony Chanel No. 5

Skoro jeden mililitr wystarcza średnio na 12 rozpyleń, można skropić się perfumami Chanel 7 289 016 razy.

KOSZT NA LITR:
12 000 £

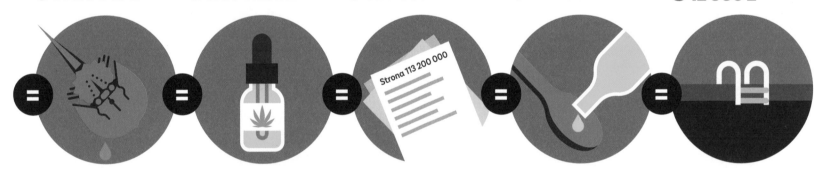

651 litrów lizatu

Wyodrębniony z pozyskiwanej pracowicie niebieskiej krwi krabów skrzypłoczów lizat jest używany przez firmy farmaceutyczne do wykrywania endotoksyn w zanieczyszczeniach leków.

KOSZT NA LITR:
11 185,05 £

363 433 butelki oleju CBD

Bardzo ceniony ze względu na przypuszczalne korzyści zdrowotne olej CBD uzyskuje się z konopi. Zawiera flawonoidy, terpeny i działające relaksacyjnie kannabinoidy.

KOSZT NA LITR:
1999 £

377 473 wkłady do drukarek

Za tę sumę dałoby się kupić dość wkładów Canona PG-545XL, żeby tusz wystarczył na wydrukowanie 113,2 mln stron sprawozdań z pracy drukarki.

KOSZT NA LITR:
1287,33 £

211 582 butelki oliwy z oliwek

Tyle Lambdy extra virgin, najdroższej oliwy z oliwek, wystarczyłoby na przygotowanie dla 158 861 osób musaki z przepisu „BBC Good Food".

KOSZT NA LITR:
344,50 £

11 basenów ropy naftowej

173 176 baryłek ropy West Texas Intermediate wypełniłoby po brzegi 11 olimpijskich basenów pływackich.

KOSZT NA LITR:
26p

Źródła: Amazon, „BBC Good Food", Chanel, *Księga rekordów Guinnessa*, Modern Farmer, „National Geographic", Sotheby's

Czy podoba ci się to, co widzisz?

Wiadomo od dawna, że to, co oglądamy na ekranie, wpływa na nasze nawyki zakupowe. Bez względu na to, czy chodzi o product placement, czy po prostu rzeczy istotne dla fabuły, część widzów zaczyna tego pożądać. Oto dziesięć najbardziej zauważalnych wzrostów sprzedaży związanych z filmami i telewizją.

Jak to zrobiliśmy: Zestawiliśmy ujawniane informacje o wzrostach sprzedaży produktów, które pojawiały się w popularnych serialach telewizyjnych, filmach i krótkometrażówkach. ◀ = Rok transmisji/emisji

▶ Stranger Things
▲ Gofry Eggo
⊕ 14%
◀ 2017

Roczny wzrost sprzedaży mrożonych gofrów firmy Kellogg's w USA po emisji drugiego sezonu serialu SF Netflixa z akcją osadzoną w latach 80.

▶ Wallace i Gromit: Golenie owiec
▲ Ser Wensleydale
⊕ 15%
◀ 1995

Roczny wzrost sprzedaży sera Wensleydale w Wielkiej Brytanii.

▶ Współczesna dziewczyna
▲ Puszkowany gin z tonikiem
⊕ 24%
◀ 2019

Wzrost z tygodnia na tydzień sprzedaży ginu z tonikiem w puszkach w M&S po emisji drugiego sezonu.

▶ Bridgertonowie
▲ Zestawy do szycia
⊕ 30%
◀ 2020

Miesięczny wzrost sprzedaży zestawów do szycia w sieci Hobbycraft w Wielkiej Brytanii.

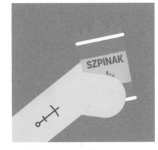

▶ Marynarz Popeye
▲ Szpinak
⊕ 33%
◀ 1933

Wzrost sprzedaży szpinaku w USA przez pięć lat.

▶ E.T.
▲ Reese's Pieces
⊕ 65%
◀ 1982

Wzrost sprzedaży po dwóch tygodniach od premiery filmu, w którym te słodycze wywabiają E.T. z kryjówki.

▶ Gra o tron
▲ Miód pitny
⊕ 84%
◀ 2012

Wzrost sprzedaży miodów pitnych w USA w ciągu dwóch lat po emisji drugiego sezonu.

▶ Gambit królowej
▲ Szachy
⊕ 125%
◀ 2020

Wzrost sprzedaży szachów w USA w ciągu miesiąca po premierze.

▶ Normalni ludzie
▲ Naszyjniki
⊕ 130%
◀ 2020

Miesięczny wzrost sprzedaży naszyjników w sieci ASOS w Wielkiej Brytanii.

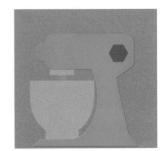

▶ Wielkie brytyjskie wypieki
▲ Miksery KitchenAid
⊕ 150%
◀ 2014

Wzrost sprzedaży wysokiej klasy urządzeń na eBayu w Wielkiej Brytanii w czasie emisji czwartego sezonu.

Źródła: Business Insider, „Forbes", „The Independent", „Maxim", „The Mirror", „New York Times", „Radio Times", „Stylist"

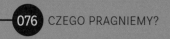

Serbia
Sierra Leone
Słowenia
Słowacja
Republika Południowej Afryki
Korea Południowa
Hiszpania
Sri Lanka
Surinam
Szwajcaria
Szwecja
Tajwan
Tajlandia
Togo
Trynidad i Tobago
Tunezja
Turcja
Ukraina
Zjednoczone Emiraty Arabskie
Wielka Brytania*
USA
URUGWAJ
Uzbekistan
Wenezuela
ZAMBIA

Odsetek dorosłych przyznających się do używania konopi indyjskich
w ciągu ostatniego roku w różnych krajach

25%   20%   15%   10%   5%   0%

Chcesz być na haju?

Afganistan
Albania
Algieria
Argentyna
Armenia
AUSTRALIA
Austria
Azerbejdżan
Bahamy
Bangladesz
Barbados
Białoruś
Belgia
Belize
BERMUDY
Bhutan
Boliwia
Bośnia i Hercegowina
Brazylia
Bułgaria
Burkina Faso
Republika Zielonego Przylądka
Kambodża
KANADA
Chile

Konopie indyjskie są w Wielkiej Brytanii najczęściej próbowaną nielegalną używką, ale jak wielu ludzi używa tak naprawdę marihuany w innych krajach świata? Informacje, które przedstawiamy na ten temat, pochodzą z różnych oficjalnych krajowych i międzynarodowych sondaży.

Jak to zrobiliśmy: Kraje i terytoria z dostępnymi danymi na temat używania konopi według raportu Biura ONZ ds. Narkotyków i Przestępczości zostały wymienione we wnętrzu okręgu; na zewnątrz przedstawiliśmy odsetek dorosłych przyznających się do używania konopi w ciągu 12 miesięcy przed uczestnictwem w badaniu.

Źródło: Najnowsze dostępne dane szacunkowe Biura ONZ ds. Narkotyków i Przestępczości (UNODC)
* Dane z Wielkiej Brytanii dotyczą tylko Anglii i Walii

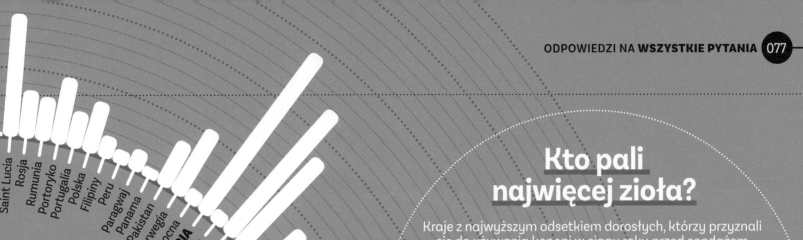

Arabia Saudyjska · Saint Lucia · Rosja · Rumunia · Portoryko · Portugalia · Polska · Filipiny · Peru · Paragwaj · Panama · Pakistan · Norwegia · Macedonia Północna · **NIGERIA** · Nikaragua · **NOWA ZELANDIA** · Holandia · Mjanma · Maroko · Czarnogóra · Mołdawia · Meksyk · Mauritius · Malta · Malediwy · Malezja · Madagaskar · Makao · Luksemburg · Litwa · Liberia · Liban · Łotwa · Laos · Kuwejt · Kenia · Kazachstan · Japonia · Jamajka · Włochy · **IZRAEL** · Irlandia · Iran · Indonezja · **Indie** · Islandia · Węgry · Hongkong · **Honduras** · Haiti · Gujana · Gwatemala · Grenlandia · Grecja · Niemcy · Gruzja · **FRANCJA** · Finlandia · Fidżi · Estonia · Salwador · Egipt · Ekwador · Dominikana · Dania · Czechy · Cypr · Chorwacja · Kostaryka · Kolumbia

Kto pali najwięcej zioła?

Kraje z najwyższym odsetkiem dorosłych, którzy przyznali się do używania konopi w ciągu roku przed sondażem

1. **Izrael** - **27%**
2. **USA** - **19,4%**
3. **Kanada** - **14,7%**
4. **Urugwaj** - **14,6%**
5. **Nigeria** - **14,3%**
6. Chile - 13,3%
7. Nowa Zelandia - 11,9%
8. Francja - 11,1%
9. Bermudy - 10,9%
10. Australia - 10,4%

Kto nie korzysta?

Kraje z najmniejszym odsetkiem zdeklarowanych palaczy trawki

Japonia - 0,3%
Arabia Saudyjska - 0,3%
Tajwan - 0,3%
Korea Płd. - 0,3%
Indonezja - **0,2%**

MALEJĄCO

20 krajów, w których używa się najwięcej kokainy

1 ||| **Wielka Brytania**
1,56 grama za 100 $

2 🔒 **USA**
1,22 grama za 100 $

3 🔒 **Australia**
0,38 grama za 100 $

Ile koki można mieć za sto dolców?

Światowa produkcja kokainy jest rekordowo wysoka – szacuje się, że jest to wielkość rzędu 1723 ton rocznie. Gdzie używa się jej najwięcej, ile trzeba tam za nią zapłacić i jakie są maksymalne kary za posiadanie białego proszku?

Jak to zrobiliśmy: Lista obejmuje 20 krajów o najwyższym spożyciu kokainy na mieszkańca wedle możliwie najświeższych danych. Długość białej kreski obok nazwy każdego kraju jest proporcjonalna do ilości kokainy, którą można tam nabyć za 100 dolarów. Dane pochodzą z materiałów Biura ONZ ds. Narkotyków i Przestępczości. Kolorowe ikony informują o obowiązującym w danym kraju maksymalnym wymiarze kary za posiadanie narkotyku na poziomie krajowym lub federalnym.

💲 Grzywna 🔒 Mniej niż 3 lata ||| 4-7 lat 🕐 8 lat lub więcej

Źródło: Biuro ONZ ds. Narkotyków i Przestępczości

9 🔒 **Dania**
1,05 grama za 100 $

7 💲 **Urugwaj**
5 gramów za 100 $

8 💲 **Czarnogóra**
1 gram za 100 $

12 💲 **Chile**
5,50 grama za 100 $

4 **Kanada**
1,29 grama za 100 $

5 **Hiszpania**
1,43 grama za 100 $

6 **Holandia**
1,72 grama za 100 $

11 **Irlandia**
1,21 grama za 100 $

10 **Francja**
1,21 grama za 100 $

14 **Włochy**
1,04 grama za 100 $

13 **Polska**
1,44 grama za 100 $

15 **Norwegia**
1,01 grama za 100 $

18 **Islandia**
0,73 grama za 100 $

17 **Niemcy**
1,20 grama za 100 $

16 **Szwecja**
0,87 grama za 100 $

19 **Estonia**
0,75 grama za 100 $

20 **Macedonia Północna**
1,16 grama za 100 $

AMERYKA
PÓŁNOCNA

Co zwykle pijemy?

Piwo, wino czy coś mocniejszego? Przyjrzeliśmy się danym Światowej Organizacji Zdrowia na temat spożycia alkoholu, żeby ustalić, w którym kraju pije się najwięcej.

Jak to zrobiliśmy: Mapa ukazuje kraje oznaczone kolorami według preferowanych napojów alkoholowych w przeliczeniu na litry czystego spirytusu. „Piwo" obejmuje piwa słodowe, a „coś mocniejszego" wszystkie destylaty. ■ Szary kolor oznacza brak danych na temat jakiegoś kraju.

Źródła: International Organisation of Vine and Wine, „The Telegraph", Global Health Observatory (Instytucja Światowej Organizacji Zdrowia)

AMERYKA
POŁUDNIOWA

Wolimy piwo
Kraje, w których najwięcej alkoholu spożywa się w piwie

Wolimy wino
Kraje, w których najwięcej alkoholu spożywa się w winie

Wolimy coś mocniejszego
Kraje, w których najwięcej alkoholu spożywa się w mocniejszych spirytualiach

Kto pije najwięcej?

Rocznie litry alkoholu na mieszkańca:

Seszele 20,5
Uganda 15,1
Czechy 14,4
Litwa 13,2
Niemcy 12,9

EUROPA

AZJA

AFRYKA

AUSTRALIA
I OCEANIA

Kto pije najwięcej piwa?

Rocznie litry piwa na mieszkańca:

Czechy 143,3	**A**
Namibia 108	**B**
Austria 106	**C**
Niemcy 104,2	**D**
Polska 100,8	**E**

Kto pije najwięcej wina?

Rocznie litry wina na mieszkańca:

F	**Luksemburg** 54,2
G	**Portugalia** 52,5
H	**Francja** 51,2
I	**Słowenia** 45,8
J	Włochy 43,6

Uważają, że lepiej zadowolić się partnerem, który jest „mniej więcej w porządku", niż czekać na bratnią duszę
11%

Uważają, że ich praca nie ma sensu
37%

Nie uznają zwrotu „jeśli kogoś uraziłem, to przepraszam" za poprawne przeprosiny
56%

Uważają, że nikt nie powinien być miliarderem
51%

Mają listę ludzi, których uważają za wrogów, albo spisaną, albo w pamięci
18%

Mówią „może" także wtedy, gdy nie mają zamiaru nic zrobić – żeby tylko nie powiedzieć „nie"
31%

Rozmawiają o pogodzie przynajmniej raz dziennie
41%

W kąpieli stają zawsze twarzą do prysznica
44%

Prasują bieliznę
5%

7%
Nigdy nie rezygnują z przyniesionego im dania, nawet jeśli coś jest z nim nie w porządku

12%
Mówią dzieciom, że jeżeli furgonetka z lodami gra melodię, to znaczy, że lody się skończyły

21%
Nie lubią lub nie cierpią oglądać zdjęć bobasów

33%
Nie opuszczają czatu grupowego, nawet jeśli nie chcą w nim uczestniczyć

38%
Nie lubią ani letnich, ani zimowych igrzysk olimpijskich

42%
Nie lubią pantomimy

O tak, nie lubią

48%
Uważają, że ciasto wypieczone pod pokrywką, ale bez formy, nie jest ciastem

Co myślimy?

Odsetki dorosłych Brytyjczyków, którzy...

Sondaże są od dawna wykorzystywane do badania stanu opinii publicznej we wszelkich kwestiach, od decyzji wyborczych do ulubionych chipsów. Przyjrzeliśmy się różnym badaniom, poważnym i frywolnym, aby się dowiedzieć, co naprawdę myślą obywatele Wielkiej Brytanii.

Wolą Dzień Naleśnika od walentynek
61%

Wolą najpierw usłyszeć złe wieści, a potem dobre
67%

Nie zjadają swoich pięciu dziennie
74%

Jak to zrobiliśmy: Grafika przedstawia odsetek popularności poszczególnych odpowiedzi na pytania zadawane w sondażach YouGov w latach 2017–2021. Każda z postaci ludzkich odpowiada jednemu procentowi.

Źródło: YouGov

54%
Kupowali alkohol przed osiągnięciem pełnoletności

63%
Jadają wieczorny posiłek przed dziewiętnastą

70%
Uważają, że golf jest nudny

81%
Lubią podpłomyki

84%
Nigdy nie witają się zderzeniem pięści

90%
Z przyjemnością rozmyślają co jakiś czas, jak to dawniej bywało

„Zakażcie reklam związanych z Bożym Narodzeniem do co najmniej 25 listopada"

„Sklep Sainsbury's sprzedawał świąteczne puddingi przed 20 września! Należy tego zakazać i przywrócić świętom Bożego Narodzenia ich wyjątkowość".

„Zmieńcie liczbę mnogą słowa «owca» z *sheep* na *sheeps*"

„Jeśli sygnalizująca liczbę mnogą litera «s» sprawdza się w tylu innych słowach, to owcom też nie zaszkodzi".

„Zdrowy rozsądek powinien być wymogiem prawnym"

„Uczcie ludzi, by nie śmiecili. By przestrzegali dobrych manier. Nie dzwonili na 999 z byle powodu. I żeby nie domagali się gwiazdki z nieba".

„Zrealizujcie film *Bad Boys* 4 w Mitcham"

„Chyba już pora, żeby Mitcham pojawiło się na ekranach kin na całym świecie?"

„Pojedynki rycerskie powinny zostać włączone do programu olimpiady"

„Po co komu taki golf na olimpiadzie? Należy zastąpić go turniejem rycerskim".

„Należy uznać rudowłosych za dyskryminowanych"

„Rude włosy to inność, która spotyka się z uwłaczającymi komentarzami. Rudowłosi są dyskryminowani tak samo jak każdy postrzegany jako «odmienny» w społeczeństwie.

„Niech Harry Styles i Taylor Swift nagrają razem piosenkę"

„Uważam, że byłoby to bardzo korzystne dla społeczeństwa".

„Umieśćcie Davida Attenborough na banknotach dwudziestofuntowych!"

„Albo dziesięciofuntowych, ale nie pięćdziesięciofuntowych (za rzadko je widuję)".

„Kot Larry powinien otrzymać godność szlachecką"

„Zamieszkawszy na Downing Street 10 jako odpowiedzialny za zwalczanie myszy, wykazał się bardzo cennymi dla naszego kraju talentami dyplomatycznymi".

„Nie zaczyna się zdania od *So*"

„Rozpoczynanie zdania od słowa *so* (więc) jest przejawem upadku języka angielskiego".

„Pokażcie nam, gdzie na mapie świata znajduje się Frank Ocean"

„Proszę. Naprawdę chcemy to wiedzieć".

„Ujednolićcie nazewnictwo w ten sposób, żeby w całej Unii Europejskiej bułka nazywała się *cob*"

„Różnie na nie mówią: bułka, roll, kajzerka, i oczywiście mówią źle. To jest COB. Trzeba to uregulować prawnie".

„Znieście mojemu kumplowi zakaz wstępu do Golden Hind"

„Mój przyjaciel otrzymał niesłusznie zakaz wstępu do pubu Golden Hind. Jest to oburzające i musi zostać jak najszybciej odwołane".

„Przyznajcie Jezusowi Chrystusowi brytyjskie obywatelstwo"

„Będzie to stosowny wyraz docenienia wielkiego wkładu Jezusa Chrystusa i chrześcijaństwa w rozwój Wielkiej Brytanii".

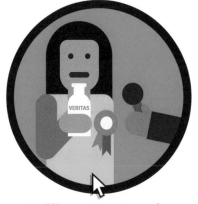

„Jeśli «serum prawdy» istnieje, wszyscy na urzędach powinni je brać"

„Mamy prawo oczekiwać uczciwości od polityków i wyższych urzędników, a kraj by tylko zyskał, gdyby zawsze byli szczerzy".

„Należy zwiększyć typową butelkę wina do jednego litra"

„Bardzo często jest tak, że gdy potrzebny nam tylko jeszcze jeden kieliszek, musimy otworzyć całą nową butelkę".

Kto mnie poprze?

W 2011 roku rząd Wielkiej Brytanii uruchomił unowocześnioną stronę internetową z e-petycjami. Więcej niż połowa petycji została odrzucona przez promotorów – przedstawiamy wybrane apele, które puszczono mimo uszu.

Jak to zrobiliśmy: Zilustrowaliśmy część odrzuconych e-petycji złożonych od 2011 roku. Zostały one oznaczone kolorami przypisującymi je do następujących kategorii:

● Sztuka i rozrywka ● Jedzenie i picie ● Geografia
● Społeczeństwo i polityka ● Pisownia i gramatyka ● Sport i rozrywka

Źródło: petition.parliament.uk. Dane z grudnia 2020 r.

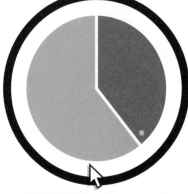

○ **141 756 zgłoszonych jak dotąd petycji**
● 86 026 odrzuconych petycji
● 59 730 przyjętych petycji
● 194 rozpatrzono w parlamencie

„Zakażcie producentom chipsów wypełniać torebkę w ponad 20 procentach powietrzem"

„Mnie jako studenta wpędza to w ubóstwo".

„Przestańcie ulepszać roboty"

„To ułatwia życie, ale są granice... Proszę, jeśli chcecie mieć z czego żyć i nie chcecie się stać bezużyteczną kupą mięsa i kości, podpiszcie tę petycję".

„Nie wolno dopuścić do zmiany nazwy drinka Pornstar Martini"

„Moje dzieci zasługują na to, by dorastać w społeczeństwie, w którym nazwa napoju zawierająca słowo *pornstar* nie obraża ludzi".

„Pozwólcie furgonetkom z lodami grać melodie po dziewiętnastej"

„Rada East Ayrshire zakazuje furgonetkom z lodami grać melodie po dziewiętnastej, przez co ludzie nie wiedzą nawet, że lody są w okolicy".

JAK URATOWAĆ PLANETĘ

Pytania z dziedziny lotnictwa, energetyki i weganizmu

Kto produkuje najwięcej CO₂?

Stężenie CO_2 w atmosferze jest dziś największe od co najmniej 800 tysięcy lat. Wiele krajów stara się kontrolować i ograniczać emisję tego gazu cieplarnianego – a komu się to najlepiej udaje?

Jak to zrobiliśmy: Nanieśliśmy na mapę właściwe dla różnych państw dane emisyjne na jednego mieszkańca, żeby to przedstawić.

Źródła: EDGAR – Emissions Database for Global Atmospheric Research sporządzone przez Komisję Europejską; National Oceanic and Atmospheric Administration; Program Środowiskowy ONZ. ■ Szare obszary oznaczają kraje, dla których nie są dostępne żadne dane

AMERYKA PÓŁNOCNA

AMERYKA POŁUDNIOWA

Mniejsi emitenci
Kraje o emisji na osobę poniżej globalnej rocznej średniej 4,93 tony CO_2

Więksi emitenci
Kraje o emisji na osobę powyżej globalnej rocznej średniej 4,93 tony CO_2

41%

Kto jest na dobrej drodze?

Grupa bogatych krajów z grupy G20 jest odpowiedzialna za prawie 80% światowej emisji CO_2 pochodzącego z paliw kopalnych. Czternastu członków zwiększyło swoją emisję od 1990 r., a tylko sześciu ją zmniejszyło. Największy spadek dotyczy Wielkiej Brytanii, której emisja spadła od 1990 r. o 41 procent

EUROPA

AZJA

AFRYKA

C

D

B

A

AUSTRALIA
I OCEANIA

NAJNIŻSZA
EMISJA CO$_2$
NA OSOBĘ

Burundi A

0,03 TONY

NAJWYŻSZA
EMISJA CO$_2$
NA OSOBĘ

Palau B

59,9 TONY

Najwyższa emisja na osobę
przy ludności powyżej miliona

Katar C

38,8 TONY

OGÓŁEM
NAJWYŻSZA
EMISJA CO$_2$

Chiny D

11,5 mld
TON ROCZNIE,
30,3% EMISJI GLOBALNEJ

Jakie są źródła emisji w Wielkiej Brytanii?

Od 1990 r. emisja gazów cieplarnianych w Wielkiej Brytanii zmniejsza się szybciej niż w jakimkolwiek innym kraju z grupy G20. Na kolejnych stronach przyjrzymy się, jakie są obecnie źródła emisji i jak radykalne decyzje mogą być konieczne do jej dalszego ograniczenia.

Jak to zrobiliśmy: W infografikach w tej sekcji przyjrzeliśmy się wysokości emisji wszystkich gazów cieplarnianych w Wielkiej Brytanii, wyrażonej w tonach jako odpowiednik CO_2. Poniżej wyróżniliśmy źródła tej emisji, przy czym rozmiary chmur reprezentują proporcjonalny udział poszczególnych sektorów gospodarki. Po prawej pokazaliśmy, jak zmienił się poziom emisji w Wielkiej Brytanii na mieszkańca. W tym celu wzięliśmy pod uwagę rządowe obliczenia całkowitej emisji gazów cieplarnianych i dodaliśmy nasze szacunki dotyczące emisji związanej z lotnictwem i żeglugą, które można przypisać Wielkiej Brytanii. Wykorzystaliśmy najnowsze dostępne dane z wiarygodnych źródeł, ale są one zazwyczaj szacunkowe i należy je traktować raczej poglądowo.

Źródła: CAIT, Carbon Visuals, Global Carbon Atlas; Global Carbon Project, rząd Wielkiej Brytanii, Our World in Data, Bank Światowy
* Nasze obliczenia poziomu emisji na mieszkańca po redukcji o 78% w porównaniu z rokiem 1990 opierają się na przewidywanej liczbie ludności Wielkiej Brytanii w 2035

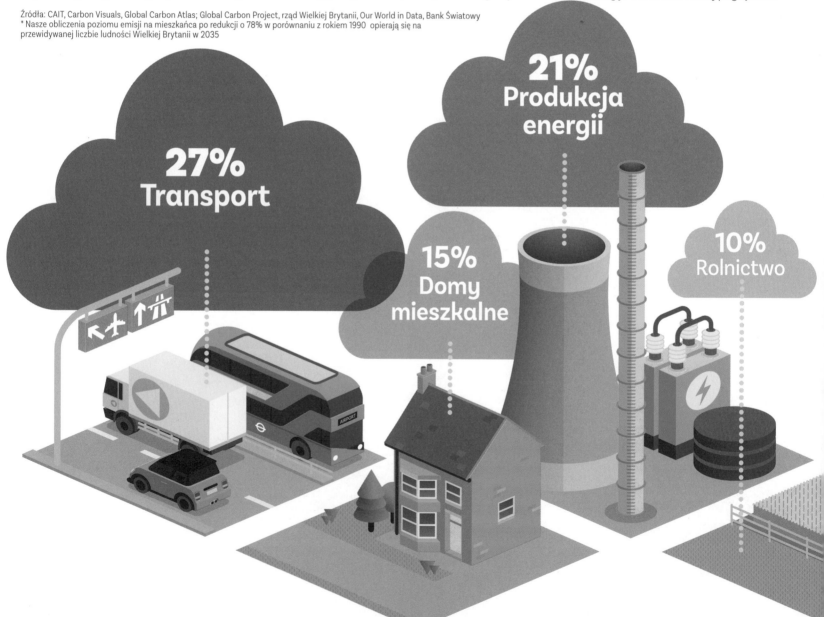

27% Transport

21% Produkcja energii

15% Domy mieszkalne

10% Rolnictwo

Emisja rośnie czy maleje?

Globalna roczna emisja gazów cieplarnianych na osobę wciąż rośnie, ale Wielka Brytania należy do niewielkiej grupy krajów, gdzie zaczęła ona maleć

Jak Wielka Brytania radzi sobie z emisją?

Emisja gazów cieplarnianych w Wielkiej Brytanii znacznie spadła w ostatnich latach dzięki nowym inicjatywom środowiskowym i upadkowi przemysłu ciężkiego. Niemniej Wielka Brytania napędza emisję w innych krajach produkujących artykuły potrzebne na Wyspach. Tej wielkości nie uwzględnia się w krajowych statystykach. Udział Wielkiej Brytanii w emisji globalnej nadal jest wyższy w stosunku do jej udziału w globalnej populacji

Udział Wielkiej Brytanii w światowej populacji:
0,9%

Udział Wielkiej Brytanii w globalnej emisji CO_2:
1%

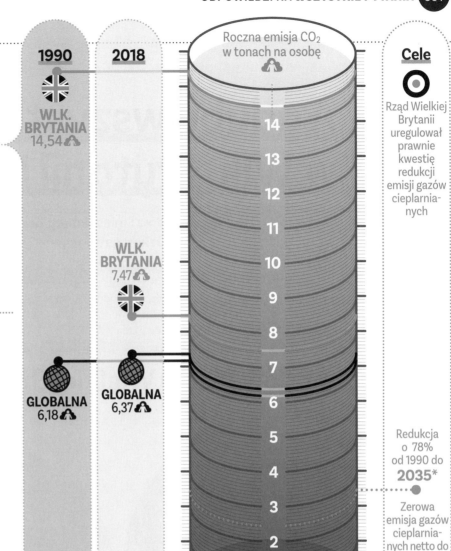

1990 **2018**

Roczna emisja CO_2 w tonach na osobę

14 13 12 11 10 9 8 7 6 5 4 3 2 1

WLK. BRYTANIA 14,54

WLK. BRYTANIA 7,47

GLOBALNA 6,18

GLOBALNA 6,37

Cele

Rząd Wielkiej Brytanii uregulował prawnie kwestię redukcji emisji gazów cieplarnianych

Redukcja o 78% od 1990 do **2035***

Zerowa emisja gazów cieplarnianych netto do **2050**

17% Sektor biznesowy

10%
Gospodarowanie odpadami, procesy przemysłowe, sektor publiczny, zmiana sposobu użytkowania gruntów i leśnictwo

Co to jest tona CO_2?

W warunkach naturalnego ciśnienia i w temperaturze 15°C jedna tona dwutlenku węgla zajmuje 534,8 metra sześciennego – czyli mniej więcej tyle, ile wynosi pojemność basenu o szerokości 15 i głębokości 3 metrów

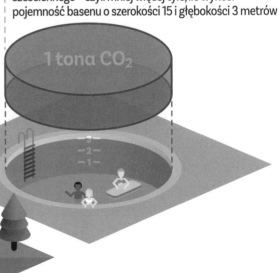

1 tona CO_2

A gdyby wszystkie samochody w Wlk. Brytanii były elektryczne?

W Wielkiej Brytanii jest mnóstwo samochodów i mieszkańcy bardzo często z nich korzystają. Ile by kosztowało przesadzenie ich wszystkich do pojazdów niekorzystających z paliw kopalnych? I ile dzięki temu można by zyskać?

Jak to zrobiliśmy: Poniżej przedstawiliśmy proporcjonalne zestawienie różnych typów samochodów używanych w Wielkiej Brytanii, aby pokazać, ile z nich można zastąpić samochodami elektrycznymi. Następnie oszacowaliśmy wielkość emisji związanej z procesem ich szybkiego zastępowania – gdyby wymiana następowała raczej powoli i stopniowo, wzrost emisji zostałby zrekompensowany spadkiem tej związanej ze zmniejszoną produkcją nowych aut z silnikami spalania wewnętrznego, w miarę jak starsze typy wychodziłyby z użycia.

Źródła: Carbon Brief, Departament Transportu, National Grid's Future Energy Scenarios, RAC
* Średnia emisja związana z wytworzeniem średniej wielkości samochodu na benzynę: 7 ton odpowiednika CO_2
** Wydobycie pierwiastków potrzebnych do produkcji akumulatorów do samochodów elektrycznych również ma znaczący wpływ na środowisko, niezależnie od emisji gazów cieplarnianych

Ile samochodów jest w Wielkiej Brytanii?

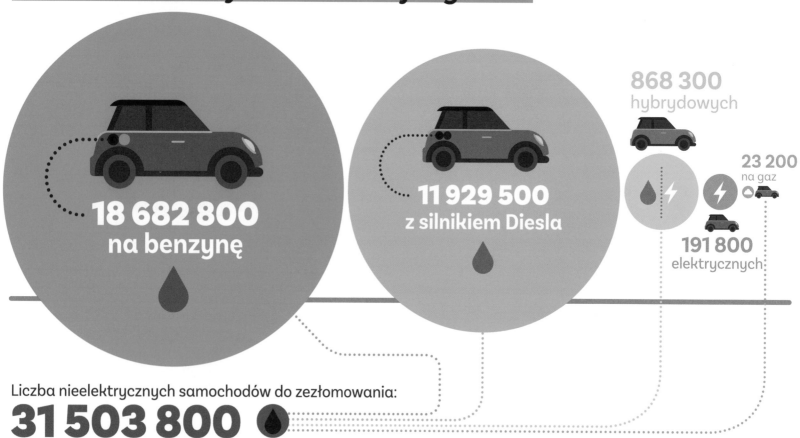

18 682 800 na benzynę

11 929 500 z silnikiem Diesla

868 300 hybrydowych

23 200 na gaz

191 800 elektrycznych

Liczba nieelektrycznych samochodów do zezłomowania:
31 503 800

Średni roczny dystans pokonywany przez mieszkańca Wielkiej Brytanii:
6530 mil

60% samochodem

27% pieszo

7% autobusem lub pociągiem

2% na rowerze

4% samolotem lub statkiem

Roczna emisja CO_2 w tonach na osobę

Obecna średnia
7,47

6,45

Gdyby wszystkie samochody w Wielkiej Brytanii były elektryczne, zaoszczędzilibyśmy:

1,02 t

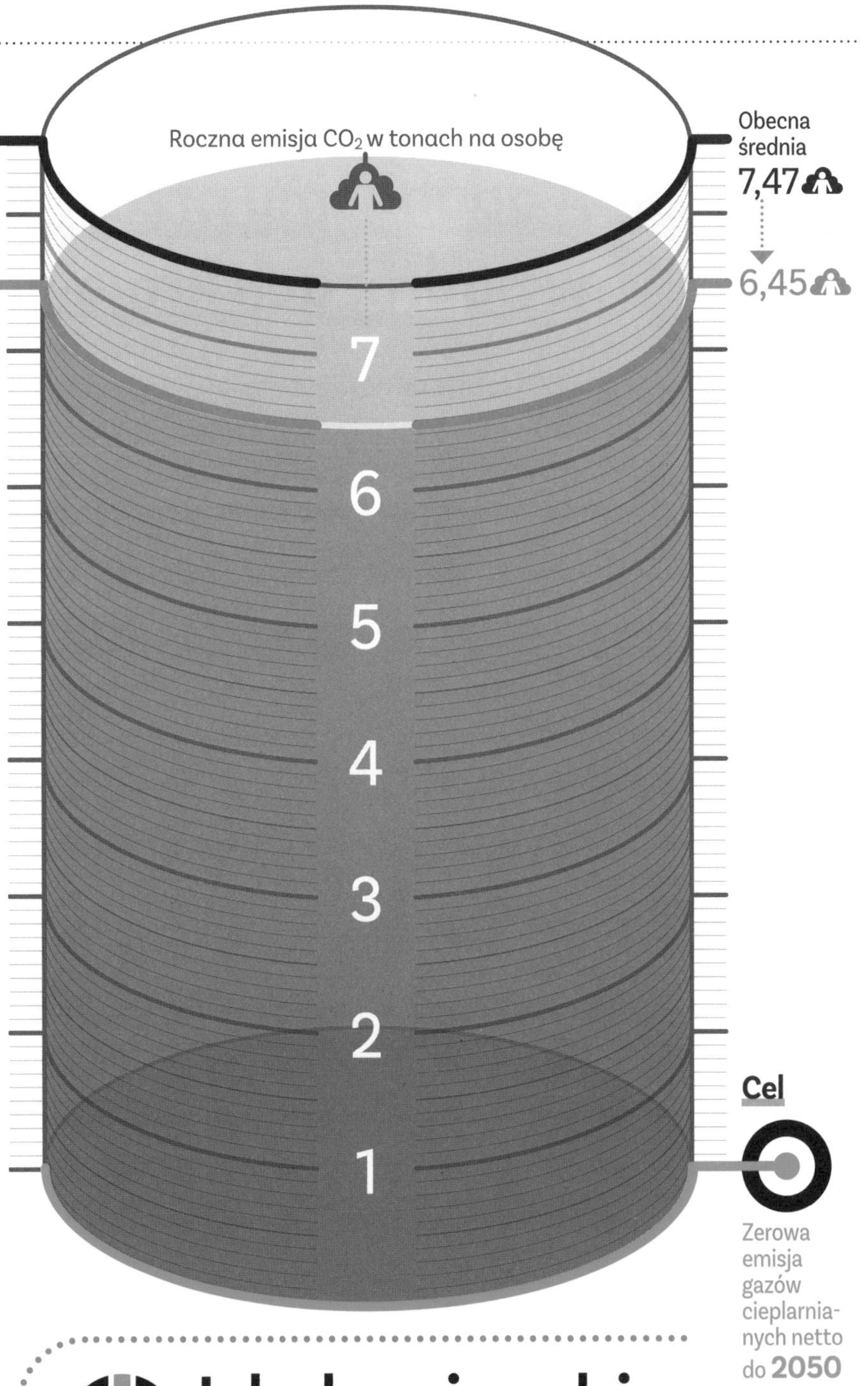

Całkowita oszczędność
68,5 miliona ton
dzięki przejściu
na samochody elektryczne

po początkowym ogromnym skoku emisji, pod warunkiem że byłyby zasilane energią elektryczną ze źródeł odnawialnych**

7

6

5

4

3

2

1

Cel

Zerowa emisja gazów cieplarnianych netto do **2050**

⚠ Gdzie tkwi haczyk?

Średnia emisja związana z budową samochodu elektrycznego:
10 ton CO_2 *

Emisja spowodowana wyprodukowaniem 31,5 mln samochodów elektrycznych:
315 milionów
ton CO_2

Jak obecnie radzi sobie Wielka Brytania?

Sprzedaż samochodów elektrycznych szybko rośnie, ale nadal stanowią niewielką część rynku:

Liczba zarejestrowanych nowych pojazdów elektrycznych:

15 500 w 2018

37 850 w 2019

108 205 w 2020

6,6% ⚡ wszystkich nowych pojazdów zarejestrowanych w 2020 roku to pojazdy elektryczne

A gdybyśmy przestali korzystać z samolotów w podróżach krajowych i zagranicznych?

Zawieszenie wszelkich lotów na terenie Wielkiej Brytanii miałoby poważne skutki finansowe i społeczne, ale pozwoliłoby również na znaczną redukcję emisji gazów cieplarnianych.

Jak to zrobiliśmy: Przedstawiliśmy proporcjonalny rozkład motywów skłaniających do podróży lotniczych zaczynających się bądź kończących się na lotniskach w Wielkiej Brytanii. Następnie wykorzystaliśmy go, aby zaprezentować wielkość emisji gazów cieplarnianych w tonach odpowiednika CO_2 przypadających na każdy z tych rodzajów podróży.

Źródła: Departament Transportu, rząd Wielkiej Brytanii. Dane pochodzą sprzed pandemii koronawirusa.

* Chociaż dane rządowe tego nie pokazują, ruch lotniczy ma też wpływ na inne zjawiska, w tym na tworzenie się chmur i stężenie ozonu, co także przyczynia się do globalnego ocieplenia

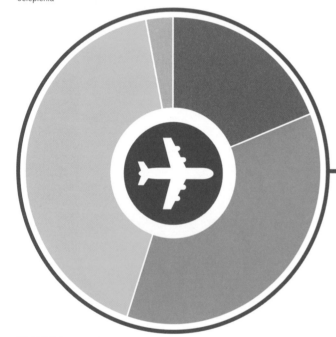

Jak duży ruch panuje na brytyjskich lotniskach?

Roczna liczba startów i lądowań na lotniskach w Wielkiej Brytanii:

2 214 000 ✈

Roczna liczba pasażerów korzystających z portów lotniczych w Wielkiej Brytanii:

296 658 000

- ● **Podróże służbowe** 19%
- ● **Odwiedzanie znajomych i rodziny** 36%
- ● **Wakacje** 42%
- ● **Pozostałe** 3%

1,4 mln ton
zaoszczędzone rocznie, gdyby zawiesić wszystkie loty krajowe w Wielkiej Brytanii

7 mln ton
zaoszczędzone rocznie, gdyby wszyscy przestali latać do lub z Wielkiej Brytanii w interesach

13,3 mln ton
zaoszczędzone rocznie, gdyby wszyscy przestali latać do lub z Wielkiej Brytanii w sprawach osobistych

15,6 mln ton
zaoszczędzone rocznie, gdyby wszyscy zrezygnowali z lotów wakacyjnych do lub z Wielkiej Brytanii

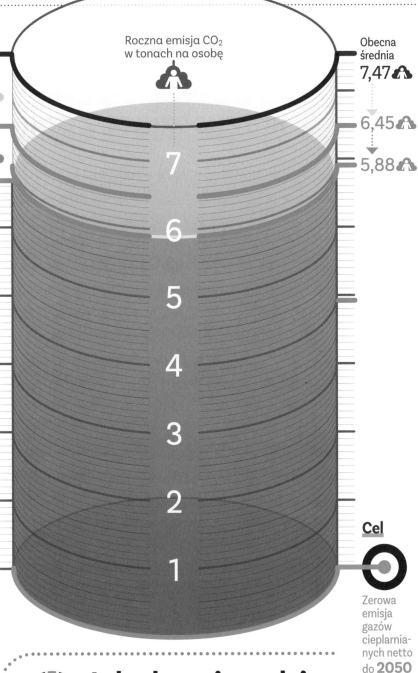

Roczna emisja CO$_2$
w tonach na osobę

Obecna średnia
7,47

6,45

5,88

Cel

Zerowa emisja gazów cieplarnianych netto do **2050**

Gdyby wszystkie samochody w Wielkiej Brytanii były elektryczne, zaoszczędzilibyśmy:

1,02 t CO$_2$

Gdyby wszyscy w Wlk. Brytanii przestali korzystać z usług linii lotniczych, zaoszczędzilibyśmy:

0,57 t CO$_2$

Całkowita oszczędność
38,4 mln ton
gdyby wszystkie krajowe
i zagraniczne loty zostały
zawieszone*

⚠ Gdzie tkwi haczyk?

Liczba osób zatrudnionych w sektorze lotniczym Wielkiej Brytanii, włączając w to produkcję, utrzymanie i transport cargo, wynosi:

230 000

Wartość brytyjskiego sektora lotniczego:

22 mld funtów

Jak obecnie radzi sobie Wlk. Brytania?

Niezbyt dobrze. Według danych sprzed pandemii koronawirusa liczba pasażerów linii lotniczych prawie się potroiła od 1990 r.

102 418 000 PASAŻERÓW W 1990

296 658 000 PASAŻERÓW W 2019

A gdybyśmy zamknęli wszystkie elektrownie korzystające z paliw kopalnych?

Kilka możliwości zastąpienia ropy, węgla i gazu w produkcji energii elektrycznej

Jak to zrobiliśmy: Przeanalizowaliśmy źródła energii elektrycznej w Wielkiej Brytanii i oszacowaliśmy koszty wyeliminowania z produkcji paliw kopalnych.

Źródła: Center for Alternative Technology, BBC, Coire Glas, Departament Biznesu, Ecotricity, Energy and Industrial Strategy, The Eco Experts, EDF, Energy Sage, Inspire Energy, „New Statesman", Npower, World Energy

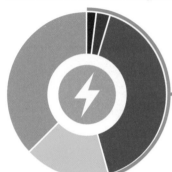

W jakim stopniu Wlk. Brytania polega na paliwach kopalnych?

Roczna produkcja energii elektrycznej w Wielkiej Brytanii w elektrowniach opalanych ropą, gazem i węglem:

148 000 000 000 kWh

148 terawatogodzin, moc wystarczająca do zagotowania 1,5 biliona czajników wody

- **●Ropa + ●Węgiel + ●Gaz = 45,6%**
- ● **Odnawialne źródła energii** 37,1%
- ● **Energia jądrowa** 17,3%

Opcja 1: Zastąpienie klasycznych elektrowni panelami słonecznymi

3000 kWh
Średnia roczna produkcja energii przez domowy panel słoneczny o mocy 3,5 kW z południową ekspozycją

Średnia powierzchnia paneli: 14,6 m²

49 333 333
Liczba paneli słonecznych o mocy 3,5 kW potrzebnych do całkowitego zastąpienia klasycznych elektrowni w Wlk. Brytanii

**Całkowita niezbędna powierzchnia:
720 km²** (obszar wyspy Anglesey)

296 mld funtów
Szacunkowy koszt zakupu 49 333 333 systemów paneli słonecznych o mocy 3,5 kW po 6000 funtów za sztukę

Wybudowanie przemysłowych elektrowni słonecznych produkujących tyle samo energii kosztowałoby ok. **71,5 mld funtów**

Opcja 2: Zastąpienie klasycznych elektrowni turbinami wiatrowymi

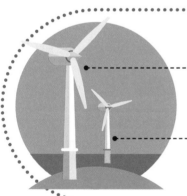

6 000 000 kWh
Roczna moc produkcyjna przeciętnej lądowej turbiny wiatrowej

12 000 000 kWh
Roczna moc produkcyjna przeciętnej przybrzeżnej turbiny wiatrowej

24 666
Liczba turbin lądowych potrzebna do zastąpienia wszystkich elektrowni

12 333
Liczba turbin przybrzeżnych potrzebnych do zastąpienia wszystkich elektrowni

72 mld funtów
Szacunkowy koszt budowy 12 333 turbin przybrzeżnych o mocy 3,6 MW na podstawie rządowych danych dot. prac rozwojowych i konstrukcyjnych

---

Opcja 3: Zastąpienie klasycznych elektrowni reaktorami jądrowymi

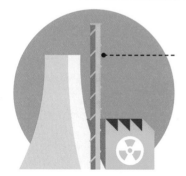

☢☢☢☢☢☢☢☢ **8**
Aktualna liczba reaktorów jądrowych w Wielkiej Brytanii

☢☢☢☢☢☢☢☢☢☢☢☢☢☢ **14**
Liczba nowych reaktorów jądrowych o mocy takiej jak Sizewell B (ostatnia elektrownia jądrowa ukończona w Wlk. Brytanii) potrzebnych do zastąpienia wszystkich obecnych elektrowni korzystających z paliw kopalnych

77 mld funtów
Szacunkowy koszt budowy 14 reaktorów jądrowych takich jak Sizewell B (ukończona w 1995), po 5,5 mld funtów, każdy z uwzględnieniem inflacji

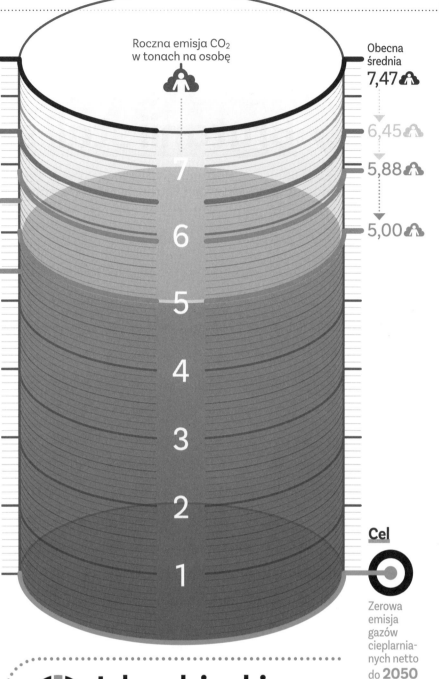

Roczna emisja CO_2 w tonach na osobę

Obecna średnia
7,47

6,45
5,88
5,00

Gdyby wszystkie samochody w Wielkiej Brytanii były elektryczne, zaoszczędzilibyśmy: **1,02 t**

Gdyby wszyscy w Wielkiej Brytanii przestali korzystać z usług linii lotniczych, zaoszczędzilibyśmy: **0,57 t**

Gdyby Wlk. Brytania zamknęła wszystkie elektrownie korzystające z paliw kopalnych, zaoszczędzilibyśmy: **0,88 t**

Całkowita oszczędność
58,5 mln ton
przy zupełnym wyeliminowaniu emisji klasycznych elektrowni

Nie uwzględnia śladu węglowego związanego z budową i montażem nowych źródeł energii, słonecznych, wiatrowych lub atomowych, ani dodatkowej energii potrzebnej, gdyby wszystkie samochody w kraju były elektryczne

Cel

Zerowa emisja gazów cieplarnianych netto do **2050**

Gdzie tkwi haczyk?

Choć energia słoneczna czy wiatrowa jest czystsza niż atomowa, wydajność tych instalacji zależy od pogody. Można temu zaradzić przez magazynowanie energii, ale wiąże się to z kosztami.

W jednym z takich projektów - elektrowni szczytowo-pompowej Coire Glas w Szkocji - woda ma być pompowana na górę podczas niskiego zapotrzebowania na energię, a następnie spuszczana, gdy energia będzie potrzebna.

Moc: **1500 MW na dobę** (wystarczająca do zasilania 3 milionów domów)
Wydajność: **75–85%**
Data ukończenia: **2026**
Koszt: **1 mld funtów**
(dane szacunkowe)

Jak radzi sobie Wielka Brytania?

Dekarbonizacja krajowego sektora energetycznego postępuje całkiem szybko, zwłaszcza gdy chodzi o węgiel:

Energia elektryczna produkowana w elektrowniach węglowych:

72% W 1990

2% W 2019

67 dni, 22 godziny, 55 minut
Najdłuższy jak dotąd okres w Wielkiej Brytanii bez produkcji elektryczności z węgla, który zakończył się 16 czerwca 2020

A gdyby wszyscy w Wielkiej Brytanii stali się weganami?

Hodowla zwierząt gospodarskich wiąże się z wytwarzaniem znacznych ilości gazów cieplarnianych. Oto, co by się działo, gdyby Brytyjczycy całkowicie zrezygnowali z mięsa i nabiału.

Jak to zrobiliśmy: Oszacowaliśmy potencjalną redukcję emisji gazów cieplarnianych (w tonach odpowiednika CO_2), gdyby mieszkańcy Wielkiej Brytanii zostali weganami. Kwota emisji została wyliczona przy średnim spożyciu 2250 kalorii dziennie.

Źródła: Scarborough P., Appleby P.N., Mizdrak A. et al., *Dietary greenhouse gas emissions of meat-eaters, fish-eaters, vegetarians and vegans in the UK*, „Climatic Change", Departament Biznesu, Departament Transportu, Departament Środowiska, Żywności i Spraw Wsi (DEFRA), Organizacja Współpracy Gospodarczej i Rozwoju oraz Organizacja Narodów Zjednoczonych ds. Wyżywienia i Rolnictwa, Vegan Society, Finder

Ile gazów cieplarnianych produkuje weganin?

Średnia roczna ilość CO_2 powstająca podczas produkcji, transportu, przechowywania, przygotowywania i utylizacji żywności:

W przypadku **MIĘSOŻERCÓW**

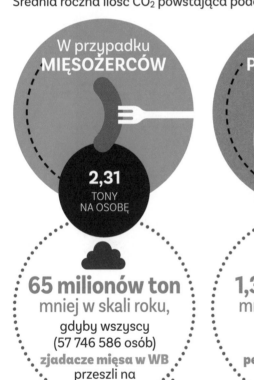

2,31 TONY NA OSOBĘ

65 milionów ton mniej w skali roku, gdyby wszyscy (57 746 586 osób) **zjadacze mięsa w WB** przeszli na weganizm

W przypadku **PESKATARIAN**

1,61 TONY NA OSOBĘ

1,3 miliona ton mniej w skali roku, gdyby wszyscy (3 141 307 osób) **peskatarianie w WB** przeszli na weganizm

W przypadku **WEGETARIAN**

1,56 TONY NA OSOBĘ

1,5 miliona ton mniej w skali roku, gdyby wszyscy (4 010 179 osób) **wegetarianie w WB** przeszli na weganizm

W przypadku **WEGAN**

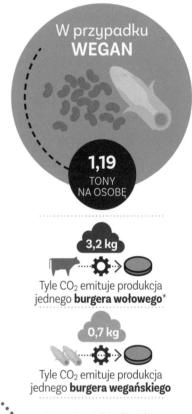

1,19 TONY NA OSOBĘ

3,2 kg

Tyle CO_2 emituje produkcja jednego **burgera wołowego***

0,7 kg

Tyle CO_2 emituje produkcja jednego **burgera wegańskiego**

* Na podstawie listy składników w przepisach BBC Good Food

Co by się stało z tymi wszystkimi zwierzętami?

Skutkiem masowego przejścia na weganizm byłaby wielka nadwyżka żywego inwentarza w Wielkiej Brytanii. Jego śmierć uwolniłaby znaczne połacie ziemi

Obecna populacja zwierząt gospodarskich w Wielkiej Brytanii:

5 055 000 świń

9 600 000 krów i cieląt (w tym 1 883 000 to krowy mleczne)

32 697 000 owiec i jagniąt

181 957 000 sztuk drobiu

114 000 km²

Według szacunków taki obszar jest w Wielkiej Brytanii wykorzystywany do hodowli świń na wolnym wybiegu; to łączna powierzchnia Szkocji, Walii i Irlandii Północnej

Gdyby wszystkie samochody w Wlk. Brytanii były elektryczne, zaoszczędzilibyśmy: **1,02 t**

 Gdyby wszyscy w Wlk. Brytanii przestali korzystać z usług linii lotniczych, zaoszczędzilibyśmy: **0,57 t**

 Gdyby Wlk. Brytania zamknęła wszystkie elektrownie korzystające z paliw kopalnych, zaoszczędzilibyśmy: **0,88 t**

 Gdyby wszyscy w Wielkiej Brytanii zostali weganami, zaoszczędzilibyśmy: **1,01 t**

Całkowita oszczędność
67,8 miliona ton
gdyby wszyscy w Wlk. Brytanii zostali weganami

Uwzględnia to jednak także emisję związaną z importowaniem mięsa i nabiału, czego rząd Wlk. Brytanii nie ujmuje w swych szacunkach ani celach

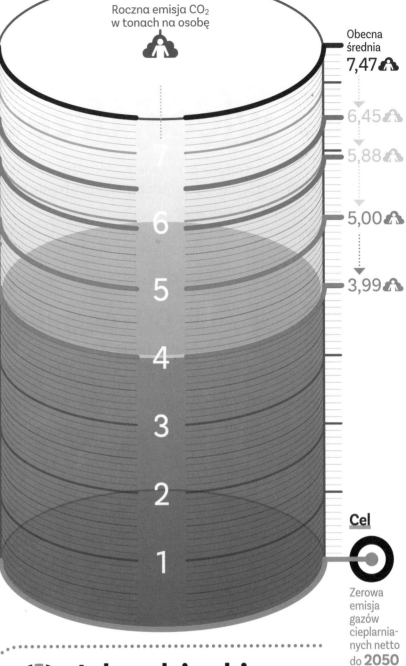

Roczna emisja CO_2 w tonach na osobę

Obecna średnia **7,47**

6,45

5,88

5,00

3,99

7 6 5 4 3 2 1

Cel

Zerowa emisja gazów cieplarnianych netto do **2050**

Gdzie tkwi haczyk?

Liczba osób zatrudnionych w sektorze hodowlanym i mleczarskim Wielkiej Brytanii:
170 000

Wartość zwierząt rzeźnych i mlecznych w Wielkiej Brytanii:
17 mld funtów

Jak radzi sobie Wielka Brytania?

Chociaż coraz więcej Brytyjczyków odchodzi od mięsa, ogólny poziom jego konsumpcji rośnie:

Roczne spożycie mięsa w Wielkiej Brytanii w kilogramach na osobę:

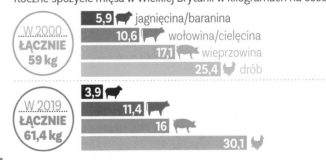

W 2000 ŁĄCZNIE 59 kg — 5,9 jagnięcina/baranina; 10,6 wołowina/cielęcina; 17,1 wieprzowina; 25,4 drób

W 2019 ŁĄCZNIE 61,4 kg — 3,9; 11,4; 16; 30,1

A gdybyśmy posadzili więcej drzew?

Zalesianie jest postrzegane przez wiele organizacji ekologicznych jako kluczowy element osiągnięcia zerowego poziomu emisji netto, ale wymagałoby to posadzenia mnóstwa drzew i sporo by potrwało, zanim zaczęłyby one wpływać znacząco na sytuację.

Jak to zrobiliśmy: Szacunki dotyczące absorbcji CO_2 różnią się w zależności od gatunku drzewa, lokalizacji lasu itp. Jako podstawę naszych obliczeń wykorzystaliśmy dane Komisji Leśnictwa.

Źródła: Climeworks, Komisja Leśnictwa „Nature", rząd Wielkiej Brytanii

Ile CO_2 pochłaniają drzewa?

Powierzchnia lasu potrzebna do zneutralizowania 1 miliona ton CO_2 rocznie:

1250 km²

Szacunkowa wartość roczna dotycząca rodzimych lasów Wielkiej Brytanii, wywiedziona z danych badawczych za ponad 50 lat

1,2 miliona ton

zaoszczędzone co roku

do 2050, jeśli rząd Wielkiej Brytanii zrealizuje zamiar sadzenia rocznie 50 km² lasu, począwszy od 2020:

Łącznie 1500 km² lasu, obszar wielkości South Yorkshire

9,5 miliona ton

zaoszczędzone co roku

gdyby posadzić nowy las o powierzchni całego Yorkshire:

11 903 km² lasu

62,35 miliona ton

zaoszczędzone co roku

gdyby posadzić nowy las o powierzchni Szkocji:

77 910 km² lasu

Co jeszcze moglibyśmy zrobić, aby wychwytywać CO_2?

Sekwestracja węgla to nowa technologia, w której pobiera się dwutlenek węgla z powietrza i spożytkowuje go w rolnictwie lub magazynuje w bezpieczny sposób

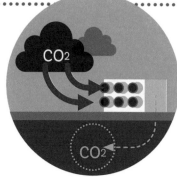

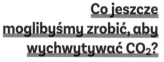

Organizacja Climeworks opracowała ekstraktory zasilane energią odnawialną, które usuwają dwutlenek węgla z powietrza i wtłaczają go w podziemne warstwy skalne. Ale ile takich ekstraktorów trzeba by uruchomić, żeby osiągnąć skuteczność lasu wielkości Szkocji?

Jeden ekstraktor wychwytuje rocznie z powietrza 50 ton CO_2

Liczba ekstraktorów potrzebnych do uzyskania skuteczności lasu wielkości Szkocji:

1 246 560

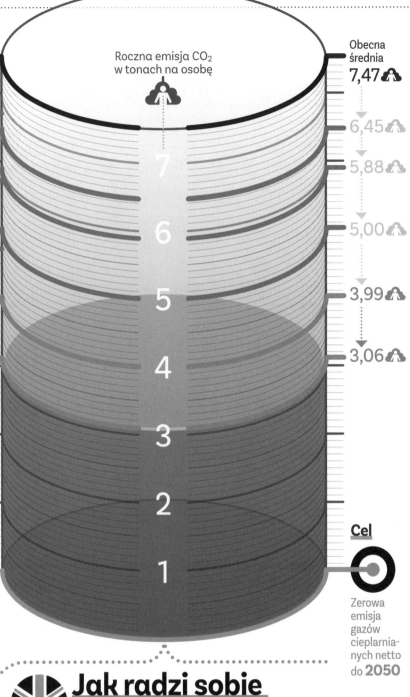

Roczna emisja CO_2
w tonach na osobę

Obecna
średnia
7,47

6,45

5,88

5,00

3,99

3,06

Cel

Zerowa
emisja
gazów
cieplarnia-
nych netto
do **2050**

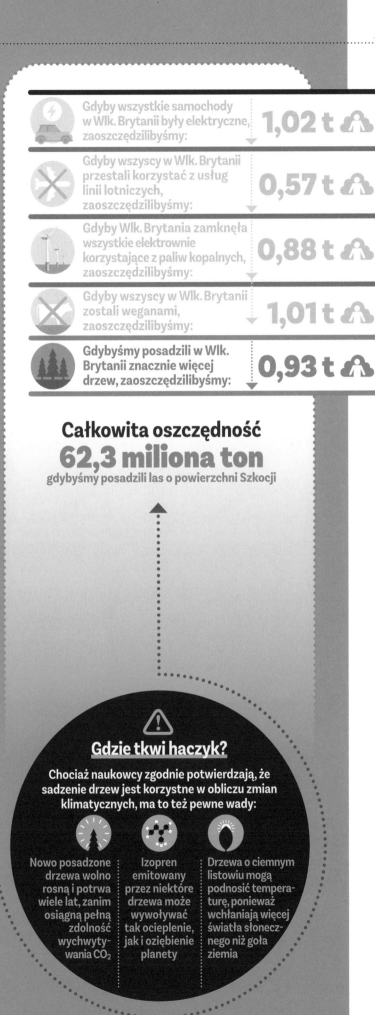

Gdyby wszystkie samochody w Wlk. Brytanii były elektryczne, zaoszczędzilibyśmy: **1,02 t**

Gdyby wszyscy w Wlk. Brytanii przestali korzystać z usług linii lotniczych, zaoszczędzilibyśmy: **0,57 t**

Gdyby Wlk. Brytania zamknęła wszystkie elektrownie korzystające z paliw kopalnych, zaoszczędzilibyśmy: **0,88 t**

Gdyby wszyscy w Wlk. Brytanii zostali weganami, zaoszczędzilibyśmy: **1,01 t**

Gdybyśmy posadzili w Wlk. Brytanii znacznie więcej drzew, zaoszczędzilibyśmy: **0,93 t**

Całkowita oszczędność
62,3 miliona ton
gdybyśmy posadzili las o powierzchni Szkocji

⚠️
Gdzie tkwi haczyk?

Chociaż naukowcy zgodnie potwierdzają, że sadzenie drzew jest korzystne w obliczu zmian klimatycznych, ma to też pewne wady:

Nowo posadzone drzewa wolno rosną i potrwa wiele lat, zanim osiągną pełną zdolność wychwytywania CO_2

Izopren emitowany przez niektóre drzewa może wywoływać tak ocieplenie, jak i oziębienie planety

Drzewa o ciemnym listowiu mogą podnosić temperaturę, ponieważ wchłaniają więcej światła słonecznego niż goła ziemia

🇬🇧 Jak radzi sobie Wielka Brytania?

Całkowita neutralność węglowa do 2050 r. może okazać się celem zbyt ambitnym. Nawet przy dekarbonizacji transportu i produkcji energii elektrycznej, popularyzacji weganizmu i posadzeniu lasu wielkości Szkocji nadal nie uda się osiągnąć zerowej emisji netto. Zwłaszcza że oszczędność emisji po przejściu na weganizm nie zrównoważy tej wytwarzanej przez importowanie mięsa i nabiału, co nie jest uwzględniane przez rząd w szacunkach i celach. Jednak nowe technologie – w tym baterie półprzewodnikowe, cement niskowęglowy, pompy ciepła i energooszczędne produkty – mogą mieć duży wpływ na przebieg tego procesu i zwiększyć jego skuteczność.

Z drugiej strony, nawet jeśli Wielka Brytania stanie się neutralna pod względem emisji CO_2 do 2050 roku, reszcie świata może się to nie udać. Jeśli globalny proces zmian będzie postępował tak jak w latach 1990–2018, globalna emisja w 2050 r. wzrośnie do 107% wielkości z 1990.

Czy istnieje planeta B?

Jak dotąd najbardziej podobną do Ziemi planetę odkryto w układzie gwiazdy **Teegardena**. Tamtejsza planeta B jest odległa od nas o 12 lat świetlnych. Czas podróży do niej, z najwyższą rozwiniętą dotąd przez ludzkość prędkością, to 324 843 lata. Najbliższa nam planeta podobna do Ziemi bardziej nawet niż Mars to **Proxima Centauri b**. Podróż do niej trwałaby zaledwie 113 695 lat.

Gwiazda Teegardena b
◉ESI: **0,95**
▶ 12 lat świetlnych

TRAPPIST-1 d
◉ESI: **0,90**
▶ 41 lat świetlnych

Proxima Centauri b
◉ESI: **0,87**
▶ 4,2 lat świetlnych

Ross 128 b
◉ESI: **0,86**
▶ 11 lat świetlnych

GJ 1061 c i GJ 1061 d
◉ESI: **0,86**
▶ 12 lat świetlnych

NAJBLIŻSZE

MNIEJ NIŻ 100 LAT ŚWIETLNYCH ◀

Kiedy polecimy na Marsa?

Firma Elona Muska SpaceX planuje wysłać ludzi na Marsa w 2026 roku, chociaż nie wyklucza, że może to nastąpić nawet dwa lata wcześniej, „jeśli tylko dopisze nam szczęście". Astronauci mieliby polecieć na czerwoną planetę statkiem kosmicznym SpaceX wyniesionym za pomocą gigantycznej rakiety znanej jako „Super Heavy".

GJ 273 b
◉ESI: **0,85**
▶ 12 lat świetlnych

GJ 667 Cc
◉ESI: **0,80**
▶ 24 lata świetlne

TRAPPIST-1 e
◉ESI: **0,85**
▶ 41 lat świetlnych

Wolf 1061 c
◉ESI: **0,80**
▶ 14 lat świetlnych

Mars
◉ESI: **0,7**
Średnia odległość:
▶ **225 mln km**
(12,5 minuty świetlnej)

GJ 667 Cf
◉ESI: **0,77**
▶ 24 lata świetlne

(1)

Czy znajdziemy drugą Ziemię?

0,95

Na wypadek gdyby nagle próby naprawienia skutków globalnego ocieplenia zakończyły się niepowodzeniem, zbadaliśmy możliwości przeniesienia się na inną planetę.

TOI-700 d
ESI: **0,93**
▶ 101 lat świetlnych

0,9

Jak to zrobiliśmy: Przejrzeliśmy Habitable Exoplanets Catalog (katalog planet nadających się do zamieszkania, HEC), wyszukując wszystkie egzoplanety (poza Układem Słonecznym), które mają Earth Similarity Index (stopień podobieństwa do Ziemi, ESI) wyższy niż Mars. Wartość ESI powyżej 0,8 oznacza planetę o podobnej wielkości, budowie i atmosferze jak Ziemia. Następnie uszeregowaliśmy je, biorąc pod uwagę ich odległość od Ziemi.

K2-72 e
ESI: **0,90**
▶ 217 lat świetlnych

Kepler-1649 c
ESI: **0,90**
▶ 301 lat świetlnych

Źródła: Habitable Exoplanets Catalog, Planetary Habitability Laboratory, University of Puerto Rico, *The Making of Star Trek* Stephena E. Whitfielda
* Czas podróży *Enterprise* został wyliczony z maksymalną bezpieczną prędkością przelotową na poziomie Warp Factor Six, czyli 216 razy większą niż prędkość światła, jak podano w *The Making of Star Trek*

NAJDALSZE

▶ 100+   ▶ 200+   ▶ 300+   ▶ 400+   ▶ 500+   ▶ 1000+

0,85

Co to jest rok świetlny?

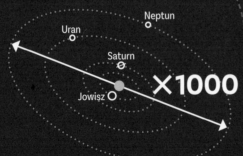

Neptun
Uran
Saturn
Jowisz

× 1000

Czy jesteśmy już blisko?

Największa prędkość, z jaką ludzie dotąd podróżowali w kosmosie, wynosi 39 897 kilometrów na godzinę – to rekord ustanowiony w 1969 r. przez statek *Apollo 10*. Z taką prędkością pokonanie roku świetlnego zajęłoby nam ponad 27 000 lat. Nawet fikcyjny statek kosmiczny *Enterprise* (*Star Trek*) miałby problemy z dotarciem do planety Kepler-442 b w mniej niż **5,5 roku**.

Kepler-442 b
ESI: **0,84**
▶ 1193 lata świetlne

0,8

Zgodnie z prawami fizyki prędkość światła w próżni to najwyższa prędkość, z jaką może przemieszczać się konwencjonalna materia, energia lub jakikolwiek sygnał niosący informacje.

Jeden rok świetlny to odległość, którą przebywa światło w próżni w czasie jednego ziemskiego roku. Odpowiada ona

9 460 528 400 000 km

– co stanowi wartość ponad 1000 razy większą niż średnica orbity Neptuna.

Kepler-1229 b
ESI: **0,73**
▶ 865 lat świetlnych

0,75

0,7

CO W PRZYRODZIE PISZCZY

Pytania o faunę, florę i lawinowo rosnącą
populację kurczaków

Co masz na ścianie?

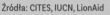

Obrońcy praw zwierząt twierdzą, że strzelanie do dzikiej zwierzyny jest przejawem okrucieństwa, ale to nie powstrzymuje myśliwych od wydawania wielkich sum na prawa do odstrzału przedstawicieli różnych egzotycznych gatunków, żeby potem mieć co powiesić na ścianie. Oto 20 najwyżej wycenianych łowiecko stworzeń na planecie.

Jak to zrobiliśmy: Wyszukaliśmy oficjalne dane o legalnych trofeach uzyskanych z dzikich zwierząt, wyeksportowanych w latach 2015-2020 zgodnie z Konwencją o międzynarodowym handlu dzikimi zwierzętami i roślinami gatunków zagrożonych wyginięciem (CITES). Zwierzęta zostały uszeregowane od najmniejszej do największej liczby wyeksportowanych i wyeksponowanych trofeów wraz z informacjami o ich naturalnym siedlisku i statusie w *Czerwonej księdze gatunków zagrożonych* publikowanej przez Międzynarodową Unię Ochrony Przyrody (IUCN).

Źródła: CITES, IUCN, LionAid

Cyweta afrykańska
Civettictis civetta

📍 AFRYKA

#20 LICZBA TROFEÓW:
590

STATUS IUCN:
NAJMNIEJSZEJ TROSKI

Kob moczarowy
Kobus leche

📍 AFRYKA

#18 LICZBA TROFEÓW:
712

STATUS IUCN:
BLISKI ZAGROŻENIA

Owca kanadyjska gruboroga
Ovis canadensis

📍 AMERYKA PÓŁNOCNA

#17 LICZBA TROFEÓW:
715

STATUS IUCN:
NAJMNIEJSZEJ TROSKI

Sasebi przylądkowy
Damaliscus pygargus

📍 AFRYKA

#19 LICZBA TROFEÓW:
649

STATUS IUCN:
NAJMNIEJSZEJ TROSKI

Lew
Panthera leo

📍 AFRYKA

#15 LICZBA TROFEÓW:
817

⚠ STATUS IUCN:
KRYTYCZNIE ZAGROŻONY

Kozioroжec syberyjski
Capra sibirica

📍 AZJA ŚRODKOWA

#14 LICZBA TROFEÓW:
1079

◇ STATUS IUCN:
BLISKI ZAGROŻENIA

Kotawiec sawannowy
Chlorocebus pygerythrus

📍 AFRYKA

#13 LICZBA TROFEÓW:
1646

⬤ STATUS IUCN:
NAJMNIEJSZEJ TROSKI

Pawian masajski
Papio cynocephalus

AFRYKA 📍

LICZBA TROFEÓW: #16
720

STATUS IUCN:
NAJMNIEJSZEJ TROSKI ⬤

Ile lwów zostało w Afryce?

Szacunkowa populacja lwa afrykańskiego

1940:
450 000

1960:
100 000

2020:
15 244

Kraje, w których dzikie lwy wyginęły

Kraje z małymi i rozproszonymi populacjami dzikich lwów zagrożonych wyginięciem

Obszary z pewną populacją dzikich lwów

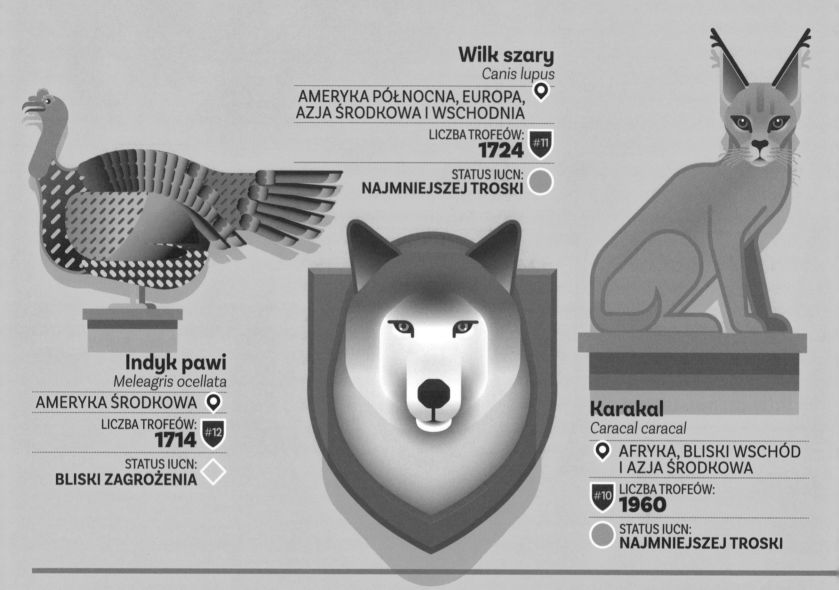

Wilk szary
Canis lupus

AMERYKA PÓŁNOCNA, EUROPA,
AZJA ŚRODKOWA I WSCHODNIA

LICZBA TROFEÓW:
1724 #11

STATUS IUCN:
NAJMNIEJSZEJ TROSKI

Indyk pawi
Meleagris ocellata

AMERYKA ŚRODKOWA

LICZBA TROFEÓW:
1714 #12

STATUS IUCN:
BLISKI ZAGROŻENIA

Karakal
Caracal caracal

AFRYKA, BLISKI WSCHÓD
I AZJA ŚRODKOWA

#10 LICZBA TROFEÓW:
1960

STATUS IUCN:
NAJMNIEJSZEJ TROSKI

Gdzie mogę kupić kawałek krokodyla?

Pięć krajów z największą liczbą legalnie wyeksportowanych trofeów krokodylich w latach 2015–2020

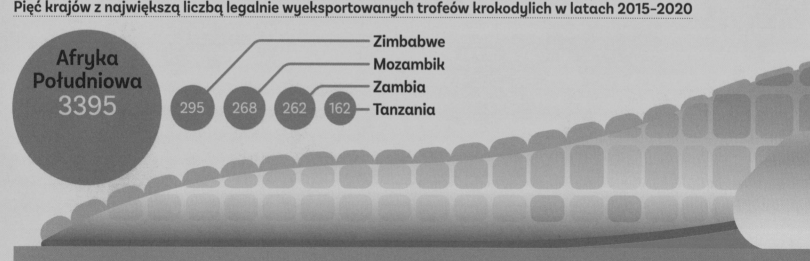

Afryka
Południowa
3395

Zimbabwe — 295
Mozambik — 268
Zambia — 262
Tanzania — 162

Niedźwiedź grizzly
Ursus arctos

 AMERYKA PÓŁNOCNA,
EUROPA, AZJA ŚRODKOWA
I WSCHODNIA

#9 LICZBA TROFEÓW:
2117

STATUS IUCN:
NAJMNIEJSZEJ TROSKI

Antylopa indyjska
Antilope cervicapra

AZJA ŚRODKOWA

#8 LICZBA TROFEÓW:
2161

STATUS IUCN:
NAJMNIEJSZEJ TROSKI

Lampart plamisty
Panthera pardus

AFRYKA I AZJA ŚRODKOWA

#7 LICZBA TROFEÓW:
2980

STATUS IUCN:
NARAŻONY

Pawian niedźwiedzi
Papio ursinus

AFRYKA

LICZBA TROFEÓW: **#5**
6191

STATUS IUCN:
**NAJMNIEJSZEJ
TROSKI**

Krokodyl nilowy
Crocodylus niloticus

AFRYKA

LICZBA TROFEÓW: **#6**
4497

STATUS IUCN:
NAJMNIEJSZEJ TROSKI

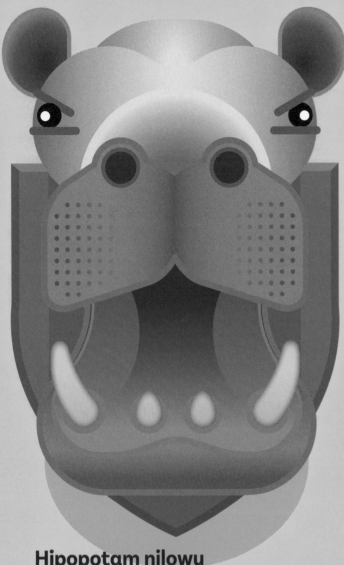

Zebra górska Hartmanna
Equus zebra hartmannae

📍 AFRYKA

#3 LICZBA TROFEÓW:
8988

STATUS IUCN:
NARAŻONY

Niedźwiedź amerykański
Ursus americanus

📍 AMERYKA PÓŁNOCNA

#2 LICZBA TROFEÓW:
13 456

STATUS IUCN:
NAJMNIEJSZEJ TROSKI

Hipopotam nilowy
Hippopotamus amphibius

📍 AFRYKA

#4 LICZBA TROFEÓW:
6678

STATUS IUCN:
NARAŻONY

Jakie są najcenniejsze części słonia?

Pierwsza piątka legalnie eksportowanych trofeów słonia afrykańskiego w latach 2015–2020

405 stopy

702 kości, czaszki i zęby

872 trąby, uszy i ogony

7377 skóry, kawałki skóry i włosie

Odnotowano także 1738 trofeów niezidentyfikowanych oraz 5 części genitaliów

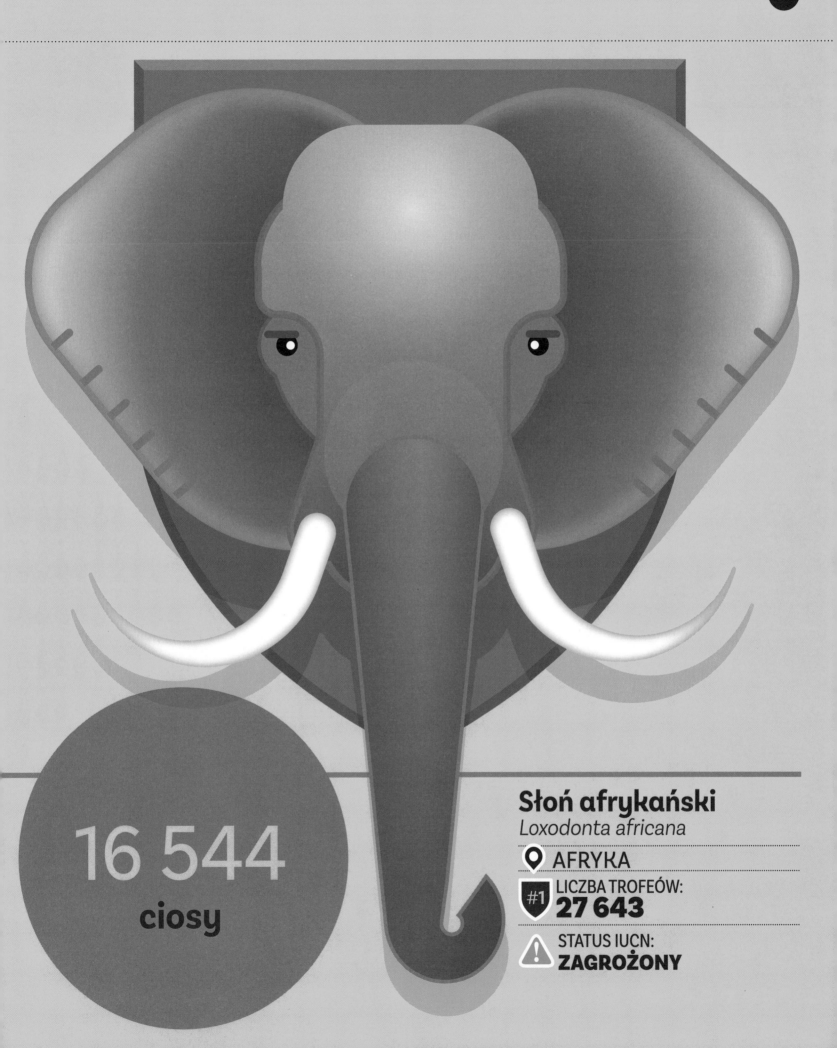

16 544
ciosy

Słoń afrykański
Loxodonta africana

📍 AFRYKA

🛡#1 LICZBA TROFEÓW:
27 643

⚠ STATUS IUCN:
ZAGROŻONY

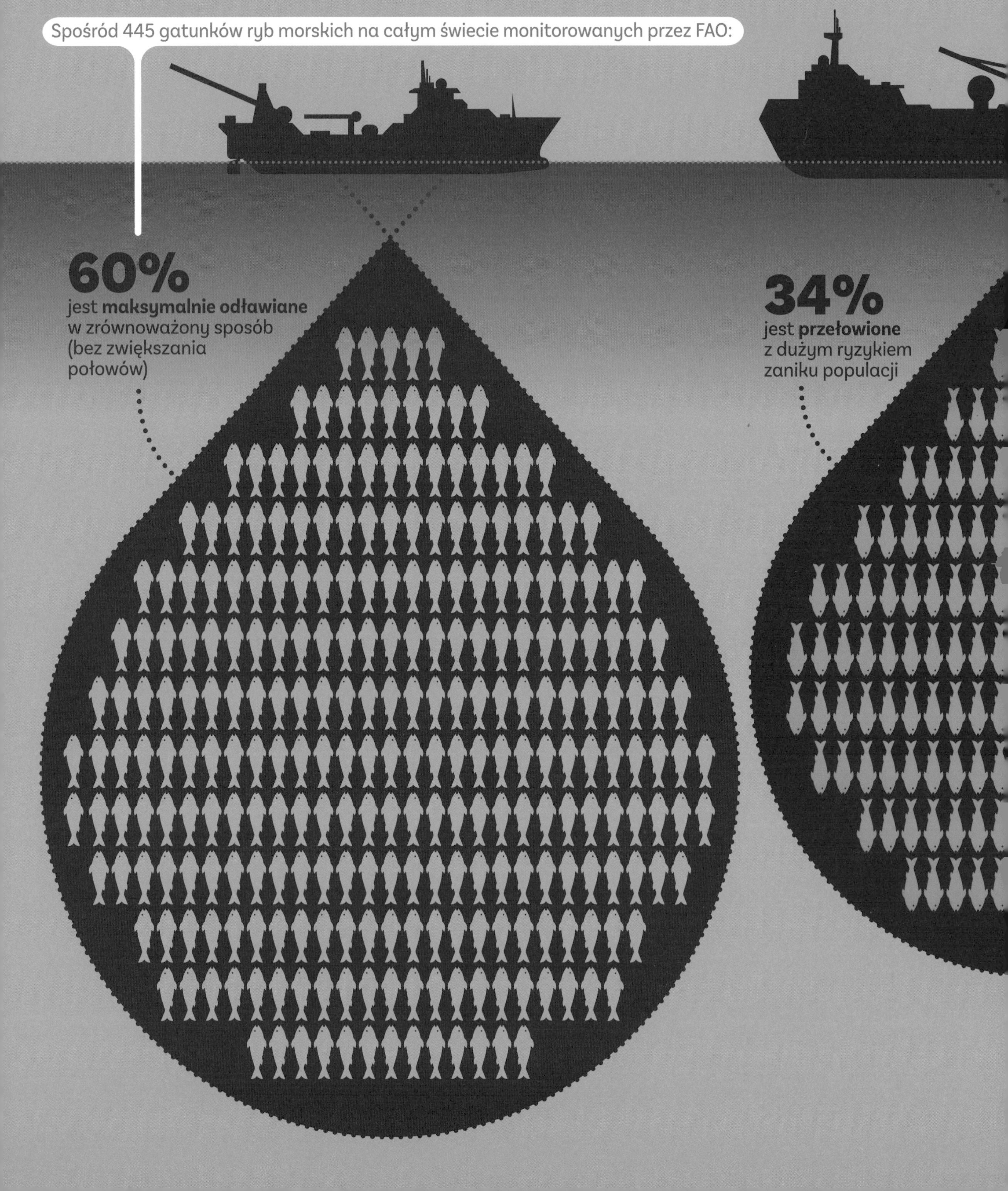

Spośród 445 gatunków ryb morskich na całym świecie monitorowanych przez FAO:

60%
jest **maksymalnie odławiane** w zrównoważony sposób (bez zwiększania połowów)

34%
jest **przełowione** z dużym ryzykiem zaniku populacji

6%
nie jest w ogóle
odławiane

Ile ryb jest
w morzu?

Połowy na skalę przemysłową wywarły duży wpływ na światowe zasoby rybne – oto,
jak wygląda sytuacja w głębinach oceanów.

Jak to zrobiliśmy: Każda sylwetka rybki reprezentuje jeden z 445 gatunków
monitorowanych przez FAO; stan według poziomu połowów w 2020.

Źródło: Organizacja Narodów Zjednoczonych ds. Wyżywienia i Rolnictwa (FAO)

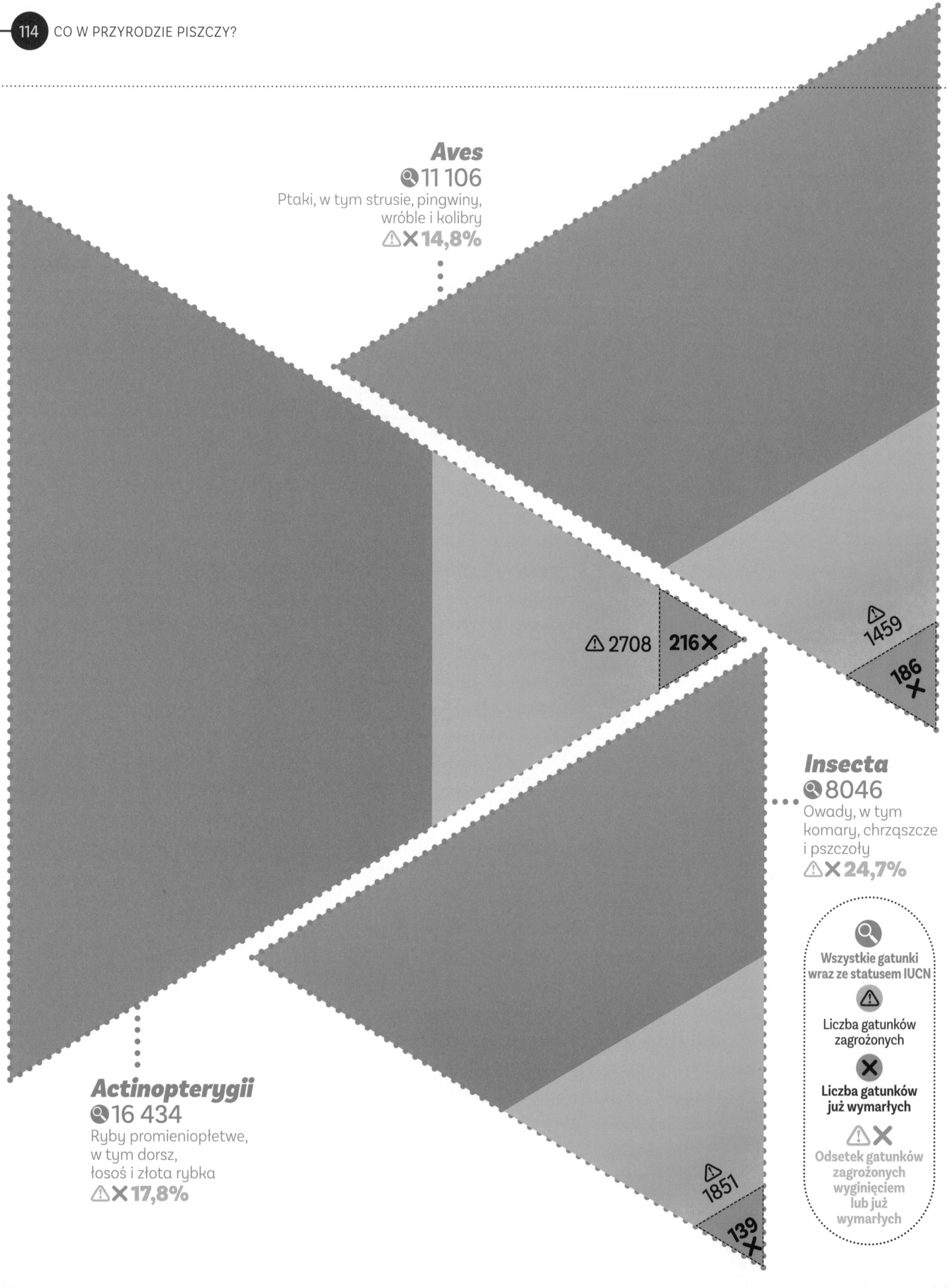

Aves
🔍 11 106
Ptaki, w tym strusie, pingwiny,
wróble i kolibry
⚠ ✕ **14,8%**

⚠ 2708 **216 ✕**

⚠ 139
✕

⚠ 1459

186
✕

Insecta
🔍 8046
Owady, w tym
komary, chrząszcze
i pszczoły
⚠ ✕ **24,7%**

🔍
**Wszystkie gatunki
wraz ze statusem IUCN**

⚠
Liczba gatunków
zagrożonych

✕
**Liczba gatunków
już wymarłych**

⚠ ✕
**Odsetek gatunków
zagrożonych
wyginięciem
lub już
wymarłych**

Actinopterygii
🔍 16 434
Ryby promieniopłetwe,
w tym dorsz,
łosoś i złota rybka
⚠ ✕ **17,8%**

⚠ 1851

139
✕

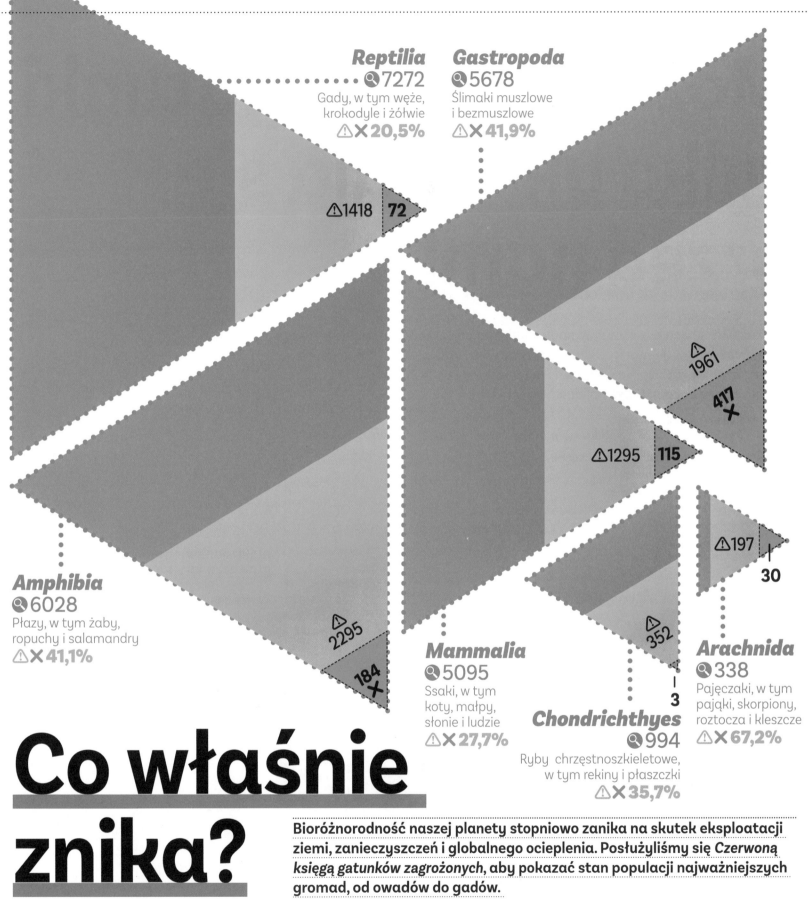

Reptilia
🔍 7272
Gady, w tym węże, krokodyle i żółwie
⚠✕ **20,5%**

Gastropoda
🔍 5678
Ślimaki muszlowe i bezmuszlowe
⚠✕ **41,9%**

⚠1418 **72**

⚠1961

417 ✕

⚠1295 **115**

⚠197 | **30**

Amphibia
🔍 6028
Płazy, w tym żaby, ropuchy i salamandry
⚠✕ **41,1%**

⚠2295

184 ✕

⚠352

| **3**

Mammalia
🔍 5095
Ssaki, w tym koty, małpy, słonie i ludzie
⚠✕ **27,7%**

Chondrichthyes
🔍 994
Ryby chrzęstnoszkieletowe, w tym rekiny i płaszczki
⚠✕ **35,7%**

Arachnida
🔍 338
Pajęczaki, w tym pająki, skorpiony, roztocza i kleszcze
⚠✕ **67,2%**

Co właśnie znika?

Bioróżnorodność naszej planety stopniowo zanika na skutek eksploatacji ziemi, zanieczyszczeń i globalnego ocieplenia. Posłużyliśmy się _Czerwoną księgą gatunków zagrożonych_, aby pokazać stan populacji najważniejszych gromad, od owadów do gadów.

Jak to zrobiliśmy: Każdy trójkąt odnosi się do gromady zwierząt, przy czym jego rozmiar odpowiada liczbie gatunków w danej gromadzie według danych publikowanych przez Międzynarodową Unię Ochrony Przyrody (IUCN). Wewnątrz trójkątów oznaczono kolorami, jaki odsetek gatunków z danej gromady został wymieniony w _Czerwonej księdze gatunków zagrożonych_ (IUCN 2020). Dane o gatunkach wymarłych obejmują łącznie kategorie „prawdopodobnie wymarły" i „prawdopodobnie wymarły w stanie wolnym".

Źródło: Czerwona księga gatunków zagrożonych publikowana przez Międzynarodową Unię Ochrony Przyrody (IUCN)

Może wymarłe gatunki tylko ukrywają się przed nami?

W ostatnich latach odnotowano spektakularne pojawienie się wielu stworzeń, które uważano za wymarłe. Niekiedy nawet od ponad stulecia. Szczególne wyrazy uznania należą się przy tym wspaniałemu scynkowi Bocourta (*Phoboscincus bocourti*). Świetne osiągnięcie jak na jaszczurkę.

Jak to zrobiliśmy: Słupki przedstawiają czas między ostatnią zgłoszoną obserwacją, po której uznano gatunek za wymarły, a ponownym napotkaniem jego przedstawiciela:

👁 Rok ostatniej zarejestrowanej obserwacji
🔍 Rok ponownego odkrycia
📍 Miejsce ponownego odkrycia

Źródła: Endangered Species Foundation, Global Wildlife, „The Guardian", „Gulf News", „National Geographic", „Scientific American", „Shetland News", Surrey Wildlife Trust, „Time"

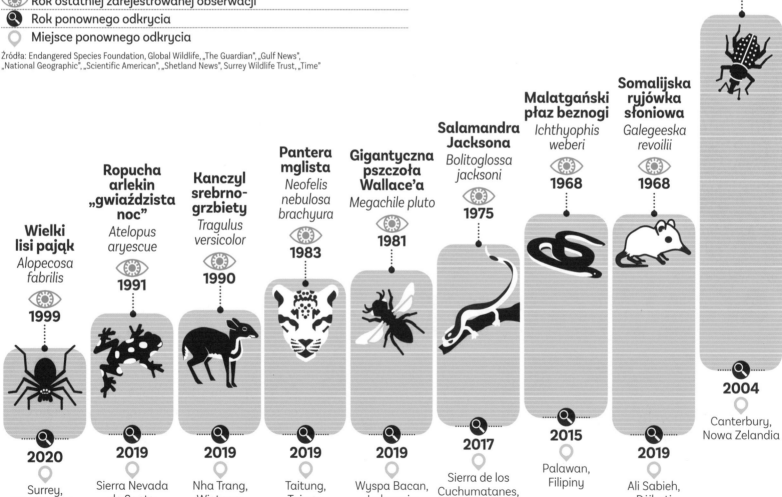

Ryjkowiec guzowaty
Hadramphus tuberculatus
👁 **1922**
🔍 **2004**
📍 Canterbury, Nowa Zelandia

Somalijska ryjówka słoniowa
Galegeeska revoilii
👁 **1968**
🔍 **2019**
📍 Ali Sabieh, Dżibuti

Malatgański płaz beznogi
Ichthyophis weberi
👁 **1968**
🔍 **2015**
📍 Palawan, Filipiny

Salamandra Jacksona
Bolitoglossa jacksoni
👁 **1975**
🔍 **2017**
📍 Sierra de los Cuchumatanes, Gwatemala

Gigantyczna pszczoła Wallace'a
Megachile pluto
👁 **1981**
🔍 **2019**
📍 Wyspa Bacan, Indonezja

Pantera mglista
Neofelis nebulosa brachyura
👁 **1983**
🔍 **2019**
📍 Taitung, Tajwan

Kanczyl srebrnogrzbiety
Tragulus versicolor
👁 **1990**
🔍 **2019**
📍 Nha Trang, Wietnam

Ropucha arlekin „gwiaździsta noc"
Atelopus aryescue
👁 **1991**
🔍 **2019**
📍 Sierra Nevada de Santa Marta, Kolumbia

Wielki lisi pająk
Alopecosa fabrilis
👁 **1999**
🔍 **2020**
📍 Surrey, Wlk. Brytania

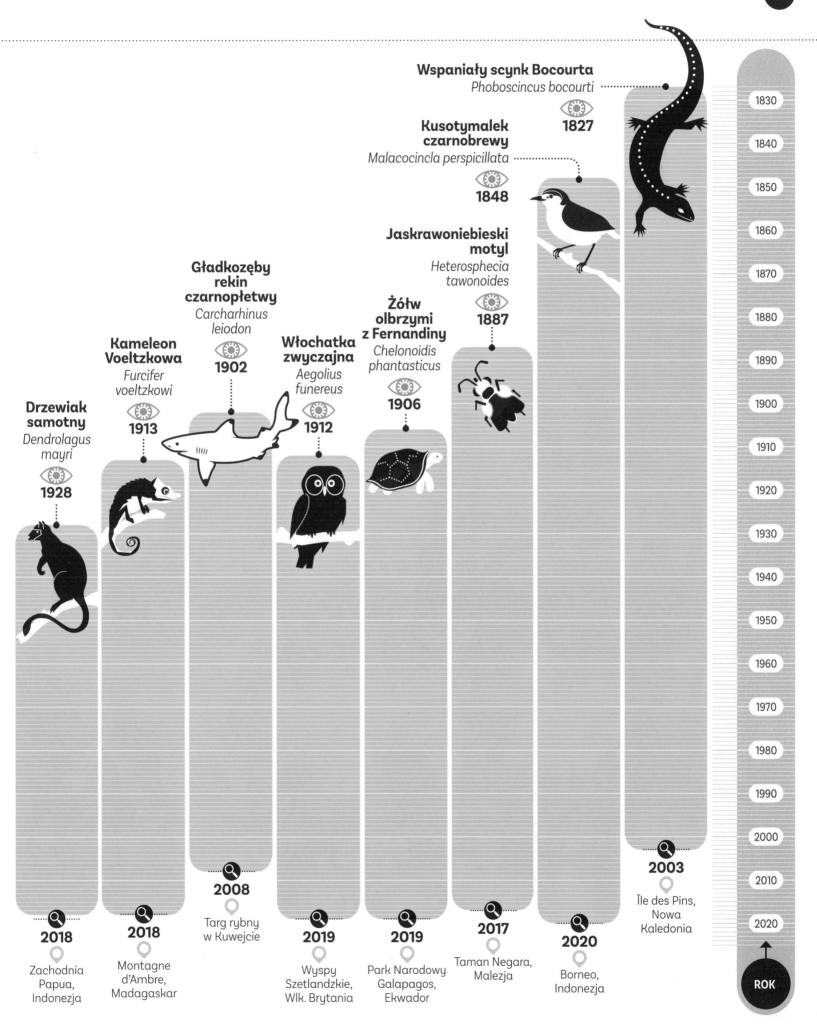

Wspaniały scynk Bocourta
Phoboscincus bocourti
1827

Kusotymalek czarnobrewy
Malacocincla perspicillata
1848

Jaskrawoniebieski motyl
Heterosphecia tawonoides
1887

Gładkozęby rekin czarnopłetwy
Carcharhinus leiodon
1902

Żółw olbrzymi z Fernandiny
Chelonoidis phantasticus
1906

Kameleon Voeltzkowa
Furcifer voeltzkowi
1913

Włochatka zwyczajna
Aegolius funereus
1912

Drzewiak samotny
Dendrolagus mayri
1928

2003
Île des Pins, Nowa Kaledonia

2008
Targ rybny w Kuwejcie

2018
Zachodnia Papua, Indonezja

2018
Montagne d'Ambre, Madagaskar

2019
Wyspy Szetlandzkie, Wlk. Brytania

2019
Park Narodowy Galapagos, Ekwador

2017
Taman Negara, Malezja

2020
Borneo, Indonezja

1830
1840
1850
1860
1870
1880
1890
1900
1910
1920
1930
1940
1950
1960
1970
1980
1990
2000
2010
2020

ROK

Ile kurczaków jest na świecie?

Ludzie przewyższają liczebnie wiele innych gatunków na planecie, ale za sprawą naszych apetytów oraz hodowli przemysłowych nawet my niewiele znaczymy wobec kurczaków.

Źródło: Organizacja Narodów Zjednoczonych ds. Wyżywienia i Rolnictwa (FAO)

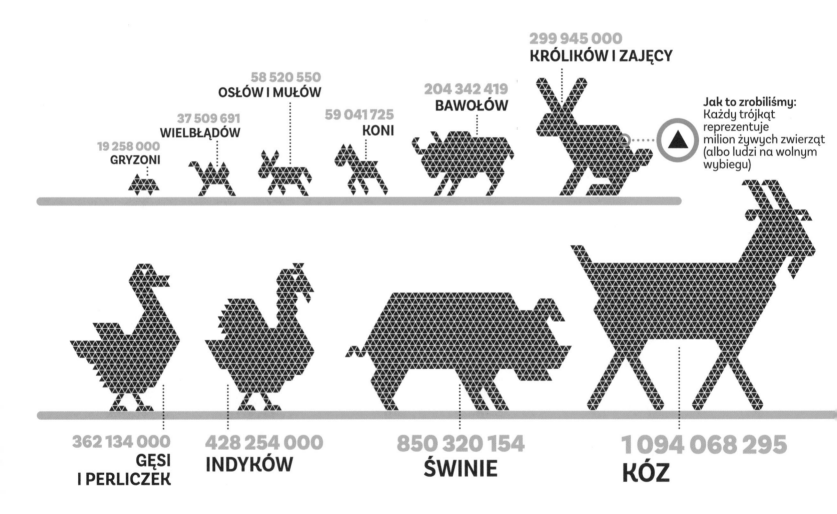

299 945 000
KRÓLIKÓW I ZAJĘCY

58 520 550
OSŁÓW I MUŁÓW

204 342 419
BAWOŁÓW

37 509 691
WIELBŁĄDÓW

59 041 725
KONI

19 258 000
GRYZONI

Jak to zrobiliśmy: Każdy trójkąt reprezentuje milion żywych zwierząt (albo ludzi na wolnym wybiegu)

362 134 000
GĘSI I PERLICZEK

428 254 000
INDYKÓW

850 320 154
ŚWINIE

1 094 068 295
KÓZ

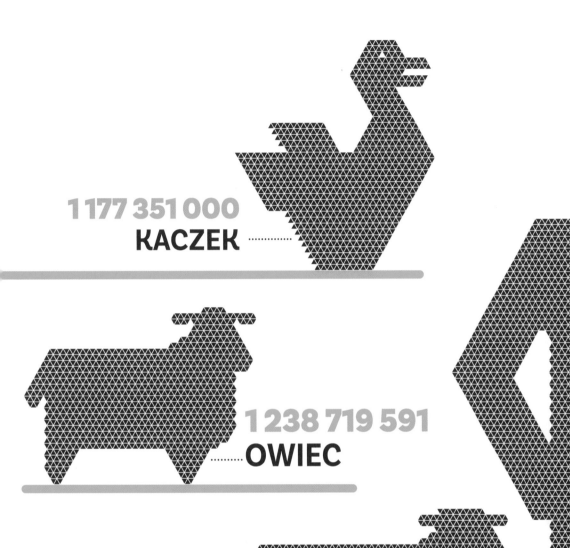

1 177 351 000
KACZEK

1 238 719 591
OWIEC

1 511 021 075
KRÓW

7 860 000 000
LUDZI

NA ŚWIECIE JEST
25 915 318 000
KURCZAKÓW

Gdzie żyją te wszystkie kurczaki?

AMERYKA PÓŁNOCNA

AMERYKA POŁUDNIOWA

Przed II wojną światową kury hodowano głównie dla jaj, nie dla mięsa, dopiero powojenna reglamentacja wieprzowiny, jagnięciny i wołowiny sprawiła, że ludzie zaczęli gustować w kurczakach. Od 1961 r. globalne spożycie mięsa drobiowego wzrosło o ponad 500 procent, co w pewnym sensie pozwoliło kurczakom zdobyć panowanie nad światem. Gdzie jest ich obecnie więcej niż ludzi?

Jak to zrobiliśmy: Na mapie zaznaczone są kraje, w których populacja żywych kurczaków przewyższa liczbę ludzi według danych z 2019 r. ■ Szare obszary oznaczają kraje, dla których nie są dostępne żadne dane.

Źródła: Organizacja Narodów Zjednoczonych ds. Wyżywienia i Rolnictwa (FAO), „Poultry World". Roczne spożycie kurczaków według danych z 2019

Gdzie kurczaków jest więcej, niż ludzi
Kraje lub obszary, gdzie kurczaki występują liczniej niż ludzie

Gdzie ludzi jest więcej niż kurczaków
Kraje lub obszary, gdzie ludzie występują liczniej niż kurczaki

Kto zjada najwięcej kurczaków?

Trzy kraje z najwyższym średnim rocznym spożyciem kurczaków na osobę

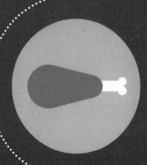

63 kg	58 kg	57 kg
Malezja	USA	Brazylia

EUROPA

AZJA

AFRYKA

A

AUSTRALIA
I OCEANIA

PIĘĆ KRAJÓW Z NAJWIĘKSZĄ LICZBĄ KURCZAKÓW NA OSOBĘ

A **Brunei Darussalam** 🐔🐔🐔🐔🐔🐔🐔🐔🐔🐔🐔🐔🐔🐔🐔🐔🐔🐔🐔🐔 39
B **Gujana** 🐔🐔🐔🐔🐔🐔🐔🐔🐔🐔🐔🐔🐔🐔🐔🐔🐔🐔 37
C **Trynidad i Tobago** 🐔🐔🐔🐔🐔🐔🐔🐔🐔🐔🐔🐔🐔🐔 28
D Boliwia 🐔🐔🐔🐔🐔🐔🐔🐔🐔🐔 20
E Dominikana 🐔🐔🐔🐔🐔🐔🐔🐔🐔 17

Co nam dają rośliny?

Jak dotąd na całym świecie odkryto i skatalogowano prawie 400 tysięcy gatunków roślin. My jednak znaleźliśmy użytek tylko dla niecałych 10 procent z nich. A jak je wykorzystujemy?

Jak to zrobiliśmy: Rośliny o określonym zastosowaniu ujęto proporcjonalnie do ich wykorzystania. Rośliny o kilku zastosowaniach zaliczono do więcej niż jednej kategorii.

Źródła: Kew State of the World's Plants report, World Checklist of Useful Plant Species

Całkowita liczba gatunków roślin o udokumentowanym zastosowaniu:

40 292

Paliwa
2529

Źródła genów
5212

Łącznie z programami hodowlanymi

Środowiskowe
8983

W tym użyźnianie gleby, oczyszczanie wody, wiatrochrony i ochronne pasy przeciwpożarowe

Żywieniowe
12 513

Pokarm dla bezkręgowców 104

Pożywienie ludzi
7039

Karma dla zwierząt
4433

Różne materiały
13 663

W tym włókna, drewno i żywice

Farmaceutyczne
32 271

Lekarstwa
26 662

Trucizny
3013

Zastosowania społeczne
2596
W tym tytoń i inne używki

DOBRZE SIĘ BAWICIE

Pytania o filmy, muzykę
i mordercze opery mydlane

Jaki jest twój ulubiony film?

Przebojowy film może stać się atrakcją na całym świecie, przyciągając tłumy od Hollywood po Hull. W czym tkwi sekret pozwalający na stworzenie megahitu? Aby to ustalić, zebraliśmy informacje o najbardziej kasowych przebojach od pierwszego filmu dźwiękowego w 1927 roku.

Jak to zrobiliśmy: Wzięliśmy ze strony The Numbers listę najbardziej przebojowych filmów od 1927 roku i przyjrzeliśmy się ich recenzjom, sprzedaży biletów i podstawom scenariusza. ★ W przypadku recenzji uwzględniliśmy oceny krytyków w skali do 100 punktów według Rotten Tomatoes. ⬩ Dane o biletach zaczerpnęliśmy z szacunków sprzedaży biletów w USA (według IMDb Pro), czyli na największym rynku filmowym na świecie i jedynym oferującym dane z 1927 roku. Tam, gdzie informacje dotyczące biletów są niedostępne, skorzystaliśmy z danych z rynku krajowego z uwzględnieniem średniej ceny biletu do kina w danym roku. Filmy zostały opatrzone kolorami i symbolami informującymi o ich charakterze i podstawie scenariusza.

PODSTAWY SCENARIUSZA:

- **Oryginalny scenariusz**
- **Książki, opowiadania i Biblia**
- **Komiksy**
- **Baśnie**
- **Wydarzenia historyczne**
- **Piosenki, sztuki teatralne i musicale**
- **Programy telewizyjne**
- **Parki rozrywki dla dzieci i zabawki**
- **Sequele, prequele i kolejne pozycje franczyzy**

- **Oscar za najlepszy film i najlepszą reżyserię**
- **Oscar za najlepszy film**

Co oglądamy?

Po prawej przedstawiliśmy chronologicznie najbardziej kasowe filmy od 1927 roku. Wysokość lewego trójkąta nad każdym z nich reprezentuje liczbę sprzedanych biletów. Prawy trójkąt wskazuje ocenę filmu.

Obie wartości uśredniono w każdej kategorii dla wszystkich 93 filmów, z przerywaną czerwoną linią odnoszącą się do średnich wyników komercyjnych i ocen recenzenckich.

- **Wyższy wynik komercyjny niż ocena recenzencka**
- **Wyższa ocena recenzencka niż wynik komercyjny**

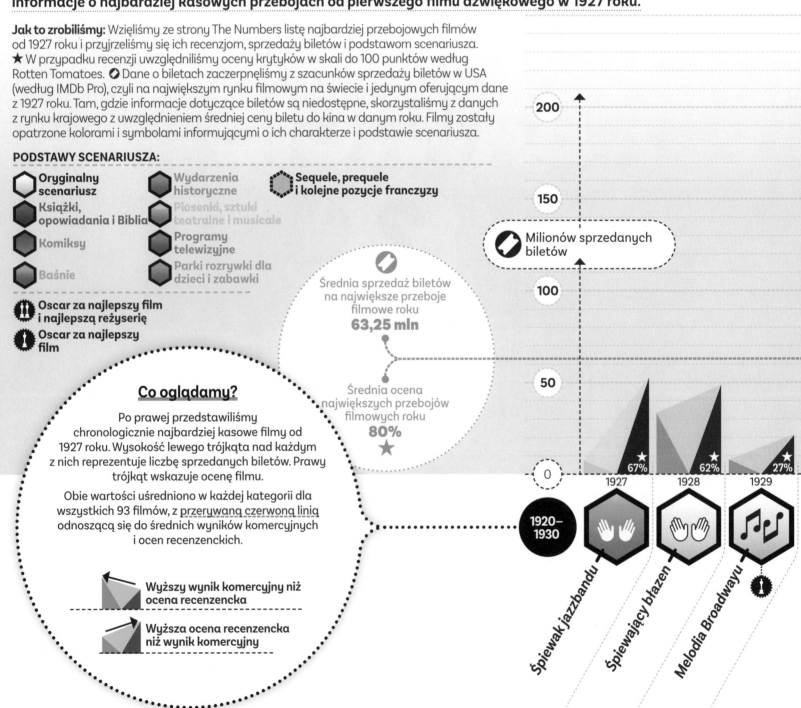

Średnia sprzedaż biletów na największe przeboje filmowe roku
63,25 mln

Średnia ocena największych przebojów filmowych roku
80%
★

Milionów sprzedanych biletów

200

150

100

50

0

1927 — 67% — Śpiewak jazzbandu
1928 — 62% — Śpiewający błazen
1929 — 27% — Melodia Broadwayu

1920–1930

Jaki jest największy kinowy przebój wszech czasów?

Na który spośród najlepszych w danym roku na całym świecie filmów sprzedano najwięcej biletów?

Przeminęło z wiatrem, 1939 (1)
202 286 200

Gwiezdne wojny, 1977 (2)
178 119 500

Dźwięki muzyki, 1965 (3)
142 485 200

E.T., 1982 (4)
141 854 300

Titanic, 1997 (5)
135 549 800

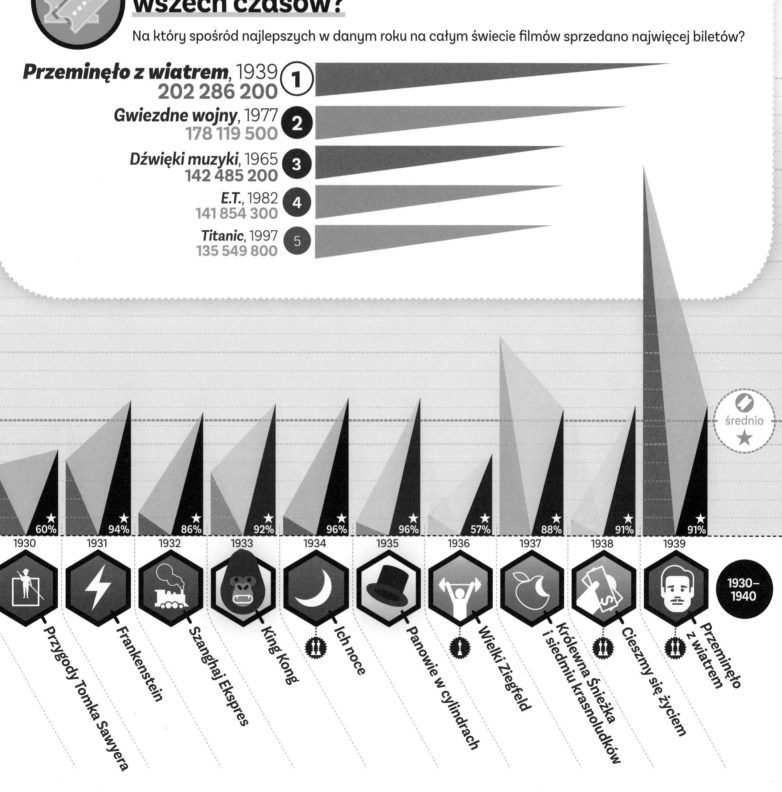

średnio ★

1930	1931	1932	1933	1934	1935	1936	1937	1938	1939
60%	94%	86%	92%	96%	96%	57%	88%	91%	91%

Przygody Tomka Sawyera

Frankenstein

Szanghaj Ekspres

King Kong

Ich noce

Panowie w cylindrach

Wielki Ziegfeld

Królewna Śnieżka i siedmiu krasnoludków

Cieszmy się życiem

Przeminęło z wiatrem

1930–1940

Czemu filmy Disneya są takimi przebojami?

Oto, co można znaleźć w najpopularniejszych filmach wytwórni.

Jak to zrobiliśmy:
Wzięliśmy 11 animowanych filmów wytwórni Walta Disneya i przyjrzeliśmy się im pod kątem pojawiających się najczęściej wątków. Lista nie obejmuje filmów Pixara ani częściowo aktorskich.

	Rodzina królewska	Śmierć rodzica	Mówiące zwierzęta	Wątek komiczny	Piosenki o marzeniach	Miłość od pierwszego wejrzenia
Królewna Śnieżka i siedmiu krasnoludków, 1937	✓	✓	✗	✓	✓	✓
Pinokio, 1940	✗	✗	✓	✓	✓	✗
Bambi, 1942	✓	✓	✓	✓	✗	✓
Kopciuszek, 1950	✓	✓	✓	✓	✓	✓
Piotruś Pan, 1953	✗	✗		✓	✗	✗
Zakochany kundel, 1955	✗	✗	✓	✓	✗	✓
101 dalmatyńczyków, 1961	✗	✗	✓	✓	✗	✓
Księga dżungli, 1967	✓	✓	✓	✓	✓	✓
Aladyn, 1992	✓	✓	✓	✓	✓	✓
Król Lew, 1994	✓	✓	✓	✓	✓	✗
Kraina Lodu, 2013	✓	✓	✗	✓	✓	✓

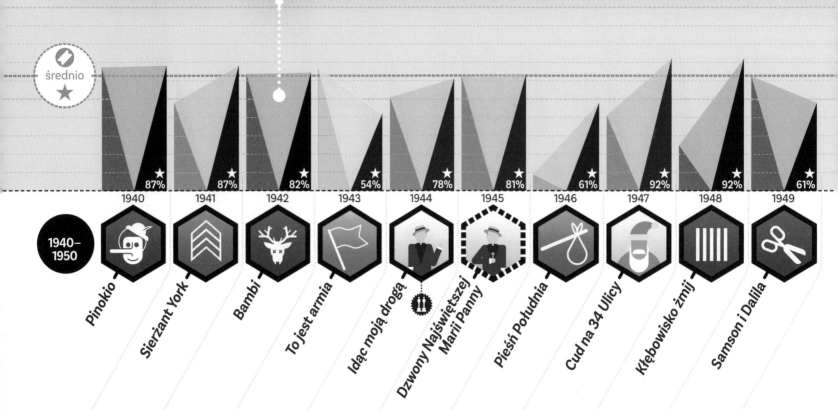

średnio ★

1940	1941	1942	1943	1944	1945	1946	1947	1948	1949
★87%	★87%	★82%	★54%	★78%	★81%	★61%	★92%	★92%	★61%

1940–1950

Pinokio · Sierżant York · Bambi · To jest armia · Idąc moją drogą · Dzwony Najświętszej Marii Panny · Pieśń Południa · Cud na 34 Ulicy · Kłębowisko żmij · Samson i Dalila

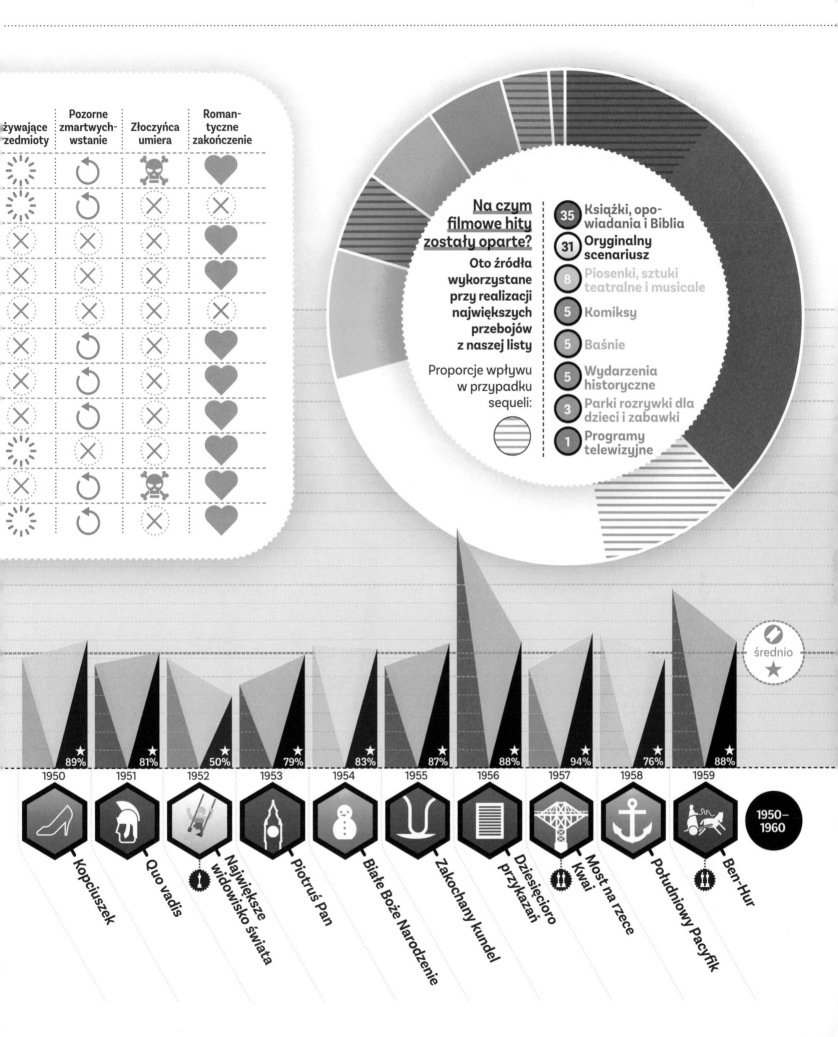

żywające zedmioty	Pozorne zmartwych-wstanie	Złoczyńca umiera	Roman-tyczne zakończenie

Na czym filmowe hity zostały oparte?

Oto źródła wykorzystane przy realizacji największych przebojów z naszej listy

Proporcje wpływu w przypadku sequeli:

- **35** Książki, opowiadania i Biblia
- **31** Oryginalny scenariusz
- **8** Piosenki, sztuki teatralne i musicale
- **5** Komiksy
- **5** Baśnie
- **5** Wydarzenia historyczne
- **3** Parki rozrywki dla dzieci i zabawki
- **1** Programy telewizyjne

średnio ★

1950	1951	1952	1953	1954	1955	1956	1957	1958	1959
89%	81%	50%	79%	83%	87%	88%	94%	76%	88%

Kopciuszek · Quo vadis · Największe widowisko świata · Piotruś Pan · Białe Boże Narodzenie · Zakochany kundel · Dziesięcioro przykazań · Most na rzece Kwai · Południowy Pacyfik · Ben-Hur

1950–1960

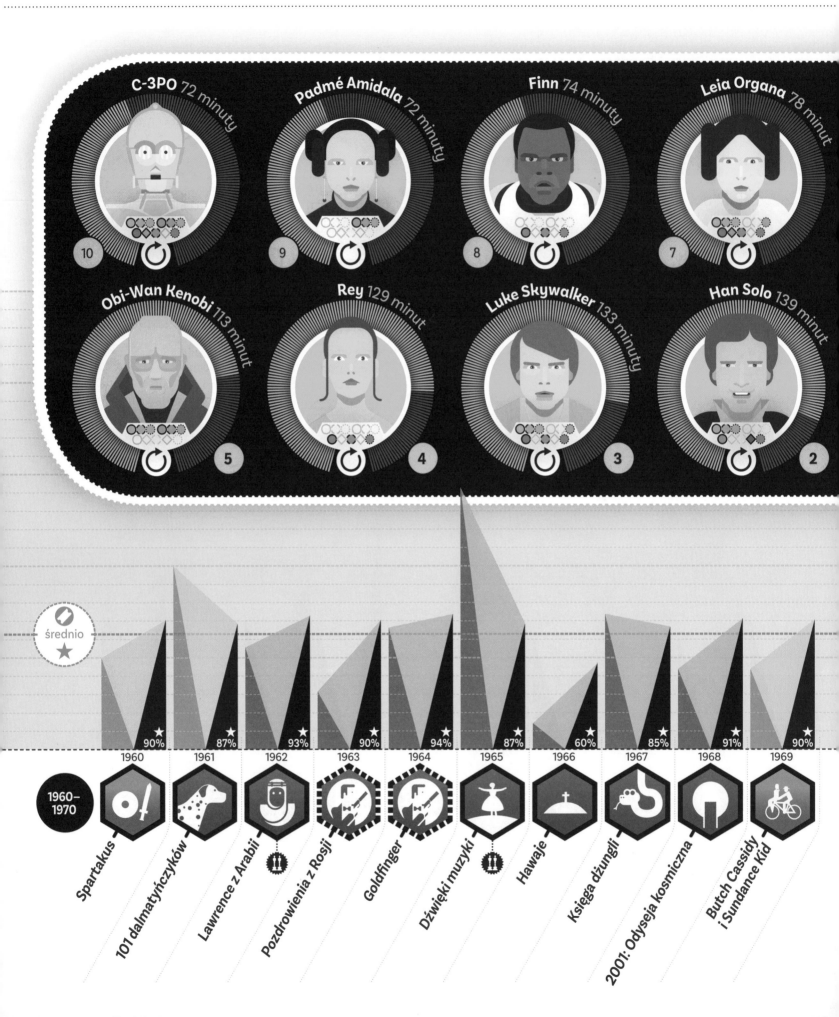

C-3PO 72 minuty
10

Padmé Amidala 72 minuty
9

Finn 74 minuty
8

Leia Organa 78 minut
7

Obi-Wan Kenobi 113 minut
5

Rey 129 minut
4

Luke Skywalker 133 minuty
3

Han Solo 139 minut
2

średnio ★

★ 90% | ★ 87% | ★ 93% | ★ 90% | ★ 94% | ★ 87% | ★ 60% | ★ 85% | ★ 91% | ★ 90%

1960 | 1961 | 1962 | 1963 | 1964 | 1965 | 1966 | 1967 | 1968 | 1969

1960–1970

Spartakus | 101 dalmatyńczyków | Lawrence z Arabii | Pozdrowienia z Rosji | Goldfinger | Dźwięki muzyki | Hawaje | Księga dżungli | 2001: Odyseja kosmiczna | Butch Cassidy i Sundance Kid

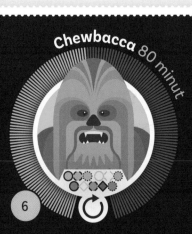

Chewbacca 80 minut

6

Anakin Skywalker/Darth Vader 165 minut

1

Kto rządzi bardzo, bardzo odległą galaktyką?

10 najpopularniejszych postaci z *Gwiezdnych wojen* uszeregowanych według czasu ekranowego.

Jak to zrobiliśmy:
Przedstawiamy dziesięć postaci najczęściej widywanych we wszystkich dotychczasowych filmach z serii „Gwiezdne wojny" (także jako duchy, w snach i wizjach). Pokazany został ich czas ekranowy, a kolorowe symbole informują o filmach, w których postaci się pojawiły.

Źródło: Screen Rant

- Część IV – *Nowa nadzieja* 1977
- Część V – *Imperium kontratakuje* 1980
- Część VI – *Powrót Jedi* 1983
- Część I – *Mroczne widmo* 1999
- Część II – *Atak klonów* 2002
- Część III – *Zemsta Sithów* 2005
- Część VII – *Przebudzenie Mocy* 2015
- ◇ *Łotr 1. Gwiezdne wojny – historie* 2016
- Część VIII – *Ostatni Jedi* 2017
- ◇ *Han Solo: Gwiezdne wojny – historie* 2018
- Część IX – *Skywalker. Odrodzenie* 2019

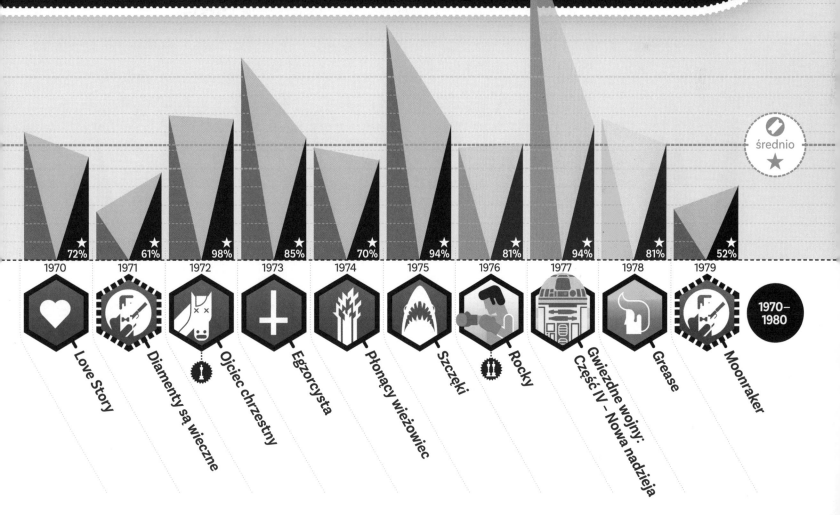

średnio ★

1970	1971	1972	1973	1974	1975	1976	1977	1978	1979
72%	61%	98%	85%	70%	94%	81%	94%	81%	52%

Love Story · Diamenty są wieczne · Ojciec chrzestny · Egzorcysta · Płonący wieżowiec · Szczęki · Rocky · Gwiezdne wojny: Część IV – Nowa nadzieja · Grease · Moonraker

1970–1980

Kto wyreżyserował największe hity?

Oto reżyserzy odpowiedzialni za największe przeboje filmowe na naszej liście

Jak to zrobiliśmy: Wszyscy współreżyserzy - tacy jak Hamilton Luske z Disneya, Clyde Geronimi i Wilfred Jackson - otrzymali punkt za każdy film, nad którym pracowali.

Steven Spielberg ⬡⬡⬡⬡⬡⬡
Hamilton Luske ⬡⬡⬡⬡⬡
Clyde Geronimi ⬡⬡⬡⬡
Wilfred Jackson ⬡⬡⬡⬡
James Cameron ⬡⬡⬡
Cecil B. DeMille ⬡⬡⬡
Anthony Russo ⬡⬡⬡
Joe Russo ⬡⬡⬡

Kto jest najbardziej popularną gwiazdą filmową wszech czasów?

Oto aktorzy występujący w najlepszych filmach na naszej liście kinowych przebojów

Jak to zrobiliśmy: Ujęliśmy w zestawieniu tylko trzy pierwsze nazwiska z obsady każdego filmu, wszystkie pozostałe osoby zaliczając do aktorów drugoplanowych.
Źródło: Rotten Tomatoes, IMDb

Harrison Ford ⬡⬡⬡⬡⬡⬡⬡
Carrie Fisher ⬡⬡⬡⬡⬡
Mark Hamill ⬡⬡⬡⬡⬡
Robert Downey Jr ⬡⬡⬡⬡
Sean Connery ⬡⬡⬡⬡

Kto jest najpopularniejszym aktorem drugoplanowym?

 ⬡⬡⬡⬡⬡⬡⬡

Warwick Davis

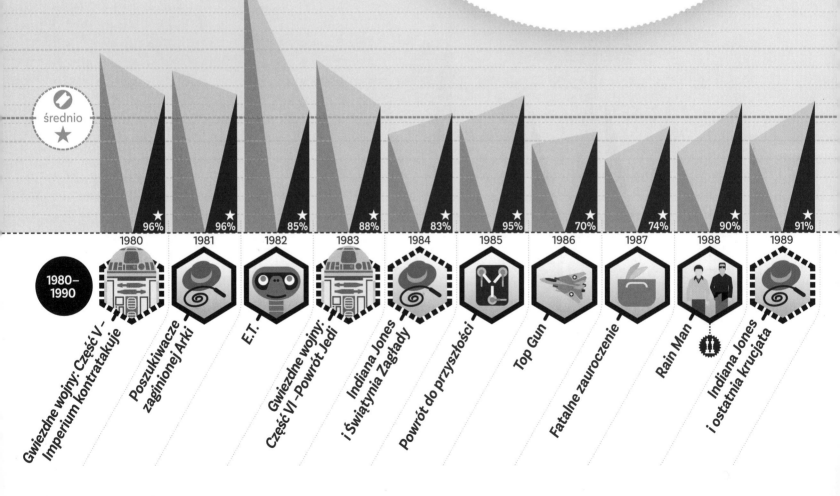

średnio ★

1980	1981	1982	1983	1984	1985	1986	1987	1988	1989
★ 96%	★ 96%	★ 85%	★ 88%	★ 83%	★ 95%	★ 70%	★ 74%	★ 90%	★ 91%

1980–1990

Gwiezdne wojny: Część V – Imperium kontratakuje

Poszukiwacze zaginionej Arki

E.T.

Gwiezdne wojny: Część VI – Powrót Jedi

Indiana Jones i Świątynia Zagłady

Powrót do przyszłości

Top Gun

Fatalne zauroczenie

Rain Man

Indiana Jones i ostatnia krucjata

Kiedy były złote lata kina?

Polegaliśmy na naszej liście kinowych przebojów, aby wskazać dekady, które miały...

	...najwyższą sprzedaż Średnia liczba sprzedanych biletów w USA	**...najlepsze recenzje** Średnia punktacja pozytywnych recenzji	**...najwięcej dzieł oscarowych** Najwięcej na dziesięciolecie odbiorców nagrody w kategorii najlepszy film	**...najwięcej filmów opartych na oryginalnych scenariuszach** Średnia liczba filmów, które nie były sequelami, ekranizacjami książek czy komiksów itd.
1	**1970-1980** 82 023 390	**1960-1970** 86,6%	**1930-1940** ❶❶❶❶	**1980-1990** ⬡⬡⬡⬡⬡⬡⬡
2	**1980-1990** 71 593 750	**1980-1990** 86,6%	**1950-1960** ❶❶❶	**1990-2000** ⬡⬡⬡⬡
3	**1950-1960** 70 197 714	**1930-1940** 84,9%	**1960-1970** ❶❶	**1920-1930** ⬡⬡
4	**1990-2000** 69 472 880	**2010-2020** 82,4%	**1970-1980** ❶❶	**1930-1940** ⬡⬡
5	**2010-2020** 64 802 070	**1950-1960** 81,2%	**1920-1930** ❶	**1940-1950** ⬡⬡
6	**1960-1970** 64 789 844	**1970-1980** 78,6%	**1940-1950** ❶	**1970-1980** ⬡⬡
7	**2000-2010** 62 722 390	**1990-2000** 78%	**1980-1990** ❶	**1950-1960** ⬡
8	**1940-1950** 49 775 933	**1940-1950** 77,3%	**1990-2000** ❶	**2000-2010** ⬡
9	**1930-1940** 47 703 905	**2000-2010** 77,2%	**2000-2010** ❶	1960-1970 0
10	1920-1930 17 111 111	1920-1930 51,8%	2010-2020 0	2010-2020 0

Źródła: Academy of Motion Picture Arts and Sciences (Amerykańska Akademia Sztuki i Wiedzy Filmowej), IMDb, Rotten Tomatoes, The Numbers

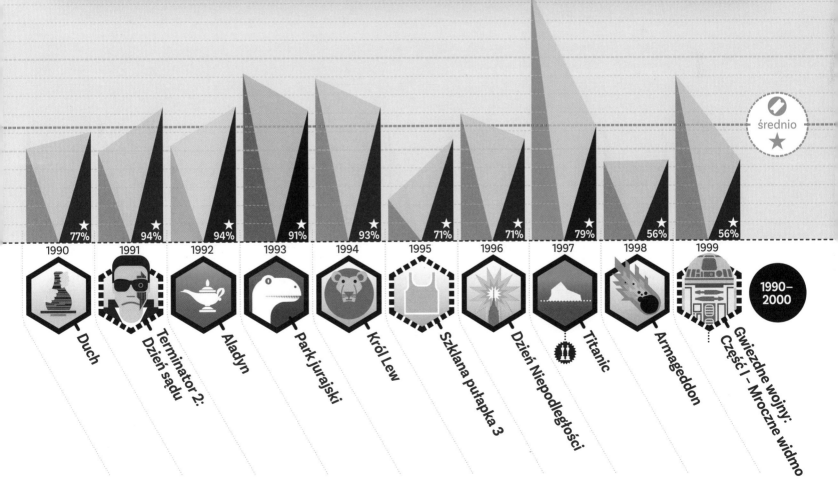

średnio ★

1990	1991	1992	1993	1994	1995	1996	1997	1998	1999
77%	94%	94%	91%	93%	71%	71%	79%	56%	56%
Duch	Terminator 2: Dzień sądu	Aladyn	Park jurajski	Król Lew	Szklana pułapka 3	Dzień Niepodległości	Titanic	Armageddon	Gwiezdne wojny: Część I – Mroczne widmo

1990–2000

Jakie są największe i najbardziej dochodowe franczyzy?

Umieściliśmy na naszej liście pięć takich serii filmowych, z których każda liczy osiem lub więcej obrazów: porównaliśmy średnie dochody z nich oraz ich recenzje

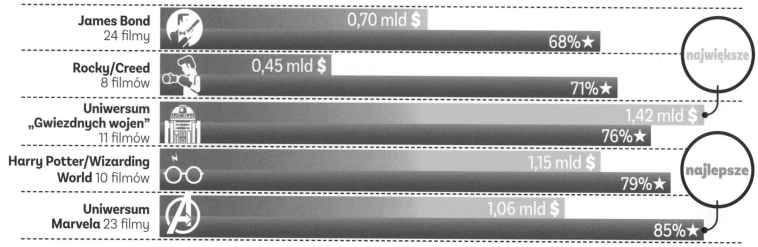

Seria	Dochód	Recenzje
James Bond 24 filmy	0,70 mld $	68%★
Rocky/Creed 8 filmów	0,45 mld $	71%★
Uniwersum „Gwiezdnych wojen" 11 filmów	1,42 mld $	76%★
Harry Potter/Wizarding World 10 filmów	1,15 mld $	79%★
Uniwersum Marvela 23 filmy	1,06 mld $	85%★

największe

najlepsze

Jak to zrobiliśmy: Punktacja recenzji to średnia ocen krytyków i publiczności na Rotten Tomatoes. **Dane kasowe** zostały skorygowane o wskaźnik inflacji. Wpływy kasowe z edycji specjalnych „Gwiezdnych wojen" z 1997 roku zostały w osobny sposób skorygowane wobec oryginalnych filmów z lat 70. i 80. Filmy serii franczyzowych zostały wymienione w kolejności wejścia pierwszego obrazu z serii na ekrany. Liczone są tylko oficjalne filmy. Obrazy Christophera Nolana o Batmanie uważa się za osobną trylogię, nie część rozszerzonego uniwersum DC, którego nie ma na naszej liście.

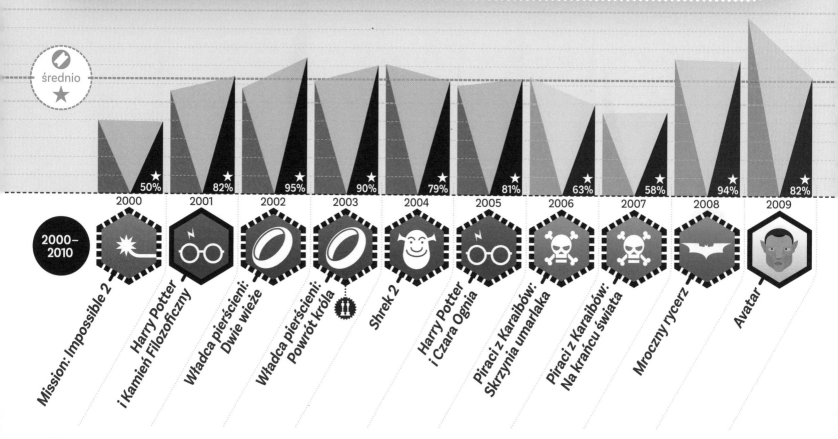

średnio ★

2000	2001	2002	2003	2004	2005	2006	2007	2008	2009
★ 50%	★ 82%	★ 95%	★ 90%	★ 79%	★ 81%	★ 63%	★ 58%	★ 94%	★ 82%

2000–2010

Mission: Impossible 2 · Harry Potter i Kamień Filozoficzny · Władca pierścieni: Dwie wieże · Władca pierścieni: Powrót króla · Shrek 2 · Harry Potter i Czara Ognia · Piraci z Karaibów: Skrzynia umarlaka · Piraci z Karaibów: Na krańcu świata · Mroczny rycerz · Avatar

Jakie były największe hity i najgorsze kity?

Wymienione na naszej liście filmy z najlepszymi i najgorszymi recenzjami

Ojciec chrzestny 98%
Ich noce 96%
Panowie w cylindrach 96%
Poszukiwacze zaginionej Arki 96%
Imperium kontratakuje 96%

NAJLEPSZE ▲

Moonraker 52%
Największe widowisko świata 50%
Mission: Impossible 2 50%
Transformers: Wiek zagłady 34%
Melodia Broadwayu 27%

NAJGORSZE ▼

Przeciętna punktacja recenzji **80%**

Co było potem?

Pandemia koronawirusa spowodowała zamknięcie kin, wiele produkcji zostało odłożonych na lepsze czasy. Skutkiem tych zawirowań były dość zaskakujące wyniki kasowe hitów 2020 r.

Wynik *Avengers: Koniec gry*, najbardziej dochodowego filmu 2019 r.: **2 825 778 570 dol.**

Wynik japońskiego filmu anime *Demon Slayer: Mugen Train*, najbardziej dochodowego obrazu 2020 roku: **479 495 948 dol.**

średnio ★

2010	2011	2012	2013	2014	2015	2016	2017	2018	2019
94%	93%	91%	88%	34%	90%	90%	66%	88%	92%

2010–2020

Toy Story 3

Harry Potter i Insygnia Śmierci. Część II

Avengers

Kraina Lodu

Transformers: Wiek zagłady

Gwiezdne wojny: Część VII – Przebudzenie Mocy

Kapitan Ameryka: Wojna bohaterów

Gwiezdne wojny: Część VIII – Ostatni Jedi

Avengers: Wojna bez granic

Avengers: Koniec gry

Ilu trzeba bohaterów, żeby zarobić 24 miliardy?

W latach 2008–2019 dziedzina wpływów kasowych została zdominowana przez 23 bardzo lukratywne filmy Marvel Cinematic Universe, które zarobiły 24 291 435 246 mld dolarów. Przyjrzeliśmy się powiązaniom pomiędzy ich superbohaterami, żeby ustalić, jak i gdzie się spotykali.

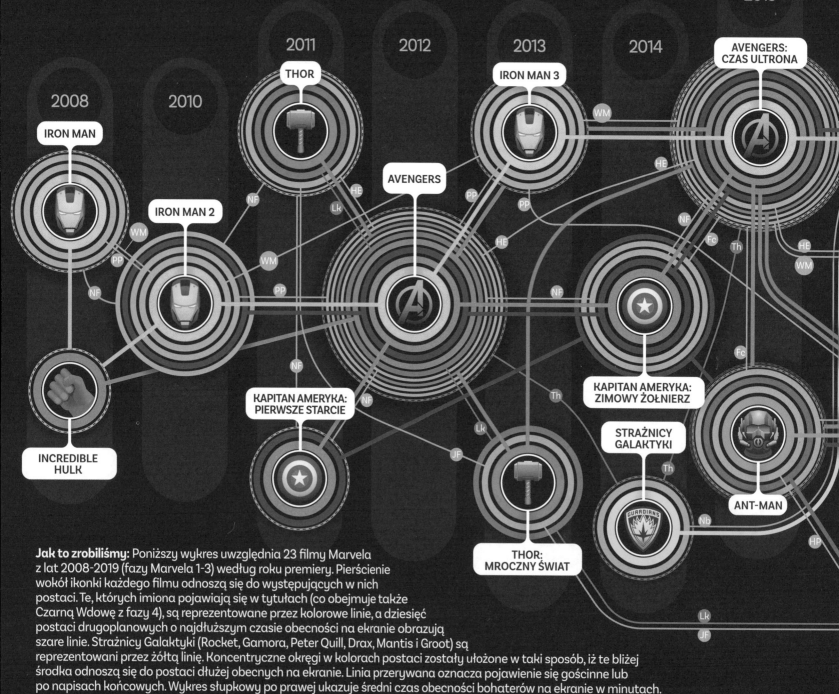

Jak to zrobiliśmy: Poniższy wykres uwzględnia 23 filmy Marvela z lat 2008-2019 (fazy Marvela 1-3) według roku premiery. Pierścienie wokół ikonki każdego filmu odnoszą się do występujących w nich postaci. Te, których imiona pojawiają się w tytułach (co obejmuje także Czarną Wdowę z fazy 4), są reprezentowane przez kolorowe linie, a dziesięć postaci drugoplanowych o najdłuższym czasie obecności na ekranie obrazują szare linie. Strażnicy Galaktyki (Rocket, Gamora, Peter Quill, Drax, Mantis i Groot) są reprezentowani przez żółtą linię. Koncentryczne okręgi w kolorach postaci zostały ułożone w taki sposób, iż te bliżej środka odnoszą się do postaci dłużej obecnych na ekranie. Linia przerywana oznacza pojawienie się gościnne lub po napisach końcowych. Wykres słupkowy po prawej ukazuje średni czas obecności bohaterów na ekranie w minutach.

Źródła: ninewheels0/IMDB.com, The Numbers

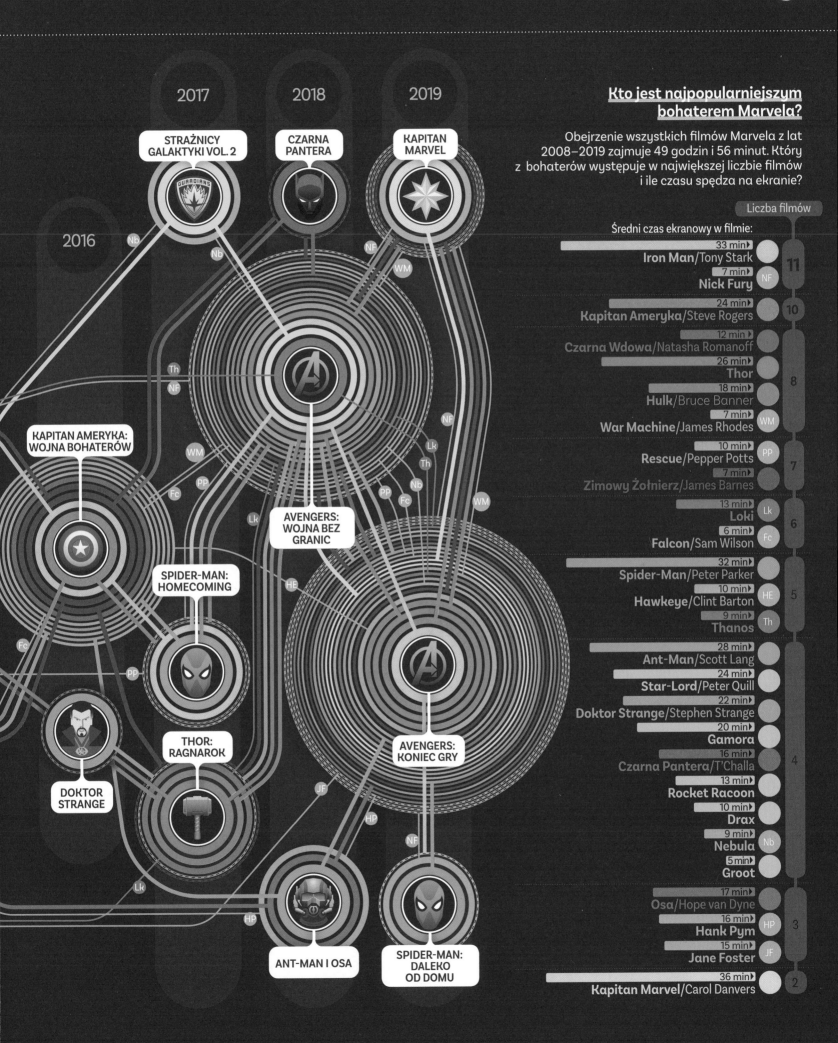

2017   2018   2019

STRAŻNICY GALAKTYKI VOL. 2

CZARNA PANTERA

KAPITAN MARVEL

2016

KAPITAN AMERYKA: WOJNA BOHATERÓW

AVENGERS: WOJNA BEZ GRANIC

SPIDER-MAN: HOMECOMING

DOKTOR STRANGE

THOR: RAGNAROK

AVENGERS: KONIEC GRY

ANT-MAN I OSA

SPIDER-MAN: DALEKO OD DOMU

Kto jest najpopularniejszym bohaterem Marvela?

Obejrzenie wszystkich filmów Marvela z lat 2008–2019 zajmuje 49 godzin i 56 minut. Który z bohaterów występuje w największej liczbie filmów i ile czasu spędza na ekranie?

Liczba filmów

Średni czas ekranowy w filmie:

Bohater	Czas	Liczba filmów
Iron Man/Tony Stark	33 min▸	11
Nick Fury	7 min▸ NF	
Kapitan Ameryka/Steve Rogers	24 min▸	10
Czarna Wdowa/Natasha Romanoff	12 min▸	8
Thor	26 min▸	
Hulk/Bruce Banner	18 min▸	
War Machine/James Rhodes	7 min▸ WM	
Rescue/Pepper Potts	10 min▸ PP	7
Zimowy Żołnierz/James Barnes	7 min▸	
Loki	13 min▸ Lk	6
Falcon/Sam Wilson	6 min▸ Fc	
Spider-Man/Peter Parker	32 min▸	5
Hawkeye/Clint Barton	10 min▸ HE	
Thanos	9 min▸ Th	
Ant-Man/Scott Lang	28 min▸	
Star-Lord/Peter Quill	24 min▸	
Doktor Strange/Stephen Strange	22 min▸	4
Gamora	20 min▸	
Czarna Pantera/T'Challa	16 min▸	
Rocket Racoon	13 min▸	
Drax	10 min▸	
Nebula	9 min▸ Nb	
Groot	5 min▸	
Osa/Hope van Dyne	17 min▸	3
Hank Pym	16 min▸ HP	
Jane Foster	15 min▸ JF	
Kapitan Marvel/Carol Danvers	36 min▸	2

Kto był najlepszym Jamesem Bondem?

To debata, która trwa od lat - który spośród aktorów wiążących muszkę Jamesa Bonda i przypinających jego kaburę był najlepszy? Porównujemy sześciu aktorów, którzy zagrali do tej pory superszpiega 007.

Jak to zrobiliśmy: Każdy z sześciu aktorów grających Bonda w oficjalnych filmach wytwórni Eon został oceniony w ośmiu kategoriach:

- W ilu filmach zagrał? ●
- Jaka była średnia ocena tych filmów? ●
- Ile średnio zarobiły? ●
- Który z filmów został oceniony najwyżej? ●
- Który przyniósł największy dochód? ○
- Ile martini bohater wypił w jednym filmie? ●
- Ile razy całował w jednym filmie? ○
- Ilu ludzi zabił w jednym filmie? ○

Wykresy słupkowe rozbite zostały na kolorowe bloki o proporcjonalnej do wyniku wysokości, przy czym każdy kolor reprezentuje jedną z kategorii. Ten, który wygrywa w kategorii, jest przyciemniony, wysokość pozostałych słupków w danej kategorii jest proporcjonalna do zwycięzcy. Dane kasowe zostały skorygowane o współczynnik inflacji dolara amerykańskiego. Nie braliśmy pod uwagę nieoficjalnych filmów o Bondzie.

* W statystykach Daniela Craiga nie został uwzględniony film *Nie czas umierać*, który w chwili przekazania książki do druku nie trafił jeszcze na ekrany.

Źródła: BBC, IMDb, MI6 Headquarters, The Numbers, Rotten Tomatoes, US Bureau of Labor Statistics

Sean Connery 1962-1971

- 6
- **85,3%**
- 834 mln $
- **99%** *Goldfinger*
- 1,17 mld $ *Operacja Piorun*
- 0,5
- **3**
- 13,7

George Lazenby 1969

- 1
- 81%
- 581 mln $
- 81% *W tajnej służbie Jej Królewskiej Mości*
- 0,58 mld $ *W tajnej...*
- 1
- **3**
- 8

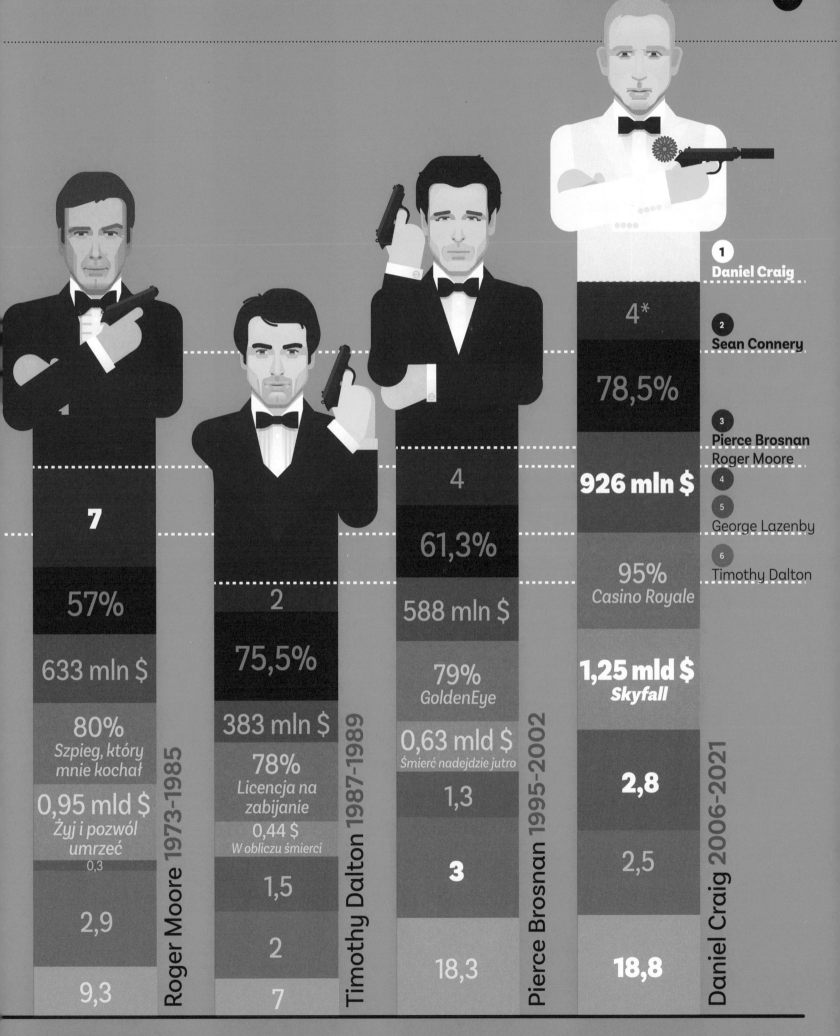

1 **Daniel Craig**

4*

2 **Sean Connery**

78,5%

3 **Pierce Brosnan**
Roger Moore

4

926 mln $

5

George Lazenby

6

Timothy Dalton

95%
Casino Royale

1,25 mld $
Skyfall

2,8

2,5

18,8

Roger Moore 1973-1985

7

57%

633 mln $

80%
Szpieg, który mnie kochał

0,95 mld $
Żyj i pozwól umrzeć

0,3

2,9

9,3

Timothy Dalton 1987-1989

2

75,5%

383 mln $

78%
Licencja na zabijanie

0,44 $
W obliczu śmierci

1,5

2

7

Pierce Brosnan 1995-2002

4

61,3%

588 mln $

79%
GoldenEye

0,63 mld $
Śmierć nadejdzie jutro

1,3

3

18,3

Daniel Craig 2006-2021

Gdzie pan bywał, panie Bond?

AMERYKA
PÓŁNOCNA

AMERYKA
POŁUDNIOWA

James Bond był chyba najczęściej podróżującym szpiegiem w historii filmu i literatury, zapewne z bardzo dobrym skutkiem dla jego programów lojalnościowych w wielu liniach lotniczych. Nanieśliśmy na mapę wszystkie miejsca, które agent 007 odwiedził w ramach służby Jej Królewskiej Mości.

Jak to zrobiliśmy: Mapa pokazuje każdy znany kraj czy obszar odwiedzony przez Jamesa Bonda w oficjalnych filmach, powieściach i opowiadaniach. Granice nieistniejących już dzisiaj krajów, jak Związek Radziecki, zostały pokazane we współczesnych odpowiednikach (Rosja, Ukraina itd.). Lokalizacje planów filmowych nie zostały uwzględnione.

Źródła: „Empire", Fandom, „The New Zealand Herald", Vox

W tajnej służbie Jej Królewskiej Mości
Kraje lub obszary, które 007 odwiedził

Oczekiwałem pana, panie Bond
Kraje lub obszary, których 007 jeszcze nie odwiedził

I kto tu oszukiwał?

Miejsca w Wielkiej Brytanii, które w filmach o Bondzie miały uchodzić za całkiem inne okolice

Aldershot w Hampshire zagrało **Koreę Północną** w *Śmierć nadejdzie jutro*, 2002

Swindon w Wiltshire zagrało **Kazachstan** w *Świat to za mało*, 1999

Epsom w Surrey zagrało **Sankt Petersburg** w *GoldenEye*, 1995

W Pinewood Studios w Buckinghamshire stworzono **przestrzeń kosmiczną** w *Moonraker*, 1979

EUROPA

AFRYKA

AZJA

AUSTRALIA
I OCEANIA

Dokąd Bond podróżował na ekranie?

Miasta, które 007 odwiedzał najczęściej
w oficjalnych filmach, z wyłączeniem Londynu

Hongkong 3 razy **A**

Stambuł 3 razy **B**

Wenecja 3 razy **C**

Dokąd Bond podróżował w książkach?

Miasta, które 007 odwiedzał najczęściej
w oficjalnych książkach, z wyłączeniem Londynu

D **Nowy Jork** 7 razy

E Hongkong 4 razy

F Paryż 4 razy

Jak zdobyć Oscara?

Jakie role filmowe mają największe szanse na przychylność Akademii? Przyjrzeliśmy się werdyktom z 93 lat, odkąd przyznawane są nagrody dla najlepszej aktorki i najlepszego aktora, aby wyszukać typy ról, które zdają się najwyżej cenione.

Jak to zrobiliśmy: Zwycięzcy w obu kategoriach zostali wymienieni w kolejności chronologicznej według roku zdobycia nagrody. Przyglądając się granym przez nich postaciom, wskazaliśmy najczęściej powtarzające się cechy i przedstawiliśmy je proporcjonalnie w środkowej części.

Źródła: The Academy of Motion Picture Arts and Sciences, IMDb

Kto jest na prowadzeniu?

Wielokrotni zdobywcy Oscarów dla najlepszego aktora albo najlepszej aktorki w roli głównej:

Katharine Hepburn
Poranna chwała, 1934
Zgadnij, kto przyjdzie na obiad, 1968
Lew w zimie, 1969
Nad złotym stawem, 1982

Daniel Day-Lewis
Moja lewa stopa, 1990
Aż poleje się krew, 2008
Lincoln, 2013

Frances McDormand
Fargo, 1997
Trzy billboardy za Ebbing, Missouri, 2018,
Nomadland, 2021

POZOSTALI NAJLEPSI:
Dwukrotni zdobywcy Oscara dla najlepszego aktora/najlepszej aktorki:

Ingrid Bergman, Marlon Brando, Gary Cooper, Bette Davis, Olivia de Havilland, Tom Hanks, Dustin Hoffman, Anthony Hopkins, Sally Field, Jane Fonda, Jodie Foster, Glenda Jackson, Vivien Leigh, Fredric March, Jack Nicholson, Sean Penn, Luise Rainer, Meryl Streep, Hilary Swank, Elizabeth Taylor, Spencer Tracy

Emil Jannings jako wielki książę Sergiusz Aleksander	1929
Emil Jannings jako August Schilling	1929
Warner Baxter jako Cisco Kid	1930
George Arliss jako Benjamin Disraeli	1930
Lionel Barrymore jako Stephen Ashe	1931
Wallace Beery jako Andy „Champ" Purcell	1932
Fredric March jako doktor Jekyll i pan Hyde	1932
Charles Laughton jako Henryk VIII	1934
Clark Gable jako Peter Warner	1935
Victor McLaglen jako „Gypo" Nolan	1936
Paul Muni jako Louis Pasteur	1937
Spencer Tracy jako Manuel Fidello	1938
Spencer Tracy jako ojciec Flanagan	1939
Robert Donat jako Charles Edward Chipping	1940
James Stewart jako Macaulay „Mike" Connor	1941
Gary Cooper jako Alvin C. York	1942
James Cagney jako George M. Cohan	1943
Paul Lukas jako Kurt Miller	1944
Bing Crosby jako ojciec Chuck O'Malley	1945
Ray Milland jako Don Birman	1946
Fredric March jako Al Stephenson	1947
Ronald Colman jako Anthony John	1948
Laurence Olivier jako Hamlet, książę Danii	1949
Broderick Crawford jako Willie Stark	1950
José Ferrer jako Cyrano de Bergerac	1951
Humphrey Bogart jako Charlie Allnut	1952
Gary Cooper jako Marshal Will Kane	1953
★**William Holden** jako sierżant J.J. Sefton	1954
Marlon Brando jako Terry Malloy	1955
Ernest Borgnine jako Marty Piletti	1956
Yul Brynner jako Mongkut, król Syjamu	1957
Alec Guinness jako pułkownik Nicholson	1958
David Niven jako major Angus Pollock	1959
Charlton Heston jako Ben-Hur	1960
Burt Lancaster jako Elmer Gantry	1961
Maximilian Schell jako Hans Rolfe	1962
★**Gregory Peck** jako Atticus Finch	1963
Sidney Poitier jako Homer Smith	1964
Rex Harrison jako profesor Henry Higgins	1965
Lee Marvin jako Kid Shelleen i Tim Strawn	1966
Paul Scofield jako sir Thomas More	1967
Rod Steiger jako szef policji Bill Gillespie	1968
Cliff Robertson jako Charly Gordon	1969
John Wayne jako Rooster Cogburn	1970
George C. Scott jako generał George S. Patton	1971
Gene Hackman jako Jimmy „Popeye" Doyle	1972
Marlon Brando jako Vito Corleone	1973
Jack Lemmon jako Harry Stoner	1974
Art Carney jako Harry Coombes	1975
Jack Nicholson jako Randle Patrick „Mac" McMurphy	1976
Peter Finch jako Howard Beale	1977
Richard Dreyfuss jako Elliot Garfield	1978
Jon Voight jako Luke Martin	1979
Dustin Hoffman jako Ted Kramer	1980
Robert De Niro jako Jake LaMotta	1981
Henry Fonda jako Norman Thayer Jr	1982
Ben Kingsley jako Mohandas Karamchand Gandhi	1983
Robert Duvall jako Mac Sledge	1984
F. Murray Abraham jako Antonio Salieri	1985
William Hurt jako Luis Molina	1986
Paul Newman jako „Fast" Eddie Felson	1987
Michael Douglas jako Gordon Gekko	1988
Dustin Hoffman jako Raymond Babbitt	1989
Daniel Day-Lewis jako Christy Brown	1990
Jeremy Irons jako Claus von Bülow	1991
Anthony Hopkins jako Hannibal Lecter	1992
★**Al Pacino** jako pułkownik Frank Slade	1993
Tom Hanks jako Andrew Beckett	1994
Tom Hanks jako Forrest Gump	1995
Nicolas Cage jako Ben Sanderson	1996
Geoffrey Rush jako David Helfgott	1997
Jack Nicholson jako Melvin Udall	1998
Roberto Benigni jako Guido Orefice	1999
Kevin Spacey jako Lester Burnham	2000
Russell Crowe jako Maximus Decimus Meridius	2001
Denzel Washington jako detektyw Alonzo Harris	2002
Adrien Brody jako Władysław Szpilman	2003
Sean Penn jako Jimmy Markum	2004
Jamie Foxx jako Ray Charles	2005
Philip Seymour Hoffman jako Truman Capote	2006
Forest Whitaker jako Idi Amin	2007
Daniel Day-Lewis jako Daniel Plainview	2008
Sean Penn jako Harvey Milk	2009
Jeff Bridges jako Otis „Bad" Blake	2010
Colin Firth jako król Jerzy VI	2011
Jean Dujardin jako George Valentin	2012
Daniel Day-Lewis jako Abraham Lincoln	2013
Matthew McConaughey jako Ron Woodroof	2014
Eddie Redmayne jako Stephen Hawking	2015
Leonardo DiCaprio jako Hugh Glass	2016
Casey Affleck jako Lee Chandler	2017
Gary Oldman jako Winston Churchill	2018
Rami Malek jako Freddie Mercury	2019
Joaquin Phoenix jako Arthur Fleck	2020
Anthony Hopkins jako Anthony	2021

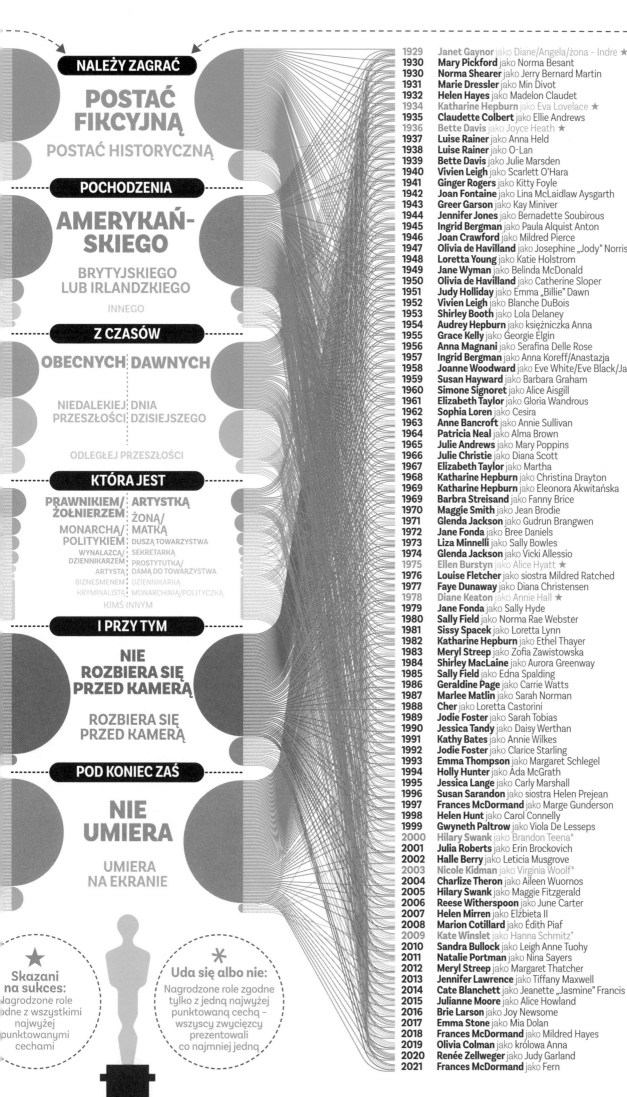

NALEŻY ZAGRAĆ

POSTAĆ FIKCYJNĄ

POSTAĆ HISTORYCZNĄ

POCHODZENIA

AMERYKAŃ-SKIEGO

BRYTYJSKIEGO LUB IRLANDZKIEGO

INNEGO

Z CZASÓW

OBECNYCH DAWNYCH

NIEDALEKIEJ PRZESZŁOŚCI | DNIA DZISIEJSZEGO

ODLEGŁEJ PRZESZŁOŚCI

KTÓRA JEST

PRAWNIKIEM/ ŻOŁNIERZEM | **ARTYSTKĄ**
MONARCHĄ/ POLITYKIEM | ŻONĄ/ MATKĄ
WYNALAZCĄ/ DZIENNIKARZEM | DUSZĄ TOWARZYSTWA
ARTYSTĄ | SEKRETARKĄ
BIZNESMENEM | PROSTYTUTKĄ/ DAMĄ DO TOWARZYSTWA
KRYMINALISTĄ | DZIENNIKARKĄ
| MONARCHINIĄ/POLITYCZKĄ
KIMŚ INNYM

I PRZY TYM

NIE ROZBIERA SIĘ PRZED KAMERĄ

ROZBIERA SIĘ PRZED KAMERĄ

POD KONIEC ZAŚ

NIE UMIERA

UMIERA NA EKRANIE

★ **Skazani na sukces:** Nagrodzone role zgodne z wszystkimi najwyżej punktowanymi cechami

* **Uda się albo nie:** Nagrodzone role zgodne tylko z jedną najwyżej punktowaną cechą - wszyscy zwycięzcy prezentowali co najmniej jedną

Rok	Zdobywczyni
1929	Janet Gaynor jako Diane/Angela/żona - Indre ★
1930	Mary Pickford jako Norma Besant
1930	Norma Shearer jako Jerry Bernard Martin
1931	Marie Dressler jako Min Divot
1932	Helen Hayes jako Madelon Claudet
1934	Katharine Hepburn jako Eva Lovelace ★
1935	Claudette Colbert jako Ellie Andrews
1936	Bette Davis jako Joyce Heath ★
1937	Luise Rainer jako Anna Held
1938	Luise Rainer jako O-Lan
1939	Bette Davis jako Julie Marsden
1940	Vivien Leigh jako Scarlett O'Hara
1941	Ginger Rogers jako Kitty Foyle
1942	Joan Fontaine jako Lina McLaidlaw Aysgarth
1943	Greer Garson jako Kay Miniver
1944	Jennifer Jones jako Bernadette Soubirous
1945	Ingrid Bergman jako Paula Alquist Anton
1946	Joan Crawford jako Mildred Pierce
1947	Olivia de Havilland jako Josephine „Jody" Norris
1948	Loretta Young jako Katie Holstrom
1949	Jane Wyman jako Belinda McDonald
1950	Olivia de Havilland jako Catherine Sloper
1951	Judy Holliday jako Emma „Billie" Dawn
1952	Vivien Leigh jako Blanche DuBois
1953	Shirley Booth jako Lola Delaney
1954	Audrey Hepburn jako księżniczka Anna
1955	Grace Kelly jako Georgie Elgin
1956	Anna Magnani jako Serafina Delle Rose
1957	Ingrid Bergman jako Anna Koreff/Anastazja
1958	Joanne Woodward jako Eve White/Eve Black/Jane
1959	Susan Hayward jako Barbara Graham
1960	Simone Signoret jako Alice Aisgill
1961	Elizabeth Taylor jako Gloria Wandrous
1962	Sophia Loren jako Cesira
1963	Anne Bancroft jako Annie Sullivan
1964	Patricia Neal jako Alma Brown
1965	Julie Andrews jako Mary Poppins
1966	Julie Christie jako Diana Scott
1967	Elizabeth Taylor jako Martha
1968	Katharine Hepburn jako Christina Drayton
1969	Katharine Hepburn jako Eleonora Akwitańska
1969	Barbra Streisand jako Fanny Brice
1970	Maggie Smith jako Jean Brodie
1971	Glenda Jackson jako Gudrun Brangwen
1972	Jane Fonda jako Bree Daniels
1973	Liza Minnelli jako Sally Bowles
1974	Glenda Jackson jako Vicki Allessio
1975	Ellen Burstyn jako Alice Hyatt ★
1976	Louise Fletcher jako siostra Mildred Ratched
1977	Faye Dunaway jako Diana Christensen
1978	Diane Keaton jako Annie Hall ★
1979	Jane Fonda jako Sally Hyde
1980	Sally Field jako Norma Rae Webster
1981	Sissy Spacek jako Loretta Lynn
1982	Katharine Hepburn jako Ethel Thayer
1983	Meryl Streep jako Zofia Zawistowska
1984	Shirley MacLaine jako Aurora Greenway
1985	Sally Field jako Edna Spalding
1986	Geraldine Page jako Carrie Watts
1987	Marlee Matlin jako Sarah Norman
1988	Cher jako Loretta Castorini
1989	Jodie Foster jako Sarah Tobias
1990	Jessica Tandy jako Daisy Werthan
1991	Kathy Bates jako Annie Wilkes
1992	Jodie Foster jako Clarice Starling
1993	Emma Thompson jako Margaret Schlegel
1994	Holly Hunter jako Ada McGrath
1995	Jessica Lange jako Carly Marshall
1996	Susan Sarandon jako siostra Helen Prejean
1997	Frances McDormand jako Marge Gunderson
1998	Helen Hunt jako Carol Connelly
1999	Gwyneth Paltrow jako Viola De Lesseps
2000	Hilary Swank jako Brandon Teena*
2001	Julia Roberts jako Erin Brockovich
2002	Halle Berry jako Leticia Musgrove
2003	Nicole Kidman jako Virginia Woolf*
2004	Charlize Theron jako Aileen Wuornos
2005	Hilary Swank jako Maggie Fitzgerald
2006	Reese Witherspoon jako June Carter
2007	Helen Mirren jako Elżbieta II
2008	Marion Cotillard jako Édith Piaf
2009	Kate Winslet jako Hanna Schmitz*
2010	Sandra Bullock jako Leigh Anne Tuohy
2011	Natalie Portman jako Nina Sayers
2012	Meryl Streep jako Margaret Thatcher
2013	Jennifer Lawrence jako Tiffany Maxwell
2014	Cate Blanchett jako Jeanette „Jasmine" Francis
2015	Julianne Moore jako Alice Howland
2016	Brie Larson jako Joy Newsome
2017	Emma Stone jako Mia Dolan
2018	Frances McDormand jako Mildred Hayes
2019	Olivia Colman jako królowa Anna
2020	Renée Zellweger jako Judy Garland
2021	Frances McDormand jako Fern

ZWYCIĘŻCZYNI W KATEGORII NAJLEPSZA AKTORKA

17.4%

18.4%

CZY MOŻNA WYGRAĆ, MAJĄC BRODĘ?

36% zdobywców Oscara dla najlepszego aktora miało jakiś zarost

NAJLEPSZY CZAS DLA ZAROŚNIĘTYCH: lata siedemdziesiąte

CZY MOŻNA WYGRAĆ W ROLI SPORTOWCA?

Zero szans, nieważne - mężczyzna czy kobieta, chyba że uprawia się boks:

WALLACE BEERY *Mistrz*, 1932

ROBERT DE NIRO *Wściekły Byk*, 1981

HILARY SWANK *Za wszelką cenę*, 2005

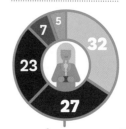

7 | 5 | 32 | 23 | 27

CZY MOŻNA WYGRAĆ, BĘDĄC BLONDYNKĄ?

Zdobywczynie Oscara dla najlepszej aktorki według koloru włosów

- BLONDYNKI /CIEMNE BLONDYNKI
- BRUNETKI
- CZARNE
- RUDE/KASZTANOWE
- SIWE

Co takiego jest w Meryl Streep?

Gdy mowa o nominacjach do Oscarów, nikt nie jest lepszy od niej. Spośród 61 zagranych do tej pory ról ponad jedna trzecia zaowocowała nominacjami do Oscara. Oto, jak Meryl Streep wypada na tle innych wielkich aktorów, jak jest oceniana przez publiczność i krytyków, jakie przynosi wpływy finansowe.

Jak to zrobiliśmy: Na liście po prawej stronie znajdują się filmy, w których grała, wraz z opiniami na Rotten Tomatoes. Podane zostały też łączne wpływy ze sprzedaży biletów na całym świecie. Wyniki kasowe skorygowano o wskaźnik inflacji.

Źródła: The Academy of Motion Picture Arts and Sciences, IMDb, The Numbers, Rotten Tomatoes

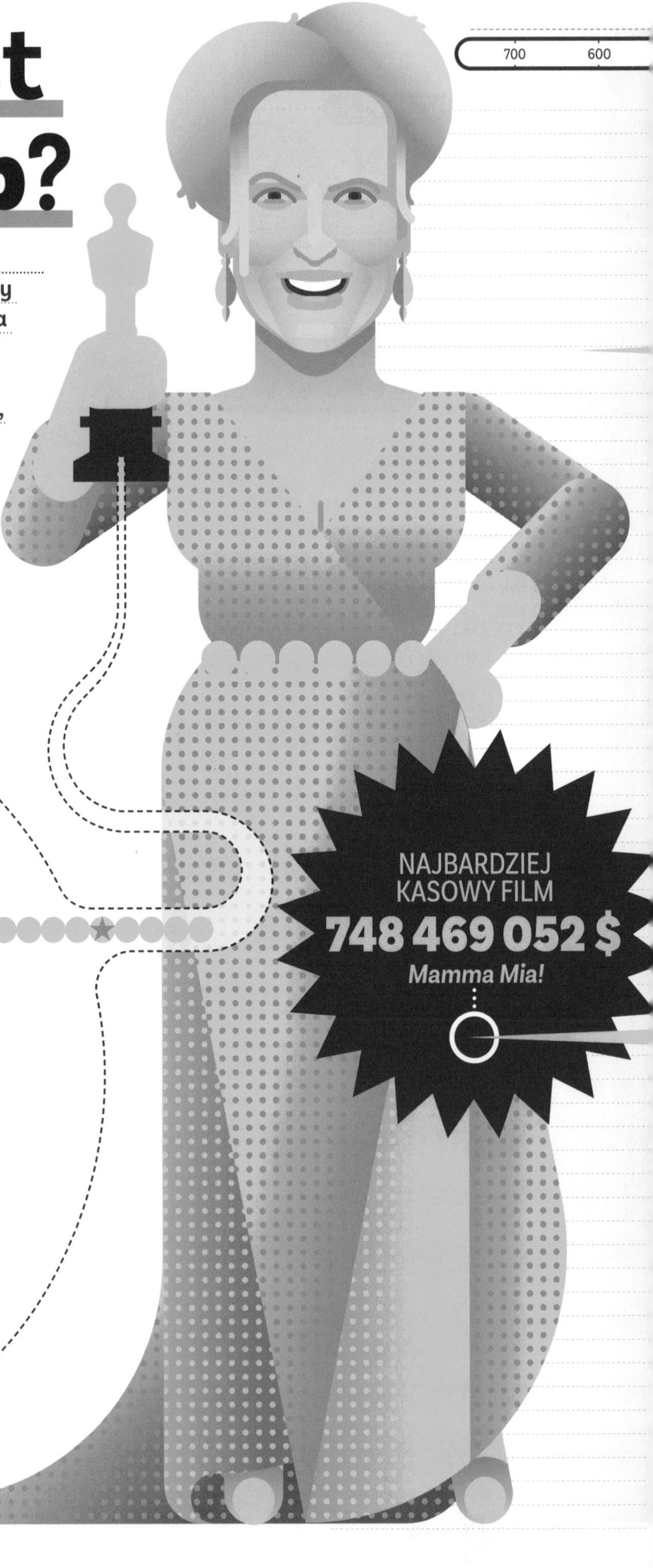

Kto otrzymał najwięcej nominacji do aktorskich Oscarów?

Oto wykonawcy, którzy otrzymali osiem lub więcej nominacji w kategoriach najlepszego aktora/najlepszej aktorki, najlepszego aktora drugoplanowego/najlepszej aktorki drugoplanowej

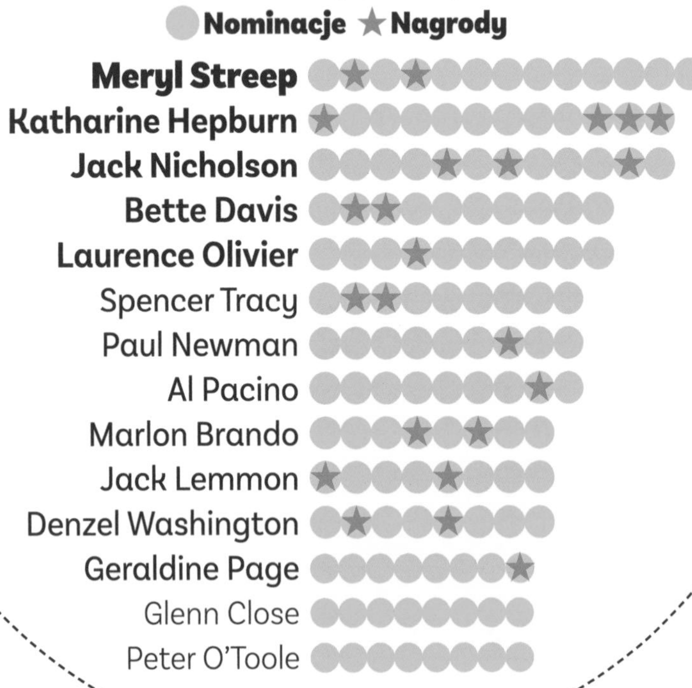

● **Nominacje** ★ **Nagrody**

- **Meryl Streep**
- **Katharine Hepburn**
- **Jack Nicholson**
- **Bette Davis**
- **Laurence Olivier**
- Spencer Tracy
- Paul Newman
- Al Pacino
- Marlon Brando
- Jack Lemmon
- Denzel Washington
- Geraldine Page
- Glenn Close
- Peter O'Toole

NAJBARDZIEJ KASOWY FILM
748 469 052 $
Mamma Mia!

700 600

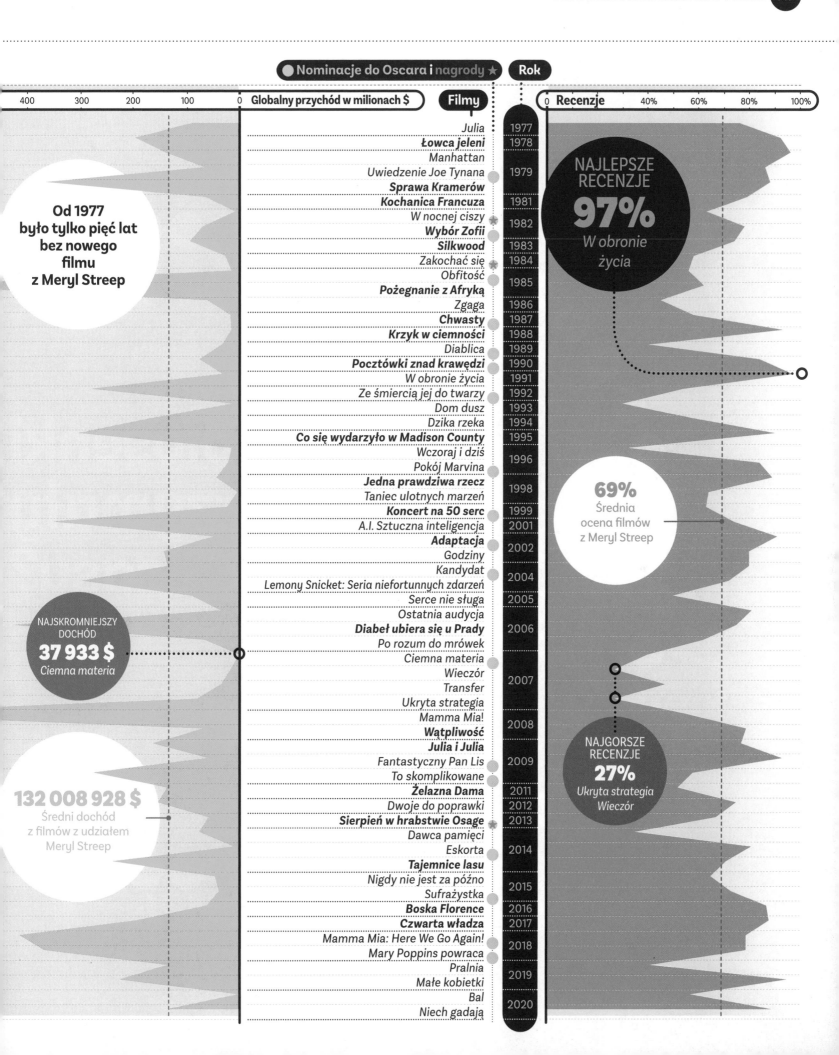

● Nominacje do Oscara i nagrody ★ Rok

Globalny przychód w milionach $ **Filmy** **Recenzje**

400 300 200 100 0 | 0 40% 60% 80% 100%

Film	Rok
Julia	1977
Łowca jeleni	1978
Manhattan	
Uwiedzenie Joe Tynana	1979
Sprawa Kramerów	
Kochanica Francuza	1981
W nocnej ciszy ★	1982
Wybór Zofii	
Silkwood	1983
Zakochać się ★	1984
Obfitość	1985
Pożegnanie z Afryką	
Zgaga	1986
Chwasty	1987
Krzyk w ciemności	1988
Diablica	1989
Pocztówki znad krawędzi	1990
W obronie życia	1991
Ze śmiercią jej do twarzy	1992
Dom dusz	1993
Dzika rzeka	1994
Co się wydarzyło w Madison County	1995
Wczoraj i dziś	1996
Pokój Marvina	
Jedna prawdziwa rzecz	1998
Taniec ulotnych marzeń	
Koncert na 50 serc	1999
A.I. Sztuczna inteligencja	2001
Adaptacja	2002
Godziny	
Kandydat	2004
Lemony Snicket: Seria niefortunnych zdarzeń	
Serce nie sługa	2005
Ostatnia audycja	
Diabeł ubiera się u Prady	2006
Po rozum do mrówek	
Ciemna materia	
Wieczór	2007
Transfer	
Ukryta strategia	
Mamma Mia!	
Wątpliwość	2008
Julia i Julia	
Fantastyczny Pan Lis	2009
To skomplikowane	
Żelazna Dama	2011
Dwoje do poprawki	2012
Sierpień w hrabstwie Osage ★	2013
Dawca pamięci	
Eskorta	2014
Tajemnice lasu	
Nigdy nie jest za późno	2015
Sufrażystka	
Boska Florence	2016
Czwarta władza	2017
Mamma Mia: Here We Go Again!	2018
Mary Poppins powraca	
Pralnia	2019
Małe kobietki	
Bal	2020
Niech gadają	

Od 1977 było tylko pięć lat bez nowego filmu z Meryl Streep

NAJLEPSZE RECENZJE
97%
W obronie życia

69%
Średnia ocena filmów z Meryl Streep

NAJSKROMNIEJSZY DOCHÓD
37 933 $
Ciemna materia

132 008 928 $
Średni dochód z filmów z udziałem Meryl Streep

NAJGORSZE RECENZJE
27%
Ukryta strategia
Wieczór

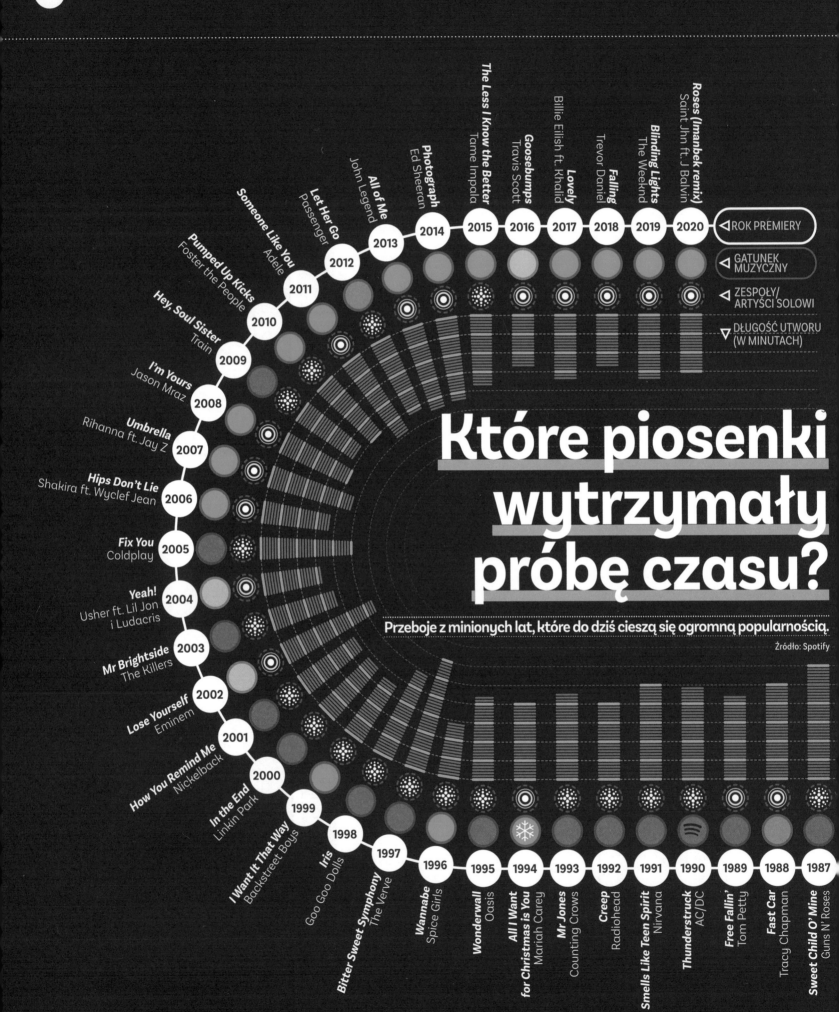

Które piosenki wytrzymały próbę czasu?

Przeboje z minionych lat, które do dziś cieszą się ogromną popularnością.

Źródło: Spotify

◁ ROK PREMIERY

◁ GATUNEK MUZYCZNY

◁ ZESPOŁY/ARTYŚCI SOLOWI

▽ DŁUGOŚĆ UTWORU (W MINUTACH)

The Less I Know the Better — Tame Impala — 2015
Goosebumps — Travis Scott — 2016
Lovely — Billie Eilish ft. Khalid — 2017
Falling — Trevor Daniel — 2018
Blinding Lights — The Weeknd — 2019
Roses (Imanbek remix) — Saint Jhn ft. J Balvin — 2020

Photograph — Ed Sheeran — 2014
All of Me — John Legend — 2013
Let Her Go — Passenger — 2012
Someone Like You — Adele — 2011
Pumped Up Kicks — Foster the People — 2010
Hey, Soul Sister — Train — 2009
I'm Yours — Jason Mraz — 2008
Umbrella — Rihanna ft. Jay Z — 2007
Hips Don't Lie — Shakira ft. Wyclef Jean — 2006
Fix You — Coldplay — 2005
Yeah! — Usher ft. Lil Jon i Ludacris — 2004
Mr Brightside — The Killers — 2003
Lose Yourself — Eminem — 2002
How You Remind Me — Nickelback — 2001
In the End — Linkin Park — 2000
I Want It That Way — Backstreet Boys — 1999
Iris — Goo Goo Dolls — 1998
Bitter Sweet Symphony — The Verve — 1997

Wannabe — Spice Girls — 1996
Wonderwall — Oasis — 1995
All I Want for Christmas is You — Mariah Carey — 1994
Mr Jones — Counting Crows — 1993
Creep — Radiohead — 1992
Smells Like Teen Spirit — Nirvana — 1991
Thunderstruck — AC/DC — 1990
Free Fallin' — Tom Petty — 1989
Fast Car — Tracy Chapman — 1988
Sweet Child O' Mine — Guns N' Roses — 1987

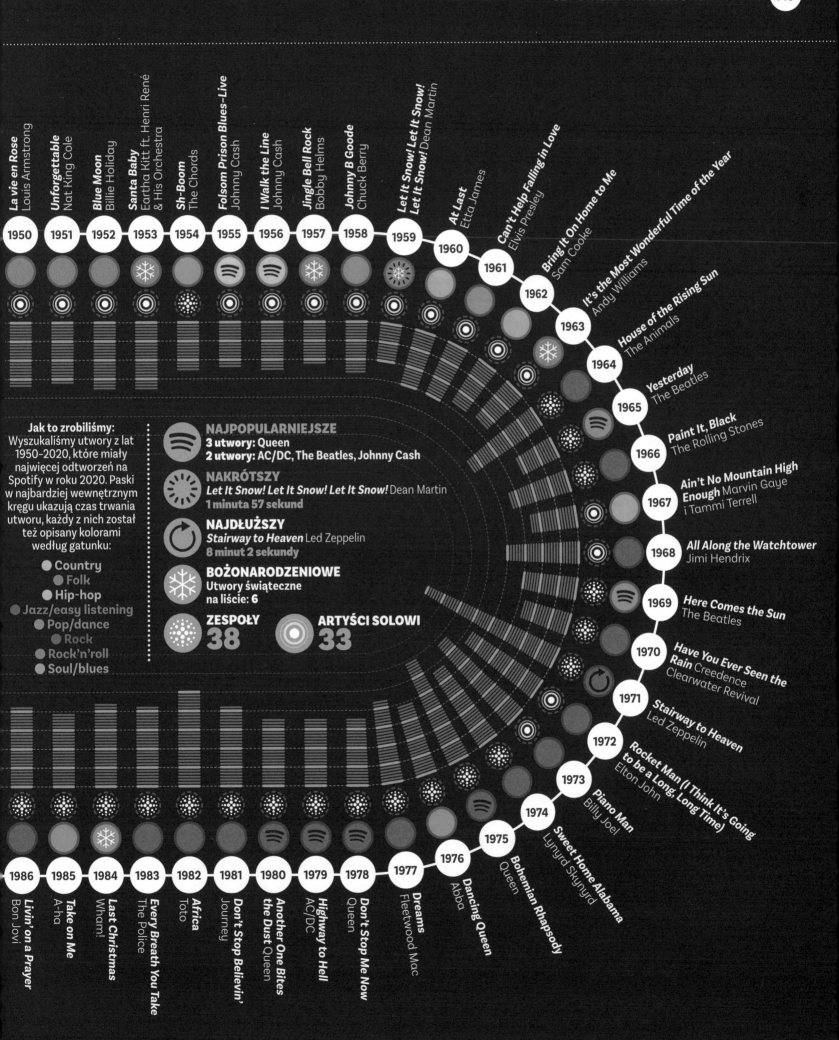

La vie en Rose Louis Armstrong
Unforgettable Nat King Cole
Blue Moon Billie Holiday
Santa Baby Eartha Kitt ft. Henri René & His Orchestra
Sh-Boom The Chords
Folsom Prison Blues–Live Johnny Cash
I Walk the Line Johnny Cash
Jingle Bell Rock Bobby Helms
Johnny B Goode Chuck Berry
Let It Snow! Let It Snow! Let It Snow! Dean Martin
At Last Etta James
Can't Help Falling in Love Elvis Presley
Bring It On Home to Me Sam Cooke
It's the Most Wonderful Time of the Year Andy Williams
House of the Rising Sun The Animals
Yesterday The Beatles
Paint It, Black The Rolling Stones
Ain't No Mountain High Enough Marvin Gaye i Tammi Terrell
All Along the Watchtower Jimi Hendrix
Here Comes the Sun The Beatles
Have You Ever Seen the Rain Creedence Clearwater Revival
Stairway to Heaven Led Zeppelin
Rocket Man (I Think It's Going to be a Long, Long Time) Elton John
Piano Man Billy Joel
Sweet Home Alabama Lynyrd Skynyrd
Bohemian Rhapsody Queen
Dancing Queen Abba
Dreams Fleetwood Mac
Don't Stop Me Now Queen
Highway to Hell AC/DC
Another One Bites the Dust Queen
Don't Stop Believin' Journey
Africa Toto
Every Breath You Take The Police
Last Christmas Wham!
Take on Me A-ha
Livin' on a Prayer Bon Jovi

1950 1951 1952 1953 1954 1955 1956 1957 1958 1959 1960 1961 1962 1963 1964 1965 1966 1967 1968 1969 1970 1971 1972 1973 1974 1975 1976 1977 1978 1979 1980 1981 1982 1983 1984 1985 1986

Jak to zrobiliśmy:
Wyszukaliśmy utwory z lat 1950–2020, które miały najwięcej odtworzeń na Spotify w roku 2020. Paski w najbardziej wewnętrznym kręgu ukazują czas trwania utworu, każdy z nich został też opisany kolorami według gatunku:

● Country
● Folk
● Hip-hop
● Jazz/easy listening
● Pop/dance
● Rock
● Rock'n'roll
● Soul/blues

NAJPOPULARNIEJSZE
3 utwory: Queen
2 utwory: AC/DC, The Beatles, Johnny Cash

NAKRÓTSZY
Let It Snow! Let It Snow! Let It Snow! Dean Martin
1 minuta 57 sekund

NAJDŁUŻSZY
Stairway to Heaven Led Zeppelin
8 minut 2 sekundy

BOŻONARODZENIOWE
Utwory świąteczne na liście: 6

ZESPOŁY
38

ARTYŚCI SOLOWI
33

Kto sprawuje muzyczny rząd dusz?

Madonna, a może Mariah mają więcej odsłuchań? Kto ma na koncie więcej przebojów, Barbra Streisand czy Drake? Przyjrzeliśmy się liście „Billboardu", analizując informacje na temat 20 „największych artystów wszech czasów", i spróbowaliśmy porównać ich osiągnięcia. Zobaczmy, kto zgarnia pulę.

Jak to zrobiliśmy: Wzięliśmy 20 najważniejszych artystów według listy „Billboardu" i oceniliśmy ich kariery w sześciu kategoriach. Koncentryczne okręgi reprezentują rangę wykonawców w każdej kategorii; im większa liczba pasków, tym wyżej się plasują. Następnie każdemu artyście przyznaliśmy ocenę ogólną na podstawie ich zsumowanych rankingów i to ona zdecydowała o ich kolejności od pozycji 20 do *numero uno*.

W przypadku remisu: w kategorii singli na miejscu pierwszym wyżej plasuje się artysta dłużej się na nim utrzymujący; w kategorii listy Hot 100 z równą liczbą utworów i tygodni na liście wyżej lokuje się artysta z większą liczbą singli; w kategorii najlepszy album na liście Top 10 wyżej plasuje się artysta, który dłużej się na niej utrzymał. Liczba odsłuchań miesięcznie to średnia liczba ściągnięć utworów między czerwcem 2020 a czerwcem 2021.

Kategorie, w których artysta zajmuje pierwsze miejsce, są oznaczone gwiazdką ★ i białym kolorem w zewnętrznym okręgu. Lista Hot 100 obejmuje także nagrania wspólne. Statystyki Paula McCartneya obejmują utwory nagrane z zespołem Wings.

Źródła: „Billboard", Spotify

Garth Brooks

Singli na miejscu 1: **0**

Pozycji na Hot 100: **9**

Utwór najdłużej pozostający na liście: ***Wrapped Up in You*, 20**

Albumów na Top 10: **19**

Album najdłużej pozostający na liście: ***No Fences*, 224**

Odsłuchań miesięcznie: **730 620**

Elvis Presley

Singli na miejscu 1: **7**

Pozycji na Hot 100: **109**

Utwór najdłużej pozostający na liście: ***Way Down*, 21**

Albumów na Top 10: **12**

Album najdłużej pozostający na liście: ***It's Christmas Time*, 76**

Odsłuchań miesięcznie: **12 335 501**

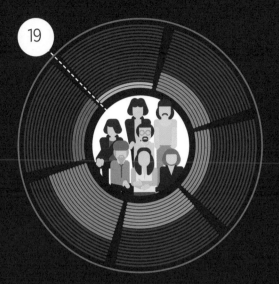

Chicago

Singli na miejscu 1: **3**

Pozycji na Hot 100: **46**

Utwór najdłużej pozostający na liście:
Hard Habit to Break, **25**

Albumów na Top 10: **12**

Album najdłużej pozostający na liście:
Chicago Transit Authority, **171**

Odsłuchań miesięcznie: **6 786 147**

Rod Stewart

Singli na miejscu 1: **4**

Pozycji na Hot 100: **52**

Utwór najdłużej pozostający na liście:
My Heart Can't Tell You No, **25**

Albumów na Top 10: **17**

Album najdłużej pozostający na liście:
*It Had to Be You:
The Great American Songbook*, **86**

Odsłuchań miesięcznie: **9 330 157**

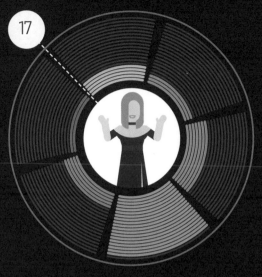

Barbra Streisand

Singli na miejscu 1: **5**

Pozycji na Hot 100: **41**

Utwór najdłużej pozostający na liście:
Evergreen, **25**

Albumów na Top 10: **34**

Album najdłużej pozostający na liście:
Funny Girl OST, **108**

Odsłuchań miesięcznie: **4 049 903**

Janet Jackson

Singli na miejscu 1: **10**

Pozycji na Hot 100: **41**

Utwór najdłużej pozostający na liście:
Together Again, **46**

Albumów na Top 10: **10**

Album najdłużej pozostający na liście:
*Janet Jackson's
Rhythm Nation 1814*, **108**

Odsłuchań miesięcznie: **5 472 281**

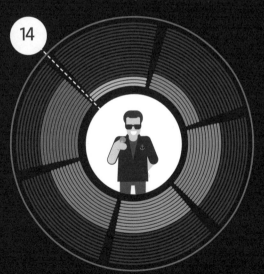

Billy Joel

Singli na miejscu 1: **3**

Pozycji na Hot 100: **42**

Utwór najdłużej pozostający na liście:
The River of Dreams, **27**

Albumów na Top 10: **13**

Album najdłużej pozostający na liście:
The Stranger, **137**

Odsłuchań miesięcznie: **15 428 594**

Paul McCartney

Singli na miejscu 1: **9**

Pozycji na Hot 100: **47**

Utwór najdłużej pozostający na liście:
Say Say Say, **22**

Albumów na Top 10: **21**

Album najdłużej pozostający na liście:
Band on the Run, **120**

Odsłuchań miesięcznie: **12 660 566**

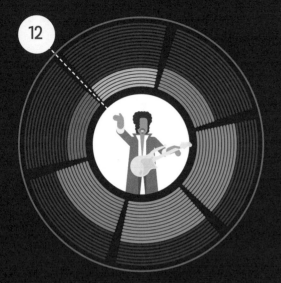

Prince

Singli na miejscu 1: **5**

Pozycji na Hot 100: **47**

Utwór najdłużej pozostający na liście:
1999, 30

Albumów na Top 10: **19**

Album najdłużej pozostający na liście:
1999, 163

Odsłuchań miesięcznie: **9 799 561**

Whitney Houston

Singli na miejscu 1: **11**

Pozycji na Hot 100: **40**

Utwór najdłużej pozostający na liście:
I Will Always Love You, 29

Albumów na Top 10: **8**

Album najdłużej pozostający na liście:
Whitney Houston, 176

Odsłuchań miesięcznie: **20 740 081**

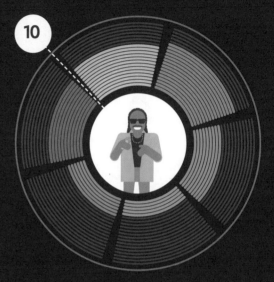

Stevie Wonder

Singli na miejscu 1: **10**

Pozycji na Hot 100: **63**

Utwór najdłużej pozostający na liście:
I Just Called to Say I Love You, 26

Albumów na Top 10: **11**

Album najdłużej pozostający na liście:
Talking Book, 109

Odsłuchań miesięcznie: **15 370 614**

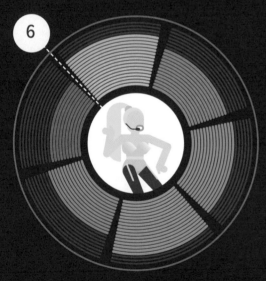

Madonna

Singli na miejscu 1: **12**

Pozycji na Hot 100: **57**

Utwór najdłużej pozostający na liście:
Borderline, 30

Albumów na Top 10: **22**

Album najdłużej pozostający na liście:
Madonna, 168

Odsłuchań miesięcznie: **14 913 025**

Elton John

Singli na miejscu 1: **9**

Pozycji na Hot 100: **67**

Utwór najdłużej pozostający na liście:
Candle in the Wind 1997, 42

Albumów na Top 10: **20**

Album najdłużej pozostający na liście:
Goodbye Yellow Brick Road, 111

Odsłuchań miesięcznie: **26 844 544**

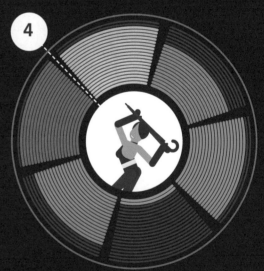

Rihanna

Singli na miejscu 1: **14**

Pozycji na Hot 100: **62**

Utwór najdłużej pozostający na liście:
Needed Me, 45

Albumów na Top 10: **8**

Album najdłużej pozostający na liście:
Anti, 270

Odsłuchań miesięcznie: **42 840 899**

The Rolling Stones

Singli na miejscu 1: **8**

Pozycji na Hot 100: **57**

Utwór najdłużej pozostający na liście:
Start Me Up, 24

★ Albumów na Top 10: **37**

Album najdłużej pozostający na liście:
Some Girls, 88

Odsłuchań miesięcznie: **20 321 839**

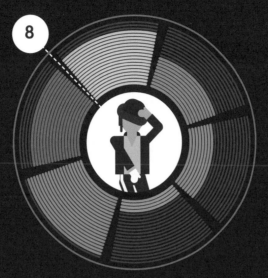

Michael Jackson

Singli na miejscu 1: **13**

Pozycji na Hot 100: **51**

Utwór najdłużej pozostający na liście:
Billie Jean, 25

Albumów na Top 10: **10**

Album najdłużej pozostający na liście:
Thriller, 472

Odsłuchań miesięcznie: **24 775 140**

Mariah Carey

Singli na miejscu 1: **19**

Pozycji na Hot 100: **49**

Utwór najdłużej pozostający na liście:
All I Want for Christmas Is You, 44

Albumów na Top 10: **18**

Album najdłużej pozostający na liście:
Music Box, 128

Odsłuchań miesięcznie: **13 767 091**

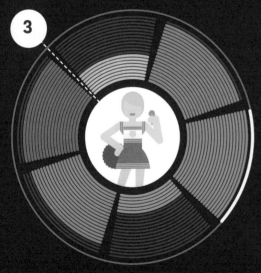

Taylor Swift

Singli na miejscu 1: **7**

Pozycji na Hot 100: **136**

★ Utwór najdłużej pozostający na liście:
You Belong with Me, 50

Albumów na Top 10: **11**

Album najdłużej pozostający na liście:
1989, 337

Odsłuchań miesięcznie: **38 255 013**

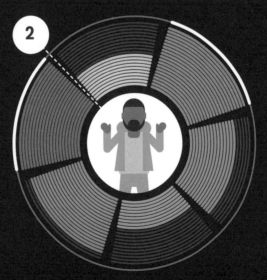

Drake

Singli na miejscu 1: **8**

★ Pozycji na Hot 100: **233**

Utwór najdłużej pozostający na liście:
God's Plan, 36

Albumów na Top 10: **12**

Album najdłużej pozostający na liście:
Take Care, 430

★ Odsłuchań miesięcznie: **56 365 043**

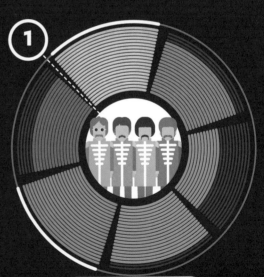

The Beatles

★ Singli na miejscu 1: **20**

Pozycji na Hot 100: **71**

Utwór najdłużej pozostający na liście:
Twist and Shout, 26

Albumów na Top 10: **32**

★ Album najdłużej pozostający na liście:
Abbey Road, 474

Odsłuchań miesięcznie: **23 756 744**

Co światu dali The Beatles?

Ujęliśmy w tej wizualizacji wszystkie utwory nagrane wspólnie przez Wspaniałą Czwórkę w ciągu ponad ośmiu lat, które na zawsze zmieniły muzykę. Oto te piosenki...

Źródła: William J. Dowding, *Beatlesongs*, *The Beatles Bible* (dyskografia), Spotify (liczba odtworzeń

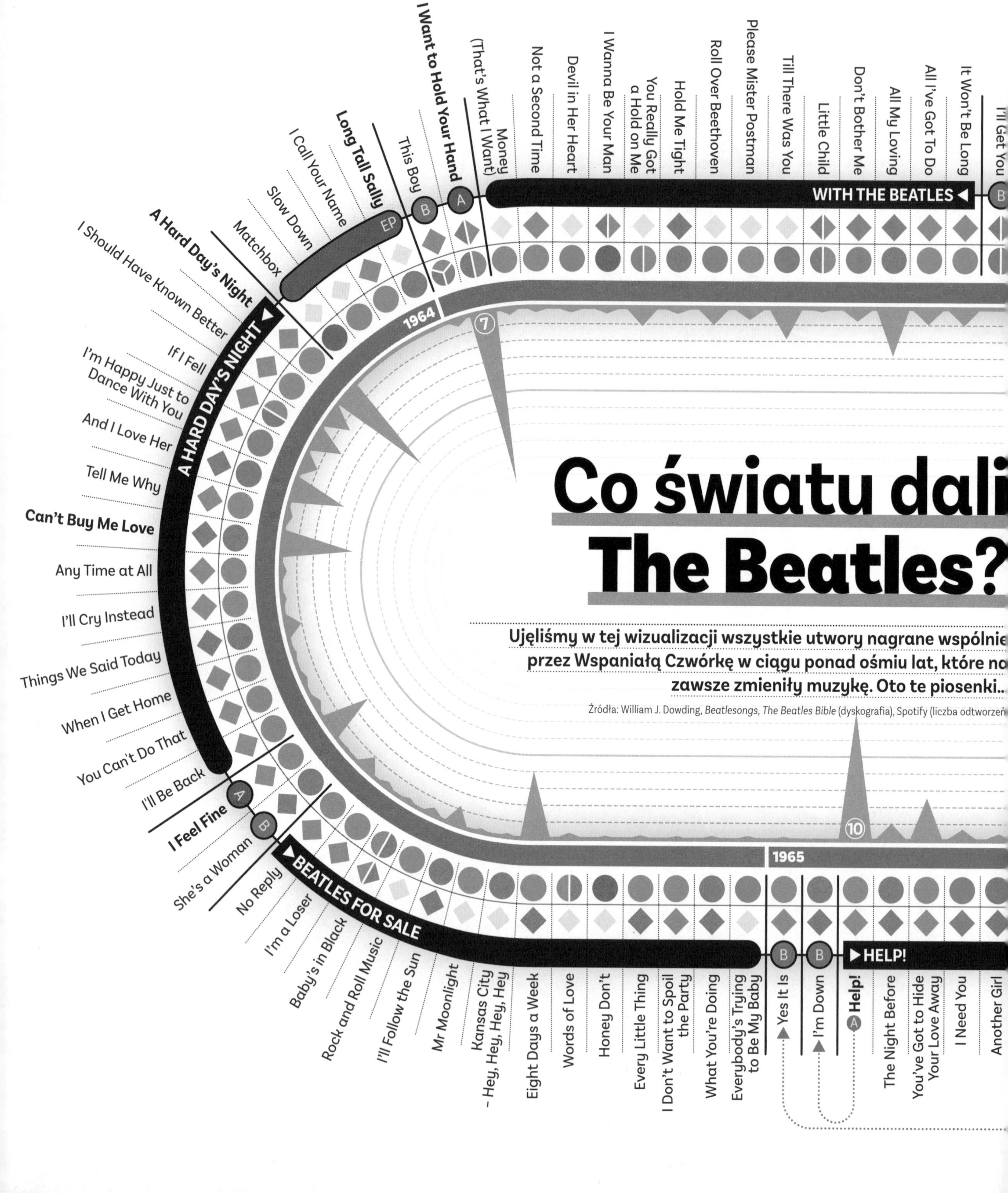

I Want to Hold Your Hand
Money (That's What I Want)
Not a Second Time
Devil in Her Heart
I Wanna Be Your Man
You Really Got a Hold on Me
Hold Me Tight
Roll Over Beethoven
Please Mister Postman
Till There Was You
Little Child
Don't Bother Me
All My Loving
All I've Got To Do
It Won't Be Long
I'll Get You
WITH THE BEATLES
B
A
This Boy
Long Tall Sally
I Call Your Name
Slow Down
Matchbox
EP
A Hard Day's Night
I Should Have Known Better
If I Fell
I'm Happy Just to Dance With You
And I Love Her
Tell Me Why
Can't Buy Me Love
Any Time at All
I'll Cry Instead
Things We Said Today
When I Get Home
You Can't Do That
I'll Be Back
A HARD DAY'S NIGHT
1964
7
A
I Feel Fine
B
She's a Woman
No Reply
I'm a Loser
Baby's in Black
Rock and Roll Music
I'll Follow the Sun
Mr Moonlight
Kansas City – Hey, Hey, Hey, Hey
Eight Days a Week
Words of Love
Honey Don't
Every Little Thing
I Don't Want to Spoil the Party
What You're Doing
Everybody's Trying to Be My Baby
BEATLES FOR SALE
10
1965
B
Yes It Is
B
I'm Down
A
Help!
HELP!
The Night Before
You've Got to Hide Your Love Away
I Need You
Another Girl

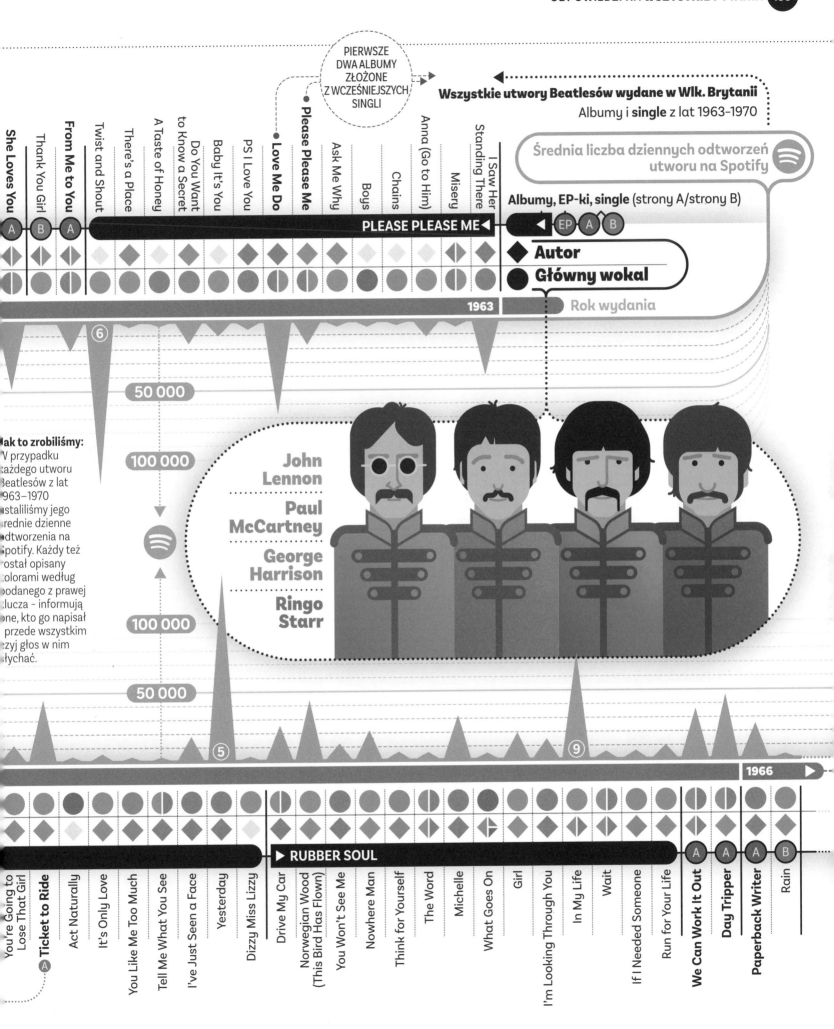

PIERWSZE DWA ALBUMY ZŁOŻONE Z WCZEŚNIEJSZYCH SINGLI

Wszystkie utwory Beatlesów wydane w Wlk. Brytanii
Albumy i **single** z lat 1963–1970

Średnia liczba dziennych odtworzeń utworu na Spotify

Albumy, EP-ki, single (strony A/strony B)

EP A B

PLEASE PLEASE ME

◆ **Autor**

● **Główny wokal**

1963 Rok wydania

She Loves You — A
Thank You Girl — B
From Me to You — A
Twist and Shout
There's a Place
A Taste of Honey
Do You Want to Know a Secret
Baby It's You
PS I Love You
Love Me Do
Please Please Me
Ask Me Why
Boys
Chains
Anna (Go to Him)
Misery
I Saw Her Standing There

50 000

100 000

⑥

Jak to zrobiliśmy:
W przypadku każdego utworu Beatlesów z lat 1963–1970 ustaliliśmy jego średnie dzienne odtworzenia na Spotify. Każdy też został opisany kolorami według podanego z prawej klucza - informują one, kto go napisał przede wszystkim czyj głos w nim słychać.

John Lennon

Paul McCartney

George Harrison

Ringo Starr

100 000

50 000

⑤   ⑨

1966 ▶

RUBBER SOUL

A A A B

You're Going to Lose That Girl — A
Ticket to Ride
Act Naturally
It's Only Love
You Like Me Too Much
Tell Me What You See
I've Just Seen a Face
Yesterday
Dizzy Miss Lizzy
Drive My Car
Norwegian Wood (This Bird Has Flown)
You Won't See Me
Nowhere Man
Think for Yourself
The Word
Michelle
What Goes On
Girl
I'm Looking Through You
In My Life
Wait
If I Needed Someone
Run for Your Life
We Can Work It Out — A
Day Tripper — A
Paperback Writer — A
Rain — B

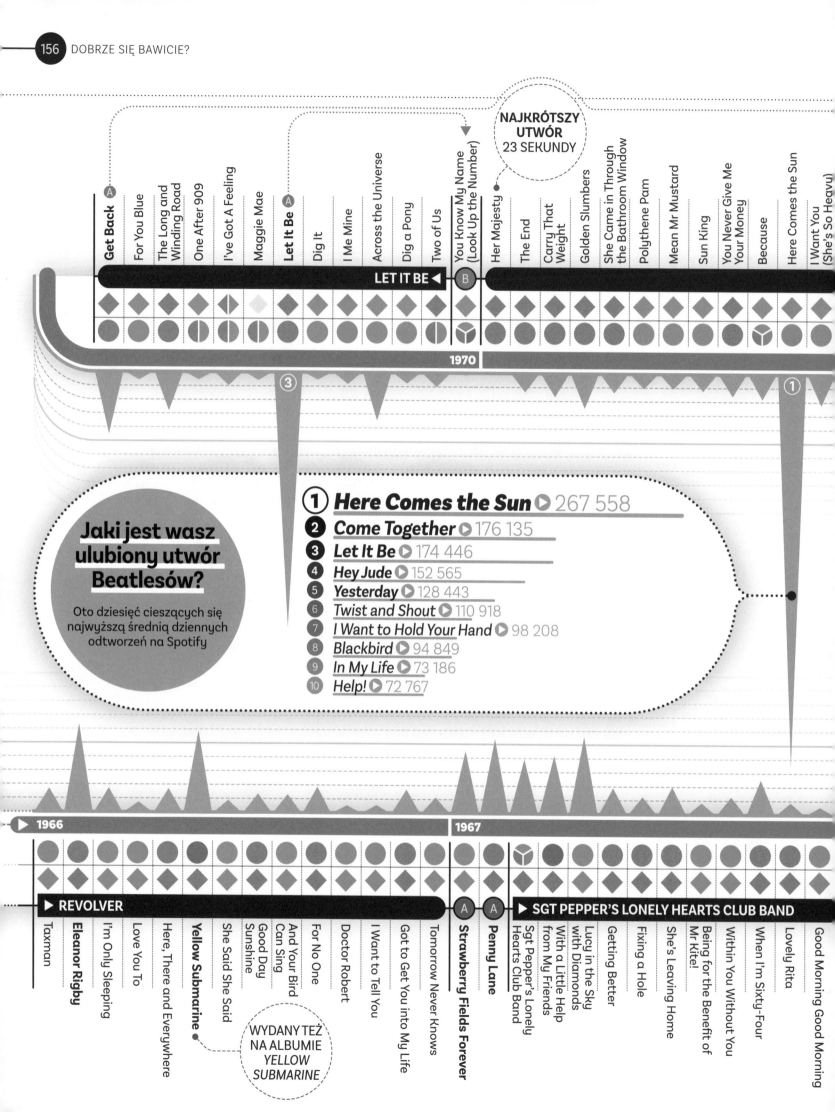

NAJKRÓTSZY UTWÓR
23 SEKUNDY

LET IT BE ◄   Ⓑ

Get Back | For You Blue | The Long and Winding Road | One After 909 | I've Got A Feeling | Maggie Mae | Let It Be | Dig It | I Me Mine | Across the Universe | Dig a Pony | Two of Us | You Know My Name (Look Up the Number) | Her Majesty | The End | Carry That Weight | Golden Slumbers | She Came in Through the Bathroom Window | Polythene Pam | Mean Mr Mustard | Sun King | You Never Give Me Your Money | Because | Here Comes the Sun | I Want You (She's So Heavy)

1970

③   ①

Jaki jest wasz ulubiony utwór Beatlesów?

Oto dziesięć cieszących się najwyższą średnią dziennych odtworzeń na Spotify

1. **Here Comes the Sun** ▶ 267 558
2. **Come Together** ▶ 176 135
3. *Let It Be* ▶ 174 446
4. *Hey Jude* ▶ 152 565
5. *Yesterday* ▶ 128 443
6. *Twist and Shout* ▶ 110 918
7. *I Want to Hold Your Hand* ▶ 98 208
8. *Blackbird* ▶ 94 849
9. *In My Life* ▶ 73 186
10. *Help!* ▶ 72 767

▶ 1966

1967

▶ REVOLVER   Ⓐ Ⓐ   ▶ SGT PEPPER'S LONELY HEARTS CLUB BAND

Taxman | Eleanor Rigby | I'm Only Sleeping | Love You To | Here, There and Everywhere | Yellow Submarine | She Said She Said | Good Day Sunshine | And Your Bird Can Sing | For No One | Doctor Robert | I Want to Tell You | Got to Get You into My Life | Tomorrow Never Knows | Strawberry Fields Forever | Penny Lane | Sgt Pepper's Lonely Hearts Club Band | With a Little Help from My Friends | Lucy in the Sky with Diamonds | Getting Better | Fixing a Hole | She's Leaving Home | Being for the Benefit of Mr Kite! | Within You Without You | When I'm Sixty-Four | Lovely Rita | Good Morning Good Morning

WYDANY TEŻ NA ALBUMIE *YELLOW SUBMARINE*

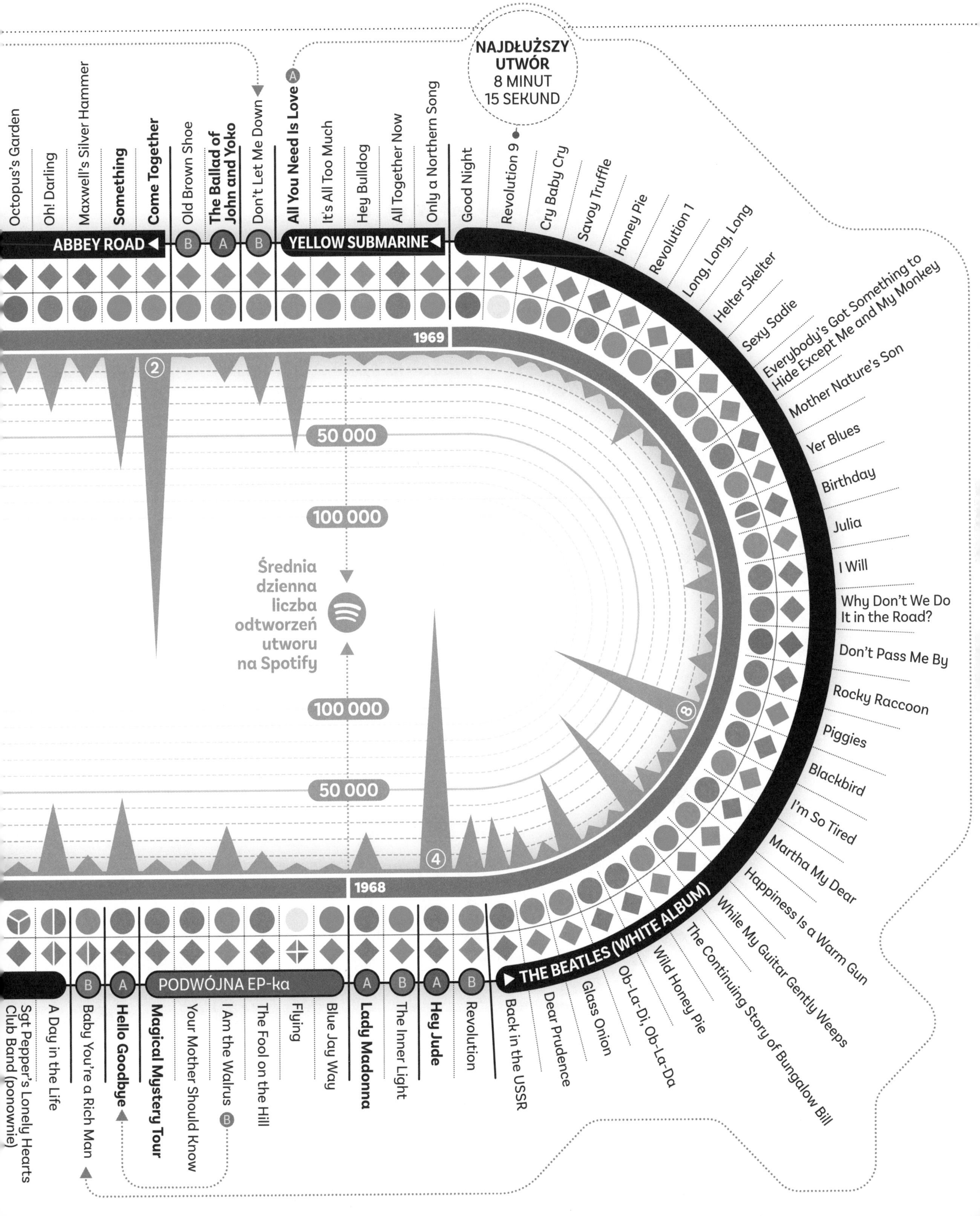

NAJDŁUŻSZY UTWÓR
8 MINUT
15 SEKUND

ABBEY ROAD ◄
- Octopus's Garden
- Oh! Darling
- Maxwell's Silver Hammer
- **Something**
- **Come Together**
- Old Brown Shoe
- **The Ballad of John and Yoko**
- Don't Let Me Down
- **All You Need Is Love** A

YELLOW SUBMARINE ◄
- It's All Too Much
- Hey Bulldog
- All Together Now
- Only a Northern Song
- Good Night
- Revolution 9
- Cry Baby Cry
- Savoy Truffle
- Honey Pie
- Revolution 1
- Long, Long, Long
- Helter Skelter
- Sexy Sadie
- Everybody's Got Something to Hide Except Me and My Monkey
- Mother Nature's Son
- Yer Blues
- Birthday
- Julia
- I Will
- Why Don't We Do It in the Road?
- Don't Pass Me By
- Rocky Raccoon
- Piggies
- Blackbird
- I'm So Tired
- Martha My Dear
- Happiness Is a Warm Gun
- While My Guitar Gently Weeps
- The Continuing Story of Bungalow Bill
- Wild Honey Pie
- Ob-La-Di, Ob-La-Da
- Glass Onion
- Dear Prudence
- Back in the USSR

► **THE BEATLES (WHITE ALBUM)**

1969

50 000

100 000

Średnia dzienna liczba odtworzeń utworu na Spotify

100 000

50 000

1968

PODWÓJNA EP-ka
- Sgt Pepper's Lonely Hearts Club Band (ponownie)
- A Day in the Life
- Baby You're a Rich Man
- **Hello Goodbye** ▲
- **Magical Mystery Tour**
- Your Mother Should Know
- I Am the Walrus B
- The Fool on the Hill
- Flying
- Blue Jay Way
- **Lady Madonna**
- The Inner Light
- **Hey Jude**
- Revolution

2

4

8

Jaki jest wasz ulubiony album Beatlesów?

Jak albumy Beatlesów przetrwały próbę czasu i kto napisał umieszczone na nich utwory? Przyjrzyjmy się temu!

Jak to zrobiliśmy: Poniższe wykresy kołowe przedstawiają 12 oryginalnych albumów studyjnych zespołu. Rozmiar każdego z wykresów reprezentuje łączną liczbę dziennych odtworzeń utworów z każdego albumu, a wyróżnione kolorami segmenty informują (proporcjonalnie) o ich autorstwie. Albumy są uporządkowane chronologicznie, nad każdym tytułem pokazana jest jego pozycja pod względem łącznych dziennych odtworzeń.

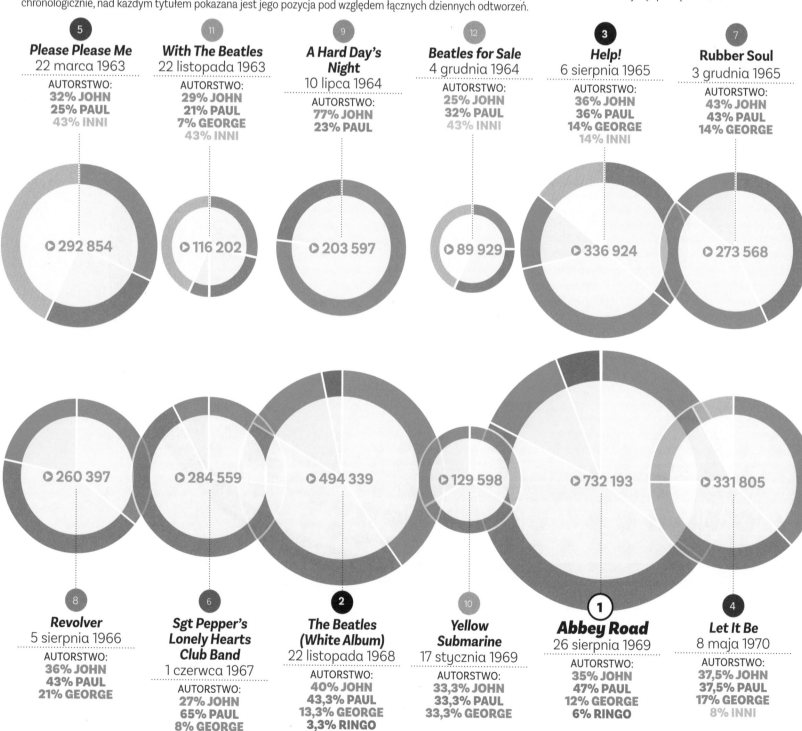

5
Please Please Me
22 marca 1963

AUTORSTWO:
32% JOHN
25% PAUL
43% INNI

▶ 292 854

11
With The Beatles
22 listopada 1963

AUTORSTWO:
29% JOHN
21% PAUL
7% GEORGE
43% INNI

▶ 116 202

9
A Hard Day's Night
10 lipca 1964

AUTORSTWO:
77% JOHN
23% PAUL

▶ 203 597

12
Beatles for Sale
4 grudnia 1964

AUTORSTWO:
25% JOHN
32% PAUL
43% INNI

▶ 89 929

3
Help!
6 sierpnia 1965

AUTORSTWO:
36% JOHN
36% PAUL
14% GEORGE
14% INNI

▶ 336 924

7
Rubber Soul
3 grudnia 1965

AUTORSTWO:
43% JOHN
43% PAUL
14% GEORGE

▶ 273 568

▶ 260 397

▶ 284 559

▶ 494 339

▶ 129 598

▶ 732 193

▶ 331 805

8
Revolver
5 sierpnia 1966

AUTORSTWO:
36% JOHN
43% PAUL
21% GEORGE

6
Sgt Pepper's Lonely Hearts Club Band
1 czerwca 1967

AUTORSTWO:
27% JOHN
65% PAUL
8% GEORGE

2
The Beatles (White Album)
22 listopada 1968

AUTORSTWO:
40% JOHN
43,3% PAUL
13,3% GEORGE
3,3% RINGO

10
Yellow Submarine
17 stycznia 1969

AUTORSTWO:
33,3% JOHN
33,3% PAUL
33,3% GEORGE

1
Abbey Road
26 sierpnia 1969

AUTORSTWO:
35% JOHN
47% PAUL
12% GEORGE
6% RINGO

4
Let It Be
8 maja 1970

AUTORSTWO:
37,5% JOHN
37,5% PAUL
17% GEORGE
8% INNI

Kto jest najlepszym Beatlesem?

Porównanie Wspaniałej Czwórki pod względem tempa pracy i popularności

◆ **Kto napisał najwięcej piosenek zespołu?**

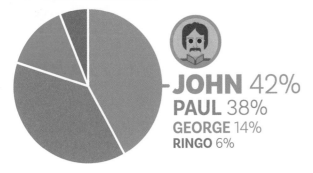

- **JOHN** 39%
- **PAUL** 38%
- **GEORGE** 11%
- **RINGO** 1%
- **INNI** 11%

◆ **Kto napisał najwięcej najpopularniejszych piosenek Beatlesów?**

Średnia dzienna odtworzeń na Spotify utworów napisanych przez każdego z artystów:

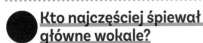

- **JOHN** ▶ 1 458 141
- **PAUL** ▶ 2 038 854
- **GEORGE** ▶ 522 414
- **RINGO** ▶ 30 600

● **Kto najczęściej śpiewał główne wokale?**

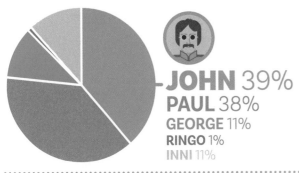

- **JOHN** 42%
- **PAUL** 38%
- **GEORGE** 14%
- **RINGO** 6%

● **Kto najczęściej śpiewał główne wokale najpopularniejszych piosenek Beatlesów?**

Średnia dzienna odtworzeń na Spotify utworów śpiewanych przez każdego z artystów:

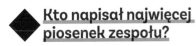

- **JOHN** ▶ 1 698 840
- **PAUL** ▶ 1 841 416
- **GEORGE** ▶ 576 489
- **RINGO** ▶ 150 138

Kto wspierał potem przyjaciół?

Album *Let It Be* nie był dla Beatlesów ostatnią okazją do wspólnego nagrywania. Często pojawiali się gościnnie na swoich solowych płytach. Który z nich był najbardziej skłonny do takiej współpracy?

Zaznaczyliśmy kolorami udział byłych Beatlesów w przedsięwzięciach kolegów: **JOHN**, **PAUL**, **GEORGE** i **RINGO**

Jak to zrobiliśmy: Graf na stronach 154-157 przedstawia średnią liczbę odtworzeń utworów Beatlesów na świecie w ciągu czterech lat od udostępnienia dyskografii zespołu na Spotify 24 grudnia 2015 r. Uwzględniono wszystkie utwory wydane w latach 1963-1970 i uporządkowano chronologicznie według daty premiery i kolejności albumów (oryginalnych brytyjskich wydań). Strony A singli są wytłuszczone. Jeśli utwór został wydany i jako singiel, i na albumie, został przedstawiony zgodnie z jego miejscem na tym drugim. Utwory wydane po ostatnim albumie studyjnym, *Let It Be*, nie zostały ujęte (nie ma więc *Free As A Bird* ani *Real Love* z *Anthology*). Ponadto uwzględnione zostały tylko te EP-ki, które zawierają utwory nigdy niewydane jako single czy na albumach. Druga strona albumu *Yellow Submarine*, napisana przez George'a Martina i bez Beatlesów jako wykonawców, również nie została ujęta. Wykluczone zostały alternatywne wersje, takie jak występy na żywo i dema, ale lista obejmuje wersje zremasterowane. Gdy mowa o popularności utworów w kategoriach autorstwa i wykonania, to jeśli piosenka ma więcej niż jednego autora lub głównego wokalistę, odtworzenia zostały równo przydzielone. Przy rankingach albumów utwory z *Yellow Submarine*, które pojawiły się zarówno na tym albumie, jak i na albumie *Revolver*, zostały tak samo policzone w obu przypadkach. *Magical Mystery Tour* nie został potraktowany jako album, ponieważ w Wielkiej Brytanii uznano go za podwójną EP-kę.

Kto trafił do Rock & Roll Hall of Fame??

Galeria Sław Rock & Rolla powstała w 1983 r. dla uczczenia pionierów muzyki popularnej. Jury co roku wprowadza kolejne sławy, ale kto właściwie tam trafia? Jak na razie jest to coś w rodzaju klubu dla chłopców.

Jak to zrobiliśmy: Liczby obejmują muzyków wprowadzonych do Rock & Roll Hall of Fame w kategoriach „Doskonałość muzyczna", „Pionierzy" i „Artyści sceniczni" według stanu na rok 2021. Członkowie zespołów zostali przedstawieni osobno. Jeśli ktoś należy do więcej niż jednej grupy i teoretycznie został wprowadzony do Galerii Sław wielokrotnie, tutaj został ujęty tylko raz.

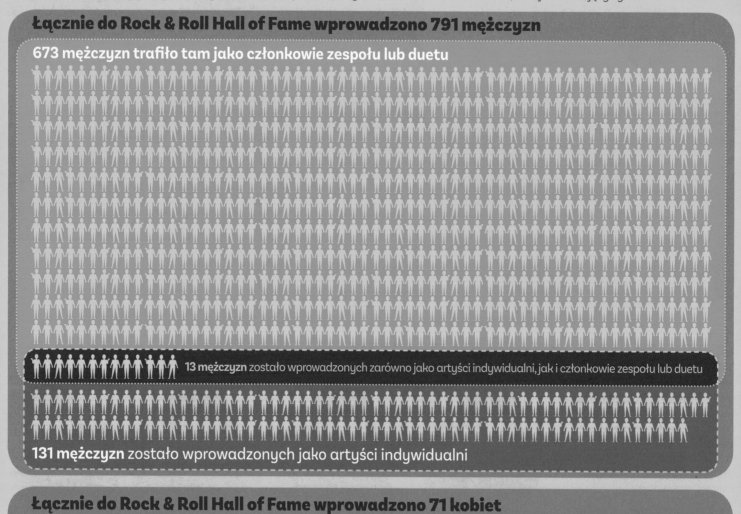

Łącznie do Rock & Roll Hall of Fame wprowadzono 791 mężczyzn

673 mężczyzn trafiło tam jako członkowie zespołu lub duetu

13 mężczyzn zostało wprowadzonych zarówno jako artyści indywidualni, jak i członkowie zespołu lub duetu

131 mężczyzn zostało wprowadzonych jako artyści indywidualni

Łącznie do Rock & Roll Hall of Fame wprowadzono 71 kobiet

44 kobiety zostały wprowadzone jako członkinie zespołu lub duetu

Stevie Nicks i Tina Turner trafiły tam zarówno jako artystki solowe, jak i członkinie zespołu lub duetu

29 kobiet zostało wprowadzonych jako członkinie zespołu

Źródło: The Rock & Roll Hall of Fame

Co lepsze: Broadway czy West End

Dwie największe w anglojęzycznym świecie dzielnice teatralne idą praktycznie łeb w łeb.
Ale która przyciąga większą widownię, zarabia więcej pieniędzy i bardziej dba o inspicjentów?

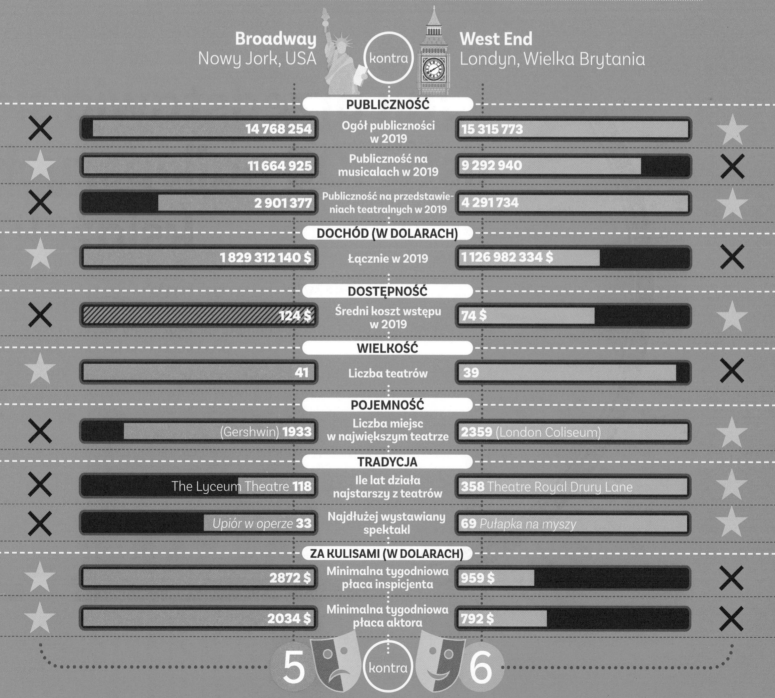

Broadway
Nowy Jork, USA

kontra

West End
Londyn, Wielka Brytania

PUBLICZNOŚĆ

Broadway		West End
✕ 14 768 254	Ogół publiczności w 2019	15 315 773 ★
★ 11 664 925	Publiczność na musicalach w 2019	9 292 940 ✕
✕ 2 901 377	Publiczność na przedstawieniach teatralnych w 2019	4 291 734 ★

DOCHÓD (W DOLARACH)

Broadway		West End
★ 1 829 312 140 $	Łącznie w 2019	1 126 982 334 $ ✕

DOSTĘPNOŚĆ

Broadway		West End
✕ 124 $	Średni koszt wstępu w 2019	74 $ ★

WIELKOŚĆ

Broadway		West End
★ 41	Liczba teatrów	39 ✕

POJEMNOŚĆ

Broadway		West End
✕ (Gershwin) 1933	Liczba miejsc w największym teatrze	2359 (London Coliseum) ★

TRADYCJA

Broadway		West End
✕ The Lyceum Theatre 118	Ile lat działa najstarszy z teatrów	358 Theatre Royal Drury Lane ★
✕ Upiór w operze 33	Najdłużej wystawiany spektakl	69 Pułapka na myszy ★

ZA KULISAMI (W DOLARACH)

Broadway		West End
★ 2872 $	Minimalna tygodniowa płaca inspicjenta	959 $ ✕
★ 2034 $	Minimalna tygodniowa płaca aktora	792 $ ✕

5 kontra 6

Jak to zrobiliśmy: Porównaliśmy aktualne dane w 11 kategoriach, przyznając punkty zwycięzcom w każdej z nich. Różnice zostały pokazane proporcjonalnie na paskach. Jeśli wyższa wartość przynosi akurat ujmę (jak w przypadku ceny wstępu), pasek jest czarny.

Źródła: Broadway Direct, Broadway League, Encore Tickets, London Coliseum, „Playbill", Society of London Theatre, „The Daily Telegraph", WhatsOnStage

Jak przedstawia się lista 100 najlepszych książek?

Sięgnęliśmy do 30 list najlepszych książek, żeby na ich podstawie stworzyć naszą „nadlistę" 100 najlepszych dzieł w dziejach ludzkości. Aby pomóc czytelnikom zabieganym, sprawdziliśmy też, ile czasu trzeba przeznaczyć na lekturę tych pozycji.

Jak to zrobiliśmy: 30 list sporządzonych przez krytyków zawiera najlepsze ich zdaniem wydane kiedykolwiek anglojęzyczne książki (także tłumaczenia na angielski). Na tych listach wyszukaliśmy 100 utworów (w tym powieści i poezję), które pojawiają się najczęściej, i z nich ułożyliśmy naszą metalistę. Przedstawiamy dzieła w kolejności publikacji. Wielkość grotów skierowanych ku środkowi informuje o tym, na ilu podlistach (procentowo) książka się pojawiła, a ich kolory oznaczają objętość dzieła.

ROK PUBLIKACJI

Harry Potter i Kamień Filozoficzny — J.K. Rowling — 1997
Pokuta — Ian McEwan — 2001
Umiłowana — Toni Morrison — 1987
Opowieść podręcznej — Margaret Atwood — 1985
Forsa — Martin Amis — 1984
Kolor purpury — Alice Walker — 1982
Dzieci północy — Salman Rushdie — 1981
Autostopem przez Galaktykę — Douglas Adams — 1979
Tęcza grawitacji — Thomas Pynchon — 1973
Rzeźnia numer pięć — Kurt Vonnegut — 1969
Kompleks Portnoya — Philip Roth — 1967
Sto lat samotności — Gabriel García Márquez
Blady ogień — Vladimir Nabokov
Mechaniczna pomarańcza — Anthony Burgess — 1962
Złoty notes — Doris Lessing — 1961
Lot nad kukułczym gniazdem — Ken Kesey — 1960
Paragraf 22 — Joseph Heller
Zabić drozda — Harper Lee — 1958
Wszystko rozpada się — Chinua Achebe
W drodze — Jack Kerouac — 1957
Lolita — Vladimir Nabokov — 1955
Władca much — William Golding — 1954
Drużyna pierścienia — J.R.R. Tolkien
Pajęczyna Charlotty — E.B. White
Stary człowiek i morze — Ernest Hemingway — 1952
Niewidzialny człowiek — Ralph Ellison
Buszujący w zbożu — J.D. Salinger — 1951
Rok 1984 — George Orwell — 1949
Pod wulkanem — Malcolm Lowry — 1947
Folwark zwierzęcy — George Orwell — 1945
Obcy — Albert Camus — 1942
Komu bije dzwon — Ernest Hemingway — 1940
Syn swego kraju — Richard Wright
Grona gniewu — John Steinbeck — 1939
Głęboki sen — Raymond Chandler
Myszy i ludzie — John Steinbeck — 1937
Their Eyes Were Watching God — Zora Neale Hurston
Absalomie, Absalomie... — William Faulkner — 1936
Przeminęło z wiatrem — Margaret Mitchell
Podróż do kresu nocy — Louis-Ferdinand Céline — 1932
Nowy wspaniały świat — Aldous Huxley — 1930
Kiedy umieram — William Faulkner
Wściekłość i wrzask — William Faulkner
Pożegnanie z bronią — Ernest Hemingway — 1929
Na Zachodzie bez zmian — Erich Maria Remarque
Do latarni morskiej — Virginia Woolf
W poszukiwaniu straconego czasu — Marcel Proust — 1927
Słońce też wschodzi — Ernest Hemingway — 1926
Tragedia amerykańska — Theodore Dreiser
Pani Dalloway — Virginia Woolf

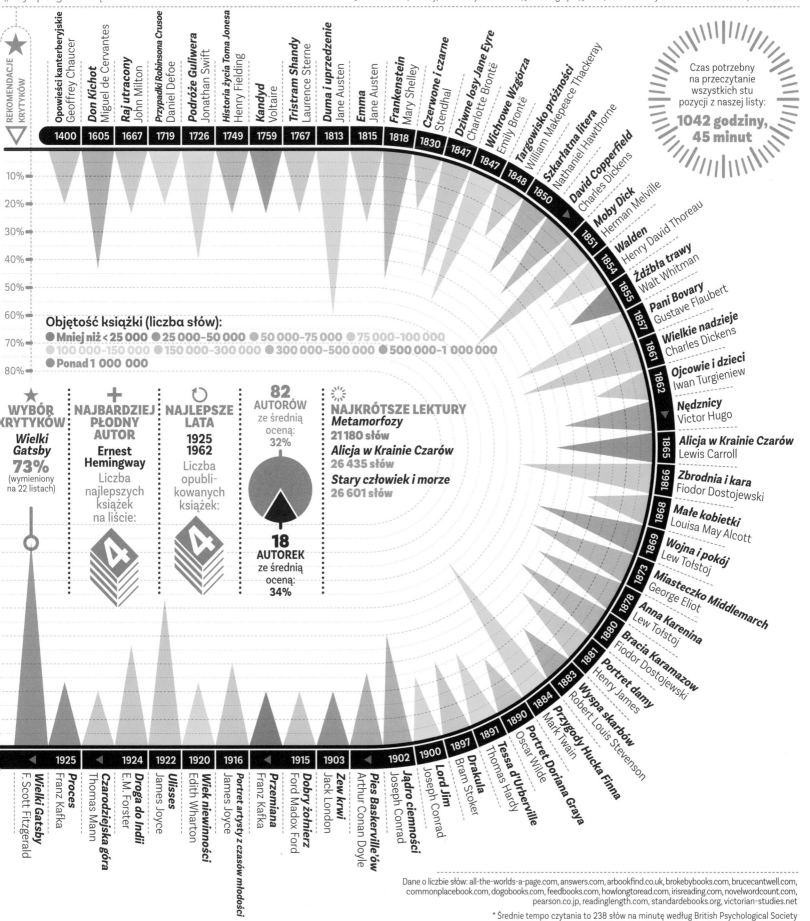

Dzieła musiały się pojawić na 20% lub więcej spośród 30 list „najlepszych książek"

Listy źródłowe: Amazon, BBC, Book Depository, Bookman, The Book of Great Books, Boston Public Library, „Bravo!", „CounterPunch", Easton Press, „Entertainment Weekly", For the Love of Books, Gardiner Public Library, Great Books Foundation, Great Books Guide, „The Guardian", zespół Harvard Book Store, January Magazine, Learning Channel, The Modern Library, „Le Monde", The National Book Award, The New York Public Library, The Novel 100, „The Observer", Reedsy, Martin Seymour-Smith, „The Telegraph", „Time", The University of Wisconsin-Milwaukee, Waterstones

REKOMENDACJE KRYTYKÓW

Rok	Tytuł	Autor
1400	Opowieści kanterberyjskie	Geoffrey Chaucer
1605	Don Kichot	Miguel de Cervantes
1667	Raj utracony	John Milton
1719	Przypadki Robinsona Crusoe	Daniel Defoe
1726	Podróże Guliwera	Jonathan Swift
1749	Historia życia Toma Jonesa	Henry Fielding
1759	Kandyd	Voltaire
1767	Tristram Shandy	Laurence Sterne
1813	Duma i uprzedzenie	Jane Austen
1815	Emma	Jane Austen
1818	Frankenstein	Mary Shelley
1830	Czerwone i czarne	Stendhal
1847	Dziwne losy Jane Eyre	Charlotte Brontë
1847	Wichrowe Wzgórza	Emily Brontë
1848	Targowisko próżności	William Makepeace Thackeray
1850	Szkarłatna litera	Nathaniel Hawthorne
1851	David Copperfield	Charles Dickens
	Moby Dick	Herman Melville
1854	Walden	Henry David Thoreau
1855	Źdźbła trawy	Walt Whitman
1857	Pani Bovary	Gustave Flaubert
1861	Wielkie nadzieje	Charles Dickens
1862	Ojcowie i dzieci	Iwan Turgieniew
	Nędznicy	Victor Hugo
1865	Alicja w Krainie Czarów	Lewis Carroll
1866	Zbrodnia i kara	Fiodor Dostojewski
1868	Małe kobietki	Louisa May Alcott
1869	Wojna i pokój	Lew Tołstoj
1873	Miasteczko Middlemarch	George Eliot
1878	Anna Karenina	Lew Tołstoj
1880	Bracia Karamazow	Fiodor Dostojewski
1881	Portret damy	Henry James
1883	Wyspa skarbów	Robert Louis Stevenson
1884	Przygody Hucka Finna	Mark Twain
1890	Portret Doriana Graya	Oscar Wilde
1891	Tessa d'Urberville	Thomas Hardy
1897	Drakula	Bram Stoker
1900	Lord Jim	Joseph Conrad
1902	Jądro ciemności	Joseph Conrad
1902	Pies Baskerville'ów	Arthur Conan Doyle
1903	Zew krwi	Jack London
1915	Dobry żołnierz	Ford Madox Ford
1915	Przemiana	Franz Kafka
1916	Portret artysty z czasów młodości	James Joyce
1920	Wiek niewinności	Edith Wharton
1922	Ulisses	James Joyce
1924	Droga do Indii	E.M. Forster
1924	Czarodziejska góra	Thomas Mann
1925	Proces	Franz Kafka
1925	Wielki Gatsby	F. Scott Fitzgerald

Czas potrzebny na przeczytanie wszystkich stu pozycji z naszej listy: **1042 godziny, 45 minut**

Objętość książki (liczba słów):
- Mniej niż < 25 000
- 25 000–50 000
- 50 000–75 000
- 75 000–100 000
- 100 000–150 000
- 150 000–300 000
- 300 000–500 000
- 500 000–1 000 000
- Ponad 1 000 000

10% 20% 30% 40% 50% 60% 70% 80%

WYBÓR KRYTYKÓW
Wielki Gatsby
73%
(wymieniony na 22 listach)

NAJBARDZIEJ PŁODNY AUTOR
Ernest Hemingway
Liczba najlepszych książek na liście:
4

NAJLEPSZE LATA
**1925
1962**
Liczba opublikowanych książek:
4

82 AUTORÓW ze średnią oceną: **32%**

18 AUTOREK ze średnią oceną: **34%**

NAJKRÓTSZE LEKTURY
Metamorfozy
21 180 słów
Alicja w Krainie Czarów
26 435 słów
Stary człowiek i morze
26 601 słów

Dane o liczbie słów: all-the-worlds-a-page.com, answers.com, arbookfind.co.uk, brokebybooks.com, brucecantwell.com, commonplacebook.com, dogobooks.com, feedbooks.com, howlongtoread.com, irisreading.com, novelwordcount.com, pearson.co.jp, readinglength.com, standardbooks.org, victorian-studies.net

* Średnie tempo czytania to 238 słów na minutę według British Psychological Society

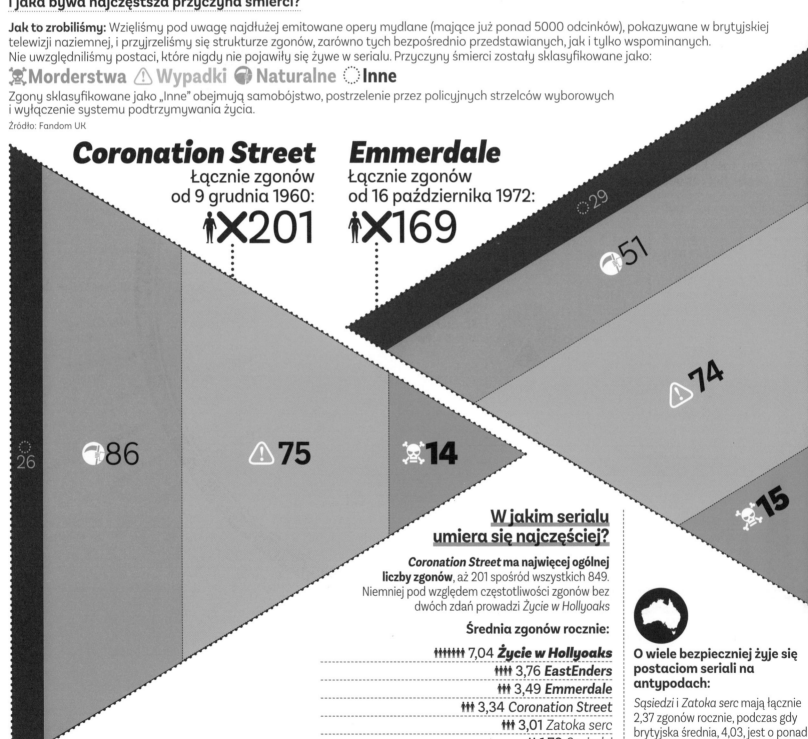

Najbardziej mordercza opera mydlana?

Najdłużej nadawane seriale telewizyjne, niegdyś zwane „operami mydlanymi", nie gwarantują szczególnego bezpieczeństwa swoim postaciom. Można by więc spytać, w którym z nich wskaźnik śmiertelności jest najwyższy. I jaka bywa najczęstsza przyczyna śmierci?

Jak to zrobiliśmy: Wzięliśmy pod uwagę najdłużej emitowane opery mydlane (mające już ponad 5000 odcinków), pokazywane w brytyjskiej telewizji naziemnej, i przyjrzeliśmy się strukturze zgonów, zarówno tych bezpośrednio przedstawianych, jak i tylko wspominanych. Nie uwzględniliśmy postaci, które nigdy nie pojawiły się żywe w serialu. Przyczyny śmierci zostały sklasyfikowane jako:

☠ **Morderstwa** ⚠ **Wypadki** ◑ **Naturalne** ○ **Inne**

Zgony sklasyfikowane jako „Inne" obejmują samobójstwo, postrzelenie przez policyjnych strzelców wyborowych i wyłączenie systemu podtrzymywania życia.

Źródło: Fandom UK

Coronation Street
Łącznie zgonów
od 9 grudnia 1960:
👤✖201

Emmerdale
Łącznie zgonów
od 16 października 1972:
👤✖169

○ 29
◑ 51
⚠ 74
☠ 15

○ 26
◑ 86
⚠ 75
☠ 14

W jakim serialu umiera się najczęściej?

Coronation Street ma najwięcej ogólnej liczby zgonów, aż 201 spośród wszystkich 849. Niemniej pod względem częstotliwości zgonów bez dwóch zdań prowadzi *Życie w Hollyoaks*

Średnia zgonów rocznie:

👥👥👥👥👥👥👥 7,04 *Życie w Hollyoaks*

👥👥👥👥 3,76 *EastEnders*

👥👥👥 3,49 *Emmerdale*

👥👥👥 3,34 *Coronation Street*

👥👥👥 3,01 *Zatoka serc*

👥👥 1,78 *Sąsiedzi*

O wiele bezpieczniej żyje się postaciom seriali na antypodach:

Sąsiedzi i *Zatoka serc* mają łącznie 2,37 zgonów rocznie, podczas gdy brytyjska średnia, 4,03, jest o ponad 70 procent wyższa.

EastEnders
Łącznie zgonów
od 19 lutego 1985:
Ẋ136

Jakie są przyczyny śmierci w serialach?

W związku z ogólnie drapieżną naturą serialu *Życie w Hollyoaks* tu główną przyczyną jest morderstwo: 128 zgonów od 1960 r. W drugiej kolejności wymienić należy zawał serca (78), wypadek samochodowy (67), nowotwór (53) i eksplozję (39). Zdarzały się również zejścia wyjątkowe w swej naturze:

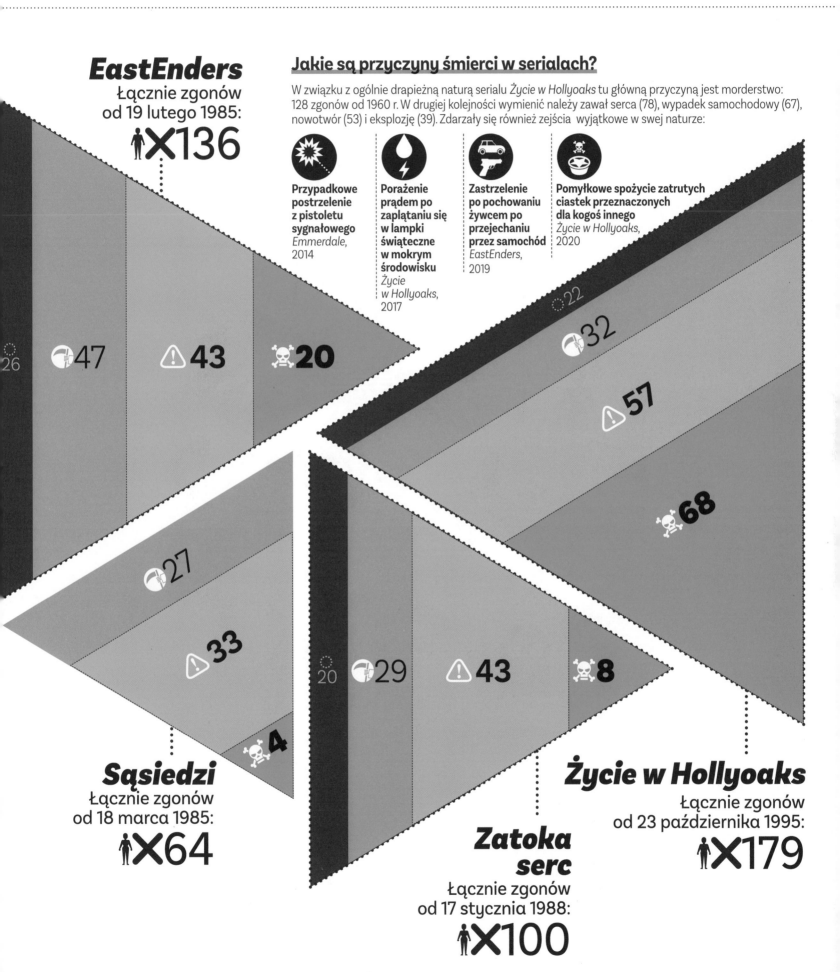

Przypadkowe postrzelenie z pistoletu sygnałowego *Emmerdale,* 2014

Porażenie prądem po zaplątaniu się w lampki świąteczne w mokrym środowisku *Życie w Hollyoaks,* 2017

Zastrzelenie po pochowaniu żywcem po przejechaniu przez samochód *EastEnders,* 2019

Pomyłkowe spożycie zatrutych ciastek przeznaczonych dla kogoś innego *Życie w Hollyoaks,* 2020

26 47 43 20

27 33 4 22 32 57 68

20 29 43 8

Sąsiedzi
Łącznie zgonów
od 18 marca 1985:
Ẋ64

Zatoka serc
Łącznie zgonów
od 17 stycznia 1988:
Ẋ100

Życie w Hollyoaks
Łącznie zgonów
od 23 października 1995:
Ẋ179

CZY JEST TAM KTOŚ

Pytania o UFO, kosmos i teorie spiskowe

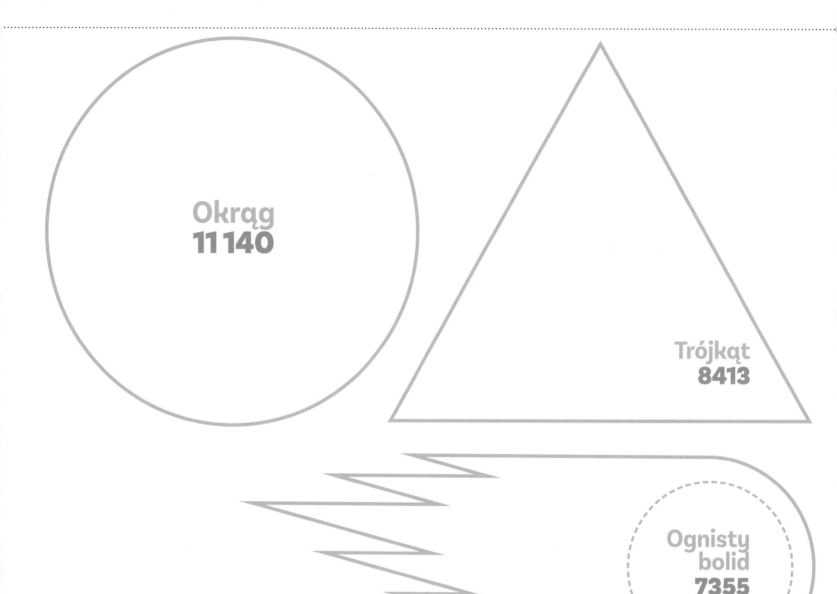

Okrąg
11 140

Trójkąt
8413

Ognisty
bolid
7355

Jak wygląda
UFO?

Od chwili powstania w 1974 roku Amerykańskie Centrum Raportowania UFO (ANURC) zarejestrowało tysiące obserwacji niezidentyfikowanych obiektów latających w różnych częściach świata. Podaliśmy tutaj najczęściej zgłaszane kształty tych domniemanych statków obcych wraz z informacją, jak często dany z nich się pojawiał.

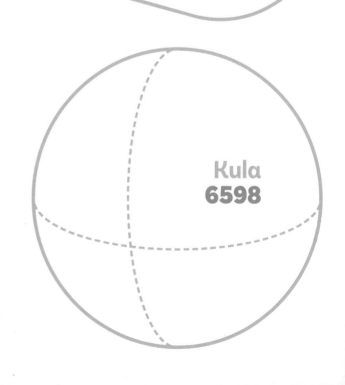

Kula
6598

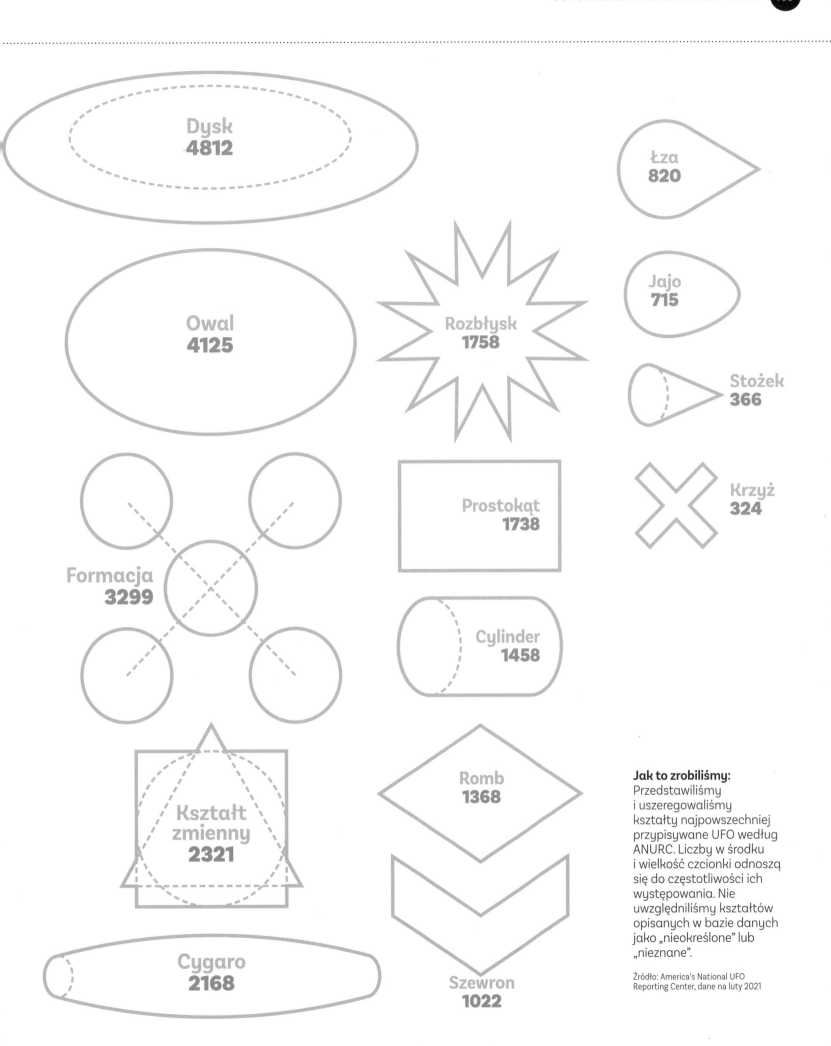

Dysk
4812

Łza
820

Owal
4125

Rozbłysk
1758

Jajo
715

Stożek
366

Krzyż
324

Formacja
3299

Prostokąt
1738

Cylinder
1458

Romb
1368

Kształt
zmienny
2321

Jak to zrobiliśmy:
Przedstawiliśmy
i uszeregowaliśmy
kształty najpowszechniej
przypisywane UFO według
ANURC. Liczby w środku
i wielkość czcionki odnoszą
się do częstotliwości ich
występowania. Nie
uwzględniliśmy kształtów
opisanych w bazie danych
jako „nieokreślone" lub
„nieznane".

*Źródło: America's National UFO
Reporting Center, dane na luty 2021*

Cygaro
2168

Szewron
1022

Ilu ludzi było w przestrzeni kosmicznej?

Kto był na Księżycu?

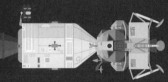

Do Księżyca dotarło łącznie dziewięć statków typu Apollo, pokonując odległość 384 400 kilometrów. Sześć z nich wylądowało na powierzchni naszego naturalnego satelity.

Odkąd Jurij Gagarin wzniósł się ponad ziemską atmosferę w 1961 roku, setki ludzi zostało przypiętych pasami w rakietach i przekroczyło granicę przestrzeni kosmicznej. Prześledziliśmy tutaj pierwsze 60 lat załogowych lotów kosmicznych wraz z misjami oraz najbardziej godnymi uwagi zdarzeniami.

Jak to zrobiliśmy: Wymieniliśmy tu wszystkie misje, które przekroczyły linię Kármána umownie oddzielającą ziemską atmosferę od przestrzeni kosmicznej. Misje są podane w kolejności chronologicznej i oznaczone kolorami w zależności od tego, kto je organizował:

Radziecki Program Kosmiczny/Rosyjska Agencja Kosmiczna   NASA   Chińska Narodowa Agencja Kosmiczna   Firmy prywatne

Poniżej podany został skład załóg:
● Mężczyźni   ◆ Kobiety   Pierwszy raz w kosmosie   Kolejne podróże   ✖Ofiary śmiertelne   Pasażerowie, którzy zginęli przed dotarciem na orbitę

Źródła: Chińska Narodowa Agencja Kosmiczna (CNSA), Narodowa Agencja Astronautyki i Przestrzeni Kosmicznej (NASA), Roskosmos (RSA), radziecki program kosmiczny, SpaceX

Kto był pierwszym człowiekiem w kosmosie?

Radziecki kosmonauta Jurij Gagarin dokonał jednego okrążenia Ziemi na pokładzie statku *Wostok 1*. Działo się to 12 kwietnia 1961 r. Był to jedyny lot Gagarina w kosmos

Kim była pierwsza kobieta w kosmosie?

Kosmonautka Walentina Tierieszkowa spędziła prawie trzy dni na orbicie po starcie 16 czerwca 1963 r.

Kosmonauci, astronauci, tajkonauci i turyści, którzy latali w kosmos

Sojuz 4
Władimir Szatałow ●
Sojuz 5
Boris Wołynow ●
Aleksiej Jelisiejew ●
Jewgienij Chrunow ●
Apollo 9
James McDivitt ●
David Scott ●
Russell Schweickart ●
Apollo 10
Thomas Stafford ●
John Young ●
Eugene Cernan ●
Apollo 11
Neil Armstrong ●
Michael Collins ●
Buzz Aldrin ●
Sojuz 6
Gieorgij Szonin ●
Walerij Kubasow ●
Sojuz 7
Anatolij Filipczenko ●
Władysław Wołkow ●
Wiktor Gorbatko ●
Sojuz 8
Władimir Szatałow ●
Aleksiej Jelisiejew ●
Apollo 12
Charles Conrad ●
Richard Gordon ●
Alan Bean ●

Woschod 2
Paweł Bielajew ●
Aleksiej Leonow ●
Gemini 4
James McDivitt ●
Ed White ●
Gemini 5
Gordon Cooper ●
Charles Conrad ●
Gemini 7
Frank Borman ●
James Lovell ●
Gemini 6A
Walter Schirra ●
Thomas Stafford ●

Gemini 8
Neil Armstrong ●
David Scott ●
Gemini 9A
Thomas Stafford ●
Eugene Cernan ●
Gemini 10
John Young ●
Michael Collins ●
Gemini 11
Charles Conrad ●
Richard Gordon ●
Gemini 12
James Lovell ●
Buzz Aldrin ●

Mercury-Atlas 6
John Glenn ●
Mercury-Atlas 7
Scott Carpenter ●
Mercury-Redstone 3
Alan Shepherd ●
Mercury-Redstone 4
Virgil Grissom ●
Mercury-Atlas 8
Walter Schirra ●

Mercury-Atlas 9
Gordon Cooper ●
Wostok 5
Walerij Bykowski ●
Wostok 6
Walentina Tierieszkowa ◆
X-15 lot 90
Joseph Walker ●
X-15 lot 91
Joseph Walker ●

Wostok 1
Jurij Gagarin ●
Wostok 3
Andrijan Nikołajew ●
Wostok 4
Paweł Popowicz ●
Wostok 2
Herman Titow ●

Woschod 1
Władimir Komarow ●
Konstantin Fieoktistow ●
Boris Jegorow ●

Sojuz 1
Władimir Komarow ● ✖

Apollo 7
Walter Schirra ●
Donn Eisele ●
Walter Cunningham ●
Sojuz 3
Gieorgij Bieriegowoj ●
Apollo 8
Frank Borman ●
James Lovell ●
William Anders ●

ROK	1961	1962	1963	1964	1965	1966	1967	1968	1969
▶	4	5	4	3	9	7	0	4	11
	4	5	5	5	5	5	1	3	9
LOTY	4		5						

NUMER MISJI APOLLO

- 8
- 10
- 11
- 12
- 13
- 14
- 15
- 16
- 17

24 astronautów wybrało się w lot na Księżyc. Trzej z nich, James Lovell, John Young i Eugene Cernan, dwukrotnie

Na Księżycu wylądowało **12** astronautów

- 11 Neil Armstrong / Buzz Aldrin
- 12 Charles Conrad / Alan Bean
- 14 Alan Shepard / Edgar Mitchell
- 15 David Scott / James Irwin
- 16 John Young / Charles Duke
- 17 Eugene Cernan / Harrison Schmitt

Jak było z pierwszą stacją kosmiczną?

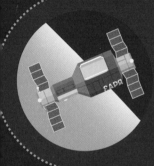

Pierwszą stacją kosmiczną był **Salut 1** wystrzelony przez ZSRR w 1971 r. Spędził na orbicie 175 dni, zanim został celowo sprowadzony do Pacyfiku. Pierwsza grupa kosmonautów, która przybyła na stację w kwietniu 1971 r. statkiem *Sojuz 10*, musiała wrócić na Ziemię, gdy nie udało im się otworzyć włazu. Kolejna próba z wykorzystaniem statku *Sojuz 11* w czerwcu 1971 r. zakończyła się sukcesem i trzej kosmonauci spędzili na stacji ponad trzy tygodnie. Wszyscy jednak zginęli w trakcie powrotu na Ziemię, gdy zawór wentylacyjny statku zawiódł podczas wejścia w atmosferę.

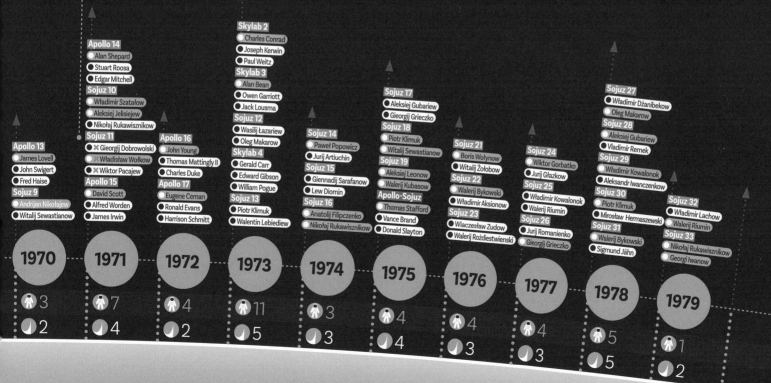

Apollo 13
- James Lovell
- John Swigert
- Fred Haise

Sojuz 9
- Andrijan Nikołajew
- Witalij Sewastianow

Apollo 14
- Alan Shepard
- Stuart Roosa
- Edgar Mitchell

Sojuz 10
- Władimir Szatałow
- Aleksiej Jelisiejew
- Nikołaj Rukawisznikow

Sojuz 11
- ✕ Gieorgij Dobrowolski
- ✕ Władysław Wołkow
- ✕ Wiktor Pacajew

Apollo 15
- David Scott
- Alfred Worden
- James Irwin

Apollo 16
- John Young
- Thomas Mattingly II
- Charles Duke

Apollo 17
- Eugene Cernan
- Ronald Evans
- Harrison Schmitt

Skylab 2
- Charles Conrad
- Joseph Kerwin
- Paul Weitz

Skylab 3
- Alan Bean
- Owen Garriott
- Jack Lousma

Sojuz 12
- Wasilij Łazariew
- Oleg Makarow

Skylab 4
- Gerald Carr
- Edward Gibson
- William Pogue

Sojuz 13
- Piotr Klimuk
- Walentin Lebiediew

Sojuz 14
- Paweł Popowicz
- Jurij Artiuchin

Sojuz 15
- Giennadij Sarafanow
- Lew Diomin

Sojuz 16
- Anatolij Filipczenko
- Nikołaj Rukawisznikow

Sojuz 17
- Aleksiej Gubariew
- Gieorgij Grieczko

Sojuz 18
- Piotr Klimuk
- Witalij Sewastianow

Sojuz 19
- Aleksiej Leonow
- Walerij Kubasow

Apollo-Sojuz
- Thomas Stafford
- Vance Brand
- Donald Slayton

Sojuz 21
- Boris Wołynow
- Witalij Żołobow

Sojuz 22
- Walerij Bykowski
- Władimir Aksionow

Sojuz 23
- Wiaczesław Zudow
- Walerij Rożdiestwienski

Sojuz 24
- Wiktor Gorbatko
- Jurij Głazkow

Sojuz 25
- Władimir Kowalonok
- Walerij Riumin

Sojuz 26
- Jurij Romanienko
- Gieorgij Grieczko

Sojuz 27
- Władimir Dżanibekow
- Oleg Makarow

Sojuz 28
- Aleksiej Gubariew
- Vladimír Remek

Sojuz 29
- Władimir Kowalonok
- Aleksandr Iwanczenkow

Sojuz 30
- Piotr Klimuk
- Mirosław Hermaszewski

Sojuz 31
- Walerij Bykowski
- Sigmund Jähn

Sojuz 32
- Władimir Lachow
- Walerij Riumin

Sojuz 33
- Nikołaj Rukawisznikow
- Georgi Iwanow

1970	1971	1972	1973	1974	1975	1976	1977	1978	1979
3	7	4	11	3	4	4	4	5	1
2	4	2	5	3	4	3	3	5	2

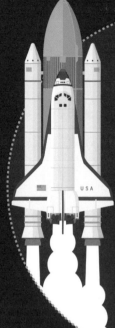

Kiedy pojawiły się wahadłowce kosmiczne?

Pierwszy pojazd kosmiczny NASA wielokrotnego użytku, który miał „startować jak rakieta i lądować jak samolot", odbył premierowy lot **12 kwietnia 1981 r.** Wystartował z Centrum Kosmicznego im. Kennedy'ego na Florydzie. Wahadłowcem *Columbia* dowodził John Young, astronauta, który był na Księżycu w 1972 r. Dwa pomocnicze silniki wahadłowca były odrzucane i wracały w całości na ziemię do ponownego wykorzystania. Jedyną częścią, którą tracono, był zewnętrzny zbiornik paliwa, ponieważ ulegał spaleniu przy wejściu w atmosferę.

Druga i trzecia kobieta podróż w kosmos odbyła dopiero prawie 20 lat po pierwszej

Najbardziej pracowitym rokiem wahadłowców był 1985. Odbyły wówczas 11 misji, wynosząc na orbitę 63 osoby, z czego 40 w ich pierwszej podróży kosmicznej

Co wydarzyło się w 1986 roku?

28 stycznia 1986 wahadłowiec kosmiczny *Challenger* po raz dziesiąty wystartował z przylądka Canaveral na Florydzie. Awaria uszczelki w jednym z silników pomocniczych doprowadziła do rozerwania wahadłowca w 73 sekundzie lotu. Cała siedmioosobowa załoga zginęła. Jedną z osób na pokładzie była Christa McAuliffe, nauczycielka wybrana spośród ponad 11 000 kandydatów, która miała poprowadzić pierwszą lekcję z orbity. Szacuje się, że 17 procent Amerykanów oglądało katastrofę na żywo w telewizji. Spowodowała ona zawieszenie programu wahadłowców na prawie trzy lata.

Discovery STS-51C
Thomas Mattingly · Loren Shriver · Ellison Onizuka · James Buchli · Gary Payton

Discovery STS-51D
Karol Bobko · Donald Williams · Rhea Seddon ◆ · David Griggs · Jeffrey Hoffman · Charles Walker · Edwin Garn

Challenger STS-51B
Robert Overmye · Frederick Gregory · Don Lind · Norman Thagard · William Thornton · Lodewijk van den Berg · Taylor Wang

Sojuz T-13
Władimir Dżanibekow · Wiktor Sawinych

Discovery STS-51G
Daniel Brandenstein · John Creighton · John Fabian · Steven Nagel · Shannon Lucid · Patrick Baudry · Sultan bin Salman Al Saud

Challenger STS-51F
Gordon Fullerton · Roy Bridges · Karl Henize · Story Musgrave · Anthony England · Loren Acton · John-David Bartoe

Discovery STS-51I
Joe Engle · Richard Covey · James van Hoften · John Lounge · William Fisher

Sojuz T-14
Władimir Wasiutin · Gieorgij Grieczko · Aleksandr Wołkow

Atlantis STS-51J
Karol Bobko · Ronald Grabe · David Hilmers · Robert Stewart · William Pailes

Challenger STS-61A
Henry Hartsfield · Steven Nagel · Bonnie Dunbar ◆ · James Buchli · Guion Bluford · Reinhard Furrer · Wubbo Ockels · Ernst Messerschmid

Atlantis STS-61B
Brewster Shaw · Bryan O'Connor · Jerry Ross · Mary Cleave ◆ · Sherwood Spring · Charles Walker · Rodolfo Neri Vela

Columbia STS-61C
Robert Gibson · Charles Bolden · George Nelson · Steven Hawley · Franklin Chang-Diaz · William Nelson · Robert Cenker

Challenger STS-51-L
Francis Scobee ✕ · Michael Smith ✕ · Ellison Onizuka ✕ · Judith Resnik ✕◆ · Ronald McNair ✕ · Gregory Jarvis ✕ · Christa McAuliffe ✕◆

Challenger STS-41B
Vance Brand · Robert Gibson · Bruce McCandless · Robert Stewart · Ronald McNair

Sojuz T-10
Leonid Kizim · Władimir Sołowjow · Oleg Atkow

Sojuz T-11
Jurij Małyszew · Giennadij Striekałow · Rakesh Sharma

Challenger STS-41C
Robert Crippen · Francis Scobee · Terry Hart · James van Hoften · George Nelson

Sojuz T-12
Władimir Dżanibekow · Swietłana Sawicka ◆ · Igor Wołk

Discovery STS-41D
Henry Hartsfield · Michael Coats · Richard Mullane · Steven Hawley · Judith Resnik ◆ · Charles Walker

Challenger STS-41G
Robert Crippen · Jon McBride · Kathryn Sullivan ◆ · Sally Ride ◆ · David Leestma · Paul Scully-Power · Marc Garneau

Discovery STS-51A
Frederick Hauck · David Walker · Joseph Allen · Anna Lee Fisher ◆ · Dale Gardner

Challenger STS-6
Paul Weitz · Karol Bobko · Story Musgrave · Donald Peterson

Sojuz T-8
Władimir Titow · Giennadij Striekałow · Aleksandr Sieriebrow

Challenger STS-7
Robert Crippen · Frederick Hauck · John Fabian · Sally Ride ◆ · Norman Thagard

Sojuz T-9
Władimir Lachow · Aleksandr Aleksandrow

Challenger STS-8
Richard Truly · Daniel Brandenstein · Guion Bluford · Dale Gardner · William Thornton

Columbia STS-9
John Young · Brewster Shaw · Owen Garriott · Robert Parker · Ulf Merbold · Byron Lichtenberg

Columbia STS-3
Jack Lousma · Gordon Fullerton

Sojuz T-5
Anatolij Bieriezowoj · Walentin Lebiediew

Sojuz T-6
Władimir Dżanibekow · Aleksandr Iwanczenkow · Jean-Loup Chrétien

Columbia STS-4
Thomas Mattingly · Henry Hartsfield

Sojuz T-7
Leonid Popow · Aleksandr Sieriebrow · Swietłana Sawicka ◆

Columbia STS-5
Vance Brand · Robert Overmyer · Joseph Allen · William Lenoir

Sojuz 35
Leonid Popow · Walerij Riumin

Sojuz 36
Walerij Kubasow · Bertalan Farkas

Sojuz T-2
Jurij Małyszew · Władimir Aksionow

Sojuz 37
Wiktor Gorbatko · Phạm Tuân

Sojuz 38
Jurij Romanienko · Arnaldo Tamayo Méndez

Sojuz T-3
Leonid Kizim · Oleg Makarow · Giennadij Striekałow

Sojuz T-4
Władimir Kowalonok · Wiktor Sawinych

Sojuz 39
Władimir Dżanibekow · Dż. Gürragczaa

Columbia STS-1
John Young · Robert Crippen

Sojuz 40
Leonid Popow · Dumitru Prunariu

Columbia STS-2
Joe Engle · Richard Truly

Sojuz TM-5
Anatolij Sołowjow · Wiktor Sawinych · Aleksandr Aleksandrow

Sojuz TM-6
Władimir Lachow · Walerij Polakow · Abdulahad Momand

Discovery STS-26
Frederick Hauck · Richard Covey · John Lounge · David Hilmers · George Nelson

Sojuz TM-2
Jurij Romanienko · Aleksandr Ławiejkin

Sojuz TM-3
Aleksandr Wiktorienko · Aleksandr Aleksandrow · Muhammad Faris

Sojuz TM-4
Władimir Titow · Musa Manarow · Anatolij Lewczenko

Discovery STS-29
Michael Coats · John Blaha · Robert Springer · James Buchli · James Bagian

Columbia STS-30
David Walker · Ronald Grabe · Mark Lee · Norman Thagard · Mary Cleave ◆

Atlantis STS-28
Brewster Shaw · Richard Richards · James Adamson · David Leestma · Mark Brown

Sojuz TM-8
Aleksandr Wiktorienko · Aleksandr Sieriebrow

Atlantis STS-34
Donald Williams · Michael McCulley · Shannon Lucid · Franklin Chang-Diaz · Ellen Baker ◆

Sojuz TM-7
Aleksandr Wołkow · Siergiej Krikałow · Jean-Loup Chrétien

Atlantis STS-27
Robert Gibson · Guy Gardner · Richard Mullane · Jerry Ross · William Shepherd

Discovery STS-33
Frederick Gregory · John Blaha · Manley Carter · Story Musgrave · Kathryn Thornton ◆

ROK	1980	1981	1982	1983	1984	1985	1986	1987	1988	1989
			9	17	26	40	4	5	7	12
NOWI W KOSMOSIE	7	6	6	8		11	3	3	5	6
LOTY	6	5	6							

Mark Lee i Jan Davis są jak dotąd jedynym małżeństwem, które poleciało na orbitę

Walerij Polakow jest rekordzistą, jeśli chodzi o nieprzerwane przebywanie w przestrzeni kosmicznej – spędził na orbicie 437 dni, 17 godzin, 58 minut i 16 sekund

Kto jest jak dotąd najstarszą osobą na orbicie okołoziemskiej?

Amerykanin John Glenn, który odbył swoją drugą podróż w wieku 77 lat. Było to w październiku 1998 r. Pierwszy lot odbył w 1962 r.

Discovery STS-42
- Ronald Grabe
- Stephen Oswald
- Norman Thagard
- William Readdy
- David Hilmers
- Roberta Bondar
- Ulf Merbold

Sojuz TM-14
- Aleksandr Wiktorienko
- Aleksandr Kaleri
- Klaus-Dietrich Flade

Atlantis STS-45
- Charles Bolden
- Brian Duffy
- Kathryn Sullivan
- David Leestma
- Michael Foale
- Dirk Frimout
- Byron Lichtenberg

Endeavour STS-49
- Daniel Brandenstein
- Kevin Chilton
- Richard Hieb
- Bruce Melnick
- Pierre Thuot
- Kathryn Thornton
- Thomas Akers

Columbia STS-50
- Richard Richards
- Kenneth Bowersox
- Bonnie Dunbar
- Ellen Baker
- Carl Meade
- Lawrence DeLucas
- Eugene Trinh

Sojuz TM-15
- Anatolij Sołowjow
- Siergiej Awdiejew
- Michel Tognini

Atlantis STS-46
- Loren Shriver
- Andrew Allen
- Claude Nicollier
- Marsha Ivins
- Jeffrey Hoffman
- Franklin Chang-Diaz
- Franco Malerba

Endeavour STS-47
- Robert Gibson
- Curtis Brown
- Mark Lee
- Jay Apt
- Jan Davis
- Mae Jemison
- Mamoru Mohri

Columbia STS-52
- James Wetherbee
- Michael Baker
- Charles Veach
- William Shepherd
- Tamara Jernigan
- Steven MacLean

Discovery STS-53
- David Walker
- Robert Cabana
- Guion Bluford
- Michael Clifford
- James Voss

Columbia STS-32
- Daniel Brandenstein
- James Wetherbee
- Bonnie Dunbar
- Marsha Ivins
- David Low

Sojuz TM-9
- Anatolij Sołowjow
- Aleksandr Bałandin

Atlantis STS-36
- John Creighton
- John Casper
- Pierre Thuot
- David Hilmers
- Richard Mullane

Discovery STS-31
- Loren Shriver
- Charles Bolden
- Bruce McCandless
- Steven Hawley
- Kathryn Sullivan

Sojuz TM-10
- Giennadij Manakow
- Giennadij Striekałow

Discovery STS-41
- Richard Richards
- Robert Cabana
- Bruce Melnick
- William Shepherd
- Thomas Akers

Atlantis STS-38
- Richard Covey
- Frank Culbertson
- Carl Meade
- Robert Springer
- Charles Gemar

Columbia STS-35
- Vance Brand
- Guy Gardner
- Jeffrey Hoffman
- John Lounge
- Robert Parker
- Samuel Durrance
- Ronald Parise

Sojuz TM-11
- Wiktor Afanasjew
- Musa Manarow
- Toyohiro Akiyama

Atlantis STS-37
- Steven Nagel
- Kenneth Cameron
- Linda Godwin
- Jerry Ross
- Jay Apt

Discovery STS-39
- Michael Coats
- Blaine Hammond
- Gregory Harbaugh
- Donald McMonagle
- Charles Veach
- Richard Hieb

Sojuz TM-12
- Anatolij Arcebarski
- Siergiej Krikalow
- Helen Sharman

Columbia STS-40
- Bryan O'Connor
- Sidney Gutierrez
- James Bagian
- Tamara Jernigan
- Rhea Seddon
- Drew Gaffney
- Millie Hughes-Fulford

Atlantis STS-43
- John Blaha
- Michael Baker
- Shannon Lucid
- David Low
- James Adamson

Discovery STS-48
- John Creighton
- Kenneth Reightler
- Charles Gemar
- James Buchli
- Mark Brown

Sojuz TM-13
- Aleksandr Wołkow
- Toktar Aubäkyrow
- Franz Viehböck

Atlantis STS-44
- Frederick Gregory
- Terence Henricks
- James Voss
- Story Musgrave
- Mario Runco
- Thomas Hennen

Endeavour STS-54
- John Casper
- Donald McMonagle
- Mario Runco
- Gregory Harbaugh
- Susan Helms

Sojuz TM-16
- Giennadij Manakow
- Aleksandr Poleszczuk

Discovery STS-56
- Kenneth Cameron
- Stephen Oswald
- Michael Foale
- Kenneth Cockrell
- Ellen Ochoa

Columbia STS-55
- Steven Nagel
- Terence Henricks
- Jerry Ross
- Charles Precourt
- Bernard Harris
- Ulrich Walter
- Hans Schlegel

Endeavour STS-57
- Ronald Grabe
- Brian Duffy
- David Low
- Nancy Sherlock
- Peter Wisoff
- Janice Voss

Sojuz TM-17
- Wasilij Cyblijew
- Aleksandr Sieriebrow
- Jean-Pierre Haigneré

Discovery STS-51
- Frank Culbertson
- William Readdy
- James Newman
- Daniel Bursch
- Carl Walz

Columbia STS-58
- John Blaha
- Richard Searfoss
- Rhea Seddon
- William McArthur
- David Wolf
- Shannon Lucid
- Martin Fettman

Endeavour STS-61
- Richard Covey
- Kenneth Bowersox
- Kathryn Thornton
- Claude Nicollier
- Jeffrey Hoffman
- Story Musgrave
- Thomas Akers

Sojuz TM-18
- Wiktor Afanasjew
- Jurij Usaczow
- Walerij Polakow

Discovery STS-60
- Charles Bolden
- Kenneth Reightler
- Jan Davis
- Ronald Sega
- Franklin Chang-Diaz
- Sergei Krikalev

Columbia STS-62
- John Casper
- Andrew Allen
- Pierre Thuot
- Charles Gemar
- Marsha Ivins

Endeavour STS-59
- Sidney Gutierrez
- Kevin Chilton
- Jay Apt
- Michael Clifford
- Linda Godwin
- Thomas Jones

Sojuz TM-19
- Jurij Malenczenko
- Tałgat Musabajew

Columbia STS-65
- Robert Cabana
- James Halsell
- Richard Hieb
- Carl Walz
- Leroy Chiao
- Donald Thomas
- Chiaki Mukai

Discovery STS-64
- Richard Richards
- Blaine Hammond
- Jerry Linenger
- Susan Helms
- Carl Meade
- Mark Lee

Endeavour STS-68
- Michael Baker
- Terrence Wilcutt
- Steven Smith
- Daniel Bursch
- Peter Wisoff
- Thomas Jones

Sojuz TM-20
- Aleksandr Wiktorienko
- Jelena Kondakowa
- Ulf Merbold

Atlantis STS-66
- Donald McMonagle
- Curtis Brown
- Ellen Ochoa
- Joseph Tanner
- Jean-François Clervoy
- Scott Parazynski

Discovery STS-63
- James Wetherbee
- Eileen Collins
- Bernard Harris
- Michael Foale
- Janice Voss
- Władimir Titow

Endeavour STS-67
- Stephen Oswald
- William Gregory
- John Grunsfeld
- Wendy Lawrence
- Tamara Jernigan
- Samuel Durrance
- Ronald Parise

Sojuz TM-21
- Władimir Dieżurow
- Giennadij Striekałow
- Norman Thagard

Atlantis STS-71
- Robert Gibson
- Charles Precourt
- Ellen Baker
- Bonnie Dunbar
- Gregory Harbaugh
- Anatolij Sołowjow
- Nikołaj Budarin

Discovery STS-70
- Terence Henricks
- Kevin Kregel
- Donald Thomas
- Nancy Currie
- Mary Weber

Sojuz TM-22
- Jurij Gidzenko
- Siergiej Awdiejew
- Thomas Reiter

Endeavour STS-69
- David Walker
- Kenneth Cockrell
- James Voss
- James Newman
- Michael Gernhardt

Columbia STS-73
- Kenneth Bowersox
- Kent Rominger
- Catherine Coleman
- Michael López-Alegría
- Kathryn Thornton
- Fred Leslie
- Albert Sacco

Atlantis STS-74
- Kenneth Cameron
- James Halsell
- Chris Hadfield
- Jerry Ross
- William McArthur

Endeavour STS-72
- Brian Duffy
- Brent Jett
- Leroy Chiao
- Winston Scott
- Koichi Wakata
- Daniel Barry

Sojuz TM-23
- Jurij Onufrijenko
- Jurij Usaczow

Columbia STS-75
- Andrew Allen
- Scott Horowitz
- Jeffrey Hoffman
- Maurizio Cheli
- Claude Nicollier
- Franklin Chang-Diaz
- Umberto Guidoni

Atlantis STS-76
- Kevin Chilton
- Richard Searfoss
- Ronald Sega
- Michael Clifford
- Linda Godwin
- Shannon Lucid

Endeavour STS-77
- John Casper
- Curtis Brown
- Andrew Thomas
- Daniel Bursch
- Mario Runco
- Marc Garneau

Columbia STS-78
- Terence Henricks
- Kevin Kregel
- Richard Linnehan
- Susan Helms
- Charles Brady
- Jean-Jacques Favier
- Robert Thirsk

Sojuz TM-24
- Walerij Korzun
- Aleksandr Kaleri
- Claudie André-Deshays

Atlantis STS-79
- William Readdy
- Terrence Wilcutt
- Jay Apt
- Thomas Akers
- Carl Walz
- John Blaha

Columbia STS-80
- Kenneth Cockrell
- Kent Rominger
- Story Musgrave
- Thomas Jones
- Tamara Jernigan

Atlantis STS-81
- Michael Baker
- Brent Jett
- Peter Wisoff
- John Grunsfeld
- Marsha S. Ivins
- Jerry Linenger

Discovery STS-82
- Kenneth Bowersox
- Scott Horowitz
- Joseph Tanner
- Steven Hawley
- Gregory Harbaugh
- Mark Lee
- Steven Smith

Columbia STS-83
- James Halsell
- Susan Still
- Janice Voss
- Michael Gernhardt
- Donald Thomas
- Roger Crouch
- Gregory Linteris

Atlantis STS-84
- Charles Precourt
- Eileen Collins
- Jean-François Clervoy
- Carlos Noriega
- Edward Lu
- Yelena Kondakova
- Michael Foale

Columbia STS-94
- James Halsell
- Susan Still
- Janice Voss
- Michael Gernhardt
- Donald Thomas
- Roger Crouch
- Greg Linteris

Sojuz TM-26
- Anatolij Sołowjow
- Paweł Winogradow

Discovery STS-85
- Curtis Brown
- Kent Rominger
- Jan Davis
- Robert Curbeam
- Stephen Robinson
- Bjarni Tryggvason

Atlantis STS-86
- James Wetherbee
- Michael Bloomfield
- Władimir Titow
- Scott Parazynski
- Jean-Loup Chrétien
- Wendy Lawrence
- David Wolf

Columbia STS-87
- Kevin Kregel
- Steven Lindsey
- Kalpana Chawla
- Winston Scott
- Takao Doi
- Łeonid Kadeniuk

Endeavour STS-88
- Robert Cabana
- Frederick Sturckow
- Jerry Ross
- Nancy Currie
- James Newman
- Siergiej Krikalow

Endeavour STS-89
- Terrence Wilcutt
- Joe Edwards
- James Reilly
- Michael Anderson
- Bonnie Dunbar
- Sališan Szaripow
- Andrew Thomas

Sojuz TM-27
- Tałgat Musabajew
- Nikołaj Budarin
- Léopold Eyharts

Columbia STS-90
- Richard Searfoss
- Scott Altman
- Dafydd Williams
- Kathryn Hire
- Richard Linnehan
- Jay Buckey
- James Pawelczyk

Discovery STS-91
- Charles Precourt
- Dominic Pudwill Gorie
- Franklin Chang-Diaz
- Wendy Lawrence
- Janet Kavandi
- Walerij Riumin

Sojuz TM-28
- Giennadij Padałka
- Siergiej Awdiejew
- Jurij Baturin

Discovery STS-95
- Curtis Brown
- Steven Lindsey
- Pedro Duque
- Scott Parazynski
- Stephen Robinson
- Chiaki Mukai
- John Glenn

Sojuz TM-29
- Wiktor Afanasjew
- Jean-Pierre Haigneré
- Ivan Bella

Discovery STS-96
- Kent Rominger
- Rick Husband
- Daniel Barry
- Ellen Ochoa
- Tamara Jernigan
- Julie Payette
- Walerij Tokariew

Columbia STS-93
- Eileen Collins
- Jeffrey Ashby
- Michel Tognini
- Steven Hawley
- Catherine Coleman

Discovery STS-103
- Curtis Brown
- Scott Kelly
- John Grunsfeld
- Jean-François Clervoy
- Michael Foale
- Steven Smith
- Claude Nicollier

1990	1991	1992	1993	1994	1995	1996	1997	1998	1999
17	22	23	20	16	17	15	15	16	6
9	9	10	9	10	9	9	9	7	4

Kto był pierwszym kosmicznym turystą?

28 kwietnia 2001 r. kalifornijski multimilioner, biznesmen i entuzjasta podboju kosmosu **Dennis Tito** został wyniesiony na orbitę dzięki rakiecie Sojuz. Kosztowało go to 20 milionów dolarów przekazanych rosyjskiej agencji kosmicznej. Spędził osiem dni na Międzynarodowej Stacji Kosmicznej ku sporej irytacji NASA, która odradzała Rosjanom zabieranie go na górę – nie widziała tam miejsca dla sześćdziesięciolatka mającego niewielkie przygotowanie i przeszkolenie do takich lotów.

Co się wydarzyło w 2003 roku?

1 lutego 2003 r. wahadłowiec kosmiczny *Columbia* rozpadł się podczas powrotnego wejścia w ziemską atmosferę w trakcie swojej 28 misji. I tym razem siedmioosobowa załoga zginęła. Podczas startu wahadłowca kawałek izolacji oderwał się od poszycia, uderzając w krawędź natarcia skrzydła tak pechowo, że powstała przy tym szczelina, która podczas wchodzenia w atmosferę pozwoliła rozżarzonym gazom na wniknięcie do wnętrza konstrukcji i zniszczenie skrzydła, co ostatecznie doprowadziło do katastrofy.

Endeavour STS-99
Kevin Kregel
Dominic Gorie
Gerhard Thiele
Janet Kavandi
Janice Voss
Mamoru Mohri

Sojuz TM-30
Siergiej Zalotin
Aleksandr Kaleri

Atlantis STS-101
James Halsell
Scott Horowitz
Mary Weber ◆
Jeffrey Williams
James Voss
Susan Helms
Jurij Usaczow

Atlantis STS-106
Terrence Wilcutt
Scott Altman
Edward Lu
Richard Mastracchio
Daniel Burbank
Jurij Malenczenko
Boris Morukow

Discovery STS-92
Brian Duffy
Pamela Melroy
Koichi Wakata
William McArthur
Peter Wisoff
Michael López-Alegría
Leroy Chiao

Sojuz TM-31
Jurij Gidzenko
Siergiej Krikalow
William Shepherd

Endeavour STS-97
Brent Jett
Michael Bloomfield
Joseph Tanner
Marc Garneau
Carlos Noriega

Atlantis STS-98
Kenneth Cockrell
Mark Polansky
Robert Curbeam
Marsha Ivins
Thomas Jones

Discovery STS-102
James Wetherbee
James Kelly
Andrew Thomas
Paul Richards
Jurij Usaczow
James Voss
Susan Helms

Endeavour STS-100
Kent Rominger
Jeffrey Ashby
Chris Hadfield
John Phillips
Scott Parazynski
Umberto Guidoni
Jurij Łonczakow

Sojuz TM-32
Tałgat Musabajew
Jurij Baturin
Dennis Tito

Atlantis STS-104
Steven Lindsey
Charles Hobaugh
Michael Gernhardt
Janet Kavandi
James Reilly

Discovery STS-105
Scott Horowitz
Frederick Sturckow
Patrick Forrester
Daniel Barry
Frank Culbertson
Mikhail Tiurin
Władimir Dieżurow

Sojuz TM-33
Wiktor Afanasjew
Claudie Haigneré
Konstantin Koziejew

Endeavour STS-108
Dominic Gorie
Mark Kelly
Linda Godwin
Daniel Tani
Jurij Onufrijenko

Columbia STS-109
Scott Altman
Duane Carey
John Grunsfeld
Nancy Currie
Richard Linnehan
James Newman
Michael Massimino
James Voss
Susan Helms

Atlantis STS-110
Michael Bloomfield
Stephen Frick
Rex Walheim
Ellen Ochoa
Lee Morin
Jerry Ross
Steven Smith

Sojuz TM-34
Jurij Gidzenko
Roberto Vittori
Mark Shuttleworth

Endeavour STS-111
Kenneth Cockrell
Paul Lockhart
Philippe Perrin
Franklin Chang-Diaz
Walerij Korzun
Peggy Whitson ◆
Siergiej Trieszczow

Atlantis STS-112
Jeffrey Ashby
Pamela Melroy
Piers Sellers
Sandra Magnus ◆
David Wolf
Fiodor Jurczichin

Sojuz TMA-1
Siergiej Zalotin
Frank De Winne
Jurij Łonczakow

Endeavour STS-113
James Wetherbee
Paul Lockhart
Michael López-Alegria
John Herrington
Kenneth Bowersox
Nikołaj Budarin
Donald Pettit

Columbia STS-107
Rick Husband ✕
William McCool ✕
David Brown ✕
Kalpana Chawla ✕
Michael Anderson ✕
Laurel Clark ✕
Ilan Ramon ✕

Sojuz TMA-2
Jurij Malenczenko
Edward Tsang Lu

Shenzhou 5
Yang Liwei

Sojuz TMA-3
Aleksandr Kaleri
Michael Foale
Pedro Duque

Sojuz TMA-4
Giennadij Padałka
Edward Fincke
André Kuipers

SpaceShipOne
Michael Melvill

SpaceShipOne
Michael Melvill

Shenzhou 6
Fei Junlong
Nie Haisheng

Sojuz TMA-5
Saliżan Szaripow
Leroy Chiao
Jurij Szargin

Sojuz TMA-6
Siergiej Krikalow
John Phillips
Roberto Vittori

Discovery STS-114
Eileen Collins
James Kelly
Soichi Noguchi
Stephen Robinson
Andrew Thomas
Wendy Lawrence
Charles Camarda

Sojuz TMA-7
Walerij Tokariew
William McArthur
Gregory Olsen

Sojuz TMA-8
Paweł Winogradow
Jeffrey Williams
Marcos Pontes

Discovery STS-121
Steven Lindsey
Mark Kelly
Michael Fossum
Lisa Nowak ◆
Stephanie Wilson
Piers Sellers
Thomas Reiter

Atlantis STS-115
Brent Jett
Christopher Ferguson
Steven MacLean
Daniel Burbank
Joseph Tanner
H. Stefanyshyn-Piper ◆

Sojuz TMA-9
Michaił Tiurin
Michael López-Alegría
Anousheh Ansari ◆

Discovery STS-116
Mark Polansky
William Oefelein
Nicholas Patrick
Robert Curbeam
Christer Fuglesang
Joan Higginbotham ◆
Sunita Williams ◆

Sojuz TMA-10
Oleg Kotow
Fiodor N. Jurczichin
Charles Simonyi

Atlantis STS-117
Frederick Sturckow
Lee Archambault
Patrick Forrester
Steven Swanson
John Olivas
James Reilly
Clayton Anderson

Endeavour STS-118
Scott Kelly
Charles Hobaugh
Tracy Caldwell ◆
Richard Mastracchio
Dafydd Williams
Barbara Morgan ◆
Alvin Drew

Sojuz TMA-11
Jurij Malenczenko
Peggy Whitson ◆
Sheikh Muszaphar

Discovery STS-120
Pamela Melroy
George Zamka
Douglas Wheelock
Stephanie Wilson
Scott Parazynski
Paolo Nespoli
Daniel Tani

Atlantis STS-122
Stephen Frick
Alan Poindexter
Leland Melvin
Rex Walheim
Hans Schlegel
Stanley Love
Léopold Eyharts

Endeavour STS-123
Dominic Gorie
Gregory Johnson
Robert Behnken
Michael Foreman
Richard Linnehan
Takao Doi
Garrett Reisman

Sojuz TMA-12
Siergiej Wołkow
Oleg Kononienko
Yi So-yeon ◆

Sojuz TMA-10
Mark Kelly
Kenneth Ham
Karen Nyberg ◆
Ronald Garan
Michael Fossum
Akihiko Hoshide
Gregory Chamitoff

Shenzhou 7
Zhai Zhigang
Liu Boming
Jing Haipeng

Sojuz TMA-13
Jurij Łonczakow
Edward Fincke
Richard Garriott ◆

Endeavour STS-126
Christopher Ferguson
Eric Boe
Donald Pettit
Stephen Bowen
H. Stefanyshyn-Piper ◆
Shane Kimbrough
Sandra Magnus

Discovery STS-119
Lee Archambault
Dominic Antonelli
Joseph Acaba
Steven Swanson
Richard Arnold
John Phillips
Koichi Wakata

Sojuz TMA-14
Giennadij Padałka
Michael Barratt
Charles Simonyi

Atlantis STS-125
Scott Altman
Gregory Johnson
Michael Good
Megan McArthur
John Grunsfeld
Michael Massimino
Andrew Feustel

Sojuz TMA-15
Roman Romanienko
Frank De Winne
Robert Thirsk

Endeavour STS-127
Mark Polansky
Douglas Hurley
Christopher Cassidy
Julie Payette
Thomas Marshburn
David Wolf
Timothy Kopra

Discovery STS-128
Frederick Sturckow
Kevin Ford
Patrick Forrester
José Hernández
John Olivas
Christer Fuglesang
Nicole Stott ◆

Sojuz TMA-16
Maksim Surajew
Jeffrey Williams
Guy Laliberté

Atlantis STS-129
Charles Hobaugh
Barry Wilmore
Leland Melvin
Randolph Bresnik
Michael Foreman
Robert Satcher

Sojuz TMA-17
Oleg Kotow
Timothy Creamer
Soichi Noguchi

ROK	2000	2001	2002	2003	2004	2005	2006	2007	2008	2009
					5	5	12	13	22	23
NOWI W KOSMOSIE	7	11	16	5	5	4	5	5	7	9
LOTY	7	8	5	3	5					

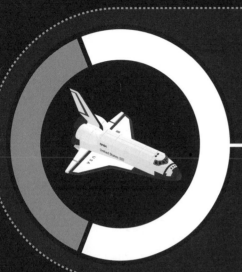

Ilu ludzi dotarło w kosmos wahadłowcami?

Ostatni start wahadłowca odbył się **8 lipca 2011 r.** po 31 latach służby. Odbyły one 135 misji, wynosząc na orbitę 852 pasażerów:

 62% ludzi, którzy byli w kosmosie, odbyło tę podróż przynajmniej w jedną stronę na pokładzie wahadłowca

Łącznie było to **355 osób**, ● **306** mężczyzn i ◆ **49** kobiet z **16** krajów

 283 spośród tych osób (80%) były obywatelami Stanów Zjednoczonych

STANY ZJEDNOCZONE
- A
- Nowy Jork
- B
- Waszyngton
- Los Angeles
- D
- Orlando
- C

Gdzie mogę zobaczyć wahadłowiec kosmiczny?

Z pięciu wahadłowców, które latały w kosmos, przetrwały trzy. Czwarty, *Enterprise*, był używany tylko do testowych lotów atmosferycznych:

A *Enterprise*	B *Discovery*	C *Atlantis*	D *Endeavour*
Pierwszy lot: **12 sierpnia 1977**	Pierwszy lot: **30 sierpnia 1984**	Pierwszy lot: **3 października 1985**	Pierwszy lot: **7 maja 1992**
Lotów: **5**	Lotów: **39**	Lotów: **33**	Lotów: **25**
Intrepid Sea-Air-Space-Museum, Manhattan, Nowy Jork	**Steven F. Udvar-Hazy Center**, Chantilly, Wirginia	**Kennedy Space Center Centrum dla odwiedzających**, przylądek Canaveral, Floryda	**California Science Center**, Los Angeles, Kalifornia

STS-130
- George Zamka
- Terry Virts
- Kathryn Hire
- Stephen Robinson
- Nicholas Patrick
- Robert Behnken

Sojuz TMA-18
- Aleksandr Skworcow
- Michaił Kornijenko
- Tracy Caldwell Dyson

STS-131
- Alan Poindexter
- James Dutton
- Richard Mastracchio
- D. Metcalf-Lindenburger
- Stephanie Wilson
- Naoko Yamazaki
- Clayton Anderson

STS-132
- Kenneth Ham
- Dominic Antonelli
- Garrett Reisman
- Michael Good
- Stephen Bowen
- Piers Sellers

Sojuz TMA-19
- Fiodor Jurczichin
- Shannon Walker
- Douglas Wheelock

Sojuz TMA-01M
- Aleksandr Kaleri
- Oleg Skripoczka
- Scott Kelly

Sojuz TMA-20
- Dmitrij Kondratjew
- Catherine Coleman
- Paolo Nespoli

STS-133
- Steven Lindsey
- Eric Boe
- Nicole Stott
- Alvin Drew
- Michael Barratt
- Stephen Bowen

Sojuz TMA-21
- Aleksandr Samokutiajew
- Andriej Borisienko
- Ronald Garan

STS-134
- Mark Kelly
- Gregory Johnson
- Michael Fincke
- Roberto Vittori
- Andrew Feustel
- Gregory Chamitoff

Sojuz TMA-02M
- Siergiej Wołkow
- Michael Fossum
- Satoshi Furukawa

STS-135
- Christopher Ferguson
- Douglas Hurley
- Sandra Magnus
- Rex Walheim

Sojuz TMA-22
- Anton Szkaplerow
- Anatolij Iwaniszyn
- Daniel Burbank

Sojuz TMA-03M
- Oleg Kononienko
- André Kuipers
- Donald Pettit

Sojuz TMA-04M
- Giennadij Padałka
- Siergiej Rewin
- Joseph Acaba

Shenzhou 9
- Jing Haipeng
- Liu Wang
- Liu Yang

Sojuz TMA-05M
- Jurij Malenczenko
- Sunita Williams
- Akihiko Hoshide

Sojuz TMA-06M
- Oleg Nowicki
- Jewgienij Tariełkin
- Kevin Ford

Sojuz TMA-07M
- Roman Romanienko
- Chris Hadfield
- Thomas Marshburn

Sojuz TMA-08M
- Paweł Winogradow
- Aleksandr Misurkin
- Christopher Cassidy

Sojuz TMA-09M
- Fiodor Jurczichin
- Karen Nyberg
- Luca Parmitano

Shenzhou 10
- Nie Haisheng
- Zhang Xiaoguang
- Wang Yaping

Sojuz TMA-10M
- Oleg Kotow
- Siergiej Riazanski
- Michael Hopkins

Sojuz TMA-11M
- Michaił Tiurin
- Richard Mastracchio
- Koichi Wakata

Sojuz TMA-12M
- Oleg Artiemjew
- Aleksandr Skworcow
- Steven Swanson

Sojuz TMA-13M
- Maksim Surajew
- Gregory Wiseman
- Alexander Gerst

Sojuz TMA-14M
- Aleksandr Samokutiajew
- Jelena Sierowa
- Barry Wilmore

Sojuz TMA-15M
- Anton Szkaplerow
- Samantha Cristoforetti
- Terry Virts

Sojuz TMA-16M
- Giennadij Padałka
- Michaił Kornijenko
- Scott Kelly

Sojuz TMA-17M
- Oleg Kononienko
- Kimiya Yui
- Kjell Lindgren

Sojuz TMA-18M
- Siergiej Wołkow
- Andreas Mogensen
- Ajdyn Aimbetow

Sojuz TMA-19M
- Jurij Malenczenko
- Timothy Kopra
- Tim Peake

Sojuz TMA-20M"
- Aleksiej Owczinin
- Oleg Skripoczka
- Jeffrey Williams

Sojuz MS-01
- Anatolij Iwaniszyn
- Takuya Onishi
- Kathleen Rubins

Shenzhou 11
- Jing Haipeng
- Chen Dong

Sojuz MS-02
- Siergiej Ryżykow
- Andriej Borisienko
- Robert Kimbrough

Sojuz MS-03
- Oleg Nowicki
- Thomas Pesquet
- Peggy Whitson

Sojuz MS-04
- Fiodor Jurczichin
- Jack Fischer

Sojuz MS-05
- Siergiej Riazanski
- Randolph Bresnik
- Paolo Nespoli

Sojuz MS-06
- Aleksandr Misurkin
- Mark Vande Hei
- Joseph Acaba

Sojuz MS-07
- Anton Szkaplerow
- Scott Tingle
- Norishige Kanai

Sojuz MS-08
- Oleg Artiemjew
- Andrew Feustel
- Richard Arnold

Sojuz MS-09
- Siergiej Prokopiew
- Alexander Gerst
- Serena Auñón-Chancellor

Sojuz MS-11
- Oleg Kononienko
- David Saint-Jacques
- Anne McClain

Sojuz MS-12
- Aleksiej Owczinin
- Nick Hague
- Christina Hammock-Koch

Sojuz MS-13
- Aleksandr Skworcow
- Luca Parmitano
- Andrew R. Morgan

Sojuz MS-15
- Oleg Skripoczka
- Jessica Meir
- Hazza Al Mansouri

2010	2011	2012	2013	2014	2015	2016	2017	2018	2019
9	5	5	6	5	5	6	4	4	5
7	7	5	5	4	4	5	4	3	3

353 OBYWATELI STANÓW ZJEDNOCZONYCH
(w tym o podwójnym obywatelstwie)

96 ROSJAN
(wliczając tych o podwójnym obywatelstwie)

W ciągu pierwszych 60 lat
lotów kosmicznych

569 LUDZI
wzięło w nich udział

508 MĘŻCZYZN | 61 KOBIET

14 UKRAIŃCÓW
12 JAPOŃCZYKÓW
11 CHIŃCZYKÓW
10 NIEMCÓW
10 FRANCUZÓW
10 KANADYJCZYKÓW
7 WŁOCHÓW
6 KAZACHÓW

Sześć krajów wysłało
w kosmos po dwie
osoby: **Białoruś, Belgia,
Łotwa, Holandia, Wielka
Brytania, Uzbekistan**

Kolejne 28 krajów wysłało
po jednej osobie

Sojuz MS-16
Anatolij Iwaniszyn
Iwan Wagner
Christopher Cassidy
**Crew Dragon
Endeavour**
Doug Hurley
Bob Behnken
Sojuz MS-17
Siergiej Ryżykow
Siergiej Kud-Swierczkow
Kathleen Rubins
**Crew Dragon
Resilience**
Michael Hopkins
Victor Glover
Soichi Noguchi
Shannon Walker

**Crew Dragon
Endeavour**
Shane Kimbrough
Megan McArthur
Akihiko Hoshide
Thomas Pesquet

Misje do 12 kwietnia
2021, 60. rocznicy
pierwszego udanego
lotu kosmicznego

ROK | 2020 | 2021
NOWI W KOSMOSIE | 3 | 0
LOTY | 3 | 1

Kto następny poleci w kosmos?
11 lipca 2021 r. brytyjski miliarder **Richard
Branson** wzniósł się 50 mil nad powierzchnię
Ziemi na pokładzie własnego statku kosmicznego
VSS Unity, wcześniej niż dwaj inni miliarderzy,
Jeff Bezos i **Elon Musk**. Branson twierdzi, że
otrzymał już ponad **600 zgłoszeń** od
potencjalnych turystów kosmicznych i że loty
Virgin Galactic rozpoczną się w 2022 roku.

Kto właściwie przebywał w próżni kosmicznej?

Nie każdy, kto dotarł na górę, opuszczał swój pojazd czy stację kosmiczną, jeszcze mniej ludzi miało okazję poskakać po Księżycu. Niemniej byli tacy, którzy niemal fizycznie zbliżyli się do próżni kosmicznej i jej bezkresnej czerni.

227 WYSZŁO W PRÓŻNIĘ

12 CHODZIŁO PO KSIĘŻYCU

18 marca 1965
Pierwszy spacer w próżni
☀ 12 minut
☭ **Aleksiej Leonow**

3 czerwca 1965
Pierwszy spacer w próżni Amerykanina
☀ 23 minuty
🌐 **Ed White**

20 lipca 1969
Pierwszy spacer po Księżycu
☀ 21 godzin
🌐 **Neil Armstrong**

6 lutego 1971
Jedyna dotąd gra w golfa na Księżycu
☀ 4 godziny 43 minuty
🌐 **Alan Shepard**

7 lutego 1984
Pierwszy swobodny spacer w próżni
☀ 5 godzin 55 minut
🌐 **Bruce McCandless**

25 lipca 1984
Pierwszy spacer w próżni w wykonaniu kobiety
☀ 3 godziny 35 minut
☭ **Swietłana Sawicka**

16 stycznia 1998
Najdłuższy spacer i najdłuższy łączny czas w przestrzeni kosmicznej
☀ 82 godziny 22 minuty
🌐 **Anatolij Sołowjow**

11 marca 2001
Najdłuższy ciągły spacer w próżni
☀ 8 godzin 56 minut
🌐 **Susan Helms**
🌐 **James S. Voss**

27 września 2008
Pierwszy kosmiczny spacer Chińczyka
☀ 22 minuty
🌐 **Zhai Zhigang**

15 stycznia 2016
Pierwszy spacer brytyjskiego astronauty
☀ 4 godziny 43 minuty
🌐 **Tim Peake**

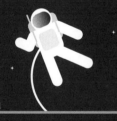

Kto ma największą rakietę?

Największe rakiety nośne, dawne, obecne i planowane

Kolumna Nelsona Londyn, **52 m**

Statua Wolności, Nowy Jork, **46 m**

A   B   C   D   E   F

wysokość w metrach

20 30 40 50 60 70 80 90 100

Która z użytych dotąd rakiet była największa?

E Saturn V 1967–1973

Maksymalny ładunek: **118 000 kg**

Koszt wystrzelenia: **1,23 mld $** (dzisiejszych)

Saturn V pozostaje najwyższą rakietą o największej jak dotąd mocy. NASA używała ich w programie księżycowym oraz w celu wyniesienia pierwszej amerykańskiej stacji kosmicznej Skylab (1973). Zbudowano ich łącznie piętnaście, trzynaście pomyślnie wystartowało.

Jaka była największa rakietowa porażka w programach kosmicznych?

D N1 1969–1972

Maksymalny ładunek: **95 000 kg**

N1 była odpowiedzią Związku Radzieckiego na amerykańskiego Saturna V, rakietą o wielkim udźwigu przeznaczoną do wyniesienia wyprawy księżycowej. Zbudowano dziesięć takich rakiet, ale wszystkie cztery próby wystrzelenia, do których doszło w latach 1969–1972, okazały się nieudane. Program ostatecznie anulowano w 1974 r.

Jaka jest największa z używanych obecnie rakiet?

A Falcon 9 2018–

Maksymalny ładunek: **22 800 kg**

Koszt wystrzelenia: **50 mln $** (odzyskiwalny)

B Falcon Heavy 2018–

Maksymalny ładunek: **63 800 kg**

Koszt wystrzelenia: **90 mln $** (odzyskiwalny)

Falcon 9 jest rakietą wielokrotnego użytku zaprojektowaną przez firmę SpaceX. Jak dotąd to największa rakieta mogąca wynosić ludzi na orbitę. Jej cięższa wersja, Falcon Heavy, oferuje największy dostępny obecnie ładunek użytkowy, znana jest z tego, że wyniosła na orbitę samochód elektryczny Elona Muska.

Jaka jest największa z projektowanych obecnie rakiet?

C SLS 2021–

Maksymalny ładunek: **70 000 kg**

Koszt wystrzelenia: **2 mld $** (szacunkowo)

Opracowywana przez NASA rakieta będzie miała największą nośność w historii i będzie mogła zostać wykorzystana do wyniesienia wyprawy na Marsa.

F SpaceX Starship 2023

Maksymalny ładunek: **100 000+ kg**

Koszt wystrzelenia: **2 mln $** (w zamierzeniu)

NASA rozważa wykorzystanie Starship w programie Artemis, obejmuje to też pojazd kosmiczny i lądownik.

Jak to zrobiliśmy: Porównaliśmy niektóre z największych rakiet zbudowanych dotychczas lub mających powstać w bliskiej przyszłości; wszystkie zostały przedstawione w tej samej skali. Źródła: NASA, SpaceX, dane na kwiecień 2021

Skąd w przestrzeni kosmicznej wzięło się tyle śmieci?

Ziemię okrąża mnóstwo szczątków porozbijanych satelitów – według danych Europejskiej Agencji Kosmicznej kilka tysięcy ton. Ale co właściwie spowodowało ich zniszczenie?

 Przybliżona liczba satelitów wystrzelonych od czasu Sputnika 1 na początku ery kosmicznej w 1957 roku to:
11 370

Szacowana liczba satelitów nadal orbitujących wokół Ziemi:
6900

 Szacowana liczba satelitów już nieczynnych i zagrożonych rozpadem:
2900

 Różne obiekty regularnie śledzone przez Sieć Nadzoru Kosmicznego (SSN) i pilnie katalogowane:
28 160

Szacowana liczba zdarzeń, które spowodowały uszkodzenia satelitów: **ponad 560**

Rozmyślne zniszczenie	Awarie napędu	Kolizje, wypadki	Problemy z akumulatorami	Przyczyny nieznane
32,7%	**30,5%**	**14,3%**	**8,7%**	**13,8%**

9300 ton

taka jest szacowana masa wszystkich obiektów kosmicznych na orbicie okołoziemskiej, równa się w przybliżeniu masie 66 płetwali błękitnych

Jak to zrobiliśmy: Grafika ujmuje wszystkie satelity znajdujące się obecnie na orbicie okołoziemskiej. Kolorem żółtym oznaczyliśmy odsetek obiektów działających, czarnym zaś te, które już nie działają i mogą się rozbić.

Źródła: Europejska Agencja Kosmiczna, dane na kwiecień 2021, NASA

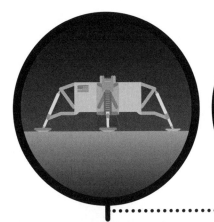

44 amerykańskie pojazdy kosmiczne

W tym sześć nienaruszonych podstaw lądowników *Apolla* i szczątki pojazdu celowo rozbitego na powierzchni Księżyca

Co najmniej 33 inne pojazdy kosmiczne

21 ze Związku Radzieckiego, cztery chińskie, cztery japońskie, dwa indyjskie, jeden izraelski i jeden europejski

27 kamer

W tym siedem kamer telewizyjnych i dodatkowo 18 obiektywów

20 torebek na wymioty

A także 25 zestawów do defekacji, 18 zestawów do zbierania moczu oraz pojemniki i worki ze śmieciami, pozostawione przy podstawach lądowników

7 flag

Sześć flag Stanów Zjednoczonych i jedna flaga amerykańskiego korpusu piechoty morskiej

7 młotków

A także dziewięć par szczypiec

6 pamiątkowych przedmiotów na cześć zmarłych kolegów

W tym srebrne szpile ze skrzydłami i medale upamiętniające rosyjskich kosmonautów

5+ przedmiotów osobistych

W tym zdjęcie astronauty Charlesa Duke'a z rodziną, Biblia i dokument informujący o obecności na Księżycu absolwentów Uniwersytetu Michigan

Plik banknotów dwudolarowych

Załoga *Apolla* 15 wzięła ze sobą 100 dwudolarowych banknotów, które miały potem posłużyć jako upominki, ale zapomniała zabrać je z powrotem na Ziemię

1 pióro sokoła

Użyte w eksperymencie fizycznym „młotek kontra pióro"

1 złota gałązka oliwna

Symbolizująca pokój i pozostawiona wraz z silikonowym dyskiem z komentarzami przywódców 74 krajów

1 człowiek

Prochy geologa z NASA Eugene'a Shoemakera zostały rozsypane na powierzchni w 1999 r. – samemu Shoemakerowi nie było dane polecieć na Księżyc z przyczyn zdrowotnych

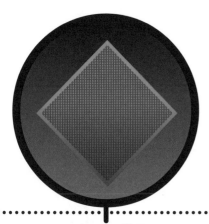

20 ręczników
10 niebieskich i 10 czerwonych, a także jedna kostka mydła i 11 chusteczek nawilżanych

14 par butów księżycowych
A także trzy dodatkowe hełmy, sześć kurtek i dziewięć skafandrów kosmicznych z plecakami

9 zestawów do eksperymentów sejsmicznych
W tym dwa granatniki, a także ponad 30 sztuk naukowego sprzętu i pięć zwierciadeł wciąż wykorzystywanych do precyzyjnego pomiaru odległości Księżyca od Ziemi

9 hamaków
A także 11 „uprzęży do spania"

5 autonomicznych łazików
Dwa radzieckie zdalnie sterowane łaziki (pierwszy z 1970 roku), dwa chińskie i jeden indyjski

3 pojazdy księżycowe
LRV, pojazdy kołowe NASA, zabrane na Księżyc przez *Apolla 15, 16* i *17* w 1971 i 1972, mogły przewozić dwóch astronautów i przejechały na Księżycu średnio po 30 kilometrów

3 sztuki sprzętu sportowego
Dwie piłki golfowe i prowizoryczny oszczep użyty podczas „Pierwszej Olimpiady Księżycowej", wygranej przez Edgara Mitchella w 1971 roku podczas misji *Apolla 14*

3 sztuki grabi
Użyte przy zbieraniu próbek gruntu księżycowego

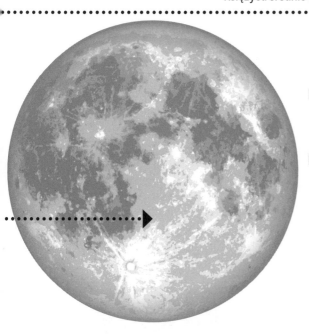

Co zostawiliśmy na Księżycu?

Załoga *Apolla 11* zostawiła na powierzchni co najmniej 106 przedmiotów, do których podczas następnych misji dołączyły kolejne. Oto przegląd najciekawszych rzeczy na najbliższym okrążającym nas ciele niebieskim.

Jak to zrobiliśmy: Przedstawiliśmy niektóre kategorie obiektów, które pozostawiono na Księżycu, i uszeregowaliśmy je w porządku malejącym.

Źródła: Chińska Narodowa Agencja Kosmiczna, Europejska Agencja Kosmiczna, Indyjska Organizacja Badań Kosmicznych, NASA, SpaceIL. Dane z czerwca 2021

5%
Amerykanów wierzy,
że Paul McCartney
zmarł w 1966

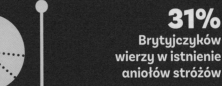

23%
Amerykanów wierzy, że zamachy
z 11 września zorganizowały
agencje rządowe

32%
Południowoafrykańczyków
wierzy, że szczepionki mają
szkodliwe skutki skrywane
przed opinią publiczną

3%
Brytyjczyków
wierzy, że
Ziemia jest
„prawdopo-
dobnie" lub
„definityw-
nie" płaska

11%
Amerykanów wierzy,
że rząd każe montować
żarówki
energooszczędne,
ponieważ dzięki nim
łatwiej jest
kontrolować ludzi*

19%
Amerykanów wierzy,
że smugi chemiczne za
samolotami służą do
kontroli ludzkości

31%
Brytyjczyków
wierzy w istnienie
aniołów stróżów

24%
Szkotów
wierzy, że
potwór z Loch
Ness może być
prawdziwy

26%
Meksykanów wierzy, że kosmici
nawiązali z nami kontakt, ale zostało
to ukryte przed opinią publiczną

13%
Amerykanów wierzy,
że wampiry
„prawdopodobnie" lub
„definitywnie" istnieją

6%
Amerykanów
wierzy, że
lądowanie
na Księżycu
w 1969 zostało
zainscenizowane

4%
Amerykanów
wierzy, że
reptilianie
kontrolują
politykę

15%
Indusów wierzy, że
spowodowane przez człowieka
ocieplenie to mistyfikacja

21%
Amerykanów
wierzy
w istnienie
Wielkiej Stopy

32%
Francuzów wierzy, że wirus
powodujący AIDS powstał
w laboratorium

Odsetek ludzi dorosłych...

Kto wierzy, że lądowanie na Księżycu zostało sfingowane?

Według sondaży całkiem spora liczba ludzi traktuje z wielką powagą teorie spiskowe, kryptozoologię i zjawiska nadprzyrodzone...

Jak to zrobiliśmy: Grafika przedstawia odpowiedzi na pytania zadane w trakcie sondaży opinii publicznej w latach 2010–2020, przy czym każda ludzka sylwetka reprezentuje jeden punkt procentowy.

Źródła: „American Journal of Political Science", „The Atlantic", Essential Research, FiveThirtyEight, France 24, „The Independent", Ipsos, Pew Research Center, TASS, Uniwersytet Oksfordzki, YouGov
* Teoria stworzona przez badaczy w celu ustalenia podatności ludzi na wcześniej nierozpowszechniane treści

36%
Turków wierzy, że rząd USA stoi za 11 września

43%
Tajów wierzy „trochę" lub „poważnie" w duchy

49%
Rosjan wierzy, że lądowanie na Księżycu w 1969 zostało sfingowane

41%
Amerykanów wierzy w poznanie pozazmysłowe

46%
Nigeryjczyków wierzy, że określona grupa ludzi potajemnie kontroluje wydarzenia i włada światem

58%
Amerykanów wierzy, że dom może zostać nawiedzony

61%
Amerykanów wierzy, że Lee Harvey Oswald nie działał sam w trakcie zamachu na JFK

65%
Amerykanów wierzy w zjawiska nadprzyrodzone, włącznie z reinkarnacją, złym okiem, astrologią i nawiązywaniem kontaktu ze zmarłymi

Kto widział potwora z Loch Ness?

Czy Nessie istnieje? Zebraliśmy wszystkie obserwacje legendarnej bestii z Loch Ness, począwszy od VI wieku n.e.

Jak to zrobiliśmy: Grafika obejmuje liczbę obserwacji, które miały miejsce corocznie, poczynając od 1900 roku, tak jak zostały ujęte w ich oficjalnym rejestrze. Wyróżniliśmy przy tym kilka epizodów uznawanych za szczególnie ważne dowody na istnienie potwora.

Źródła: BBC, CNN, Gary Campbell CA, Maritime and Coastguard Agency, Natural Environment Research Council, Oficjalny Rejestr Obserwacji Loch Ness

Łączna liczba zarejestrowanych obserwacji
(do 31 grudnia 2020)

1078

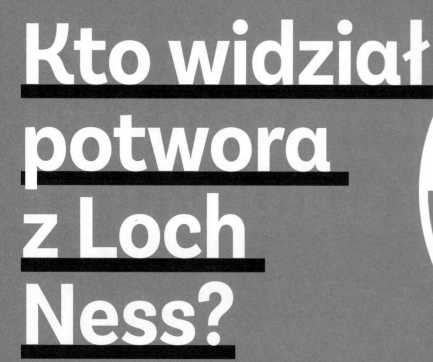

Najwięcej zgłoszeń z jednego roku **142**

Liczba zarejestrowanych obserwacji rocznie od 1900

Zarejestrowane obserwacje przed 1900 **18**

50

40

30

20

10

1900 01 02 03 04 05 06 07 08 09

19 18 17 16 15 14 13 12 11 1910

Pierwsza zarejestrowana obserwacja:
Księga z VII wieku *Życie św. Kolumby* informuje, że pewien irlandzki mnich napotkał „wodną bestię" na rzece Ness w 565

Pierwszy raz użyto słowa „potwór" w odniesieniu do domniemanego stworzenia 2 maja 1933 w artykule w „Inverness Courier", napisanym przez Alexa Campbella, komornika Loch Ness. Artykuł *Dziwne widowisko na Loch Ness. Co to było?* opowiadał o obserwacji Aldiego Mackaya z 14 kwietnia. Była to pierwsza z 77 obserwacji z tamtego roku

1920 21 22 23 24 25 26 27 28 29 1930 31 32 33 34 35 36

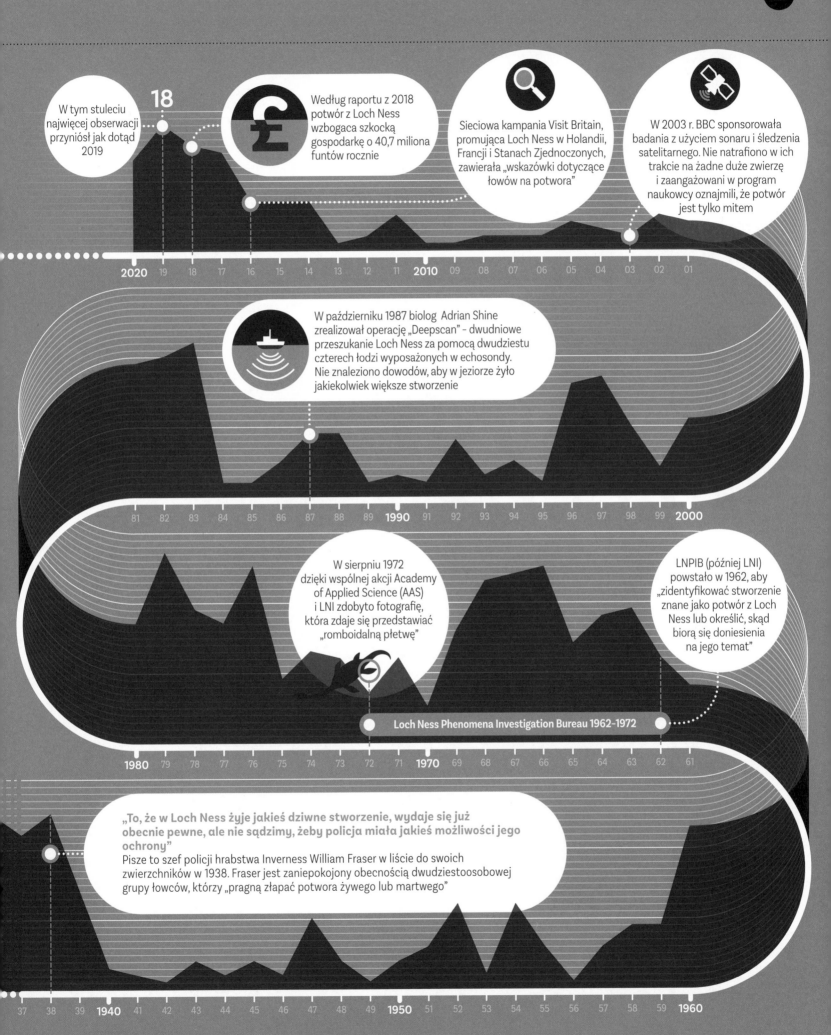

W tym stuleciu najwięcej obserwacji przyniósł jak dotąd 2019

18

Według raportu z 2018 potwór z Loch Ness wzbogaca szkocką gospodarkę o 40,7 miliona funtów rocznie

Sieciowa kampania Visit Britain, promująca Loch Ness w Holandii, Francji i Stanach Zjednoczonych, zawierała „wskazówki dotyczące łowów na potwora"

W 2003 r. BBC sponsorowała badania z użyciem sonaru i śledzenia satelitarnego. Nie natrafiono w ich trakcie na żadne duże zwierzę i zaangażowani w program naukowcy oznajmili, że potwór jest tylko mitem

2020   19   18   17   16   15   14   13   12   11   2010   09   08   07   06   05   04   03   02   01

W październiku 1987 biolog Adrian Shine zrealizował operację „Deepscan" – dwudniowe przeszukanie Loch Ness za pomocą dwudziestu czterech łodzi wyposażonych w echosondy. Nie znaleziono dowodów, aby w jeziorze żyło jakiekolwiek większe stworzenie

81   82   83   84   85   86   87   88   89   **1990**   91   92   93   94   95   96   97   98   99   **2000**

W sierpniu 1972 dzięki wspólnej akcji Academy of Applied Science (AAS) i LNI zdobyto fotografię, która zdaje się przedstawiać „romboidalną płetwę"

LNPIB (później LNI) powstało w 1962, aby „zidentyfikować stworzenie znane jako potwór z Loch Ness lub określić, skąd biorą się doniesienia na jego temat"

Loch Ness Phenomena Investigation Bureau 1962–1972

1980   79   78   77   76   75   74   73   72   71   **1970**   69   68   67   66   65   64   63   62   61

„To, że w Loch Ness żyje jakieś dziwne stworzenie, wydaje się już obecnie pewne, ale nie sądzimy, żeby policja miała jakieś możliwości jego ochrony"
Pisze to szef policji hrabstwa Inverness William Fraser w liście do swoich zwierzchników w 1938. Fraser jest zaniepokojony obecnością dwudziestoosobowej grupy łowców, którzy „pragną złapać potwora żywego lub martwego"

37   38   39   **1940**   41   42   43   44   45   46   47   48   49   **1950**   51   52   53   54   55   56   57   58   59   **1960**

Kto wierzy w Boga?

(Lub inne bóstwa, idoli albo wyższe duchowe instancje)

Poziom religijności jest na świecie różny, ale można wyraźnie dostrzec największe skupiska ludzi wierzących.

Jak to zrobiliśmy: Mapa ukazuje kraje i terytoria oznaczone kolorami według szacowanego odsetka ich mieszkańców deklarujących się jako wyznawcy jakiejś religii.

Źródło: Pew Research Center

AMERYKA PÓŁNOCNA

AMERYKA POŁUDNIOWA

 Prawie wszyscy są tutaj wierzący
Kraje i terytoria, gdzie ponad 90% mieszkańców jest wyznawcami jakiejś religii

 Większość tutaj wierzy
Kraje i terytoria, gdzie od 50 do 90% mieszkańców jest wyznawcami jakiejś religii

 Większość tutaj nie wierzy
Kraje i terytoria, gdzie mniej niż 50% mieszkańców jest związanych z jakąś religią

Jaka wiara dominuje w większości krajów?

Liczba krajów i terytoriów, gdzie większość mieszkańców opowiada się za następującą religią:

● **Chrześcijaństwo** (161)
● **Islam** (51)
● **Inna religia** (15)

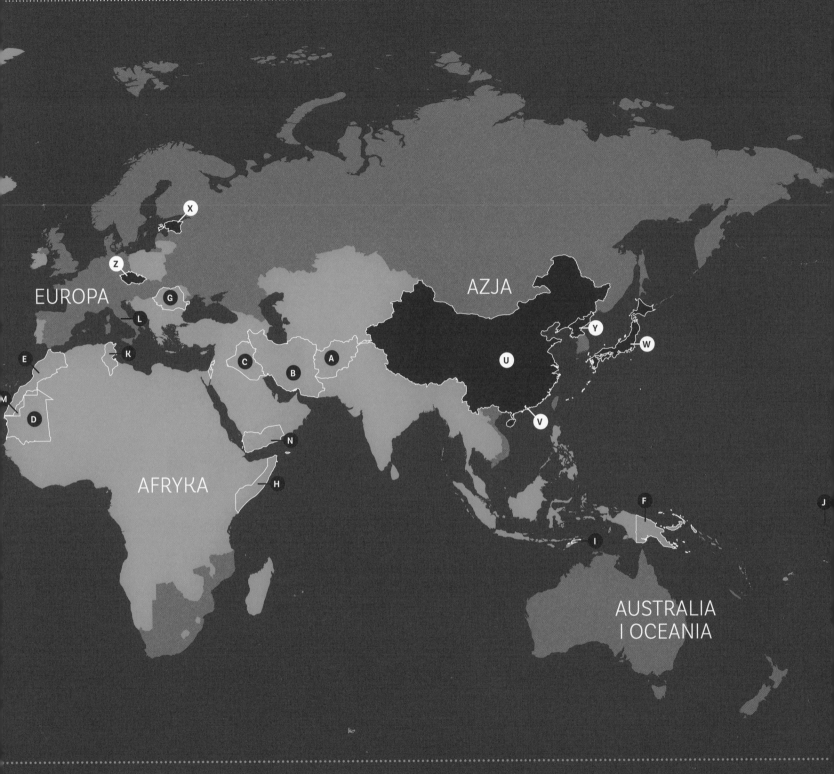

EUROPA

AZJA

AFRYKA

AUSTRALIA
I OCEANIA

JAKIE KRAJE SĄ
NAJBARDZIEJ RELIGIJNE?

**14 krajów i terytoriów, gdzie 99,5% lub więcej mieszkańców
jest wyznawcami dominującej religii**

● Kraje chrześcijańskie ● Kraje muzułmańskie

Ⓐ **Afganistan** Ⓑ **Iran** Ⓒ **Irak** Ⓓ **Mauretania**
Ⓔ **Maroko** Ⓕ Papua-Nowa Gwinea Ⓖ Rumunia
Ⓗ **Somalia** Ⓘ Timor Wschodni Ⓙ Tokelau Ⓚ **Tunezja**
Ⓛ Watykan Ⓜ **Sahara Zachodnia** Ⓝ **Jemen**

✕ JAKIE KRAJE SĄ
NAJMNIEJ RELIGIJNE?

Ⓤ 51,8% bez przynależności religijnej: Chiny
Ⓥ 54,7% Hongkong
Ⓦ 60% Japonia
Ⓧ 60,2% **Estonia**
Ⓨ 71,3% **Korea Północna**
Ⓩ 78,4% **Czechy**

JAK ZDOBYWAĆ PRZYJACIÓŁ I WPŁYWAĆ NA LUDZI

Pytania o władzę, politykę i przemowy

Kto może zostać prezydentem Stanów Zjednoczonych?

Oto statystyki opisujące wszystkich głównodowodzących - spróbujmy ustalić, jacy Amerykanie zajmują najwyższe polityczne stanowisko.

Jak to zrobiliśmy: Z lewej strony grafiki wyliczyliśmy w porządku chronologicznym wszystkich prezydentów, a po prawej podaliśmy niektóre cechy charakteryzujące ich w chwili pierwszego objęcia urzędu i wyróżnione z uwzględnieniem powszechności. W przypadku Grovera Clevelanda, który pełnił urząd jako 22 i 24 prezydent, wpisy odnoszą się do obu jego inauguracji.

NAJKRÓTSZA PREZYDENTURA
Harrison zachorował i zmarł po zaledwie 31 dniach na urzędzie

NAJBARDZIEJ TYPOWI
Hayes miał sześć z ośmiu najbardziej pożądanych cech

NAJMNIEJ TYPOWI
Cleveland podczas pierwszej prezydentury miał tylko jedną pożądaną cechę

NAJDŁUŻSZA PREZYDENTURA
Franklin D. Roosevelt został wybrany na cztery kadencje i sprawował urząd przez 4422 dni. W 1951 ratyfikowano 22 poprawkę, która ograniczyła prezydenturę do dwóch kadencji - i maksymalnie ośmiu lat

PREZYDENT		INAUGURACJA
George Washington	1	1789
John Adams	2	1797
Thomas Jefferson	3	1801
James Madison	4	1809
James Monroe	5	1817
John Quincy Adams	6	1825
Andrew Jackson	7	1829
Martin Van Buren	8	1837
William Henry Harrison	9	1841
John Tyler	10	1841
James K. Polk	11	1845
Zachary Taylor	12	1849
Millard Fillmore	13	1850
Franklin Pierce	14	1853
James Buchanan	15	1857
Abraham Lincoln	16	1861
Andrew Johnson	17	1865
Ulysses S. Grant	18	1869
Rutherford B. Hayes	19	1877
James A. Garfield	20	1881
Chester A. Arthur	21	1881
Grover Cleveland	22	1885
Benjamin Harrison	23	1889
Grover Cleveland (II kadencja)	24	1893
William McKinley	25	1897
Theodore Roosevelt	26	1901
William Howard Taft	27	1909
Woodrow Wilson	28	1913
Warren G. Harding	29	1921
Calvin Coolidge	30	1923
Herbert Hoover	31	1929
Franklin D. Roosevelt	32	1933
Harry S. Truman	33	1945
Dwight D. Eisenhower	34	1953
John F. Kennedy	35	1961
Lyndon B. Johnson	36	1963
Richard Nixon	37	1969
Gerald Ford	38	1974
Jimmy Carter	39	1977
Ronald Reagan	40	1981
George H.W. Bush	41	1989
Bill Clinton	42	1993
George W. Bush	43	2001
Barack Obama	44	2009
Donald Trump	45	2017
Joe Biden	46	2021

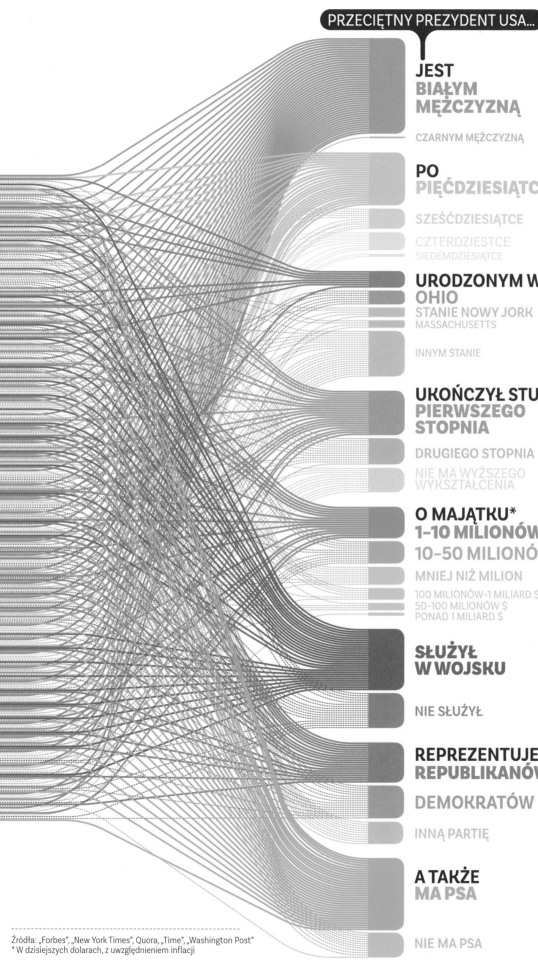

PRZECIĘTNY PREZYDENT USA...

JEST
BIAŁYM MĘŻCZYZNĄ

CZARNYM MĘŻCZYZNĄ

PO
PIĘĆDZIESIĄTCE

SZEŚĆDZIESIĄTCE

CZTERDZIESTCE

SIEDEMDZIESIĄTCE

URODZONYM W **WIRGINII**
OHIO

STANIE NOWY JORK

MASSACHUSETTS

INNYM STANIE

UKOŃCZYŁ STUDIA
PIERWSZEGO STOPNIA

DRUGIEGO STOPNIA

NIE MA WYŻSZEGO WYKSZTAŁCENIA

O MAJĄTKU*
1–10 MILIONÓW $
10–50 MILIONÓW $

MNIEJ NIŻ MILION

100 MILIONÓW–1 MILIARD $

50–100 MILIONÓW $

PONAD 1 MILIARD $

SŁUŻYŁ
W WOJSKU

NIE SŁUŻYŁ

REPREZENTUJE
REPUBLIKANÓW

DEMOKRATÓW

INNĄ PARTIĘ

A TAKŻE
MA PSA

NIE MA PSA

Źródła: „Forbes", „New York Times", Quora, „Time", „Washington Post"
* W dzisiejszych dolarach, z uwzględnieniem inflacji

Niektóre imiona wyraźnie sprzyjają prezydenturze, prawie jedna trzecia z urzędujących miała na imię James, John, George lub William

JAMES 𝗍𝗍𝗍𝗍𝗍
JOHN 𝗍𝗍𝗍𝗍
GEORGE 𝗍𝗍𝗍
WILLIAM 𝗍𝗍𝗍

27% prezydentów nosiło zarost w czasie pełnienia urzędu, w tym pięciu pełną brodę: **Abraham Lincoln, Ulysses S. Grant, Rutherford B. Hayes, James Garfield** i **Benjamin Harrison**

33% prezydentów ukończyło uczelnię z **Ivy League**, w porównaniu z 0,2% takich absolwentów w całym społeczeństwie

Kochający zwierzęta prezydent **Calvin Coolidge** miał 12 psów, trzy kanarki, drozda, gęś, przedrzeźniacza, dwa koty, dwa szopy pracze, osła, rysia, dwa lwiątka, kangura, hipopotama karłowatego i czarnego niedźwiedzia

Kto może zostać premierem Wielkiej Brytanii

Były brytyjski premier Benjamin Disraeli opisał ten urząd jako „szczyt nasmarowanego tłuszczem słupa". Spróbowaliśmy ustalić, co przede wszystkim charakteryzowało tych, którzy tam się wspięli.

PREMIER	Rok nominacji
O Robert Walpole	1721
hrabia Wilmington, **Spencer Compton**	1742
Henry Pelham	1743
książę Newcastle, **Thomas Pelham-Holles**	1754
książę Devonshire, **William Cavendish**	1756
hrabia Bute, **John Stuart**	1762
George Grenville	1763
markiz Rockingham, **Charles Watson-Wentworth**	1765
hrabia Chathamm, **William Pitt Starszy**	1766
książę Grafton, **Augustus FitzRoy**	1768
lord North, **Frederick North**	1770
hrabia Shelburne, **William Petty**	1782
książę Portland, **William Cavendish-Bentinck**	1783
William Pitt Młodszy	1783
Henry Addington	1801
baron Grenville, **William Grenville**	1806
Spencer Perceval	1809
hrabia Liverpool, **Robert Jenkinson**	1812
O **George Canning**	1827
wicehrabia Goderich, **Frederick John Robinson**	1827
książę Wellington, **Arthur Wellesley**	1828
hrabia Grey, **Charles Grey**	1830
wicehrabia Melbourne, **William Lamb**	1834
Robert Peel	1834
lord Russell, **John Russell**	1846
hrabia Derby, **Edward Smith-Stanley**	1852
hrabia Aberdeen, **George Hamilton-Gordon**	1852
wicehrabia Palmerston, **Henry John Temple**	1855
Benjamin Disraeli	1868
William Ewart Gladstone	1868
markiz Salisbury, **Robert Gascoyne-Cecil**	1885
hrabia Rosebery, **Archibald Primrose**	1894
Arthur Balfour	1902
Henry Campbell-Bannerman	1905
Herbert Asquith	1908
David Lloyd George	1916
Andrew Bonar Law	1922
Stanley Baldwin	1923
Ramsay MacDonald	1924
Neville Chamberlain	1937
Winston Churchill	1940
Clement Attlee	1945
Anthony Eden	1955
Maurice Harold Macmillan	1957
Alec Douglas-Home	1963
Harold Wilson	1964
Edward Heath	1970
James Callaghan	1976
Margaret Thatcher	1979
John Major	1990
Tony Blair	1997
Gordon Brown	2007
David Cameron	2010
Theresa May	2016
O **Boris Johnson**	2019

NAJBARDZIEJ TYPOWI

Czterech premierów miało wszystkie najbardziej pożądane cechy: Robert Peel, Edward Smith-Stanley, Robert Gascoyne-Cecil i Anthony Eden

NAJMNIEJ TYPOWI

William Pitt Młodszy, Henry Campbell-Bannerman, James Callaghan i Gordon Brown mieli tylko trzy pożądane cechy

NAJDŁUŻEJ U WŁADZY
Robert Walpole:
20 lat,
314 dni

NAJKRÓCEJ U WŁADZY
George Canning:
119 dni

PRZECIĘTNY BRYTYJSKI PREMIER...

JEST BIAŁYM MĘŻCZYZNĄ

BIAŁĄ KOBIETĄ

PO CZTERDZIESTCE LUB PIĘĆDZIESIĄTCE

SZEŚĆDZIESIĄTCE LUB SIEDEMDZIESIĄTCE
DWUDZIESTCE LUB TRZYDZIESTCE

URODZONYM W ANGLII

SZKOCJI
IRLANDII
AMERYCE PÓŁNOCNEJ

W ARYSTOKRATYCZNEJ RODZINIE

NIEARYSTOKRATYCZNEJ RODZINIE

UCZĘSZCZAŁ DO PRYWATNEJ SZKOŁY

POWSZECHNEJ SZKOŁY
SZKOŁY KOŚCIELNEJ
EDUKOWANY BYŁ W DOMU

UKOŃCZYŁ* UNIWERSYTET OKSFORDZKI

UNIWERSYTET CAMBRIDGE

INNY UNIWERSYTET

NIE STUDIOWAŁ
AKADEMIĘ WOJSKOWĄ W SANDHURST

REPREZENTUJE KONSERWATYSTÓW

WIGÓW

TORYSÓW
LABURZYSTÓW
LIBERAŁÓW

I PIERWSZY RAZ ZOSTAŁ PREMIEREM BEZ WYGRANEJ W WYBORACH POWSZECHNYCH

PO WYGRANEJ W WYBORACH POWSZECHNYCH

Jak to zrobiliśmy: Z lewej strony wymieniliśmy premierów w porządku chronologicznym, a po prawej cechy charakteryzujące ich w chwili pierwszego objęcia urzędu z uwzględnieniem ich powszechności.

Źródła: BBC, Britannica, Gov.uk. Stan z 2021 r. [według obecnego stanu najkrócej u władzy była Liz Truss: 49 dni]
* Uwzględniono tylko pierwsze uczelnie

Ośmiu brytyjskich premierów nosiło imię William, czyli Williamów było cztery razy więcej niż kobiet sprawujących ten urząd

WILLIAM 🧍🧍🧍🧍🧍🧍🧍🧍
HENRY 🧍🧍🧍🧍
ROBERT 🧍🧍🧍🧍
GEORGE 🧍🧍🧍
JOHN 🧍🧍🧍

33% premierów nosiło zarost podczas sprawowania władzy, ale tylko jeden, **Robert Gascoyne-Cecil**, miał pełną brodę

Chociaż wśród premierów był jeden Walijczyk, **David Lloyd George**, Wielka Brytania nigdy nie miała premiera urodzonego w Walii - Lloyd George urodził się w Manchesterze

Ponad jedna trzecia brytyjskich premierów uczyła się w Eton - łącznie 20 - a w Harrow i Westminster uczyło się po siedmiu

Kto może zostać najwyższym przywódcą?

Oto skrócone charakterystyki trzech mężczyzn przewodzących mocno skrytego i opresyjnego kraju, jakim jest Korea Północna od chwili swego powstania w 1948 roku.

Jak to zrobiliśmy: Liderzy Koreańskiej Republiki Ludowo-Demokratycznej zostali przedstawieni w kolejności chronologicznej w kolumnie po lewej stronie. Po prawej wymienione zostały różne ich przymioty, począwszy od tych najczęściej wspominanych.

PRZECIĘTNY NAJWYŻSZY PRZYWÓDCA...

JEST
MĘŻCZYZNĄ Z KOREI PÓŁNOCNEJ
KOREAŃCZYKIEM

CZŁONEK
RODZINY KIMÓW

WYKSZTAŁCENIE
UNIWERSYTECKIE
SZKOLNE

KTÓRY NIGDY
NIE SŁUŻYŁ W WOJSKU
SŁUŻYŁ W WOJSKU

I DOSZEDŁ DO WŁADZY
PO ŚMIERCI OJCA
ZYSKAŁ WŁADZĘ DZIĘKI
ZWIĄZKOWI RADZIECKIEMU

KTÓRY OBJĄŁ URZĄD
PRZED CZTERDZIESTKĄ
PO PIĘĆDZIESIĄTCE

I POZOSTAŁ U WŁADZY
DO ŚMIERCI
DO DZISIAJ

KTÓRY PRZEPROWADZA
TESTY BRONI JĄDROWEJ
NIE PRZEPROWADZA TESTÓW BRONI
JĄDROWEJ

I KTÓREGO LUDZIE ŻYJĄ DZIESIĘĆ LAT
KRÓCEJ NIŻ MIESZKAŃCY KOREI PŁD. *
PIĘĆ LAT KRÓCEJ NIŻ MIESZKAŃCY KOREI PŁD.*

KIM IR SEN
U władzy w latach:
1948–1994

Aktualny status:
Wieczny prezydent

KIM DZONG IL
U władzy w latach:
1994–2011

Aktualny status:
Wieczny sekretarz
generalny Partii
Pracy Korei (PPK)

KIM DZONG UN
U władzy w latach:
2011–

Aktualny status:
Najwyższy
przywódca,
sekretarz
generalny PPK,
głównodowodzący
sił zbrojnych

Źródła: Britannica, Brookings, Departament Ludności ONZ

* Średnia oczekiwana długość życia w czasach Kim Ir Sena i śmierci Kim Dzong Ila oraz od 2020 roku w przypadku Kim Dzong Una

Kto zmarł i uczynił cię królem?

(A w sześciu przypadkach królową)

Niektórzy rodzą się wielcy, niektórym narzuca się wielkość, inni gromadzą wojsko i sami ją sobie wywalczają. Oto jak wszyscy wielcy angielscy monarchowie wstępowali na tron

Jak to zrobiliśmy: Królowie i królowe Anglii zostali zestawieni chronologicznie według roku, w którym po raz pierwszy zajęli tron, i oznaczeni kolorami według tego, kto zmarł, żeby mogli dojść do władzy. Centralny wykres kołowy przedstawia każdą kategorię proporcjonalnie.

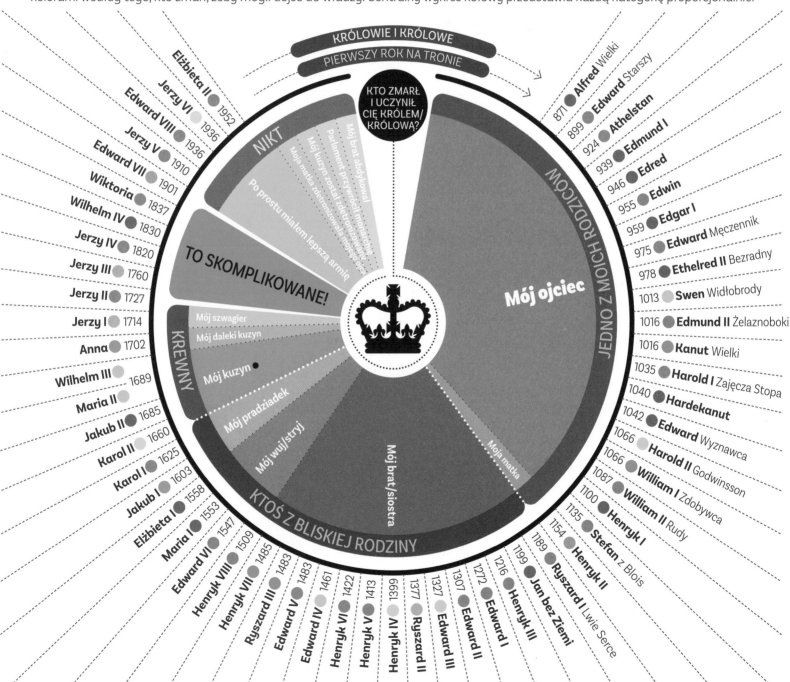

Źródła: Britannica, royal.uk. Stan z 2021 r. Sekcja „To skomplikowane!" obejmuje warianty „Wuj mojej przyszłej żony" i „Mój brat zmarł i prawdopodobnie zabiłem siostrzeńca". Nie uwzględniliśmy kwestionowanych władczyń, lady Joanny Grey i cesarzowej Matyldy. Chociaż Alfred Wielki i Edward Starszy nie panowali nad całą Anglią, włączyliśmy ich, gdyż dynastia z Wessexu dominowała wówczas i sprawowała rządy w przyszłości. ● Obejmuje wszystkich kuzynów pierwszego stopnia.

Jak wygłosić pamiętną przemowę?

Jak trafny dobór słów, skrótowość formy i ustawienie siebie na właściwej pozycji mogą wzbudzić sensację

Greta Thunberg
„Nasz dom płonie"
Podczas Światowego Forum Ekonomicznego w Davos, 25 stycznia 2019

Charlie Chaplin
„Nie jesteście maszynami! Nie jesteście bydłem! Jesteście ludźmi!"
Jako Adenoid Hynkel w *Dyktatorze*, 7 marca 1941

Malcolm X
„Karta do głosowania albo kula"
Mowa w obronie praw obywatelskich, 3 kwietnia 1964

Robin Williams
„Carpe diem, chłopcy"
Jako John Keating w *Stowarzyszeniu Umarłych Poetów*, 2 stycznia 1989

PROSTE SŁOWNICTWO ◄ ······ 10 ····· 11 ····· 12 ····· 13 ····· 14 ····· 15

Mel Gibson
„Nigdy nie odbiorą nam wolności"
Jako William Wallace w *Braveheart. Walecznym sercu*, 8 września 1995

Malala Yousafzai
„Myśleli, że kule nas uciszą. Mylili się"
Mowa na forum ONZ, 12 lipca 2013

Jak to zrobiliśmy: Każdą przemowę poddaliśmy analizie z użyciem indeksu czytelności FOG określającego przystępność tekstu i wiek konieczny dla zrozumienia. Te wyniki zostały naniesione na oś x. Następnie określiliśmy stosunek między występującymi w mowie słowami typu „ja", „moje", „mną" a „wy", „my" i „nasze". Te wyniki zostały naniesione na oś y.

Muhammad Ali
„Jestem największy"
Przed walką o tytuł mistrza świata z Sonnym Listonem, 25 lutego 1964

Mówcy:
- Politycy ● Działacze i aktywiści
- Postacie fikcyjne ● Monarchowie ● Sportowcy
- Filozofowie ● Przedsiębiorcy

Długość wypowiedzi według liczby słów:

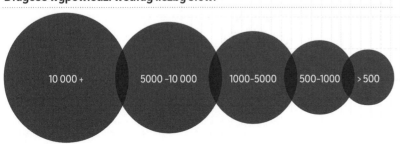

10 000 +   5000 –10 000   1000-5000   500-1000   > 500

Steve Jobs
„Śmierć jest zapewne najwspanialszym wynalazkiem życia"
Przemówienie do absolwentów Stanford, 12 czerwca 2005

Abraham Lincoln

„Ten naród, z pomocą Boga, przeżyje nowe narodziny wolności"
Przemowa Gettysburska,
19 listopada 1863

Donald Trump

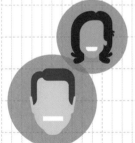

„Od dzisiejszego dnia liczyć się będzie tylko Ameryka przede wszystkim"
Mowa inauguracyjna,
20 stycznia 2017

John F. Kennedy

„Nie pytaj, co twój kraj może zrobić dla ciebie..."'
Mowa inauguracyjna,
20 stycznia 1961

Amanda Gorman

„Pytamy sami siebie, gdzie znaleźć promień światła w tym bezkresnym cieniu?"
Podczas odczytywania wiersza
Wzgórze, na które się wspinamy
na ceremonii inauguracji prezydenta
Joego Bidena, 20 stycznia 2021

Emmeline Pankhurst

„Będą musieli wybrać między uwolnieniem nas a uśmierceniem"
Mowa do wspierających ruch sufrażystek,
13 listopada 1913

Martin Luther King

„Mam marzenie"
Podczas Marszu na Waszyngton dla Pracy i Wolności,
28 sierpnia 1963

Henryk V

„Szlachta dziś w Anglii w miękkim śpiąca łożu przekleństwem nazwie swoją nieobecność"*
Według Williama Szekspira,
około 1599
* Przeł. Leon Ulrich

Winston Churchill

„Będziemy walczyć na plażach"
Mowa premiera do parlamentu,
4 czerwca 1940

`·` 15 `|` 16 `|` 17 `|` 18 `|` 19 `|` 20 `|` 21 ▶ WYRAFINOWANE SŁOWNICTWO

Kamala Harris

„Mogę być pierwszą kobietą na tym urzędzie, ale nie będę ostatnią"
Mowa podczas przyjęcia urzędu wiceprezydentki, 7 listopada 2020

Królowa Elżbieta II

„Znowu się spotkamy"
Przemówienie radiowe do rodaków w związku z pandemią koronawirusa,
5 kwietnia 2020

Margaret Thatcher

„Dama nie zmieni zdania"
Mowa podczas konferencji Partii Konserwatywnej,
10 października 1980

Barbara C. Jordan

„Ta interpretacja poprawki i decyzja sądu sprawiły, że «My, naród» obejmuje także mnie"'
O konstytucyjnej podstawie do impeachmentu,
25 lipca 1974

Królowa Elżbieta I

„Mam ciało słabej i wątłej kobiety, ale serce i trzewia króla"
Do oddziałów angielskich w Tilbury,
9 sierpnia 1588

Ronald Reagan

„Panie Gorbaczow, niech pan zburzy ten mur"
Przy murze berlińskim,
12 czerwca 1987

Sokrates

„Życie bezmyślne nie jest warte życia"
Obrona Sokratesa Platona, IV wiek p.n.e.

Nelson Mandela

„To jest ideał, za który gotów jestem umrzeć"
Z protokołu procesu w Rivonii,
20 kwietnia 1964

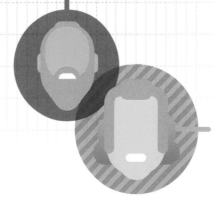

William Wilberforce

„Dajmy zadośćuczynienie Afryce"
O zniesieniu handlu niewolnikami,
12 maja 1789

Co nazwano imieniem królowej Elżbiety II?

W ciągu swojego panowania brytyjska monarchini została uhonorowana nadaniem jej imienia wielu budowlom, szpitalom, elektrowniom i innym obiektom z inicjatywy wielbicieli na całym globie.

Jak to zrobiliśmy: Zebraliśmy niektóre najbardziej znane obiekty nazwane imieniem królowej Elżbiety II wedle stanu z grudnia 2020.

Targ kwiatowy

Marché aux fleurs Reine Elizabeth II w Paryżu

Co najmniej pięć dużych obiektów sportowych

W tym Queen Elizabeth Stadium w Hongkongu

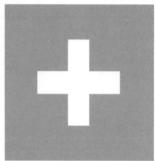

Co najmniej 26 szpitali

W tym Centro de Salud Familiar Reina Isabel II w Valparaíso w Chile

Co najmniej 49 ulic i dróg

W tym ulica Królowej Elżbiety w Łańcucie w Polsce

Podziemna linia metra

Licząca 117 kilometrów długości Elizabeth Line, słynąca z największej punktualności pociągów, przez wiele lat największy taki projekt w Europie

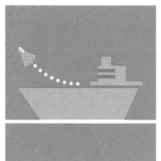

Lotniskowiec

HMS *Queen Elizabeth*, największy i najpotężniejszy okręt zbudowany dla Royal Navy

Elektrownia

Queen Elizabeth Power Station w Saskatoon w Kanadzie

Dwa miasta

W tym Queenstown, wzniesione na wyspie Singapur w latach 50.

Co najmniej trzy pasma górskie

W tym Queen Elizabeth Ranges w Canadian Rockies

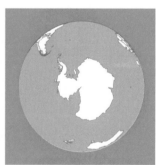

Terytorium na Antarktydzie

Ziemia Księżniczki Elżbiety w australijskim obszarze antarktycznym, gdzie znajduje się najzimniejsze miejsce na świecie, stacja Wostok, w której zarejestrowano -89,2 °C w 1983 roku

Źródła: Royal Navy, Sask Power, „The Telegraph", World Atlas

Jak został zapamiętany Nelson Mandela?

Świat na wiele sposobów złożył hołd południowoafrykańskiemu przywódcy – od nazw cząstek elementarnych do nazw parkingu i gatunku pająka. Oto niektóre z tych dowodów pamięci.

Jak to zrobiliśmy: Ujęliśmy tu niektóre z najciekawszych sposobów oddania hołdu Nelsonowi Mandeli (stan na grudzień 2020).

137
ulic i placów

66
szkół i bibliotek

25
parków i ogrodów

14
funduszy
i stypendiów

10
mostów drogowych
i kolejowych

7
dzielnic i wiosek

5
stadionów i sal
widowiskowych

1
gatunek muchy
Leptomorphus mandelai

1
gatunek pająka
Singafrotypa mandela

1
gatunek ślimaka
morskiego
Mandelia micocornata

1
lotnisko
Nelson Mandela International
Airport, wyspa Santiago,
Republika Zielonego Przylądka

1
stacja metra
Nelson Mandela Station, linia 2,
Tunis, Tunezja

1
parking
Nelson-Mandela-Platz,
Norymberga, Niemcy

1
wysypisko
Mandela Landfill, Georgetown,
Gujana

1
cząstka elementarna
cząstka Mandeli

Źródło: The Nelson Mandela Foundation Archive

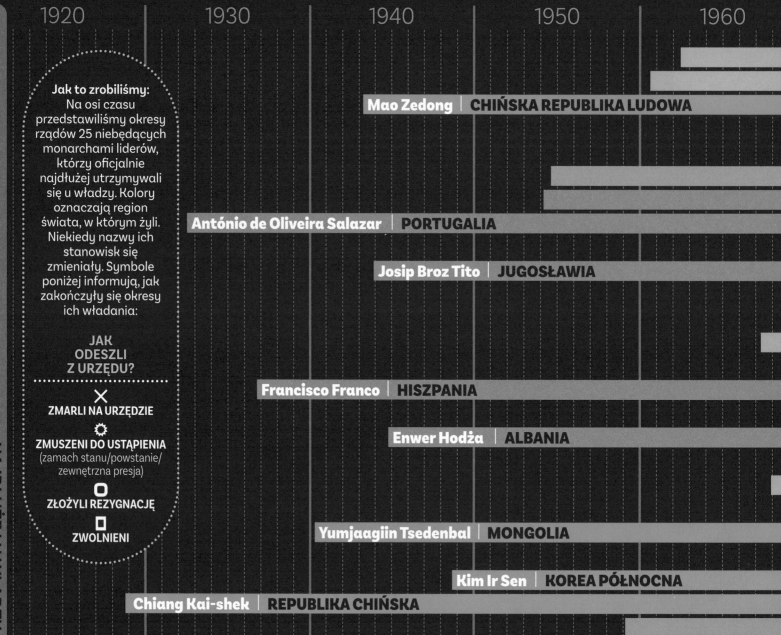

1920   **1930**   **1940**   **1950**   **1960**

NAJDŁUŻEJ U WŁADZY ▼

Jak to zrobiliśmy:
Na osi czasu przedstawiliśmy okresy rządów 25 niebędących monarchami liderów, którzy oficjalnie najdłużej utrzymywali się u władzy. Kolory oznaczają region świata, w którym żyli. Niekiedy nazwy ich stanowisk się zmieniały. Symbole poniżej informują, jak zakończyły się okresy ich władania:

JAK ODESZLI Z URZĘDU?

✕ **ZMARLI NA URZĘDZIE**

✿ **ZMUSZENI DO USTĄPIENIA**
(zamach stanu/powstanie/ zewnętrzna presja)

▣ **ZŁOŻYLI REZYGNACJĘ**

▢ **ZWOLNIENI**

Mao Zedong | **CHIŃSKA REPUBLIKA LUDOWA**

António de Oliveira Salazar | **PORTUGALIA**

Josip Broz Tito | **JUGOSŁAWIA**

Francisco Franco | **HISZPANIA**

Enwer Hodża | **ALBANIA**

Yumjaagiin Tsedenbal | **MONGOLIA**

Kim Ir Sen | **KOREA PÓŁNOCNA**

Chiang Kai-shek | **REPUBLIKA CHIŃSKA**

Który przywódca utrzyma się najdłużej przy władzy?

Oto wykaz 25 niemonarchistycznych władców, którzy zdołali najdłużej utrzymać się na urzędzie od 1900 roku.
Wszyscy to mężczyźni, większość z nich to dyktatorzy, a wielu jest zbrodniarzami.

Źródła: Axios, BBC, Encyclopedia Britannica, Freedom House * Klasyfikację rozpoczęto w 1973, więc nie obejmuje ona Portugalii pod władzą Salazara

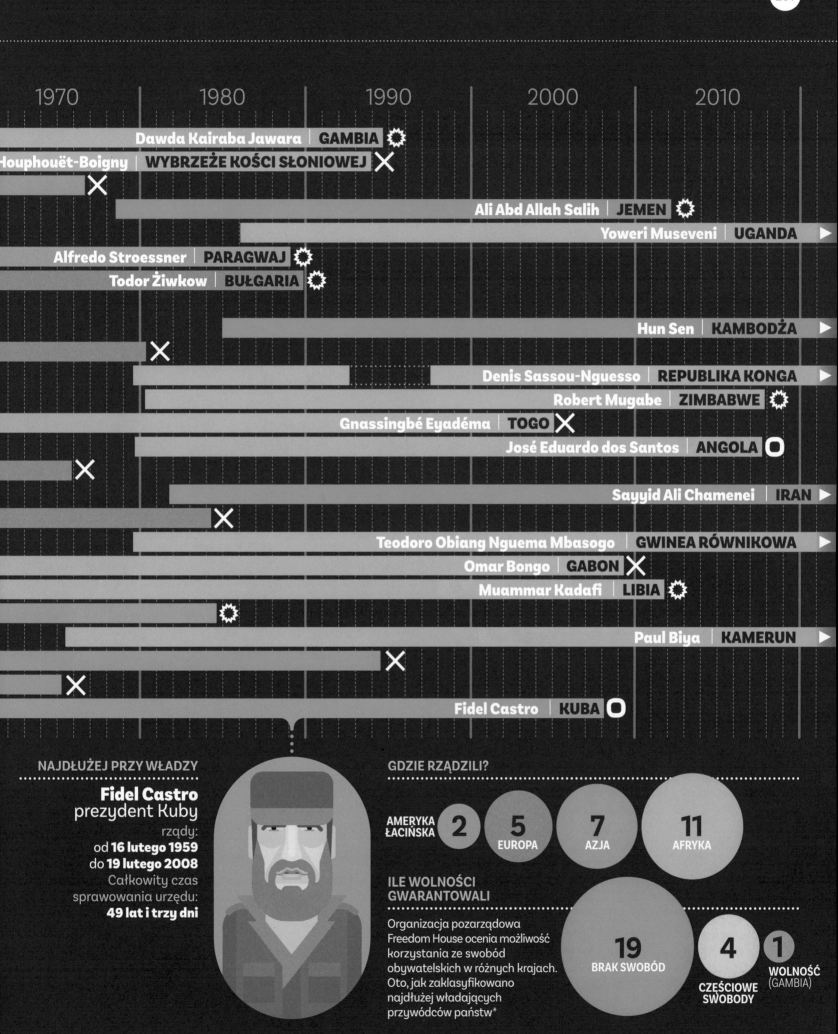

1970   1980   1990   2000   2010

Dawda Kairaba Jawara | GAMBIA

Houphouët-Boigny | WYBRZEŻE KOŚCI SŁONIOWEJ

Ali Abd Allah Salih | JEMEN

Yoweri Museveni | UGANDA

Alfredo Stroessner | PARAGWAJ

Todor Żiwkow | BUŁGARIA

Hun Sen | KAMBODŻA

Denis Sassou-Nguesso | REPUBLIKA KONGA

Robert Mugabe | ZIMBABWE

Gnassingbé Eyadéma | TOGO

José Eduardo dos Santos | ANGOLA

Sayyid Ali Chamenei | IRAN

Teodoro Obiang Nguema Mbasogo | GWINEA RÓWNIKOWA

Omar Bongo | GABON

Muammar Kadafi | LIBIA

Paul Biya | KAMERUN

Fidel Castro | KUBA

NAJDŁUŻEJ PRZY WŁADZY

Fidel Castro
prezydent Kuby
rządy:
od **16 lutego 1959**
do **19 lutego 2008**
Całkowity czas
sprawowania urzędu:
49 lat i trzy dni

GDZIE RZĄDZILI?

AMERYKA ŁACIŃSKA **2**

5 EUROPA

7 AZJA

11 AFRYKA

ILE WOLNOŚCI GWARANTOWALI

Organizacja pozarządowa Freedom House ocenia możliwość korzystania ze swobód obywatelskich w różnych krajach. Oto, jak zaklasyfikowano najdłużej władających przywódców państw*

19 BRAK SWOBÓD

4 CZĘŚCIOWE SWOBODY

1 WOLNOŚĆ (GAMBIA)

Gdzie kobiety były u władzy?

AMERYKA PÓŁNOCNA

AMERYKA POŁUDNIOWA

Ze 195 krajów i terytoriów figurujących w Women's Power Index tylko 36 procent miało kobietę na najważniejszym stanowisku politycznym i tylko w 13 procentach więcej niż raz.

Jak to zrobiliśmy: Mapa ukazuje kraje lub terytoria, gdzie wybierano lub mianowano szefową państwa lub rządu między styczniem 1946 a kwietniem 2021*. ■ Szare obszary oznaczają brak danych.

Źródło: Council on Foreign Relations Women's Power Index.

Miały przywódczynię

Nie miały przywódczyni

* Z wyłączeniem monarchów lub gubernatorów mianowanych przez monarchów; pełniących obowiązki lub tymczasowych głów państw lub rządów, którzy nie zostali następnie wybrani lub zatwierdzeni; honorowych szefów państwa lub rządu; współprezydentów; członków ciał zbiorowych; administracyjnych organizmów podrzędnych; kobiet, które były lub są konstytucyjnie szefami rządu, ale w praktyce sprawują obowiązki odpowiadające zastępcy prezydenta. W krajach z kolektywnym szefostwem państwa lista zawiera tylko osoby kierujące ciałem (często nazywane przewodniczącym)

Która przywódczyni była najdłużej u władzy?

Vigdís Finnbogadóttir jest najdłużej i nieprzerwanie działającą przywódczynią w historii – przez 16 lat i 1 dzień była prezydentką w Islandii (w latach 1980–1996)

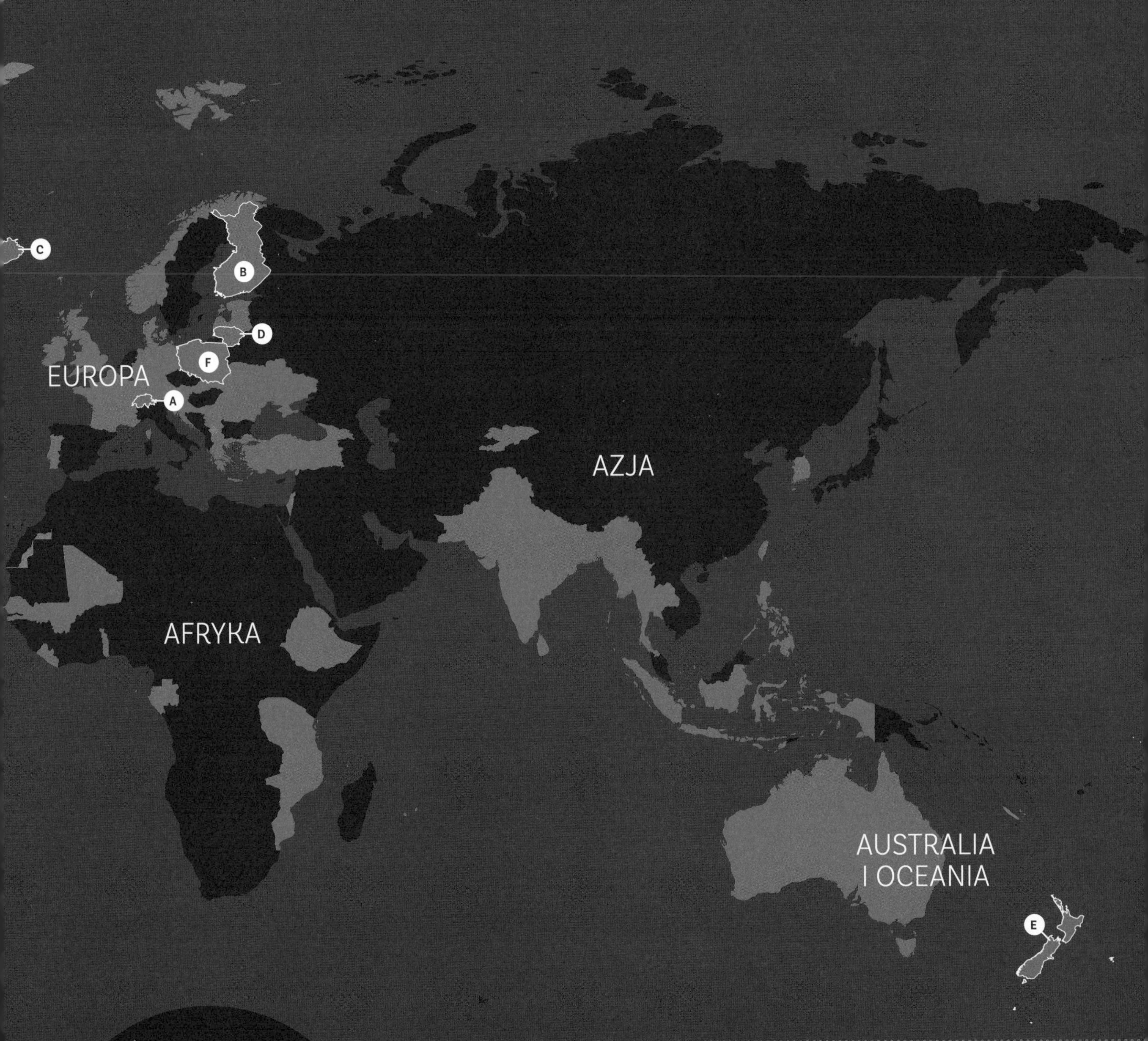
C
B
D
F
EUROPA
A
AZJA
AFRYKA
AUSTRALIA
I OCEANIA
E

KRAJE, KTÓRE NIGDY NIE MIAŁY PRZYWÓDCZYNI

125

JEDNA PRZYWÓDCZYNI

45

19

DWIE PRZYWÓDCZYNIE

KRAJE, KTÓRE MIAŁY WIĘCEJ NIŻ DWIE PRZYWÓDCZYNIE

6

- A **Szwajcaria**
- B **Finlandia**
- C **Islandia**
- D **Litwa**
- E **Nowa Zelandia**
- F **Polska**

Co lepsze, Oksford czy Cambridge?

Elitarne instytucje akademickie Anglii zmierzą się w walce o prowadzenie.

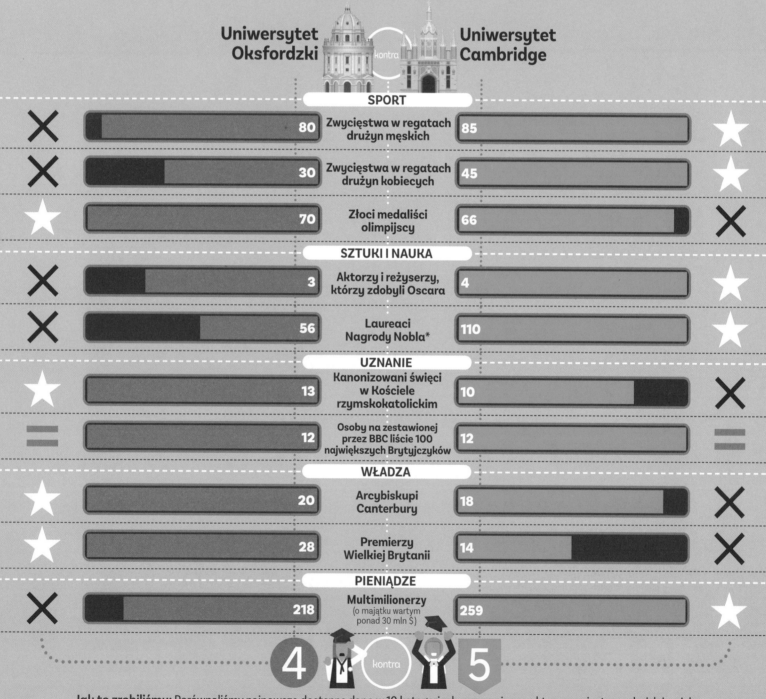

Uniwersytet Oksfordzki · kontra · Uniwersytet Cambridge

SPORT

Oksford		Kategoria	Cambridge	
✕	80	Zwycięstwa w regatach drużyn męskich	85	★
✕	30	Zwycięstwa w regatach drużyn kobiecych	45	★
★	70	Złoci medaliści olimpijscy	66	✕

SZTUKI I NAUKA

Oksford		Kategoria	Cambridge	
✕	3	Aktorzy i reżyserzy, którzy zdobyli Oscara	4	★
✕	56	Laureaci Nagrody Nobla*	110	★

UZNANIE

Oksford		Kategoria	Cambridge	
★	13	Kanonizowani święci w Kościele rzymskokatolickim	10	✕
=	12	Osoby na zestawionej przez BBC liście 100 największych Brytyjczyków	12	=

WŁADZA

Oksford		Kategoria	Cambridge	
★	20	Arcybiskupi Canterbury	18	✕
★	28	Premierzy Wielkiej Brytanii	14	✕

PIENIĄDZE

Oksford		Kategoria	Cambridge	
✕	218	Multimilionerzy (o majątku wartym ponad 30 mln $)	259	★

4 kontra **5**

Jak to zrobiliśmy: Porównaliśmy najnowsze dostępne dane w 10 kategoriach, przyznając punkt za zwycięstwo w każdej z nich. Różnice zostały pokazane proporcjonalnie na paskach.

Źródło: 100 Greatest Britons (2002), Blavatnik School of Government, Uniwersytet Cambridge, Uniwersytet Oksfordzki, WealthX
* Obejmuje absolwentów, akademików prowadzących badania na uniwersytecie z pozycji podoktoranckich i kadrowych oraz oficjalne stanowiska

Czy zaszczyty są równo przyznawane?

Dwa razy do roku ogłaszane są listy obywateli wyróżnianych za usługi oddane Wielkiej Brytanii. Jednak proporcja płci wśród uhonorowanych nie została zachowana.

Wielce Wspaniały Order Imperium Brytyjskiego przyznawany jest przez monarchę. Ma pięć klas, z których najwyższa to Kawaler Krzyża Wielkiego lub Dama Krzyża Wielkiego.

 **MBE** Kawaler Imperium Brytyjskiego

 **OBE** Oficer Imperium Brytyjskiego

 **CBE** Komandor Imperium Brytyjskiego

KBE/DBE Kawaler lub Dama Komandor Imperium Brytyjskiego

 **GBE** Kawaler lub Dama Wielkiego Krzyża Imperium Brytyjskiego

766 uhonorowanych najwyższym orderem za panowania królowej Elżbiety II

Liczba uhonorowanych o imieniu John: **70**

Liczba uhonorowanych kobiet: **53**

Jak to zrobiliśmy: Na ilustracji uwzględniliśmy wszystkich odznaczonych GBE za panowania królowej Elżbiety II, wyróżniając przy tym kobiety oraz mężczyzn o imieniu John.

Źródło: The Gazette, Official Public Records, thegazette.co.uk

Kto ma pieniądze?

20 najbogatszych ludzi na świecie dysponuje łącznie aktywami o wartości niemal 2 bilionów dolarów. Oto zestawienie, które pokazuje, jak rozkłada się to bogactwo.

Jak to zrobiliśmy: Ilustracja przedstawia zsumowany stan posiadania 20 najbogatszych na liście magazynu „Forbes" (stan na 6 stycznia 2021). Dalszy podział uwzględnia kategorie płci, wieku, koloru skóry, narodowości oraz to, czy jest się (albo nie) Warrenem Buffettem.

**Majątek należący do
20 największych miliarderów na świecie**

1821 miliardów dolarów

Mężczyźni – 18 z 20

1679 miliardów dolarów

Biali – 16 z 20

1587 miliardów dolarów

Amerykanie (obywatele USA) – 12 z 20

1169 miliardów dolarów

Najstarsi (powyżej 70 lat) – 8 z 20

661 miliardów dolarów

Starzy, biali, amerykańscy mężczyźni – 4 z 20

308 miliardów dolarów

Stary, biały Amerykanin
o nazwisku **Warren Buffett** – 1 z 20

86 miliardów dolarów

Źródło: Forbes Real Time Billionaires

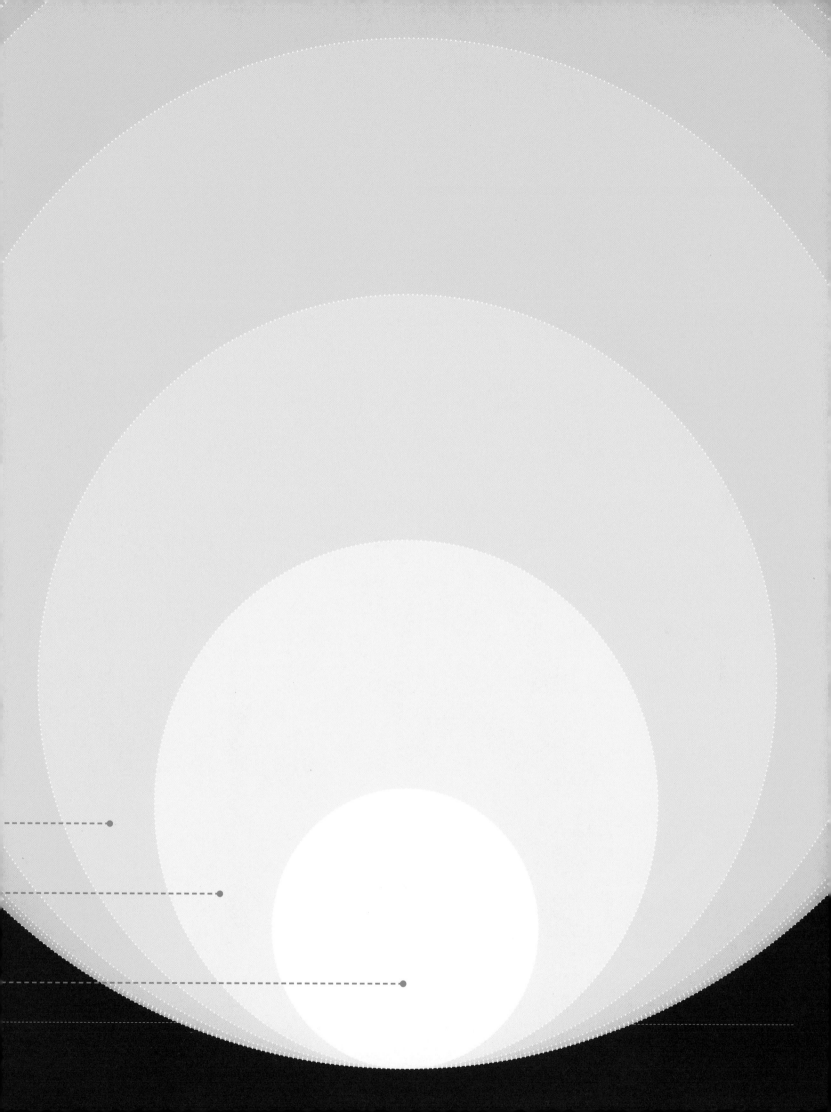

Kto ma złoto?

Szacuje się, że człowiek wydobył 197 576 ton złota, od kiedy zaczął je cenić. Ale kto obecnie posiada to całe złoto? I jak dużo można jeszcze wydobyć?

Jak to zrobiliśmy: Wszystkie sześciany (oraz autobus) utrzymane są w jednej skali. Szacunki dotyczące ilości złota zawartego w wodach oceanów są bardzo zróżnicowane, niektóre wskazują nawet na 20 milionów ton.

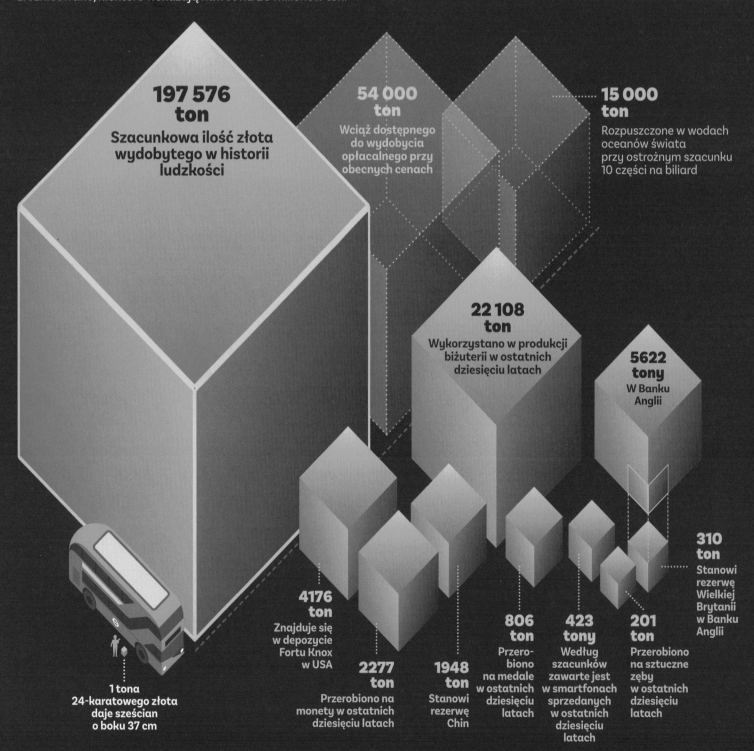

197 576 ton
Szacunkowa ilość złota wydobytego w historii ludzkości

54 000 ton
Wciąż dostępnego do wydobycia opłacalnego przy obecnych cenach

15 000 ton
Rozpuszczone w wodach oceanów świata przy ostrożnym szacunku 10 części na biliard

22 108 ton
Wykorzystano w produkcji biżuterii w ostatnich dziesięciu latach

5622 tony
W Banku Anglii

4176 ton
Znajduje się w depozycie Fortu Knox w USA

2277 ton
Przerobiono na monety w ostatnich dziesięciu latach

1948 ton
Stanowi rezerwę Chin

806 ton
Przerobiono na medale w ostatnich dziesięciu latach

423 tony
Według szacunków zawarte jest w smartfonach sprzedanych w ostatnich dziesięciu latach

201 ton
Przerobiono na sztuczne zęby w ostatnich dziesięciu latach

310 ton
Stanowi rezerwę Wielkiej Brytanii w Banku Anglii

1 tona
24-karatowego złota daje sześcian o boku 37 cm

Źródła: Bank Anglii, BBC, US Money Reserve, World Gold Council

Jak bogate są Chiny?

Co dał Chinom raptowny wzrost gospodarczy od 2000 roku?

Jak to zrobiliśmy: Przedstawiliśmy roczny wzrost PKB największych gospodarek na świecie od 2000 roku z zaznaczeniem kluczowych momentów w rozwoju Chin.

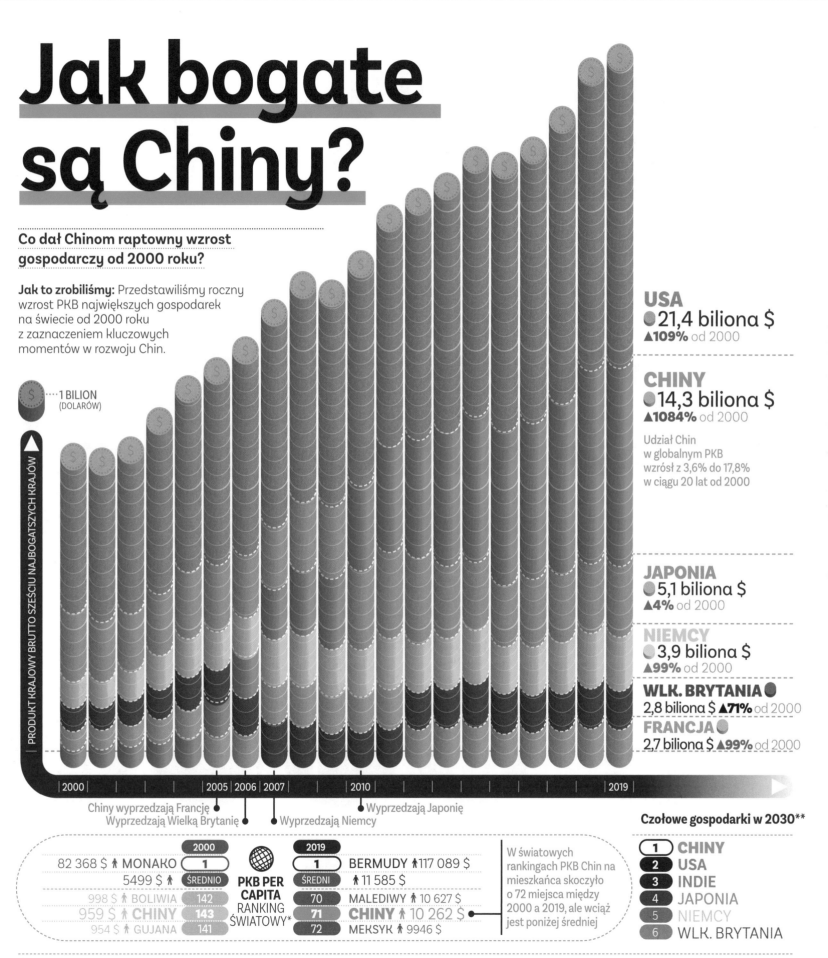

🪙 ⤍ **1 BILION** (DOLARÓW)

PRODUKT KRAJOWY BRUTTO SZEŚCIU NAJBOGATSZYCH KRAJÓW

USA
🪙 **21,4 biliona $**
▲**109%** od 2000

CHINY
🪙 **14,3 biliona $**
▲**1084%** od 2000

Udział Chin w globalnym PKB wzrósł z 3,6% do 17,8% w ciągu 20 lat od 2000

JAPONIA
🪙 **5,1 biliona $**
▲**4%** od 2000

NIEMCY
🪙 **3,9 biliona $**
▲**99%** od 2000

WLK. BRYTANIA 🪙
2,8 biliona $ ▲**71%** od 2000

FRANCJA 🪙
2,7 biliona $ ▲**99%** od 2000

2000 | 2005 | 2006 | 2007 | 2010 | 2019

Chiny wyprzedzają Francję
Wyprzedzają Wielką Brytanię
Wyprzedzają Niemcy
Wyprzedzają Japonię

Czołowe gospodarki w 2030**

1	**CHINY**
2	USA
3	INDIE
4	JAPONIA
5	NIEMCY
6	WLK. BRYTANIA

2000			2019	
82 368 $ 🚶 MONAKO	1	🌐 **PKB PER CAPITA** RANKING ŚWIATOWY*	1	BERMUDY 🚶117 089 $
5499 $ 🚶 ŚREDNIO			ŚREDNI	🚶 11 585 $
998 $ 🚶 BOLIWIA	142		70	MALEDIWY 🚶 10 627 $
959 $ 🚶 CHINY	143		71	**CHINY** 🚶 10 262 $
954 $ 🚶 GUJANA	141		72	MEKSYK 🚶 9946 $

W światowych rankingach PKB Chin na mieszkańca skoczyło o 72 miejsca między 2000 a 2019, ale wciąż jest poniżej średniej

Źródło: World Bank * W dolarach amerykańskich ** Szacunki Centre for Economics and Business Research

Jak zmieniają się Chiny?

W ostatnich latach mieszkańcy Chin stali się zdrowsi i bardziej zamożni, ale nie towarzyszyło temu uzyskanie większych swobód obywatelskich.

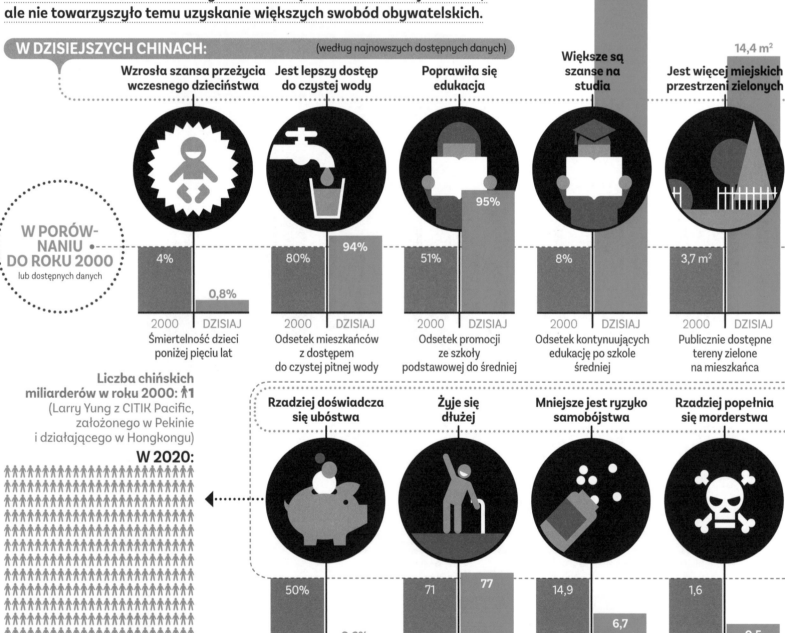

W DZISIEJSZYCH CHINACH: (według najnowszych dostępnych danych)

Wzrosła szansa przeżycia wczesnego dzieciństwa

Jest lepszy dostęp do czystej wody

Poprawiła się edukacja

Większe są szanse na studia

Jest więcej miejskich przestrzeni zielonych

W PORÓW-NANIU DO ROKU 2000
lub dostępnych danych

54%

14,4 m²

95%

94%

80%

51%

4%

8%

3,7 m²

0,8%

2000 DZISIAJ
Śmiertelność dzieci poniżej pięciu lat

2000 DZISIAJ
Odsetek mieszkańców z dostępem do czystej pitnej wody

2000 DZISIAJ
Odsetek promocji ze szkoły podstawowej do średniej

2000 DZISIAJ
Odsetek kontynuujących edukację po szkole średniej

2000 DZISIAJ
Publicznie dostępne tereny zielone na mieszkańca

Liczba chińskich miliarderów w roku 2000: 🧍1
(Larry Yung z CITIK Pacific, założonego w Pekinie i działającego w Hongkongu)

W 2020:

🧍388

Rzadziej doświadcza się ubóstwa

Żyje się dłużej

Mniejsze jest ryzyko samobójstwa

Rzadziej popełnia się morderstwa

50%

71

77

14,9

6,7

1,6

0,6%

0,5

2000 DZISIAJ
Odsetek mieszkańców wsi żyjących poniżej progu ubóstwa

2000 DZISIAJ
Średnia długość życia

2000 DZISIAJ
Wskaźnik samobójstw (na 100 tys. mieszkańców)

2005 DZISIAJ
Wskaźnik zabójstw (na 100 tys. mieszkańców)

Źródła: Państwowy Urząd Statystyczny Chin, „New York Times", NPR, Pew Research Center, Transparency International, WENR, WHO

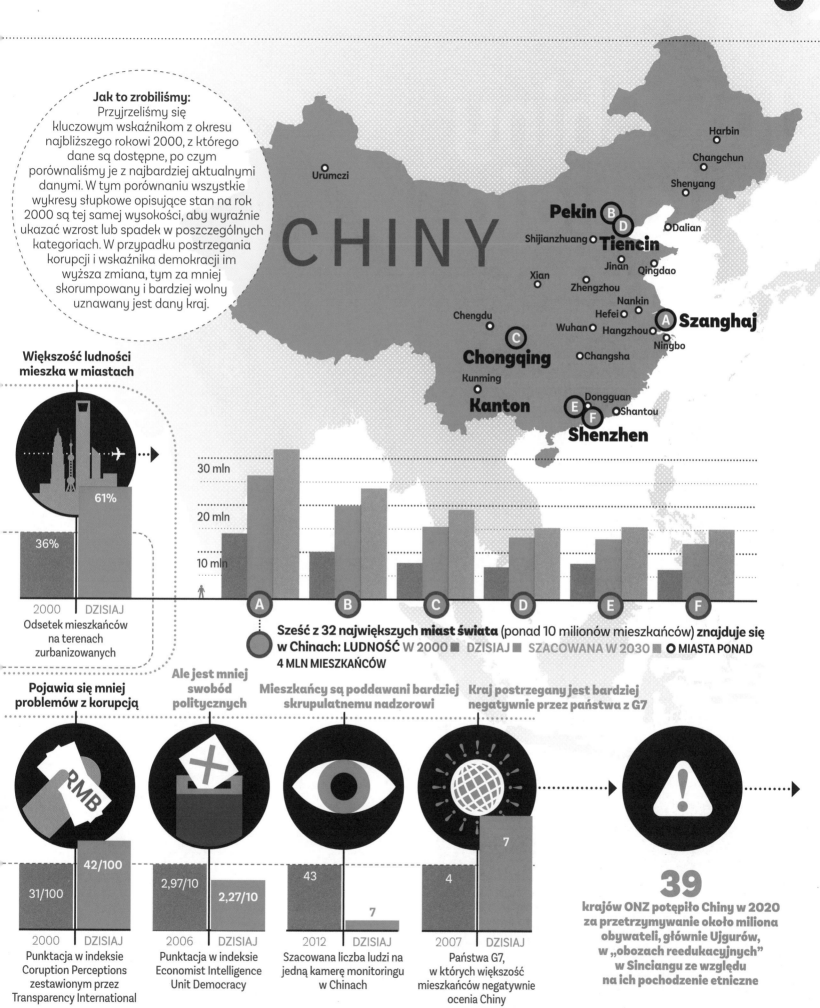

Jak to zrobiliśmy:
Przyjrzeliśmy się kluczowym wskaźnikom z okresu najbliższego rokowi 2000, z którego dane są dostępne, po czym porównaliśmy je z najbardziej aktualnymi danymi. W tym porównaniu wszystkie wykresy słupkowe opisujące stan na rok 2000 są tej samej wysokości, aby wyraźnie ukazać wzrost lub spadek w poszczególnych kategoriach. W przypadku postrzegania korupcji i wskaźnika demokracji im wyższa zmiana, tym za mniej skorumpowany i bardziej wolny uznawany jest dany kraj.

CHINY

Urumczi · Harbin · Changchun · Shenyang · **Pekin** Ⓑ Ⓓ · Shijianzhuang · **Tiencin** · Dalian · Jinan · Qingdao · Xian · Zhengzhou · Nankin · Hefei · **Szanghaj** Ⓐ · Chengdu · Wuhan · Hangzhou · Ningbo · Ⓒ · **Chongqing** · Changsha · Kunming · Dongguan Ⓔ · Shantou · **Kanton** · Ⓕ · **Shenzhen**

Większość ludności mieszka w miastach

36% · 61%

2000 · DZISIAJ

Odsetek mieszkańców na terenach zurbanizowanych

30 mln · 20 mln · 10 mln

Ⓐ Ⓑ Ⓒ Ⓓ Ⓔ Ⓕ

Sześć z 32 największych miast świata (ponad 10 milionów mieszkańców) **znajduje się w Chinach:** LUDNOŚĆ W 2000 ■ DZISIAJ ■ SZACOWANA W 2030 ■ ○ MIASTA PONAD 4 MLN MIESZKAŃCÓW

Pojawia się mniej problemów z korupcją

31/100 · 42/100

2000 · DZISIAJ

Punktacja w indeksie Coruption Perceptions zestawionym przez Transparency International

Ale jest mniej swobód politycznych

2,97/10 · 2,27/10

2006 · DZISIAJ

Punktacja w indeksie Economist Intelligence Unit Democracy

Mieszkańcy są poddawani bardziej skrupulatnemu nadzorowi

43 · 7

2012 · DZISIAJ

Szacowana liczba ludzi na jedną kamerę monitoringu w Chinach

Kraj postrzegany jest bardziej negatywnie przez państwa z G7

4 · 7

2007 · DZISIAJ

Państwa G7, w których większość mieszkańców negatywnie ocenia Chiny

39
krajów ONZ potępiło Chiny w 2020 za przetrzymywanie około miliona obywateli, głównie Ujgurów, w „obozach reedukacyjnych" w Sinciangu ze względu na ich pochodzenie etniczne

Jak Chiny zmieniają świat?

Handlowe, wojskowe, dyplomatyczne i zakulisowe wpływy Chin są znaczne. Obecnie są dostrzegalne na całym świecie, a niebawem zaznaczą się wyraźnie także poza Ziemią.

Jak to zrobiliśmy: Na grafice ujęliśmy niektóre z kluczowych wskaźników, które ilustrują zasięg chińskich wpływów w skali globalnej.

Liczba obcych linii lotniczych, które na skutek presji Pekinu zgodziły się w 2018 przedstawio

72 Kraje biorące udział w chińskim programie „Jeden pas i jedna droga", którego celem jest stworzenie kompleksowych szlaków handlowych obejmujących **60% ludności** świata

276 Chińskie przedstawicielstwa działające obecnie na świecie, dzięki czemu Chiny są największą potęgą dyplomatyczną

59 Kraje, w których Chiny ufundowały, zbudowa

153 miliardy $ Pożyczki udzielone przez Chiny 51 spośród 54 afrykańskich krajów w latach 2000–2019

13 km

155 milionów podróży zagranicznych odbywają co roku chińscy turyści

662 100 Chińczyków studiuje co roku za granicą

Źródła: Asia Maritime Transparency Initiative, Bain, BBC, China Africa Research Initiative, CNBC, Economist Intelligence Unit, „The Guardian", Institute for Energy Research, Lowy Institute Global Diplomacy Index, OECD, Space News, „Variety", Bank Światowy

Tajwan jako część Chin **44**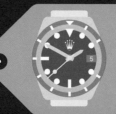

...po pomogły ufundować stadiony piłkarskie

...owy ląd dodany od 2013 roku przez Chiny na wyspach Spratly w ramach programu budowy sztucznych wysp

Państwa, które od 1970 roku odeszły od relacji dyplomatycznych z Tajpejem na rzecz Pekinu – Tajwan jest obecnie uznawany tylko przez 15 krajów

75

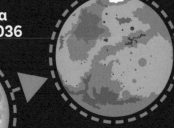

Do 190 mld $

Przewidywana roczna kwota wydatków Chińczyków na luksusową odzież, biżuterię i kosmetyki około 2025 - połowa sumy na świecie

Chiny planują budowę bazy na Księżycu około 2036

Chiny wystrzeliły pierwszy moduł stacji orbitalnej o masie 66 ton i zamierzają uruchomić ją w 2022

Chiny planują wysłać ludzi na Marsa w 2033

74%
globalnych zakładów produkujących baterie litowo-jonowe będzie w 2029 roku znajdować się w Chinach - 101 na 136

9,2 mld $
wyniosła w Chinach sprzedaż biletów kinowych w 2019 - drugi wynik po USA, z 11,4 mld $

66
Przepisy bezpieczeństwa uchwalone w czerwcu 2020 w Hongkongu, które dają Pekinowi większe możliwości kontrolowania terytorium

93% manganu na świecie przetwarza się w Chinach

Mn

80% rafinacji kobaltu na świecie kontrolują Chiny

Co

64% grafitu na świecie wytwarzają Chiny

C

CZY WIODĘ DOBRE ŻYCIE

**Pytania o nadzieje, marzenia
i ciemne sprawki**

Czy jesteście szczęśliwi?

AMERYKA PÓŁNOCNA

AMERYKA POŁUDNIOWA

ONZ publikuje co roku raport z badania poziomu zadowolenia z życia w różnych krajach. Nanieśliśmy na mapę dane odnoszące się do stanu z roku 2021, żeby łatwo można było dojrzeć najszczęśliwsze miejsca na Ziemi.

Jak to zrobiliśmy: Publikowany przez Organizację Narodów Zjednoczonych ds. Rozwiązań Zrównoważonego Rozwoju *Światowy raport nt. szczęśliwości* przedstawia dane dotyczące 149 krajów, zebrane przez Instytut Gallupa i odnoszące się do różnych wskaźników jakości życia. Pogrupowaliśmy kraje według prostego kryterium – czy znajdują się powyżej (zaznaczone na zielono), czy poniżej (zaznaczone na czarno) średniego światowego poziomu szczęśliwości. Wyniki zostały oparte na średniej z trzech lat: 2018–2020. ■ Szare obszary reprezentują kraje i terytoria, dla których nie są dostępne żadne dane.

Źródło: World Happiness Report 2021

Szczęśliwi
Kraje i obszary, które uplasowały się powyżej średniej w *Światowym raporcie nt. szczęśliwości* 2021

Nieszczęśliwi
Kraje i obszary, które plasują się poniżej średniej w *Światowym raporcie nt. szczęśliwości* 2021

Kto zyskuje, a kto traci?
Największa zmiana poziomu szczęśliwości w latach 2020–2021:

 Armenia +12,96%

 Pakistan -13,33%

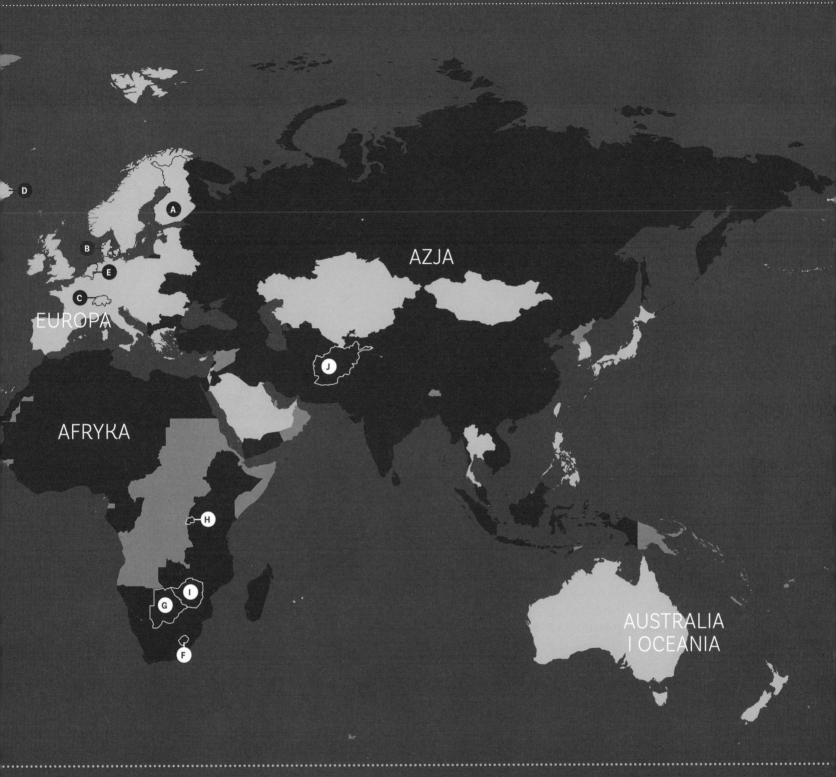

AZJA

EUROPA

AFRYKA

AUSTRALIA
I OCEANIA

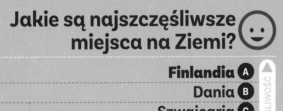

**Jakie są najszczęśliwsze
miejsca na Ziemi?**

Finlandia A
Dania B
Szwajcaria C
Islandia D
Holandia E

SZCZĘŚLIWOŚĆ

**Jakie są najmniej szczęśliwe
miejsca na Ziemi?**

F Lesoto
G Botswana
H Rwanda
I Zimbabwe
J **Afganistan**

BRAK SZCZĘŚCIA

KTO JAKO NAJ-STARSZY...

Strzelił gola na mundialu?
▶ 28 czerwca 1994

Roger Milla
Kamerun

◀ Urodzony: 20 maja 1952

Wygrał Wimbledon?
▶ 6 lipca 2003

Martina Navrátilová
USA

◀ Urodzona: 18 października 1956

Zagrał w reprezentacji kraju w krykieta?
▶ 29 sierpnia 2019

Osman Göker
Turcja

◀ Urodzony: 1 marca 1960

Został modelką „Playboya"?
▶ 10 grudnia 2009

Patricia Paay
Holandia

◀ Urodzona: 7 kwietnia 1949

WIEK:

42

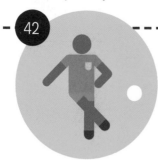

46

59

60

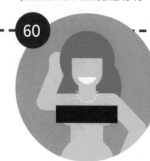

Czy nie jest za późno?

Został wybrany na papieża?
▶ 29 kwietnia 1670

Klemens X
Włochy (obecnie)

◀ Urodzony: 13 lipca 1590

79

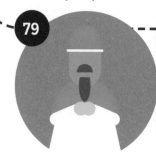

Martwicie się, że nie zdążycie niczego znaczącego dokonać?
Bez obaw - wyszukaliśmy ludzi, którzy późno rozkwitli. Może was zainspirują.

Jak to zrobiliśmy: Wymieniliśmy światowych rekordzistów w różnych dziedzinach (do lipca 2021). Uszeregowaliśmy ich według wieku (od najmłodszego) i oznaczyliśmy kolorami zgodnie z charakterem osiągnięcia:

● Osiągnięcia sportowe i fizyczne ● Rozrywka i moda ● Wydarzenia życiowe
● Osiągnięcia zawodowe i edukacyjne ● Polityka i religia ● Przestępczość

Źródło: Księga rekordów Guinnessa

Trafił na okładkę „Vogue'a"?
▶ 7 maja 2020

Judi Dench
Wielka Brytania

◀ Urodzona: 9 grudnia 1934

Przejechał rowerem Wielką Brytanię?
▶ 25 września 2018

Alex Menarry
Wielka Brytania

◀ Urodzony: 8 grudnia 1932

Został skazany za napad na bank?
▶ 23 stycznia 2004

J.L. Hunter Rountree
USA

◀ Urodzony: 16 grudnia 1911

Trafił na szczyt listy albumów?
▶ 19 września 2009

Vera Lynn
Wielka Brytania

◀ Urodzona: 20 marca 1917

Został ojcem?
▶ 1 lipca 1992

Les Colley
Australia

◀ Urodzony: 1 września 1899

85

85

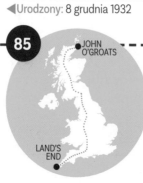

92

92

92

Został matką?
▶ 29 grudnia 2006
Maria del Carmen Bousada Hiszpania
◀ Urodzona: 5 stycznia 1940

66

Zdobył medal olimpijski?
▶ 27 lipca 1920
Oscar Swahn Szwecja
◀ Urodzony: 20 października 1847

72

Przewiosłował solo Atlantyk?
▶ 29 kwietnia 2020
Graham Walters Wielka Brytania
◀ Urodzony: 17 lipca 1947

72

Przepłynął kanał La Manche?
▶ 6 września 2014
Otto Thaning Republika Płd. Afryki
◀ Urodzony: 13 marca 1941

73

Został prezydentem USA?
▶ 20 stycznia 2021
Joe Biden USA
◀ Urodzony: 20 listopada 1942

78

Wspiął się na Mount Everest?
▶ 23 maja 2013
Yuichiro Miura Japonia
◀ Urodzony: 12 października 1932

80

Został po raz pierwszy premierem?
▶ 24 marca 1977
Morarji Ranchhodji Desai Indie
◀ Urodzony: 29 lutego 1896

81

Poleciał w kosmos?
▶ 20 lipca 2021
Wally Funk USA
◀ Urodzony: 1 lutego 1939

82

Zdobył Oscara za aktorstwo?
▶ 15 marca 2021
Anthony Hopkins Wielka Brytania
◀ Urodzony: 31 grudnia 1937

83

Został akrobatą trapezowym?
▶ 1 lipca 2017
Betty Goedhart USA
◀ Urodzona: 25 października 1932
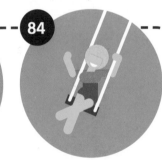
84

Zagrał główną rolę w filmie?
▶ 16 października 1987
Lillian Gish USA
◀ Urodzona: 14 października 1893

94

Obronił doktorat?
▶ 29 września 2008
Heinz Wenderoth Niemcy
◀ Urodzony: 11 stycznia 1911

97

Trafił na szczyt listy przebojów?
▶ 24 kwietnia 2020
Kapitan Tom Moore Wielka Brytania
◀ Urodzony: 30 kwietnia 1920

99

Opublikował książkę?
▶ 15 lutego 2016
Jim Downing USA
◀ Urodzony: 22 sierpnia 1913

102

Ożenił się?
▶ 3 grudnia 1984
Harry Stevens USA
◀ Urodzony: 13 września 1881

103

Czy umiesz chodzić po linie?

Chodzenie po linie przyciąga powszechną uwagę i daje szansę na zyskanie reputacji kogoś niesłychanie odważnego. Oto niektóre rekordy w tej dziedzinie z minionych lat.

Jak to zrobiliśmy: Ilustracja przedstawia w proporcjonalny sposób wysokość, na której rozpięta była lina, oraz przebytą na niej odległość.

Źródła: Associated Press, *Księga rekordów Guinnessa*, Reuters, „Vanguard"

Nik Wallenda, USA

- 2013, Nevada, USA

Pierwsza osoba, która przeszła po linie nad Wielkim Kanionem

△ 457 m
▷ 427 m

A

Philippe Petit, FRANCJA

- 1974, Nowy Jork, USA

Jedyna osoba, która przeszła po linie między wieżami World Trade Center

△ 417 m
▷ 61 m

B

Jay Cochrane, KANADA

- 1995, Trzy Przełomy, Chiny

Pierwsza osoba, która przeszła nad wąwozem Qutang na rzece Jangcy

△ 410 m
▷ 640 m

C

Karl Wallenda, Niemcy/USA

- 1970, Georgia, USA

Pierwsza osoba, która przeszła nad wąwozem Tallulah, stojąc przy tym na rękach

△ 213 m
▷ 366 m

D

Mustafa Danger, MAROKO

- 2010, Benidorm, Hiszpania

Najwyżej rozpięta lina przebyta na motocyklu

△ 130 m
▷ 666 m

E

Charles Blondin, FRANCJA

- 1859, Niagara, Nowy Jork, USA i Ontario, Kanada

Pierwszy spacer po linie nad wodospadem Niagara, powtórzony później z zawiązanymi oczami, jednoczesnym pchaniem taczki i zrobieniem omletu w połowie drogi

△ 48 m
▷ 335 m

F

Didier Pasquette, FRANCJA, i **Jade Kindar-Martin**, USA

- 1997, Londyn, Wielka Brytania

Najdłuższy dwuosobowy spacer nad Tamizą z mijanką po drodze

△ 30m
▷ 366m

G

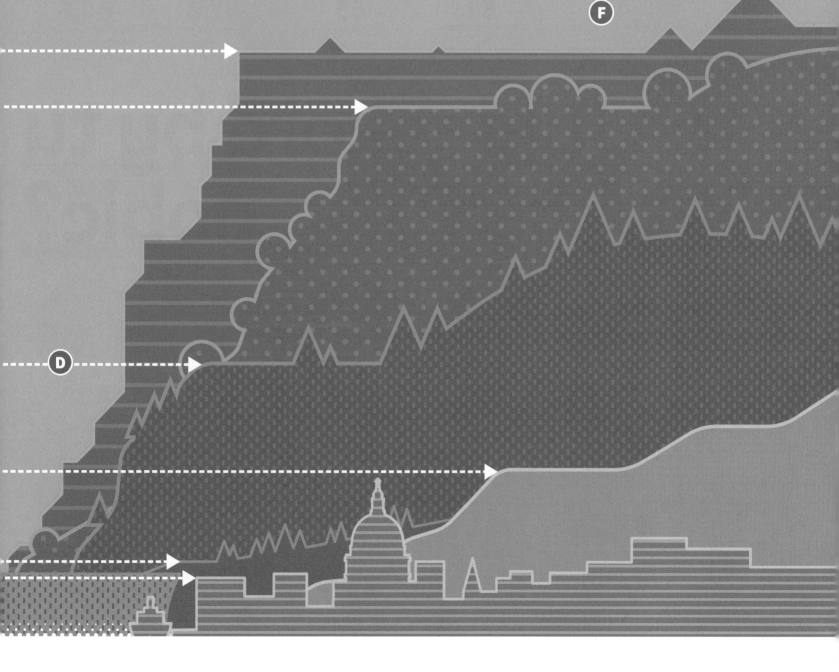

4
Tylu ludzi włożyło razem zwykłych rozmiarów czepek kąpielowy

8
Tyle psów zebrano maksymalnie w wężu tanecznym

8
Tyle sztuczek magicznych zdołano wykonać w tunelu aerodynamicznym w trzy minuty

9
Największa liczba hot dogów skonsumowanych w trzy minuty

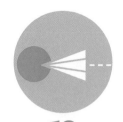

13
Największa liczba papierowych samolotów wbitych w arbuza w ciągu minuty

14
Maksymalna liczba jabłek zmiażdżonych bicepsem w minutę

36
Największa liczba pachołków drogowych utrzymywanych na podbródku

49
Największa liczba kokosów rozbitych w minutę przez osobę z zawiązanymi oczami

52
Największa liczba puszek po napojach zmiażdżonych w 30 sekund dłonią ściskającą jajko

55
Najwięcej lotek złapanych pałeczkami w ciągu minuty

67,8
Najgłośniejsze mruczenie kota domowego (w decybelach)

84,6
Najgłośniejsze jedzenie jabłka (w decybelach)

Jaki rekord by tu pobić?

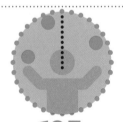

195
Największa liczba złapań przy żonglowaniu z wiszeniem za zęby

254
Największa liczba różnych serów na pizzy

284
Największa liczba orzechów włoskich zmiażdżonych ręcznie w ciągu minuty

435
Największa liczba zabiegów woskowania brwi wykonana w ciągu ośmiu godzin

437
Największa liczba pstryknięć palcami na minutę

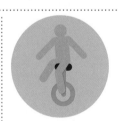

439
Największa liczba nieprzerwanych skoków na monocyklu

1370
Największa liczba ludzi rzucających jednocześnie serwetki

1452
Największa liczba uczestników zawodów w kopaniu dziur

1624
Największa liczba ludzi robiących jednocześnie orła na piasku

2019
Największa liczba uczestników ludzkiego domina materacowego

2036
Największa liczba bałwanów ulepionych w ciągu godziny

2101
Największa liczba postaci w żywym obrazie

17
Najwięcej majtek włożonych w 30 sekund

18
Najwięcej pluszowych zabawek złapanych z zawiązanymi oczami w 30 sekund

19
Największa liczba kart do gry wyjętych spomiędzy dwóch butelek za pomocą nunczako

20
Największa liczba puszek po napojach przymocowanych do ludzkiego ciała tylko zassaniem

21
Najwięcej kąpielówek włożonych na ubranie w 30 sekund

33
Najdłuższy ludzki tunel przemierzony przez psa na deskorolce

100
Największa liczba zapalonych świeczek trzymanych w ustach

103
Maksymalna liczba dźwięków uzyskanych z pierdzącej poduszki w ciągu minuty

156
Największa liczba włożeń i zdjęć T-shirta przy jednoczesnym podbijaniu piłki głową

163
Największa liczba kubków skopniętych z czyjejś głowy w ciągu minuty

168
Największa liczba druhen na jednym ślubie

174
Największa liczba skoków na skakance w chodakach

Pobicie rekordu świata jest czymś, co zawsze warto wpisać do CV, niemniej takie osiągnięcie z reguły wymaga wysiłku, sprawności, wielu poświęceń i bezdennych pokładów odporności psychicznej. Spływ kajakowy Amazonką, skoki ze spadochronem z granicy atmosfery czy przebiegnięcie maratonu w mniej niż dwie godziny to naprawdę coś, ale tylko wówczas, gdy ma się na to czas, energię i dość mocne kolana. Zajrzeliśmy więc do *Księgi rekordów Guinnessa* w poszukiwaniu czegoś lżejszego, a nawet bardzo lekkiej kategorii dokonań i wyzwań dostępnych przeciętnemu człowiekowi.

Jak to zrobiliśmy: Rekordy zostały uporządkowane według ich numerycznej wartości i oznaczone kolorami zgodnie ze stopniem złożoności i ryzyka: ● Możesz zrobić to sam ● Potrzebujesz pomocy ● Potrzebujesz zwierzęcia ○ Trochę niebezpieczne

Źródło: Księga rekordów Guinnessa

450
Największa liczba ołówków wetkniętych w brodę

470
Największa liczba ludzi wbijających jednocześnie gwoździe

541
Największe zgromadzenie osób przebranych za Alberta Einsteina

574
Największa liczba ludzi jedzących śniadanie w łóżku

697
Najwięcej trzaśnięć z bata dwoma batami w minutę

710
Największa liczba psów ujętych na jednej fotografii

2495
Największe zgromadzenie ludzi przebranych za strachy na wróble

2499
Największe zgromadzenie ludzi w kamizelkach odblaskowych

2505
Największa grupa ludzi kąpiących się na golasa

2586
Największa liczba ludzi biorących udział w młynie (rugby)

8065
Najliczniejsza grupa ludzi grających razem na ukulele

79 467
Największa liczba śledzących kaczkę na Instagramie (Ben Afquack)

Jak żyje ta „lepsza" część ludzkości?

Denise Coates jest najwyżej wynagradzaną szefową (CEO) w Wielkiej Brytanii. Jako założycielka firmy hazardowej Bet365 według oficjalnych danych zarobiła w 2020 roku 469 milionów funtów. Jeśli zarabiasz brytyjską średnią, można powiedzieć, że ona przynosi do domu 15 820 razy więcej niż ty. Oto, jak przekłada się to na względną siłę nabywczą.

Jak to zrobiliśmy: Pokazaliśmy przykładowe zakupy osoby zarabiającej średnio 567 funtów tygodniowo i zestawiliśmy z tym, co Coates mogłaby kupić za proporcjonalną procentowo część swoich dochodów. Wszystkie liczby dotyczą płacy przed opodatkowaniem i innymi odliczeniami. W 2020 Coates była wśród podatników najwięcej przekazujących do budżetu państwa.

GDY TY KUPUJESZ...

0,5 l mleka

za **50 pensów**

Rybną kanapkę w McDonaldzie

za **3,19 funta**

Bilet (poza godzinami szczytu) z Londynu do Milton Keynes i kubek herbaty

za **11 funtów**

Obrazek Björksta w Ikei wraz z gwoździem, żeby go powiesić

za **66 funtów**

Vauxhalla astrę z drugiej ręki

za **1440 funtów**

TO JAKBY DENISE KUPIŁA...

11 butelek szampana Dom Pérignon z Moët & Chandon rocznik 1998 i tonę lodu

za **7910 funtów**

10,5 kilograma najlepszego kawioru z bieługi

za **50 466 funtów**

Wycieczkę w kosmos z Virgin Galactic

za **175 000 funtów**

Obraz Banksy'ego *Dziewczynka z balonem*

za **1 042 000 funtów**

Samochód wyścigowy Ferrari 290 MM z 1956 roku, należący kiedyś do legendarnego kierowcy F1 Juana Manuela Fangio

za **22 843 633 funty**

Źródła: AutoTrader, BBC, British Airways, Dinner by Heston, Ikea, londonfinefoods.co.uk, McDonald's, National Rail Enquiries, Ocado, Office for National Statistics, „The Sun", Visit London

Może powinieneś wziąć nadgodziny?

W lipcu 2020 r. Jeff Bezos zarobił 13 miliardów dolarów tylko w ciągu jednego dnia dzięki wzrostowi wartości akcji Amazona. To suma, o której przeciętny pracownik firmy może tylko pomarzyć…

Jak to zrobiliśmy: Podzieliliśmy 13 miliardów dolarów, które Jeff Bezos zyskał 20 lipca 2020 r., przez 1440 (liczba minut dziennie), a następnie tę liczbę podzieliliśmy przez średnią roczną pensję pracownika magazynu Amazona w USA w 2021.

Średnia roczna pensja pracownika magazynu Amazona: **32 055 dol.**

282 LATA

Tak długo przeciętny pakowacz w Amazonie musiałby pracować, żeby zarobić tyle, co Jeff Bezos w jedną minutę 20 lipca 2020 r.

Źródła: Bloomberg, Zip Recruiter

Czy Ariana Grande mogłaby zaśpiewać na moim przyjęciu?

Nic nie wskazuje na to, że kiedykolwiek zapłaciłeś za prywatny koncert ulubionego muzyka. Przekopujemy się przez liczby podawane przez amerykańską agencję rezerwacji, aby się dowiedzieć, jak bardzo wybór najsłynniejszych topowych artystów lub Vanilla Ice'a mógłby cię zniechęcić.

Jak to zrobiliśmy: Porównaliśmy koszty występu wybranych artystów muzycznych na twoim wydarzeniu - przyjęliśmy górną granicę widełek podawanych przez agencję. Wielkość kółeczek jest proporcjonalna do ceny wynajęcia artysty.

Źródło: Celebrity Talent International

Za cenę jednego występu Ariany Grande można mieć też innych artystów:

Ariana Grande
6 000 000 $

Billie Eilish
1 499 000 $

Harry Styles
1 499 000 $

Coldplay
1 499 000 $

Pharrell Williams
1 499 000 $

Ewentualnie:

Dolly Parton
1 499 000 $

+

Ricky Martin
999 998 $

Kiss
749 000 $

+

Lenny Kravitz
749 000 $

Pet Shop Boys
499 000 $

+

Meatloaf
499 000 $

Susan Boyle
299 000 $

+

Blondie
299 000 $

Snoop
299 000 $

+

Chaka Khan
149 999 $

Albo nawet:

150 występów Vanilla Ice'a
po 39 999 $

Jak stworzyć prawdziwy przebój?

Wiele osób marzy o karierze gwiazdy popu, ale nie ma pojęcia, od czego zacząć. Aby pomóc chętnym wkroczyć na drogę do sławy, przyjrzeliśmy się zwycięzcom w kategorii „Nagranie roku" nagrody Grammy od 1959, aby podpowiedzieć, o czym pisać, jaki styl wybrać i czy startować solo, czy może lepiej założyć zespół.

Jak to zrobiliśmy: Z lewej wymieniliśmy w kolejności chronologicznej zwycięskie utwory, podczas gdy z prawej można wejrzeć w istotniejsze dane statystyczne na temat wykonawców i piosenek.

Źródła: Apple Music, the Recording Academy (grammy.com), tunebat.com

★

KTO ZDOBYŁ PODWÓJNĄ GRAMMY?
Artyści, którzy zwyciężyli więcej niż raz
(oprócz tych, którzy wzięli udział w nagraniu *We Are the World* USA for Africa w 1986)

	Rok nagrania	Rok otrzymania nagrody
Nel blu dipinto di blu (Volare) - **Domenico Modugno**	1959	
Mack the Knife - **Bobby Darin**	1960	
Theme from A Summer Place - **Percy Faith**	1961	
Moon River - **Henry Mancini** ★	1962	
I Left My Heart in San Francisco - **Tony Bennett**	1963	
Days of Wine and Roses - **Henry Mancini** ★	1964	
The Girl from Ipanema - **Astrud Gilberto, João Gilberto & Stan Getz**	1965	
A Taste of Honey - **Herb Alpert & The Tijuana Brass**	1966	
Strangers in the Night - **Frank Sinatra**	1967	
Up, Up and Away - **The 5th Dimension** ★	1968	
Mrs Robinson - **Simon & Garfunkel** ★	1969	
Aquarius/Let the Sunshine In - **The 5th Dimension** ★	1970	
Bridge over Troubled Water - **Simon & Garfunkel** ★	1971	
It's Too Late - **Carole King**	1972	
The First Time Ever I Saw Your Face - **Roberta Flack** ★	1973	
Killing Me Softly with His Song - **Roberta Flack** ★	1974	
I Honestly Love You - **Olivia Newton-John**	1975	
Love Will Keep Us Together - **Captain & Tennille**	1976	
This Masquerade - **George Benson**	1977	
Hotel California - **The Eagles**	1978	
Just the Way You Are - **Billy Joel**	1979	
What a Fool Believes - **The Doobie Brothers**	1980	
Sailing - **Christopher Cross**	1981	
Bette Davis Eyes - **Kim Carnes**	1982	
Rosanna - **Toto**	1983	
Beat It - **Michael Jackson**	1984	
What's Love Got to Do with It - **Tina Turner**	1985	
We Are the World - **USA for Africa**	1986	
Higher Love - **Steve Winwood**	1987	
Graceland - **Paul Simon** ★	1988	
Don't Worry, Be Happy - **Bobby McFerrin**	1989	
Wind Beneath My Wings - **Bette Midler**	1990	
Another Day in Paradise - **Phil Collins**	1991	
Unforgettable - Natalie Cole i **Nat King Cole**	1992	
Tears in Heaven - **Eric Clapton** ★	1993	
I Will Always Love You - **Whitney Houston**	1994	
All I Wanna Do - **Sheryl Crow**	1995	
Kiss from a Rose - **Seal**	1996	
Change the World - **Eric Clapton** ★	1997	
Sunny Came Home - **Shawn Colvin**	1998	
My Heart Will Go On - **Céline Dion**	1999	
Smooth - **Santana feat Rob Thomas**	2000	
Beautiful Day - **U2** ★	2001	
Walk On - **U2** ★	2002	
Don't Know Why - **Norah Jones** ★	2003	
Clocks - **Coldplay**	2004	
Here We Go Again - Ray Charles i **Norah Jones** ★	2005	
Boulevard of Broken Dreams - **Green Day**	2006	
Not Ready to Make Nice - **Dixie Chicks**	2007	
Rehab - **Amy Winehouse**	2008	
Please Read the Letter - **Robert Plant i Alison Krauss**	2009	
Use Somebody - **Kings of Leon**	2010	
Need You Now - **Lady Antebellum**	2011	
Rolling in the Deep - **Adele** ★	2012	
Somebody That I Used to Know - **Gotye feat. Kimbra**	2013	
Get Lucky - **Daft Punk feat. Pharrell Williams & Nile Rodgers**	2014	
Stay With Me - **Sam Smith**	2015	
Uptown Funk - **Mark Ronson feat. Bruno Mars**	2016	
Hello - **Adele** ★	2017	
24K Magic - **Bruno Mars** ★	2018	
This Is America - **Childish Gambino**	2019	
Bad Guy - **Billie Eilish** ★	2020	
Everything I Wanted - **Billie Eilish** ★	2021	

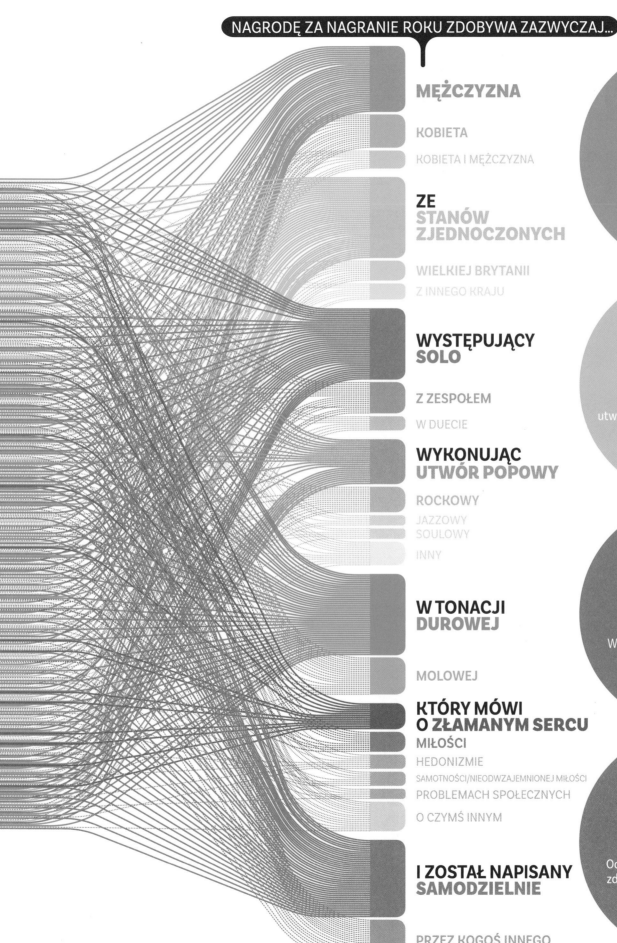

NAGRODĘ ZA NAGRANIE ROKU ZDOBYWA ZAZWYCZAJ...

MĘŻCZYZNA

KOBIETA

KOBIETA I MĘŻCZYZNA

ZE STANÓW ZJEDNOCZONYCH

WIELKIEJ BRYTANII

Z INNEGO KRAJU

WYSTĘPUJĄCY SOLO

Z ZESPOŁEM

W DUECIE

WYKONUJĄC UTWÓR POPOWY

ROCKOWY

JAZZOWY

SOULOWY

INNY

W TONACJI DUROWEJ

MOLOWEJ

KTÓRY MÓWI O ZŁAMANYM SERCU

MIŁOŚCI

HEDONIZMIE

SAMOTNOŚCI/NIEODWZAJEMNIONEJ MIŁOŚCI

PROBLEMACH SPOŁECZNYCH

O CZYMŚ INNYM

I ZOSTAŁ NAPISANY SAMODZIELNIE

PRZEZ KOGOŚ INNEGO

Pierwszą solową artystką, która zdobyła Grammy, była **Carole King** w 1972 r., 13 lat po ustanowieniu nagrody

Tylko dwa nieamerykańskie utwory wygrały w latach 1966-1990, ich wykonawcami byli **Olivia Newton-John** i **Steve Winwood**

W latach 1987-1999 nie zdarzyło się, żeby to zespół otrzymał nagrodę

Od 2000 r. tylko dwa razy covery zdobyły Grammy, oba wykonane przez Norah Jones

Jak napisać przebój bożonarodzeniowy?

Gdyby pisanie przeboju pod kątem Grammy okazało się za trudne (o czym było stronę wcześniej), można spróbować powalczyć w lżejszej kategorii, która jednak wiąże się ze sporym napływem tantiem co roku w grudniu. Przyjrzeliśmy się przebojom świątecznym najczęściej nadawanym w Wielkiej Brytanii, aby spróbować odkryć przepis na idealny sezonowy hit. Oczywiście zawsze trzeba pamiętać o dzwonkach sań...

Jak to zrobiliśmy: Zebraliśmy najczęściej odtwarzane piosenki świąteczne według The Official Charts Company (na grudzień 2020). Lista przedstawia je od najmniej do najbardziej popularnej, symbole po prawej informują zaś, na ile utwór mieści się w kanonie.

12 NAJWIĘKSZCH HITÓW ŚWIĄTECZNYCH W WIELKIEJ BRYTANII

MUZYCZNE I TEKSTOWE SKŁADNIKI		Dzwonki	Chór	Zimowa pogoda	Prezenty/ zabawki	Jemioła/ całowanie	Wino/ picie	Dzieci	Święty Mikołaj	Choinka	Jezus
Merry Xmas Everybody — Slade	12	✗	✓	✓	✓	✓	✓	✗	✓	✗	✗
Driving Home for Christmas — Chris Rea	11	✓	✗	✗	✗	✗	✗	✗	✗	✗	✗
Rockin' Around the Christmas Tree — Brenda Lee	10	✓	✓	✗	✗	✓	✗	✗	✗	✓	✗
I Wish It Could Be Christmas Everyday — Wizzard	9	✓	✓	✓	✗	✗	✗	✓	✓	✗	✗
Santa Tell Me — Ariana Grande	8	✓	✓	✓	✓	✓	✗	✗	✓	✗	✗
Step into Christmas — Elton John	7	✓	✓	✓	✗	✗	✓	✗	✗	✗	✗
It's Beginning to Look a Lot Like... — Michael Bublé	6	✓	✗	✓	✓	✗	✓	✓	✗	✓	✗
Do They Know It's Christmas? — Band Aid	5	✓	✓	✓	✓	✗	✓	✗	✗	✗	✗
Merry Christmas Everyone — Shakin' Stevens	4	✓	✓	✓	✓	✓	✗	✓	✗	✗	✗
Fairytale of New York — The Pogues featuring Kirsty MacColl	3	✗	✗	✓	✗	✓	✓	✗	✗	✗	✗
Last Christmas — Wham!	2	✓	✗	✗	✓	✓	✗	✗	✗	✗	✗
All I Want for Christmas Is You — Mariah Carey	1	✓	✓	✓	✓	✓	✗	✓	✓	✓	✗

Źródła: Official Charts Company, genius.com

A może wspiąć się na Everest?

Niezależnie od tego, czy nazywasz go Czomolungmą, Sagarmathą czy Everestem, zdobycie najwyższego szczytu Ziemi to cel życia niejednego poszukiwacza przygód – ale jeśli spróbujesz, możesz odkryć, że jest tam trochę tłoczno.

Jak to zrobiliśmy: Wykres kołowy pokazuje zdobywców Mount Everestu z podziałem na tych, którzy wspięli się nań między 29 maja 1953 a 31 grudnia 2015 r., oraz tych, którzy dokonali tego między 1 stycznia 2016 a 31 grudnia 2020.

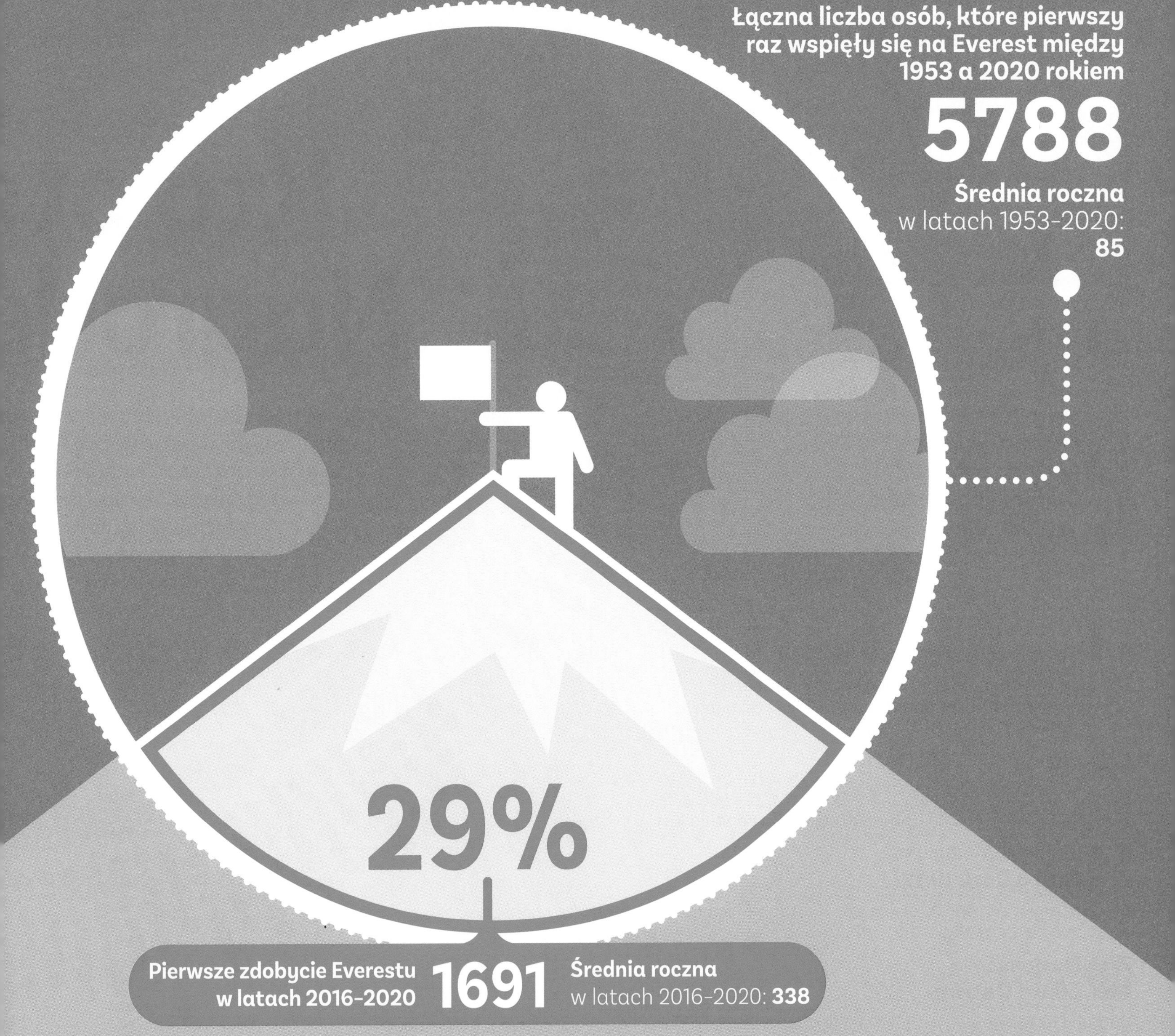

Łączna liczba osób, które pierwszy raz wspięły się na Everest między 1953 a 2020 rokiem

5788

Średnia roczna w latach 1953-2020: **85**

29%

Pierwsze zdobycie Everestu w latach 2016–2020 **1691** **Średnia roczna** w latach 2016–2020: **338**

Źródło: The Himalayan Database

876

mężczyzn zostało uhonorowanych Nagrodą Nobla

28

organizacji zostało wyróżnionych Nagrodą Nobla

57 kobiet otrzymało Nagrodę Nobla

Kim były pierwsze kobiety, które zdobyły Nagrodę Nobla?

Oto pierwsze z nich w każdej z kategorii:

Fizyka
Maria Skłodowska-Curie, 1903

Pierwsza laureatka Nagrody Nobla, Maria Skłodowska-Curie, była również pierwszą osobą, która dwukrotnie otrzymała tę nagrodę.

Nagroda pokojowa
Bertha von Suttner, 1905

Piątą pokojową nagrodę otrzymała Bertha von Suttner, autorka ważnej powieści antywojennej z 1889 r., *Precz z orężem!*, „za śmiałość w sprzeciwianiu się okropnościom wojny".

Literatura
Selma Lagerlöf, 1909

Pierwsza i najbardziej udana powieść Selmy Lagerlöf, *Gösta Berling*, została zekranizowana w 1924 r., film ten zapoczątkował karierę Grety Garbo.

Chemia
Maria Skłodowska-Curie, 1911

Córka Marii, Irène, w 1935 r. również otrzymała nagrodę w tej dziedzinie.

Biologia/medycyna
Gerty Cori, 1947

Cori została doceniona za swoją rolę w rozpoznaniu procesu metabolizowania glukozy w organizmie człowieka i rozkładania jej na kwas mlekowy w tkance mięśniowej.

Ekonomia
Elinor Ostrom, 2009

Badania terenowe Ostrom, pionierki w dziedzinie teorii zrównoważonego rozwoju, pokazały, jak małe, lokalne społeczności mogą zarządzać wspólnymi zasobami naturalnymi w ekonomiczny i ekologiczny sposób.

ALFR• NOBEL

Kto otr Nagrodę

Zdobycie Nagrody Nobla to zwykle szczy kariery. Aby dowiedzieć się, kto mo największe szanse na otrzymanie te prestiżowej szwedzkiej nagrody sporządziliśmy zestawienie wszystkich laureatów. Wydaje się że mężczyźni nadal majo miażdżącą przewagę

Źródło: Fundacja Nobla. Ściśle rzecz biorąc nie przyznaje się Nobla z ekonomii. W te dziedzinie laureatów wskazuje Ban Szwecji na pamiątkę Alfreda Nobla, al powszechnie mówi się o Nobl z ekonomii

1900

1910

1920

1930

1940

1950

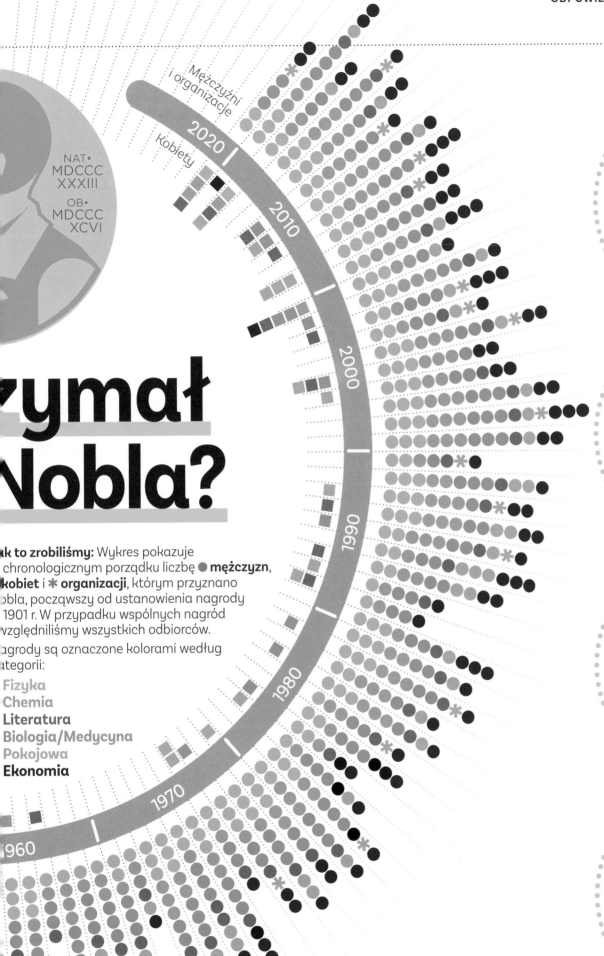

Mężczyźni
i organizacje

Kobiety

NAT•
MDCCC
XXXIII

OB•
MDCCC
XCVI

2020

2010

2000

1990

1980

1970

1960

zymał
Nobla?

k to zrobiliśmy: Wykres pokazuje
chronologicznym porządku liczbę ● **mężczyzn**,
kobiet i ✳ **organizacji**, którym przyznano
bla, począwszy od ustanowienia nagrody
1901 r. W przypadku wspólnych nagród
względniliśmy wszystkich odbiorców.

agrody są oznaczone kolorami według
ategorii:

Fizyka
Chemia
Literatura
Biologia/Medycyna
Pokojowa
Ekonomia

Stany Zjednoczone to kraj najliczniej
reprezentowany przez laureatów
Nagrody Nobla – otrzymało ją
282 Amerykanów i Amerykanek.
Wielka Brytania jest druga –
105 laureatów.

Najmłodszą laureatką Nagrody Nobla
jest **Malala Yousafzai**, która miała
17 lat, gdy otrzymała pokojową
nagrodę w 2014 roku. Najstarszym
laureatem jest **John Goodenough**,
który miał 97 lat, gdy zdobył
nagrodę w dziedzinie chemii
w 2019 roku.

Linus Pauling jest jedynym
laureatem dwóch „niepodzielnych"
nagród (chemia, 1954; pokojowa,
1962). Inni nagrodzeni dwukrotnie,
**John Bardeen, Maria Skłodowska-
-Curie** i **Frederick Sanger**,
przynajmniej jedną z nagród
z kimś dzielili.

Dwóch laureatów Nagrody Nobla
odmówiło jej przyjęcia: **Jean-Paul
Sartre** (literatura, 1964) i **Le Duc Tho**,
który został wyróżniony pokojową
nagrodą w 1973 r. wraz z sekretarzem
stanu USA Henrym Kissingerem,
ale powiedział, że nie może
jej przyjąć.

Co masz na liście życzeń?

Każdy ma pewne wyobrażenie o tym, co chciałby jeszcze zrobić w życiu. Oto najpopularniejsze z planów wraz z odsetkiem ludzi, którym udało się je zrealizować.

Jak to zrobiliśmy: Bucketlist.org to otwarta platforma, na której ludzie wpisują swoje życiowe cele. Wykorzystaliśmy 15 najpopularniejszych wpisów i zilustrowaliśmy je: pasek pod każdym z nich pokazuje odsetek osób, które odhaczyły już dany punkt.

15	14	13	12	11
12% ✔	14% ✔	0% ✔	20% ✔	6% ✔
Popłynąć gondolą w Wenecji	Wyruszyć na włóczęgę z przyjaciółmi	Pojechać tam, gdzie trafi się strzałką w mapę	Zobaczyć Wielki Kanion	Wykąpać się w Morzu Martwym

10	9	8	7	6
5% ✔	14% ✔	23% ✔	18% ✔	8% ✔
Przelecieć się balonem na ogrzane powietrze	Zawrzeć małżeństwo	Zobaczyć wodospad Niagara	Zajrzeć do wulkanu	Skoczyć na bungee

5	4	3	2	1
11% ✔	4% ✔	25% ✔	17% ✔	15% ✔
Spróbować skydivingu	Zobaczyć zorzę polarną	Popłynąć w rejs wycieczkowcem	Nauczyć się nowego języka	Popływać z delfinami

Jeg lærer at tale dansk

Źródło: bucketlist.org

Które filmy powinienem zobaczyć, zanim umrę?

Jeśli pływanie z delfinami wydaje się wam trudne do zrealizowania, zawsze można zrobić coś prostszego. Stworzyliśmy nadlistę najczęściej polecanych filmów, od których można zacząć seans wypełniający resztę życia.

Jak to zrobiliśmy: Przeanalizowaliśmy pięć list „filmów do obejrzenia, zanim umrzesz", aby stworzyć własną. Im większe pole zajmuje tytuł, tym częściej pojawiał się na listach. Reżyserzy z wieloma wskazaniami zostali uhonorowani wymienieniem ich nazwisk; gatunki filmowe są oznaczone kolorami według kategorii:

● Akcja/przygoda ● Komedia ● **Kryminał** ● Horror ● Mystery ● **Noir** ● Romans ● SF/fantasy ● Wojenny

Czarnoksiężnik z Oz

Obcy

Martin Scorsese

Chłopcy z ferajny   Taksówkarz   Różowe flamingi   To wspaniałe życie

Obywatel Kane   Ojciec chrzestny   Francis Ford Coppola

Powrót do przyszłości   **Czas apokalipsy**

Zawrót głowy   Psychoza   Północ, północny zachód

Billy Wilder

Podwójne ubezpieczenie   Bulwar Zachodzącego Słońca

Alfred Hitchcock

Casablanca   *Pulp Fiction*

Dzisiejsze czasy

Chinatown   **2001: Odyseja kosmiczna**

Stanley Kubrick

Człowiek z blizną   Doktor Strangelove

Mechaniczna pomarańcza

Źródła: Channel 4, Complex, IMDb, Roger Ebert, „Stylist"

CO NAJGORSZEGO MOŻE SIĘ ZDARZYĆ

?

Pytania o pandemię, szarańczę
i wielkie asteroidy

DZISIAJ: (według najnowszych dostępnych danych)

Mamy gorsze samopoczucie

28%
21%

2010	DZISIAJ

Odsetek tych, którzy w badaniach Instytutu Gallupa deklarują odczuwanie smutku, niepokoju i gniewu

Coraz powszechniejsza jest otyłość

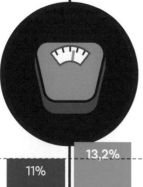

13,2%
11%

2010	DZISIAJ

Globalne rozpowszechnienie otyłości (BMI 30+) wśród dorosłych

Rośnie ryzyko zachorowania na cukrzycę

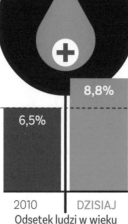

8,8%
6,5%

2010	DZISIAJ

Odsetek ludzi w wieku 20-79 lat, u których zdiagnozowano cukrzycę

Maleje pewność zatrudnienia w krajach Zachodu

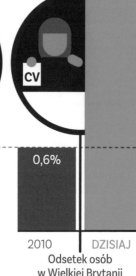

3,3%
0,6%

2010	DZISIAJ

Odsetek osób w Wielkiej Brytanii zatrudnionych nie na etat

Szefowie zarabiają coraz więcej w porównaniu z pracownikami

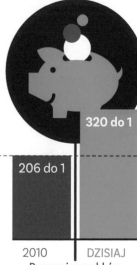

320 do 1
206 do 1

2010	DZISIAJ

Proporcje zarobków szefostwa wobec zarobków pracowników w 350 największych amerykańskich firmach

• W PORÓWNANIU DO ROKU 2010 •

Czy świat zmienia się na gorsze?

Tak! Wiele spraw przybrało gorszy obrót w ciągu ostatnich dziesięciu lat (chociaż nie wszystkie, o czym na następnych stronach).

Jak to zrobiliśmy: Przyjrzeliśmy się, jak kluczowe sprawy wyglądały w 2010 roku, i porównaliśmy ze stanem obecnym, według najnowszych danych, aby dowiedzieć się, jak radzimy sobie dzisiaj. Wykresy słupkowe zostały ujednolicone w taki sposób, żeby stałym punktem odniesienia był w nich rok 2010 i łatwo dało się dostrzec skalę zmian w różnych kategoriach.

Jest znacznie więcej uchodźców

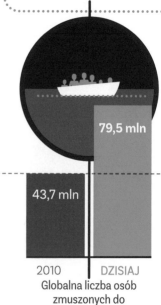

79,5 mln
43,7 mln

2010	DZISIAJ

Globalna liczba osób zmuszonych do opuszczenia domów

Źródła: Amnesty, Economic Policy Institute, Emissions Database for Global Atmospheric Research (EDGAR), Freedom House, Instytut Gallupa, Mongabay, National Oceanic and Atmospheric Administration, National Snow and Ice Data Center, Office for National Statistics, UNHCR, WHO, Bank Światowy

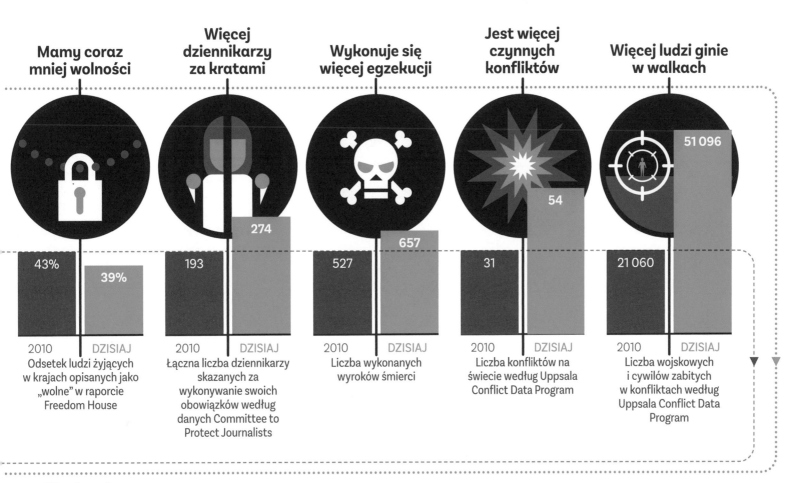

Mamy coraz mniej wolności

43% — 2010
39% — DZISIAJ

Odsetek ludzi żyjących w krajach opisanych jako „wolne" w raporcie Freedom House

Więcej dziennikarzy za kratami

274
193 — 2010
DZISIAJ

Łączna liczba dziennikarzy skazanych za wykonywanie swoich obowiązków według danych Committee to Protect Journalists

Wykonuje się więcej egzekucji

657
527 — 2010
DZISIAJ

Liczba wykonanych wyroków śmierci

Jest więcej czynnych konfliktów

54
31 — 2010
DZISIAJ

Liczba konfliktów na świecie według Uppsala Conflict Data Program

Więcej ludzi ginie w walkach

51 096
21 060 — 2010
DZISIAJ

Liczba wojskowych i cywilów zabitych w konfliktach według Uppsala Conflict Data Program

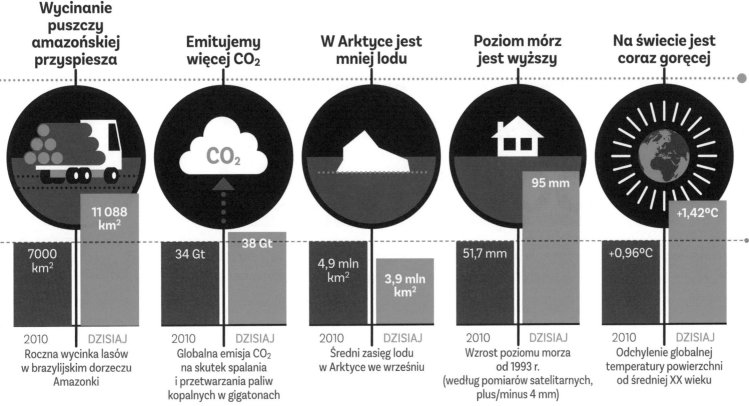

Wycinanie puszczy amazońskiej przyspiesza

11 088 km²
7000 km² — 2010
DZISIAJ

Roczna wycinka lasów w brazylijskim dorzeczu Amazonki

Emitujemy więcej CO₂

38 Gt
34 Gt — 2010
DZISIAJ

Globalna emisja CO_2 na skutek spalania i przetwarzania paliw kopalnych w gigatonach

W Arktyce jest mniej lodu

4,9 mln km² — 2010
3,9 mln km² — DZISIAJ

Średni zasięg lodu w Arktyce we wrześniu

Poziom mórz jest wyższy

95 mm
51,7 mm — 2010
DZISIAJ

Wzrost poziomu morza od 1993 r. (według pomiarów satelitarnych, plus/minus 4 mm)

Na świecie jest coraz goręcej

+1,42°C
+0,96°C — 2010
DZISIAJ

Odchylenie globalnej temperatury powierzchni od średniej XX wieku

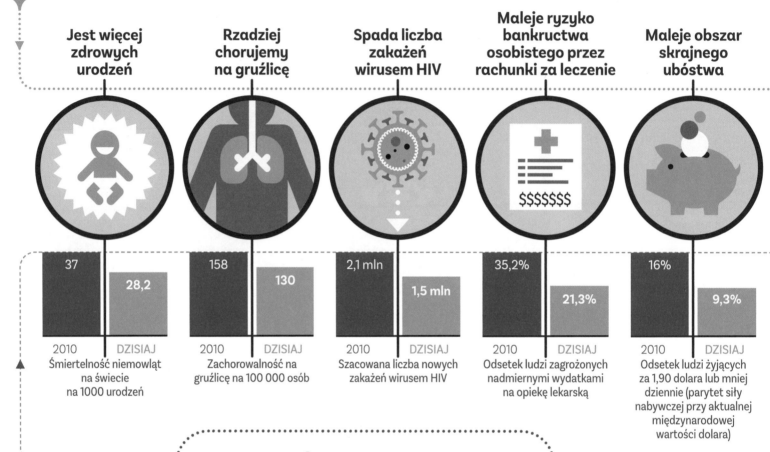

DZISIAJ: (według najnowszych dostępnych danych)

Jest więcej zdrowych urodzeń

37	
	28,2
2010	DZISIAJ

Śmiertelność niemowląt na świecie na 1000 urodzeń

Rzadziej chorujemy na gruźlicę

158	
	130
2010	DZISIAJ

Zachorowalność na gruźlicę na 100 000 osób

Spada liczba zakażeń wirusem HIV

2,1 mln	
	1,5 mln
2010	DZISIAJ

Szacowana liczba nowych zakażeń wirusem HIV

Maleje ryzyko bankructwa osobistego przez rachunki za leczenie

35,2%	
	21,3%
2010	DZISIAJ

Odsetek ludzi zagrożonych nadmiernymi wydatkami na opiekę lekarską

Maleje obszar skrajnego ubóstwa

16%	
	9,3%
2010	DZISIAJ

Odsetek ludzi żyjących za 1,90 dolara lub mniej dziennie (parytet siły nabywczej przy aktualnej międzynarodowej wartości dolara)

W PORÓWNANIU DO ROKU 2010

Czy coś się poprawia?

Tak! Ogólna sytuacja ludzkości znacznie się poprawiła w ciągu ostatnich dziesięciu lat (chociaż nie na wszystkich polach, o czym była mowa na poprzednich stronach).

Jak to zrobiliśmy: Przyjrzeliśmy się, jak kluczowe sprawy wyglądały w 2010 roku, i porównaliśmy ze stanem obecnym, według najnowszych danych, aby dowiedzieć się, jak radzimy sobie dzisiaj. Wykresy słupkowe zostały ujednolicone w taki sposób, żeby stałym punktem odniesienia był w nich rok 2010 i łatwo dało się dostrzec skalę zmian w różnych kategoriach.

Kobiety są bardziej obecne w polityce

19,2%	25,6%
2010	DZISIAJ

Odsetek miejsc zajmowanych przez kobiety w instytucjach parlamentarnych

Źródła: Amnesty, „Bulletin of the Atomic Scientists", Cranfield School of Management Female FTSE Index, Earth Policy Institute, Federation of American Scientists, Heidrick & Struggles Board Monitor, Pew Research Center, PV magazine, ONZ, Bank Światowy, WWEA

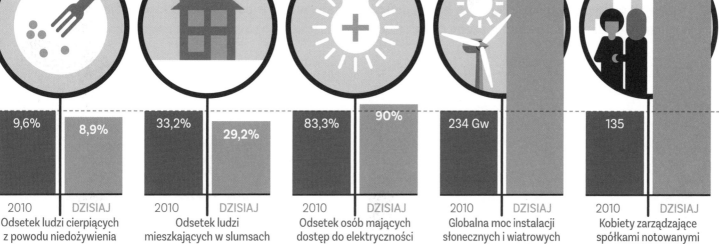

Rzadziej bywamy głodni

9,6% 8,9%

2010 DZISIAJ

Odsetek ludzi cierpiących
z powodu niedożywienia

Mniej ludzi mieszka w slumsach

33,2% 29,2%

2010 DZISIAJ

Odsetek ludzi
mieszkających w slumsach

Więcej osób korzysta z elektryczności

83,3% 90%

2010 DZISIAJ

Odsetek osób mających
dostęp do elektryczności

Produkujemy więcej czystej energii

1234 Gw

234 Gw

2010 DZISIAJ

Globalna moc instalacji
słonecznych i wiatrowych
w gigawatach

Więcej kobiet w krajach Zachodu pracuje na wysokich stanowiskach

355

135

2010 DZISIAJ

Kobiety zarządzające
spółkami notowanymi
na giełdzie według
indeksu FTSE

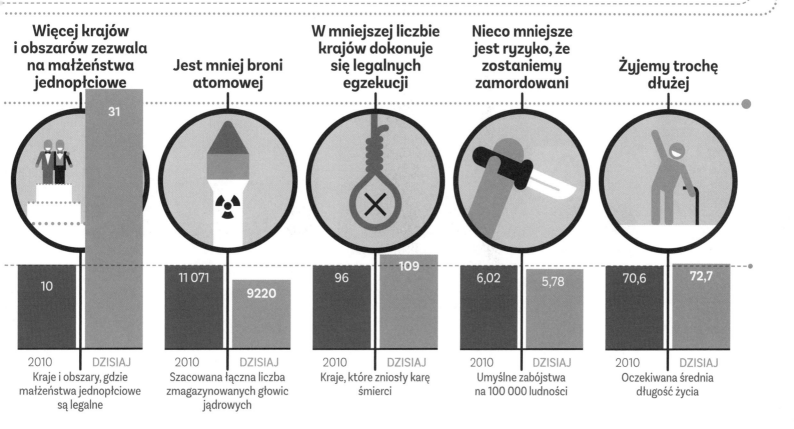

Więcej krajów i obszarów zezwala na małżeństwa jednopłciowe

31

10

2010 DZISIAJ

Kraje i obszary, gdzie
małżeństwa jednopłciowe
są legalne

Jest mniej broni atomowej

11 071 9220

2010 DZISIAJ

Szacowana łączna liczba
zmagazynowanych głowic
jądrowych

W mniejszej liczbie krajów dokonuje się legalnych egzekucji

109

96

2010 DZISIAJ

Kraje, które zniosły karę
śmierci

Nieco mniejsze jest ryzyko, że zostaniemy zamordowani

6,02 5,78

2010 DZISIAJ

Umyślne zabójstwa
na 100 000 ludności

Żyjemy trochę dłużej

70,6 72,7

2010 DZISIAJ

Oczekiwana średnia
długość życia

Czym powinniśmy się martwić?

Co roku, począwszy od 2007, Światowe Forum Ekonomiczne w Davos w Szwajcarii publikuje raport na temat globalnych zagrożeń, który przedstawia pięć najistotniejszych bieżących problemów w zależności od prawdopodobieństwa ich wystąpienia. Przyjrzeliśmy się im, aby ustalić, czego najbardziej powinniśmy się obawiać w obecnych czasach.

Jak to zrobiliśmy: Policzyliśmy wpisy w raporcie od 2007 roku, grupując czynniki ryzyka w kategorie i wyszukując dziesięć występujących najczęściej. W przypadku remisu wyższą pozycję zajmuje problem ze świeższym zgłoszeniem. Niektóre zagrożenia mogą być wymieniane wielokrotnie w tym samym raporcie.

Konflikt międzypaństwowy z regionalnymi konsekwencjami

W tym: niestabilność na Bliskim Wschodzie
▶ Pozycje: **3**
◀ Ostatni wpis: **2016**
▲ Najwyższa lokata: **1 w 2015**

Utrata bioróżnorodności

W tym: zapaść ekosystemu
▶ Pozycje: **3**
◀ Ostatni wpis: **2021**
▲ Najwyższa lokata: **4 w 2020**

Nierówność dochodów

W tym: dysproporcje dochodów, bezrobocie, niepełne zatrudnienie, długotrwały brak równowagi finansowej
▶ Pozycje: **5**
◀ Ostatni wpis: **2015**
▲ Najwyższa lokata: **1 w 2014**

Upadek lub kryzys państwa

W tym: masowe wymuszone migracje, rozpad administracyjnego aparatu państwowego
▶ Pozycje: **5**
◀ Ostatni wpis: **2017**
▲ Najwyższa lokata: **1 w 2016**

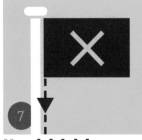

Klęski żywiołowe

W tym: trzęsienia ziemi, tsunami i wybuchy wulkanów
▶ Pozycje: **5**
◀ Ostatni wpis: **2020**
▲ Najwyższa lokata: **2 w 2018**

Choroby zakaźne

W tym: choroby przewlekłe
▶ Pozycje: **5**
◀ Ostatni wpis: **2021**
▲ Najwyższa lokata: **2 w 2007**

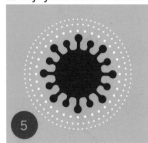

Wrażliwość systemów informatycznych

W tym: cyberataki, kradzież lub fałszowanie danych, zaburzenia przepływu informacji krytycznych
▶ Pozycje: **8**
◀ Ostatni wpis: **2019**
▲ Najwyższa lokata: **1 w 2007**

Kryzysy finansowe i fiskalne

W tym: spadek cen aktywów, kryzys fiskalny, chroniczny brak równowagi finansowej, gwałtowny wzrost cen ropy i gazu
▶ Pozycje: **9**
◀ Ostatni wpis: **2013**
▲ Najwyższa lokata: **1 w 2010**

Ekstremalne zjawiska pogodowe

W tym: kataklizmy i powodzie
▶ Pozycje: **10**
◀ Ostatni wpis: **2021**
▲ Najwyższa lokata: **1 w 2021**

Zmiany klimatyczne

W tym: klęska klimatyczna, rosnąca emisja gazów cieplarnianych, niepowodzenie w łagodzeniu skutków zmian i adaptacji
▶ Pozycje: **11**
◀ Ostatni wpis: **2021**
▲ Najwyższa lokata: **2 w 2021**

Źródło: Raport na temat globalnych zagrożeń publikowany przez Światowe Forum Ekonomiczne

Jakie szkody potrafi spowodować huragan?

Huragany kosztują amerykańską gospodarkę więcej niż susze, powodzie, ataki mrozu, pożary i zimowe zamiecie razem wzięte. I są coraz częstsze. Oto, jakie szkody mogą wyrządzić poszczególne kategorie huraganów.

Jaka jest najwyższa kategoria huraganu?

Jak to zrobiliśmy: Skala klasyfikacji huraganów Saffira–Simpsona opisuje intensywność zjawiska w pięciu stopniach. Ogólnie rzecz biorąc, szkody rosną przy każdym kolejnym stopniu czterokrotnie.

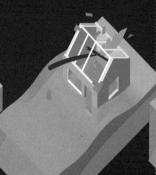

1	**2**	**3**	**4**	**5**
Pomniejsze zniszczenia	**Umiarkowane zniszczenia**	**Istotne zniszczenia**	**Poważne zniszczenia**	**Katastrofalne zniszczenia**
Wiatr: **119-153 km/h**	Wiatr: **154-177 km/h**	Wiatr: **178-209 km/h**	Wiatr: **210-249 km/h**	Wiatr: **ponad 250 km/h**
Zerwane dachówki i gałęzie drzew, uszkodzenia linii energetycznych, brak prądu przez kilka dni	Uszkodzenia dachów, nieco wyrwanych drzew, zablokowane drogi, dni lub tygodnie bez prądu	Uszkodzenia konstrukcyjne dachu, odcięcie niektórych okolic, dni lub tygodnie bez wody i prądu	Uszkodzenia budynków i infrastruktury, duża część obszaru nie nadaje się do zamieszkania przez tygodnie	Zniszczenie budynków i infrastruktury, brak wody i prądu, obszar nie nadaje się do zamieszkania przez miesiące

Ile kosztuje sprzątanie po huraganie?

Pięć najdroższych sezonów huraganowych w USA w miliardach dolarów (po uwzględnieniu inflacji)

2017	Huragany Harvey, Irma, Jose, Maria	**283,6 mld**
2005	Huragany Dennis, Katrina, Ophelia, Rita, Wilma	**227,7 mld**
1926	Wielki huragan w Miami	**184,3 mld**
1900	Wielki huragan w Galveston	113,5 mld
1915	Huragany w Galveston i Nowym Orleanie	80,8 mld

NAJTRAGICZNIEJSZY HURAGAN
8000
OFIAR

Źródła: National Hurricane Center, National Oceanic and Atmospheric Administration, „Time"

Czy naprawdę jest tak ciepło?

Globalne ocieplenie jest prawdopodobnie największym zagrożeniem, z jakim ludzkość kiedykolwiek się zetknęła. Rosnące temperatury zagrażają produkcji żywności, siedliskom zwierząt, politycznej i ekonomicznej równowadze, utrudniają coraz bardziej dostęp do czystej wody. Choć jego zasadnicze efekty będą odczuwalne dopiero w przyszłości, świat już teraz jest znacznie gorętszy niż kiedyś.

Jak to zrobiliśmy: Na mapie dzielimy kraje i obszary świata na trzy grupy według różnic między ich średnią temperaturą w 2020 r., a średnią temperaturą tamże w latach 1951–1980. W 2020 r. odnotowano najwyższe średnie roczne temperatury (od rozpoczęcia pomiarów) aż w 45 krajach. ■ Szare obszary oznaczają kraje, dla których nie są dostępne żadne dane.

Źródło: Berkeley Earth

AMERYKA PÓŁNOCNA

AMERYKA POŁUDNIOWA

H

L

Nieco cieplej

Kraje i obszary, gdzie w roku 2020 było cieplej o 0–1,49°C, niż wynosi średnia z lat 1951–1980

Znacznie cieplej

Kraje i obszary, gdzie w roku 2020 było cieplej o 1,5–2,99°C, niż wynosi średnia z lat 1951–1980

O wiele cieplej

Kraje i obszary, gdzie w roku 2020 było cieplej o ponad 3°C, niż wynosi średnia z lat 1951–1980

Czy mocno się ocepliło?

Po 2010 r. zdarzyło się na całym świecie aż 8 z 10 najcieplejszych lat odnotowanych od początku pomiarów w 1850 r.

2010 2011 2012 2013 2014 2015

2016 2017 2018 2019 2020

Komu jest najcieplej?

Kraje o najwyższym wzroście średniej temperatury w roku 2020 w porównaniu z latami 1951-1980 (°C)

+3,6	**Rosja**	A
+3,4	**Estonia**	B
+3,3	**Łotwa**	C
+3,2	**Finlandia**	D
+3,1	**Białoruś**	E
+3,1	**Litwa**	F

Co z temperaturą wody?

Oceany o najwyższym wzroście średniej temperatury w roku 2020 w porównaniu z latami 1951-1980 (°C)

G	**Ocean Arktyczny**	+2,7
H	**północny Atlantyk**	+0,8
I	**północny Pacyfik**	+0,8
J	**południowy Atlantyk**	+0,5
K	Ocean Indyjski	+0,5
L	południowy Pacyfik	+0,4

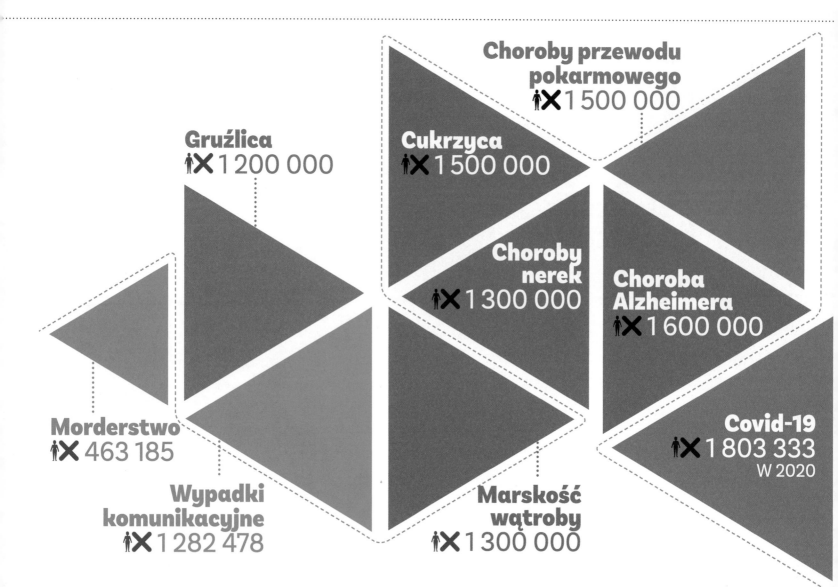

Choroby przewodu pokarmowego
 X 1 500 000

Gruźlica
 X 1 200 000

Cukrzyca
 X 1 500 000

Choroby nerek
 X 1 300 000

Choroba Alzheimera
 X 1 600 000

Morderstwo
 X 463 185

Wypadki komunikacyjne
 X 1 282 478

Marskość wątroby
 X 1 300 000

Covid-19
 X 1 803 333
W 2020

Co może mnie zabić?

**Według Światowej Organizacji Zdrowia co roku umiera około 55,4 mln ludzi.
Oto najczęstsze przyczyny zejścia z tego padołu i przeniesienia się do wieczności.**

Jak to zrobiliśmy: Zebraliśmy **liczbę zejść śmiertelnych (X)** w kategoriach zgodnych z podstawowymi przyczynami zgonów według Światowej Organizacji Zdrowia za rok 2019 wraz z liczbą osób, których zgony zostały zarejestrowane jako związane z wirusem Covid-19* w 2020 r. Morderstwo nie należy do podstawowych przyczyn zgonów, ale zostało włączone jako punkt odniesienia. Przyczyny śmierci oznaczyliśmy kolorami według kategorii:

▶ **Choroby zakaźne, ciąża, przyczyny okołoporodowe i żywieniowe** (w tym zakażenia i choroby pasożytnicze)

▶ **Choroby niezakaźne** (związane z takimi czynnikami, jak wiek, płeć, dieta, środowisko, styl życia i geny)

▶ **Urazy** (przypadkowe i umyślne przyczyny śmierci)

Źródła: Światowa Organizacja Zdrowia, Bank Światowy
* Zdefiniowane przez WHO jako „zgony wynikające z choroby klinicznie zgodnej z obrazem prawdopodobnego lub potwierdzonego przypadku Covid-19, chyba że istnieje wyraźna alternatywna przyczyna śmierci, która nie może być wiązana z tą chorobą (np. uraz)".

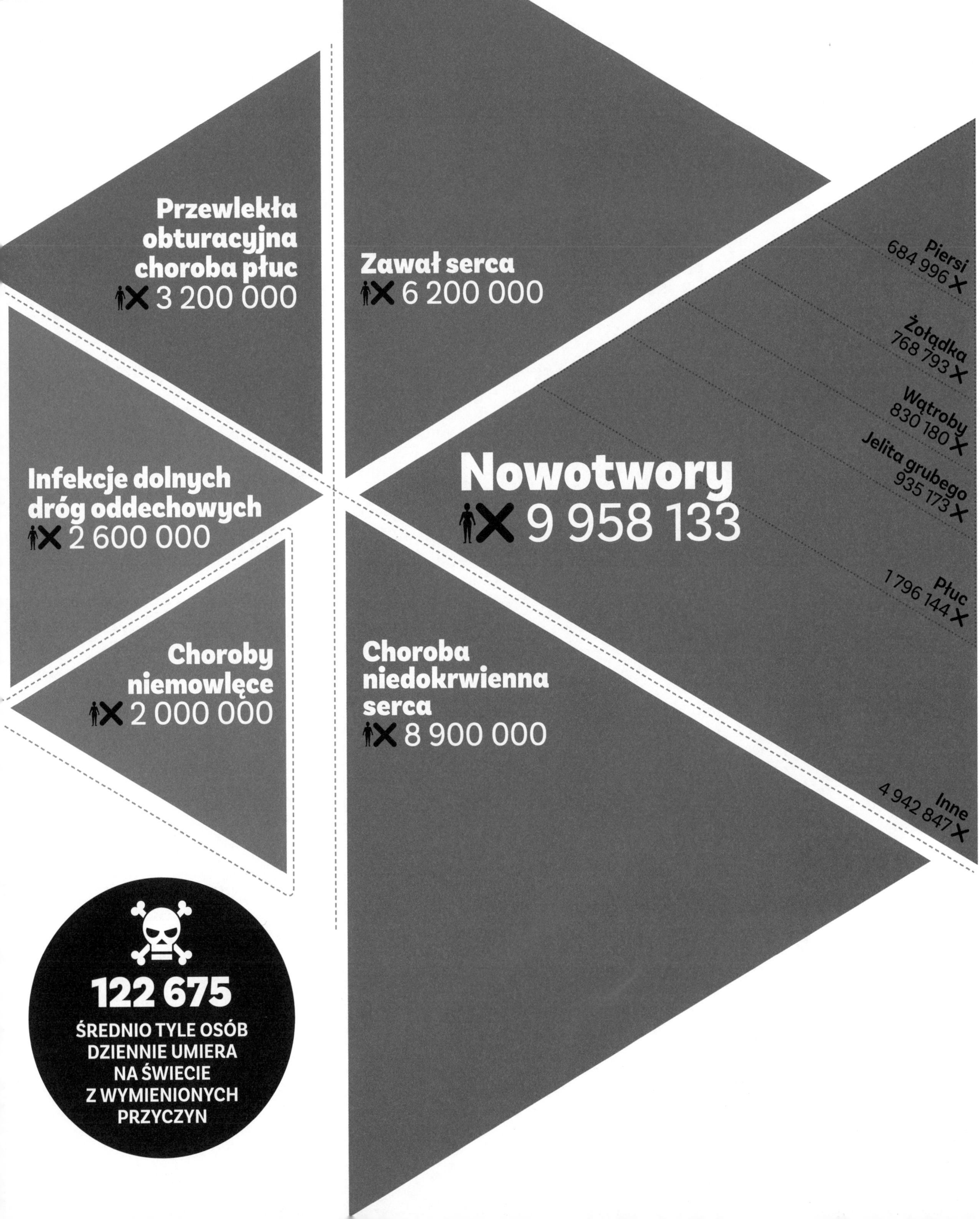

Przewlekła obturacyjna choroba płuc
✚✖ 3 200 000

Zawał serca
✚✖ 6 200 000

Infekcje dolnych dróg oddechowych
✚✖ 2 600 000

Nowotwory
✚✖ 9 958 133

Choroby niemowlęce
✚✖ 2 000 000

Choroba niedokrwienna serca
✚✖ 8 900 000

Piersi
684 996 ✖

Żołądka
768 793 ✖

Wątroby
830 180 ✖

Jelita grubego
935 173 ✖

Płuc
1 796 144 ✖

Inne
4 942 847 ✖

122 675
ŚREDNIO TYLE OSÓB DZIENNIE UMIERA NA ŚWIECIE Z WYMIENIONYCH PRZYCZYN

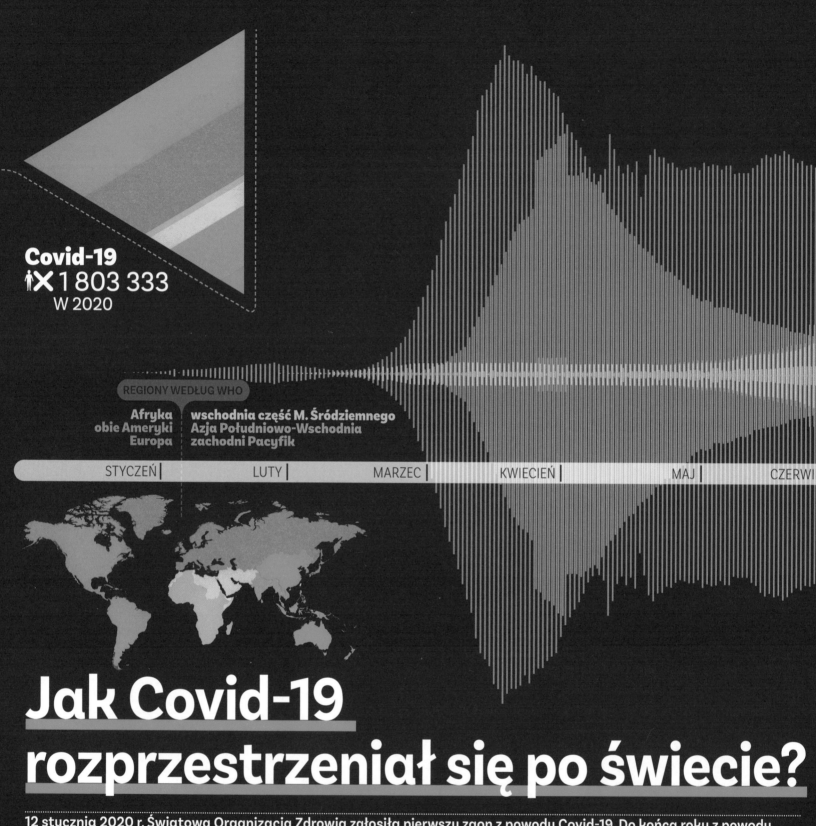

Covid-19
👤✕ 1 803 333
W 2020

REGIONY WEDŁUG WHO

Afryka
obie Ameryki
Europa

wschodnia część M. Śródziemnego
Azja Południowo-Wschodnia
zachodni Pacyfik

STYCZEŃ | LUTY | MARZEC | KWIECIEŃ | MAJ | CZERWIE

Jak Covid-19
rozprzestrzeniał się po świecie?

12 stycznia 2020 r. Światowa Organizacja Zdrowia zgłosiła pierwszy zgon z powodu Covid-19. Do końca roku z powodu tego koronawirusa zmarły 1 803 333 osoby. Przedstawiamy tutaj, gdzie i kiedy dochodziło do zgonów, w miarę jak wirus rozprzestrzeniał się po całym świecie.

Jak to zrobiliśmy: Wykres przedstawia liczbę zgonów zgłoszonych Światowej Organizacji Zdrowia w okresie od 16 stycznia 2020 do 31 grudnia 2020. Średnia krocząca z siedmiu dni była przyjmowana, gdy liczba ofiar śmiertelnych osiągnęła 100 w każdym z regionów. Kolory linii odpowiadają kolorom regionów WHO przedstawionym na mapie. Całkowita liczba zgonów dla każdego z regionów w 2020 r. została przedstawiona w trójkącie po lewej.

Źródło: Światowa Organizacja Zdrowia. Śmierć z powodu Covid-19 definiowana jest przez organizację jako „zgon wynikający z choroby klinicznie zgodnej z obrazem prawdopodobnego lub potwierdzonego przypadku Covid-19, chyba że istnieje wyraźna alternatywna przyczyna śmierci, która nie może być wiązana z tą chorobą (np. uraz)"

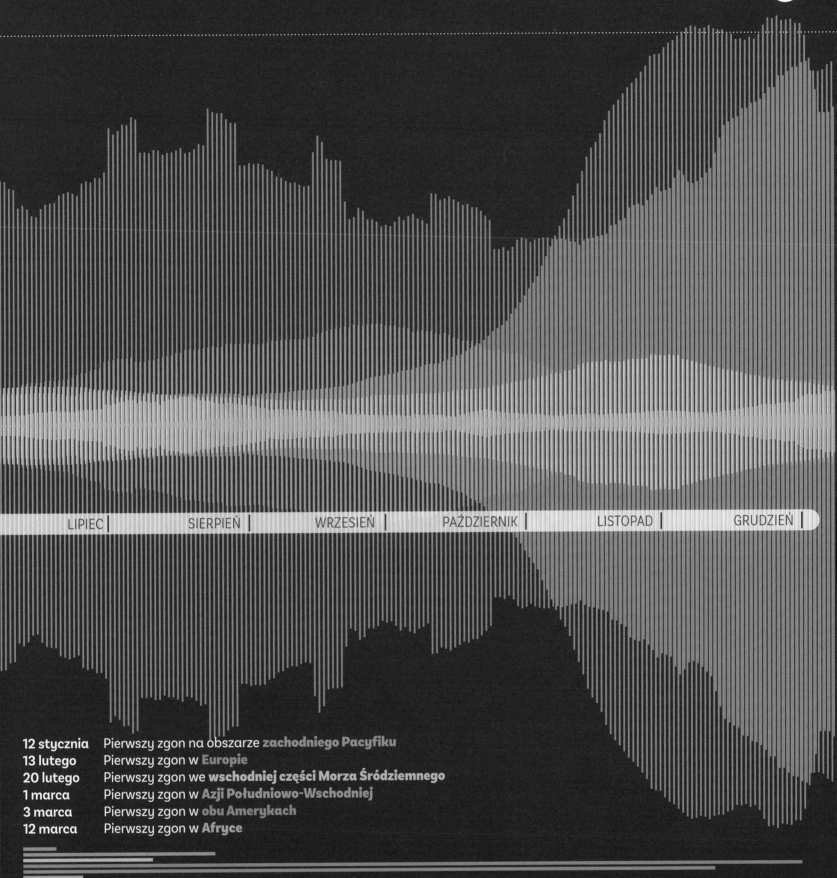

LIPIEC | SIERPIEŃ | WRZESIEŃ | PAŹDZIERNIK | LISTOPAD | GRUDZIEŃ |

12 stycznia	Pierwszy zgon na obszarze **zachodniego Pacyfiku**
13 lutego	Pierwszy zgon w **Europie**
20 lutego	Pierwszy zgon we **wschodniej części Morza Śródziemnego**
1 marca	Pierwszy zgon w **Azji Południowo-Wschodniej**
3 marca	Pierwszy zgon w **obu Amerykach**
12 marca	Pierwszy zgon w **Afryce**

24 kwietnia	Najgorszy dzień na obszarze **zachodniego Pacyfiku**, 229 zgonów
22 września	Najgorszy dzień w **Azji Południowo-Wschodniej**, 1336 zgonów
25 listopada	Najgorszy dzień we **wschodniej części Morza Śródziemnego**, 903 zgony
19 grudnia	Najgorszy dzień w **Europie**, 5427 zgonów
24 grudnia	Najgorszy dzień na świecie, 11 663 zgony
25 grudnia	Najgorszy dzień w **obu Amerykach**, 4824 zgony
31 grudnia	Najgorszy dzień w **Afryce**, 414 zgonów

Globalny szczyt wyszukiwania:

🔍 **WYSZUKIWANY TEMAT:**

▲ **WZROST W %:**

☀ Jako „szczyt" określona została chwila, gdy popularność danego wyszukiwania wzrosła o 5000% lub więcej

12 dni przed

Panika

▲ **1307%**

Wyszukiwania dotyczące paniki zakupowej i poziomu zapasów jakby wyprzedziły pandemię

Dzień pierwszy

Pandemia

☀ SZCZYT

Pandemia była pierwszym hasłem, które osiągnęło szczyt liczby wyszukiwań ze wzrostem o 26 000% w tym samym dniu, w którym ogłoszono globalną pandemię

3 dni później

Papier toaletowy

▲ **355%**

Obawa przed brakiem tego artykułu poskutkowała szukaniem go w sieci oraz pytaniami „jak samemu zrobić papier toaletowy"

5 dni później

Koronawirus

☀ SZCZYT

Koronawirus stał się pierwszym od lat tematem, który zyskał tak wielką popularność w wyszukiwarkach

OGŁOSZONO GLOBALNĄ PANDEMIĘ 11 MARCA 2020

Jak się żyło w lockdownie?

Próbując powstrzymać pierwszą falę zakażeń wirusem Covid-19, rządy na całym świecie kazały swoim obywatelom pozostać w domach. Uwięzione w czterech ścianach miliardy ludzi sięgnęły do otchłani Internetu, aby pomógł im funkcjonować w tak raptownie odmienionym świecie. Sprawdziliśmy, co w pierwszym rzędzie przyciągało wówczas uwagę, i spróbowaliśmy stworzyć coś w rodzaju osi czasu dotyczącej naszego życia w pierwszych dniach pandemii.

Jak to zrobiliśmy: Przeglądając tak zwane Trendy Google (Google Trends), gdzie ukazane są pogrupowane podobne wyszukiwania w różnych językach, porównaliśmy roczny wzrost w niektórych obszarach tematycznych w okresie od lutego do lipca 2020 r. Następnie wyszukaliśmy dzień, w którym każdy z tych tematów osiągnął szczyt globalnej popularności.

Tematyka wyszukiwań: ● Zakupy ● Zdrowie ● Przepisy prawne ● Rozrywka i styl życia ● Dom i praca

Źródło: Google Trends

24 dni później

Maseczki chirurgiczne

▲ **1904%**

Stały się tak powszechne, że musiały opanować również sieć

25 dni później

Jak się ostrzyc samemu

☀ SZCZYT

Zamknięcie salonów fryzjerskich zmusiło ludzkość do większej inwencji w zakresie „zrób to sam"

26 dni później

Pomoc dla bezrobotnych

▲ **98%**

Lockdown zebrał swoje żniwo. Informacji na ten temat najczęściej szukano w Danii

28 dni później

Pozwolenie na wyjście z domu

☀ SZCZYT

Te zapytania wprowadzano najczęściej w Zjednoczonych Emiratach Arabskich

31 dni później

Drożdże

▲ **224%**

Pytano: „gdzie kupić" i „jak używać" - i wyszukiwania te rosły jak na drożdżach

33 dni później

Odgłosy kawiarni na YouTubie

☀ SZCZYT

Australia najbardziej stęskniła się za życiem towarzyskim

Tydzień później

9 dni później

10 dni później

Środek do dezynfekcji rąk
▲ 1703%

Środki te szybko zniknęły ze sklepów i stały się jednocześnie popularnym tematem wyszukiwania

Szczepionka
▲ 118%

Gdy skala kryzysu stała się oczywista, ludzie zaczęli szukać informacji

Godzina policyjna
▲ 1266%

Krajowa czy regionalna godzina policyjna była dla wielu całkiem nowym doświadczeniem

Hydroksychlorochina
▲ 1195%

Zainteresowanie tym lekiem na malarię wzrosło, gdy prezydent Trump zaczął go zachwalać

Kwarantanna
▲ 4791%

W tym „jak to odbywać", „jak zgłaszać naruszenie" i „pomysły na randkę w czasie kwarantanny"

Amunicja
▲ 64%

USA prowadziły w wyszukiwaniu informacji o dostępności amunicji i czasie jej przydatności do użytku

---

11 dni później

12 dni później

Nuda
▲ 42%

Gdy „nowa normalność" się ukonstytuowała, pojawiły się wyszukiwania związane z nudą, w tym „nudzę się"

Rower treningowy
▲ 182%

Nagły wzrost troski o formę bez opuszczania domu wywindował zainteresowanie rowerami stacjonarnymi

Wałek malarski
▲ 348%

Inni szukali narzędzi potrzebnych do remontu domu, skoro już spędzali w nim tyle czasu

Wirtualne podróże
▲ 223%

Wielu zaczęło zwiedzać w ten sposób świat, przy czym najwięcej osób wybrało Francję

Zdalne nauczanie
▲ 82%

Skoro szkoły zostały zamknięte, zaczęto się uczyć, jak nauczać innych

Kiedy szkoły zostaną otwarte?
✷ SZCZYT

Po czym próbowano pytać o to, co dręczyło chyba każdego rodzica

---

17 dni później

18 dni później

19 dni później

3 tygodnie później

24 dni później

Gry planszowe
▲ 33%

W czasie pandemii klasyczne gry planszowe przeżyły renesans

Chleb bananowy
▲ 106%

Częstotliwość wyszukiwania przepisów na coś smacznego wzrosła na całym świecie, ale najbardziej w Irlandii i Słowacji

Kamery internetowe
▲ 63%

Gdy Zoom stał się niezbędny do przeżycia, ludzie zaczęli się rozglądać za najlepszym sprzętem

Dystans społeczny
✷ SZCZYT

Kolejny termin ery „nowej normalności", który wszedł do użytku na całym świecie

Randki na Zoomie
✷ SZCZYT

Miłość zawsze znajdzie sposób... W tym wyszukiwaniu bezwzględnie prowadziła Szwecja

Malowanki po numerach
▲ 187%

Rozrywka w starym stylu, która powróciła na całym świecie, jednak przede wszystkim w Ukrainie

---

36 dni później

38 dni później

52 dni później

60 dni później

67 dni później

142 dni później

Jak wyłączyć wyciszenie na Zoomie
✷ SZCZYT

Był to naprawdę poważny problem, który gnębił przede wszystkim Irlandię

Impreza urodzinowa drive-by
✷ SZCZYT

Oto narodziła się nowa tradycja, przewodziły w tym Stany Zjednoczone

Jak zrobić hamburgera w stylu McDonalda
✷ SZCZYT

Tymczasem w Wielkiej Brytanii narastała wyraźnie tęsknota za Big Makiem...

Zamówienia z dowozem
▲ 108%

Niektórzy odważali się jednak na kontakt ze światem zewnętrznym, by zdobyć ulubione jedzenie

Rowery
▲ 46%

W miarę jak łagodzono restrykcje, przybywało cyklistów, zwłaszcza w Belgii

Ile osób może wziąć udział w pogrzebie?
✷ SZCZYT

W tej smutnej kategorii prowadziła Wielka Brytania

Co najgorszego zdarzyło się na morzu?

Zatonięcie *Titanica* może być najbardziej znaną morską katastrofą, ale nie była ona największa pod względem liczby ofiar. Porównaliśmy tragedię z 1912 roku z pięcioma najgorszymi zdarzeniami tego typu w historii.

Jak to zrobiliśmy: Sylwetki *Titanica* i pięciu innych pechowych statków zostały przedstawione w tej samej skali, co pozwala na porównanie ich wielkości (a zwłaszcza długości).

Źródła: Britannica, „The Daily Telegraph", history.com, The Maritime Executive, Smithsonian magazine

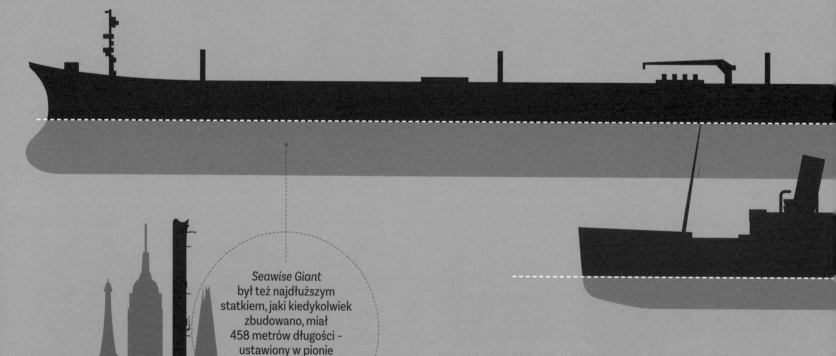

Seawise Giant był też najdłuższym statkiem, jaki kiedykolwiek zbudowano, miał 458 metrów długości – ustawiony w pionie przyćmiłby wieżę Eiffla, Empire State Building czy londyńskiego Sharda

Która katastrofa na morzu jest najsłynniejsza?

RMS TITANIC ▽ 15 kwietnia 1912

Pechowy „niezatapialny" transatlantyk o długości 269 metrów uderzył w górę lodową w piątym dniu swej dziewiczej podróży

↑ **Liczba ofiar: 1502**

Która katastrofa na morzu pochłonęła najwięcej ofiar?

MV WILHELM GUSTLOFF ▽ 30 stycznia 1945

Zatopienie niemieckich pływających koszar przez radziecki okręt podwodny podczas ewakuacji cywilów jest najtragiczniejszym takim zdarzeniem w dziejach

↑ **Szacowana liczba ofiar: 9400**

Która katastrofa na morzu w czasie pokoju pochłonęła najwięcej ofiar?

MV DOÑA PAZ ▽ 20 grudnia 1987

Pływający między wyspami Filipin prom zatonął po zderzeniu z tankowcem. Chociaż mógł przewozić tylko 1518 pasażerów, miał ich na pokładzie znacznie więcej

↑ **Liczba ofiar: 4374**

Jaki był największy statek, który kiedykolwiek zatonął?

SEAWISE GIANT ▽ 14 maja 1988

Zatopiony przez irackie odrzutowce w cieśninie Ormuz podczas wojny z Iranem, mierzący 458 metrów statek został wówczas wydobyty i przemianowany, aż w 2010 r. ostatecznie go zezłomowano

↑ **Liczba ofiar: 14**

Jaki największy transatlantyk poszedł na dno?

HMHS BRITANNIC ▽ 21 listopada 1916

Był on niemal bliźniaczą jednostką *Titanica*, dłuższy tylko o dwa metry – podczas I wojny światowej służył jako statek szpitalny i niedaleko greckiej wyspy Kea trafił pechowo na minę

↑ **Liczba ofiar: 30**

Ile trwała najkrótsza dziewicza podróż?

VASA▽ 10 sierpnia 1628

Szwedzki królewski galeon, największy wówczas drewniany statek, zatonął ledwie dwa kilometry od nabrzeża niedaleko Sztokholmu podczas swojego pierwszego rejsu. Jego wrak został wydobyty w 1956 roku

↑ **Szacowana liczba ofiar: 50**

W których miastach jest najbardziej niebezpiecznie?

W globalnej skali prawdopodobieństwo, że padniemy ofiarą morderstwa, jest bardzo małe, roczny wskaźnik zabójstw na świecie wynosi 5,78 na 100 000 osób, jednak gorzej to wygląda, gdy mieszka się w wymienionych poniżej miastach...

☠ Miasta z najwyższym wskaźnikiem morderstw na 100 000 mieszkańców

1 ✝X193 **San Salvador, Salwador**
2 ✝X130,7 **La Ceiba, Honduras**
3 ✝X113,2 **San Pedro Sula, Honduras**
4 ✝X90,5 Tegucigalpa, Honduras
5 ✝X81,6 Sojapango, Salwador
6 ✝X66,4 Belize City, Belize
7 ✝X64,8 Gwatemala City, Gwatemala
8 ✝X64,8 Cali, Kolumbia
9 ✝X64,4 Santa Ana, Salwador
10 ✝X54,3 Kingston, Jamajka
11 ✝X47,8 Salvador, Brazylia
12 ✝X47,5 Portmore, Jamajka
13 ✝X46 Escuintla, Gwatemala
14 ✝X45,7 Bambari, Rep. Środkowoafryk.
15 ✝X33,9 Belmopan, Belize

Jak to zrobiliśmy: Lista przedstawia 15 miast o najwyższym rocznym wskaźniku zabójstw (liczba ofiar umyślnego zabójstwa na 100 000 mieszkańców). Liczby pochodzą z najświeższych dostępnych statystyk. Dane globalne z 2018 r.

Źródło: Biuro Organizacji Narodów Zjednoczonych ds. Narkotyków i Przestępczości

Czy powinniśmy się obawiać plagi szarańczy?

Roje szarańczy nie są zjawiskiem jedynie ze Starego Testamentu: w styczniu 2020 r. w Afryce Wschodniej dostrzeżono największy od dziesięcioleci rój tych niszczących uprawy owadów. Oto jego rozmiar w porównaniu do czegoś lepiej nam znanego.

Jak to zrobiliśmy: Kręgi poniżej obrazują proporcjonalnie obszary miejskie w zestawieniu z obszarem Kenii zajętym przez największy odnotowany rój szarańczy.

784 km²
całe miasto
Nowy Jork

1569 km²
Obszar
Wielkiego Londynu

2400 km²
Szacowany obszar Kenii
zajmowany przez największy rój
szarańczy zgłoszony przez ONZ
w styczniu 2020

Ile może zjeść szarańcza?

RÓJ SZARAŃCZY POKRYWAJĄCY OBSZAR 2400 KM² MOŻE ZJEŚĆ
RÓWNOWARTOŚĆ ŻYWNOŚCI DLA 84 000 000 OSÓB
TO CAŁA LUDNOŚĆ NIEMIEC

Źródło: Organizacja Narodów Zjednoczonych do spraw Wyżywienia i Rolnictwa (FAO)

ZDECYDOWANIE NIEPRAWDOPODOBNE (1 DO 10 000–1 DO 1 000 000)

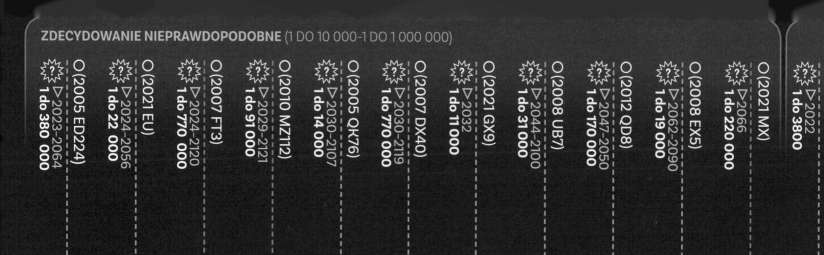

O (2005 ED224)
▽ 2023-2064
1 do 380 000

O (2021 EU)
▽ 2024-2056
1 do 22 000

O (2007 FT3)
▽ 2024-2120
1 do 770 000

O (2010 MZ112)
▽ 2029-2121
1 do 91 000

O (2005 QK76)
▽ 2030-2107
1 do 14 000

O (2007 DX40)
▽ 2030-2119
1 do 770 000

O (2021 GX9)
▽ 2032
1 do 11 000

O (2008 UB7)
▽ 2044-2100
1 do 31 000

O (2012 QD8)
▽ 2047-2050
1 do 170 000

O (2008 EX5)
▽ 2062-2090
1 do 19 000

O (2021 MX)
▽ 2066
1 do 220 000

O (2009 JF1)
▽ 2022
1 do 3800

Jakie jest ryzyko, że uderzy w nas asteroida?

Niszczycielskie asteroidy uderzające w Ziemię to stary motyw filmów SF, ale jakie w rzeczywistości jest prawdopodobieństwo takiego zdarzenia? Jakie szkody może wyrządzić asteroida? Przeanalizowaliśmy dane, aby się tego dowiedzieć.

10 751 ⇢ **24** ⇢ **6** ⇢ **13** ⇢ **5**

10 751 w miarę bliskich Ziemi obiektów jest monitorowanych przez Jet Propulsion Laboratory w NASA

24 z nich mogą się znaleźć na kursie kolizyjnym z Ziemią, według centrum monitoringu NASA. Żaden nie wejdzie zapewne w atmosferę, ale gdyby jednak…

6 powinno spalić się w atmosferze, lecz zgodnie z istniejącymi modelami ich fragmenty mogą spaść na powierzchnię

13 może utworzyć jasną kulę ognia i wywołać falę ciśnieniową zdolną wybić okna na wielkim obszarze

5 może uderzyć w grunt z wystarczającą siłą, żeby utworzyć krater. Największym z nich jest…

Jak to zrobiliśmy: Przedstawiliśmy 24 obiekty, które potencjalnie mogą wejść w kontakt z Ziemią, wszystkie są monitorowane przez NASA, dokładnie przez system Sentry mający ostrzegać przed możliwymi kolizjami. Uporządkowaliśmy je, po pierwsze, według prawdopodobieństwa takiego zdarzenia, po drugie zaś, według roku, w którym mogą najbardziej zbliżyć się do Ziemi. Różne kolory obrazują, co mogłoby się stać, gdyby rzeczywiście zagroziły naszej planecie. Prognozy zostały zaczerpnięte z danych programu Earth Impact Effects University College London, gdzie wyjściowo przyjęto, że chodzi o ciało skaliste o gęstości 3000 kg/m³ i że wejdzie ono w atmosferę pod kątem 45 stopni. Najgorszy przewidywany scenariusz zakłada, że asteroida trafi w centrum Paryża, w wieżę Eiffla.

Źródła: The Center For Near-Earth Object Studies, Earth Impact Effects Program

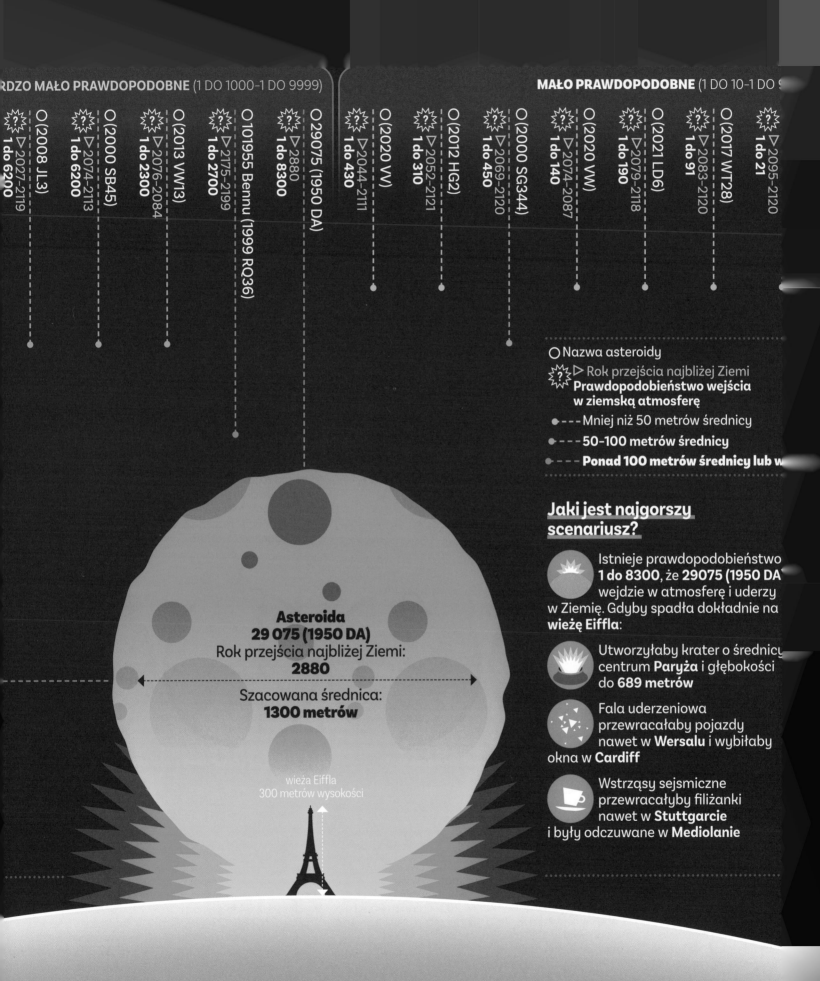

RDZO MAŁO PRAWDOPODOBNE (1 DO 1000-1 DO 9999)

MAŁO PRAWDOPODOBNE (1 DO 10-1 DO S

- ○ (2008 JL3) ▽ 2027-2119 **1 do 6200**
- ○ (2000 SB45) ▽ 2074-2113 **1 do 6200**
- ○ (2013 VW13) ▽ 2076-2084 **1 do 2300**
- ○ 101955 Bennu (1999 RQ36) ▽ 2175-2199 **1 do 2700**
- ○ 29075 (1950 DA) ▽ 2880 **1 do 8300**
- ○ (2020 W) ▽ 2044-2111 **1 do 430**
- ○ (2012 HG2) ▽ 2052-2121 **1 do 310**
- ○ (2000 SG344) ▽ 2069-2120 **1 do 450**
- ○ (2020 VW) ▽ 2074-2087 **1 do 140**
- ○ (2021 LD6) ▽ 2079-2118 **1 do 190**
- ○ (2017 WT28) ▽ 2083-2120 **1 do 91**
- ○ (2017 ▽ 2095-2120 **1 do 21**

○ Nazwa asteroidy

✳ ▷ Rok przejścia najbliżej Ziemi
Prawdopodobieństwo wejścia w ziemską atmosferę

●---- Mniej niż 50 metrów średnicy

●---- **50-100 metrów średnicy**

●---- **Ponad 100 metrów średnicy lub w**

Jaki jest najgorszy scenariusz?

Istnieje prawdopodobieństwo **1 do 8300**, że **29075 (1950 DA** wejdzie w atmosferę i uderzy w Ziemię. Gdyby spadła dokładnie na **wieżę Eiffla**:

Utworzyłaby krater o średnicy centrum **Paryża** i głębokości do **689 metrów**

Fala uderzeniowa przewracałaby pojazdy nawet w **Wersalu** i wybiłaby okna w **Cardiff**

Wstrząsy sejsmiczne przewracałyby filiżanki nawet w **Stuttgarcie** i były odczuwane w **Mediolanie**

**Asteroida
29 075 (1950 DA)**
Rok przejścia najbliżej Ziemi:
2880

Szacowana średnica:
1300 metrów

wieża Eiffla
300 metrów wysokości

1000

Cesarz rzymski Otton III
Rok wygłoszenia: 1000

Otto był przekonany, że świat skończy się w 1000 roku. Przewidywał też, że cesarz stanie do walki z antychrystem w ciele zmarłego w 814 r. Karola Wielkiego, ekshumowanego w Zielone Świątki w celu pokonania szatana.

1000

Papież Sylwester II
Rok wygłoszenia: 999

Zostając papieżem, Sylwester II, Gerbert z Aurillac, przewidział koniec świata w związku z powrotem Jezusa Chrystusa 1000 lat po jego narodzinach. Gdy Zbawiciel jakoś się nie pokazywał, Sylwester przesunął termin końca świata na rok 1033, rocznicę śmierci Chrystusa, ale po raz kolejny na szczęście się pomylił.

około 1247

Joachim z Fiore
Rok wygłoszenia: 1187

Biblista Joachim Fiore uważał, że koniec świata będzie dziełem siedmiogłowego smoka wspomnianego w Księdze Objawienia. Jego przepowiednie zachęciły Ryszarda Lwie Serce do dołączenia do trzeciej krucjaty.

1524

Astrologowie
Rok wygłoszenia: 1523

Grupa londyńskich astrologów przewidywała, że świat przepadnie 1 lutego 1524 za sprawą potopu, pierwszy zaś zostanie zalany Londyn. Dwadzieścia tysięcy londyńczyków opuściło swoje domy i skierowało się na różne wzniesienia w oczekiwaniu kataklizmu. Niepotrzebnie się fatygowali, tego dnia w ogóle nie padało.

1736

William Whiston
Rok wygłoszenia: 1736

William Whiston był początkującym badaczem komety, który przypisywał potop z czasów Noego oddziaływaniu kosmicznych skał. Przewidywał, że kolejna zderzy się z Ziemią 16 października 1736 r., doprowadzając do zagłady naszej planety. Jego przepowiednia wywołała taką panikę, że arcybiskup Canterbury musiał publicznie zdementować to proroctwo.

2011

Harold Camping
Rok wygłoszenia: 2010

Właściciel chrześcijańskiej stacji radiowej z Kalifornii Harold Camping ogłosił, że w „wniebowzięcie" nastąpi 21 maja 2011 r., i rozreklamował to nawet na ponad pięciu tysiącach billboardów. Gdy tego dnia chrześcijanie jakoś nie zaczęli unosić się ku niebu, przesunął proroctwo na 21 października. Ale i to nie pomogło.

2012

José Argüelles
Rok wygłoszenia: 1987

José Argüelles wierzył, że gdy kalendarz Majów zakończy się w 2012 roku, będzie to oznaczało inwazję obcych albo inny kres naszego świata. Aby przeciwdziałać, zorganizował w 1987 roku mszę dla tysięcy ludzi zgromadzonych w takich miejscach, jak Central Park czy Stonehenge.

2021

Kenton Beshore
Rok wygłoszenia: 1988

Amerykański pastor Kenton Beshore dzięki studiowaniu Biblii nabrał pewności, że „wniebowzięcie" nastąpi w 2021 r., zanim Państwo Izrael „stanie się starcem".

2038

Nostradamus
Rok wygłoszenia: 1555

Najsłynniejszy w historii wróżbita, Nostradamus, zapowiedział koniec świata w roku, gdy Wielkanoc przypadnie 25 kwietnia. Jak dotąd upiekło się nam w latach 1666, 1734, 1886 i 1943. Następna okazja trafi się w roku 2038. Nie chowajcie jajeczek wielkanocnych, raczej sami postarajcie się ukryć.

2038

Zbiorowo
Rok wygłoszenia: 1970

Czas kończy się o 3:14:08 19 stycznia 2038 – przynajmniej dla komputerów korzystających z systemu operacyjnego Unix, którego wewnętrzny zegar dojdzie wówczas do ściany. Technologiczni wróżowie wieszczą, że doprowadzi to do zejścia satelitów z orbity, przerw w dostawach prądu i awarii systemów podtrzymywania życia.

1806

Mary Bateman
Rok wygłoszenia: 1806

Gdy w 1806 r. wróżebna kura z Leeds zaczęła znosić jajka ze słowami „Crist [sic] nadchodzi", ludzie wpadli w panikę. Ale Chrystus nie przyszedł. Cała sprawa okazała się dziełem miejscowej oszustki, Mary Bateman, która sama produkowała te pisanki z użyciem octu i pakowała je w kurę, aby ta niby naturalnie je zniosła.

1843

William Miller
Rok wygłoszenia: 1842

Po intensywnych badaniach Biblii William Miller orzekł, że świat ulegnie zagładzie w wielkim pożarze 3 kwietnia 1843 r. Wierząc, że wcześniej zmarli szybciej dostaną się do nieba, niektórzy mordowali nawet bliskich i sami popełniali samobójstwo, jeden człowiek zaś złamał rękę, gdy próbował osobiście wzlecieć do nieba z wykorzystaniem przymocowanych do ramion skrzydeł indyka.

1919

Albert Porta
Rok wygłoszenia: 1919

Szanowany meteorolog Albert Porta twierdził, że koniunkcja sześciu planet 17 grudnia 1919 r. „wywoła prąd magnetyczny, który przeszyje Słońce i spowoduje wybuchy płonącego gazu, te zaś pochłoną Ziemię". Gdy kula ognia się nie pojawiła, Porta został usunięty ze środowiska akademickiego. Resztę życia spędził, pracując jako zwykły meteorolog.

1967

Anders Jensen
Rok wygłoszenia: 1967

Anders Jensen, lider sekty znanej jako Uczniowie Orthona, ogłosił, że w Boże Narodzenie 1967 r. zacznie się nuklearna apokalipsa, i zaprosił ludzi do spędzenia okresu świątecznego w jego bunkrze znanym jako Arka. Zgłosiło się około 30 osób, które wyłoniły się z Arki dopiero kilka dni po Nowym Roku i były dziwnie małomówne.

1976

George King
Rok wygłoszenia: 1954

Brytyjski taksówkarz George King ogłosił w 1954 roku, że podczas wycierania naczyń w kuchni otrzymał przekaz z Wenus, iż świat skończy się za 22 lata. On i jego wyznawcy, zebrani w Stowarzyszeniu Aetheriusa, mieli zapobiec katastrofie energią 700 godzin modlitwy, która to moc miała zostać uwolniona w kluczowym dniu.

2060

Izaak Newton
Rok wygłoszenia: 1704

Isaac Newton był zapalonym badaczem Biblii i znane są jego prywatne listy, w których wyrażał głębokie przekonanie, iż Jezus przyjdzie ponownie w 2060 r. Twierdził, że zaraz potem nastąpi 1000 lat rządów świętych na Ziemi, przy czym on sam byłby jednym z nich.

2126

Brian G. Marsden
Rok wygłoszenia: 1992

W 1992 roku brytyjski astronom Brian Marsden stwierdził, że kometa Swifta-Tuttle'a, szeroka na sześć mil i podobna do tej, która najpewniej zgładziła dinozaury, zderzy się z Ziemią 14 sierpnia 2126 r. Inni naukowcy odpowiedzieli mu, że prawdopodobieństwo takiego zdarzenia jest wręcz mikroskopijne.

Czy koniec świata jest bliski?

Próby przewidywania daty całkowitej zagłady Ziemi mają ten minus, że w przypadku trafnego wytypowania nie byłoby raczej czasu cieszyć się sukcesem. Nie powstrzymuje to jednak kolejnych pokoleń rozlicznych wróżów i proroków od podejmowania prób.

Jak to zrobiliśmy: Przytaczamy tutaj **chronologicznie zapowiedzi** ☀ końca świata wygłoszone w różnych wiekach przez proroków, monarchów, naukowców i astrologów. ◉

Źródła: Catalin Negru, *A History of the Apocalypse*, American Physical Society, Cambridge University Press, Encyclopedia Britannica, history.com, „Lancaster Gazette", „New York Times", PBS, sir Patrick Moore, Smithsonian magazine

Ile czasu nam zostało?

Wskazówki Zegara Zagłady, odmierzającego symbolicznie czas pozostały do apokalipsy, zbliżają się do północy. Oto kluczowe momenty, odkąd zegar został uruchomiony w 1947 roku.

Jak to zrobiliśmy: Wzięliśmy pod uwagę wszystkie przesunięcia wskazówek na Zegarze Zagłady utworzonym przez „Bulletin of the Atomic Scientists", aby „ostrzegał opinię publiczną, jak blisko jesteśmy zniszczenia naszego świata za pomocą niebezpiecznych technologii, które sami wymyśliliśmy".
PÓŁNOC = KONIEC LUDZKOŚCI

1947 Siedem minut do północy
Grafik Martyl Langsdorf prezentuje zegar na okładce „Bulletin of the Atomic Scientists".

1949 Trzy minuty do północy
Związek Radziecki testuje pierwszą broń atomową.

1953 Dwie minuty do północy
Stany Zjednoczone pozyskują głowice wodorowe. ZSRR także, po czym testuje własną bombę wodorową.

1960 Siedem minut do północy
USA i ZSRR starają się unikać konfrontacji zbrojnej. Dochodzi do spotkań naukowców z obu krajów.

1963 Dwanaście minut do północy
USA i ZSRR podpisują traktat o częściowym zakazie testów, który kończy próby w atmosferze.

1968 Siedem minut do północy
Francja i Chiny mają broń jądrową, USA angażują się w Wietnamie, wojna się nasila.

1969 Dziesięć minut do północy
Większość krajów podpisuje układ o nierozprzestrzenianiu broni jądrowej, oprócz Izraela, Indii i Pakistanu.

1972 Dwanaście minut do północy
USA i ZSRR podpisują traktat ograniczający rozwój pocisków balistycznych i antybalistycznych.

1974 Dziewięć minut do północy
Indie testują swoją pierwszą głowicę atomową, USA i ZSRR modernizują swoje arsenały nuklearne.

1981 Cztery minuty do północy

Agresja ZSRR na Afganistan, nowy prezydent USA, Ronald Reagan, dystansuje się od kontroli zbrojeń.

1984 Trzy minuty do północy

Stosunki USA–ZSRR bardzo chłodne, USA planują budowę orbitalnego sytemu przeciwrakietowego.

1988 Sześć minut do północy

USA i ZSRR podpisują traktat zakazujący rozwoju broni atomowej średniego zasięgu.

1990 Dziesięć minut do północy

Upadek muru berlińskiego i rozpad ZSRR znacznie zmniejszają zagrożenie wojną nuklearną.

1991 Siedemnaście minut do północy

USA i ZSRR podpisują układ o redukcji zbrojeń strategicznych. ZSRR ostatecznie się rozpada.

1995 Czternaście minut do północy

Pojawiają się obawy dotyczące relacji po zimnej wojnie i stanu obiektów atomowych w Rosji.

1998 Dziewięć minut do północy

Indie i Pakistan przeprowadzają serię testów broni atomowej.

2002 Siedem minut do północy

Ataki z 11 września 2001 r. wzbudzają obawy, że terroryści mogą zdobyć broń atomową.

2007 Pięć minut do północy

Korea Północna prowadzi testy broni nuklearnej i zachodzi obawa, że Iran rozwija swój program.

2010 Sześć minut do północy

USA i Rosja zaczynają rozmowy o dalszej redukcji arsenałów atomowych.

2012 Pięć minut do północy

Korea Północna nadal rozwija broń atomową pod kierunkiem nowego przywódcy Kim Dzong Una.

2015 Trzy minuty do północy

Nowe zagrożenia dla stabilności świata, jak zmiany klimatyczne, cyberwojna i wirus ebola.

2017 Dwie i pół minuty do północy

Korea Północna kontynuuje testy jądrowe; technologie rujnują demokrację.

2018 Dwie minuty do północy

Korea Północna testuje swoją pierwszą bombę wodorową; umowa nuklearna z Iranem zagrożona.

2020 Sto sekund do północy

Wskazówki przesuwają się coraz dalej wobec niemocy rządów w radzeniu sobie z globalnymi problemami.

DLACZEGO NIE DA SIĘ ŻYĆ SPOKÓJNIE

Pytania o wojny, broń i Eurowizję

◁ KONFLIKT

◁ ROK

Czy wiesz, gdzie w tej chwili toczy się wojna?

Kapitulacja Japonii 2 września 1945 roku zakończyła potworną II wojnę światową. Ale nie znaczyło to, że na całej Ziemi zapanował pokój.

Jak to zrobiliśmy: Każdy półkolisty symbol reprezentuje jedną wojnę, którą prowadzono w danym roku. Przyjęliśmy definicję wojny za Uppsala Conflict Data Program jako „konfliktu skutkującego co najmniej tysiącem zgonów w walce w danym roku". Wojny są oznaczone kolorami zależnie od zasadniczego regionu geograficznego, w którym się toczyły.

Źródła: Thérèse Pettersson i Magnus Öberg, *Organized violence, 1989–2019*, „Journal of Peace Research", tom 57, nr 4, 2020; Thérèse Pettersson, *UCDP Battle-related Deaths Dataset Codebook v 20.1*, 2020

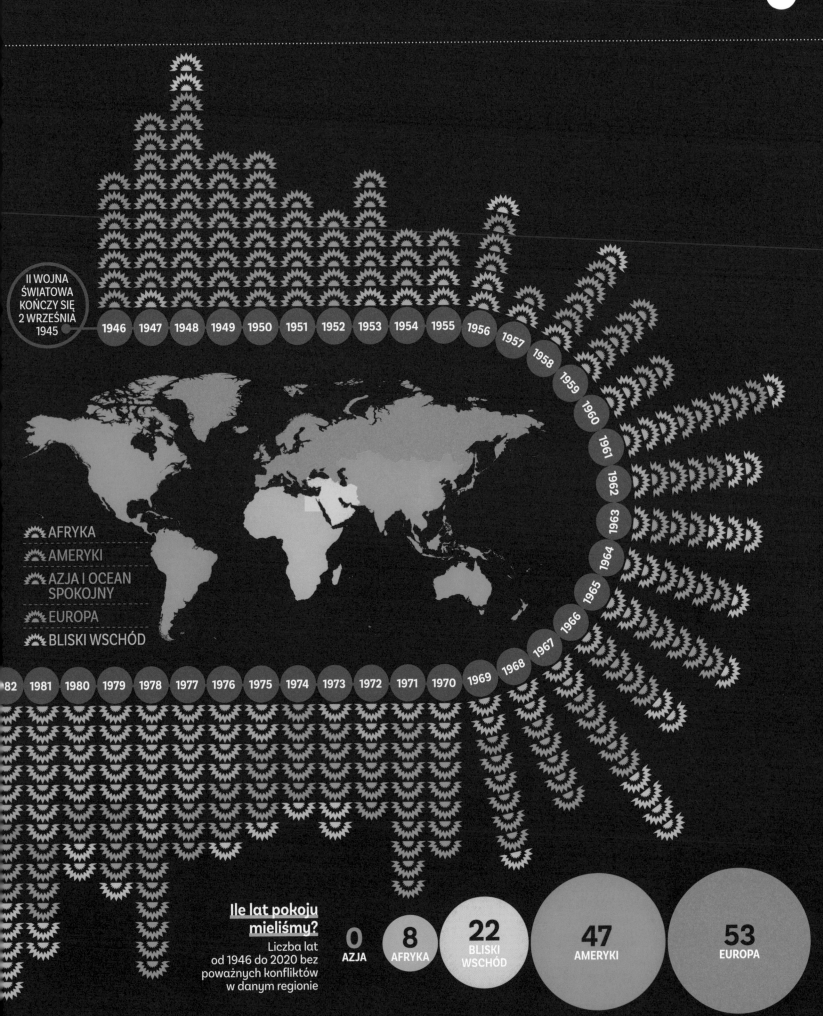

II WOJNA ŚWIATOWA KOŃCZY SIĘ 2 WRZEŚNIA 1945

1946 1947 1948 1949 1950 1951 1952 1953 1954 1955 1956 1957 1958 1959 1960 1961 1962 1963 1964 1965 1966 1967 1968 1969

82 1981 1980 1979 1978 1977 1976 1975 1974 1973 1972 1971 1970

AFRYKA
AMERYKI
AZJA I OCEAN SPOKOJNY
EUROPA
BLISKI WSCHÓD

Ile lat pokoju mieliśmy?
Liczba lat od 1946 do 2020 bez poważnych konfliktów w danym regionie

0 AZJA

8 AFRYKA

22 BLISKI WSCHÓD

47 AMERYKI

53 EUROPA

Gdzie ludzie giną w konfliktach?

W ciągu ostatnich trzydziestu lat w wojnach na całym świecie zostało zabitych ponad dwa i pół miliona ludzi. Oto, gdzie i kiedy zginęli.

Jak to zrobiliśmy: Nanieśliśmy na mapę możliwie najdokładniejsze szacunki liczby zgonów w wyniku konfliktów od 1 stycznia 1989 do 31 grudnia 2019, według Uppsala Conflict Data Program (UCDP). UCDP definiuje taki konflikt jako „wydarzenie, w którym siła zbrojna została użyta przez sformalizowaną grupę przeciwko innej sformalizowanej grupie lub przeciwko cywilom ze skutkiem co najmniej jednego bezpośrednio wynikającego z tego zgonu w danym miejscu i w danym czasie". * Szacunki dotyczące liczby ofiar ludobójstwa w Rwandzie bardzo się różnią. ** Dane dotyczące konfliktu syryjskiego są wstępne i mogą zostać znacznie skorygowane w przyszłości.

Źródła: Stina Högbladh, *UCDP GED Codebook version 20.1*, Wydział Badań Pokoju i Konfliktu, Uniwersytet w Uppsali, 2020; Ralph Sundberg i Erik Melander, *Introducing the UCDP Georeferenced Event Dataset*, „Journal of Peace Research", tom 50, nr 4, 2013, s. 523–532

AMERYKA PÓŁNOCNA

AMERYKA POŁUDNIOWA

 Ponad 10 000 ofiar
Kraje lub terytoria, gdzie ponad 10 000 ludzi zginęło w wyniku konfliktów w latach 1989–2019

 Między 101 a 9999 ofiarami
Kraje lub terytoria, gdzie między 101 a 9999 ludzi zginęło w wyniku konfliktów w latach 1989–2019

 100 lub mniej ofiar
Kraje lub terytoria, gdzie 100 lub mniej ludzi zginęło w wyniku konfliktów w latach 1989–2019

 **Ilu ludzi zginęło w konfliktach?**
W latach 1989–2019
2 546 751 osób
zginęło w wyniku konfliktów
Średnio daje to
225 osób dziennie

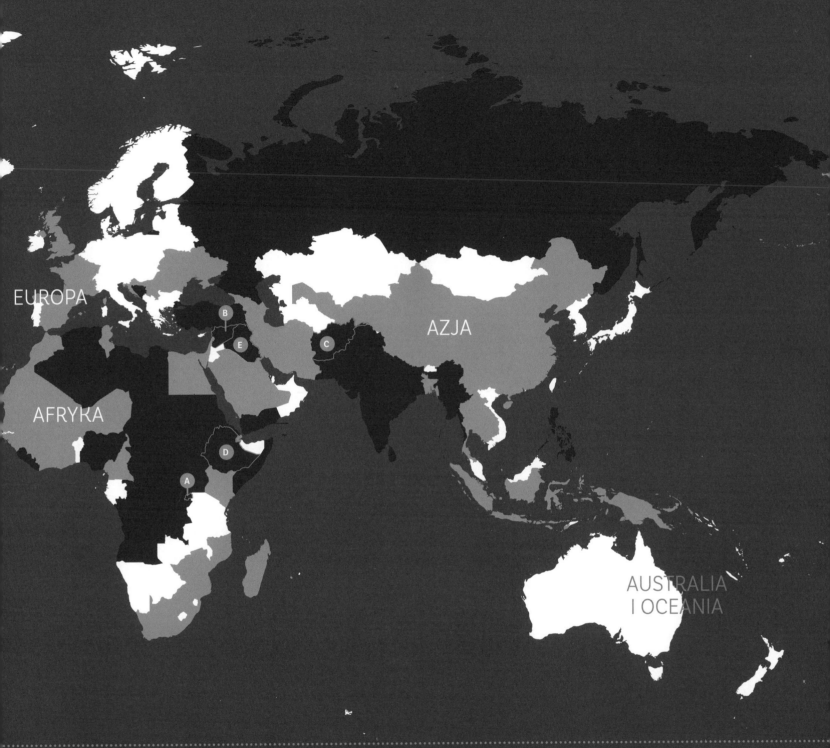

EUROPA

AZJA

AFRYKA

AUSTRALIA
I OCEANIA

W których krajach najwięcej ludzi zginęło w konfliktach?

✕ 543 176*	**Rwanda**	Ⓐ
✕ 359 843**	**Syria**	Ⓑ
✕ 257 944	**Afganistan**	Ⓒ
✕ 178 169	Etiopia	Ⓓ
✕ 121 659	Irak	Ⓔ

NAJGORSZE

W którym roku od 1989 najwięcej ludzi zginęło w konfliktach?

1994	✕ 570 862
2014	✕ 144 101
2015	✕ 122 348
2016	✕ 106 581
2013	✕ 99 993

NAJGORSZE

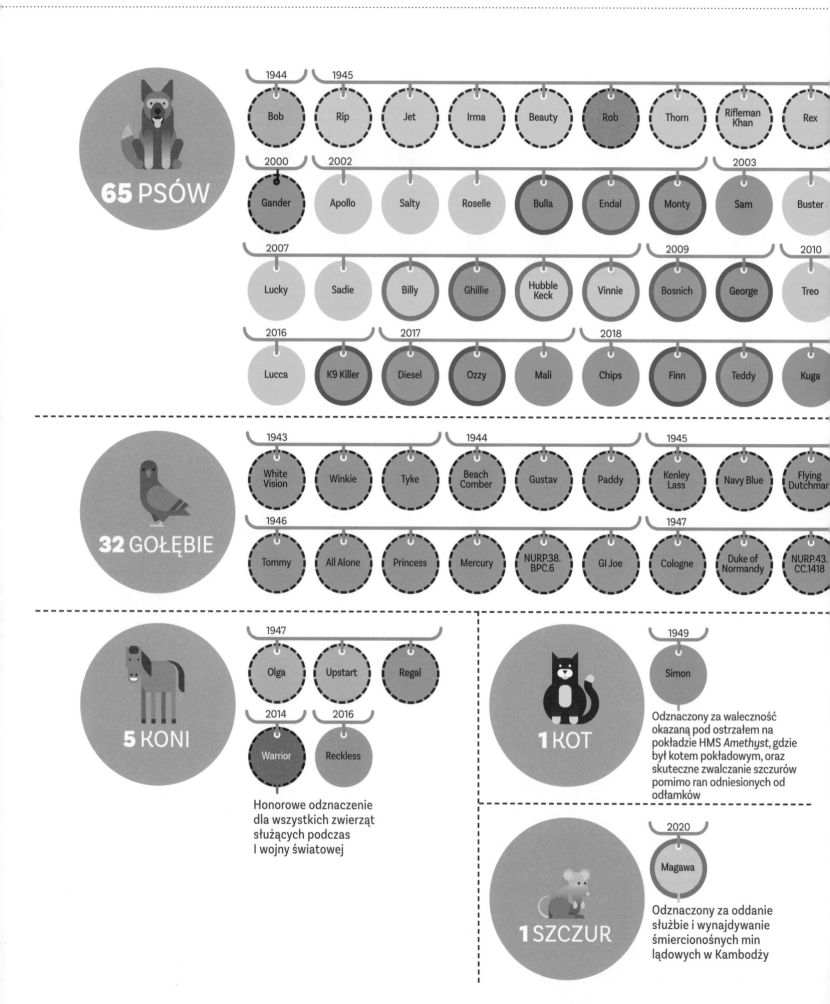

65 PSÓW

1944 Bob
1945 Rip · Jet · Irma · Beauty · Rob · Thorn · Rifleman Khan · Rex
2000 Gander
2002 Apollo · Salty · Roselle · Bulla · Endal · Monty
2003 Sam · Buster
2007 Lucky · Sadie · Billy · Ghillie · Hubble Keck · Vinnie
2009 Bosnich · George
2010 Treo
2016 Lucca
2017 K9 Killer · Diesel · Ozzy · Mali · Chips
2018 Finn · Teddy · Kuga

32 GOŁĘBIE

1943 White Vision · Winkie · Tyke
1944 Beach Comber · Gustav · Paddy
1945 Kenley Lass · Navy Blue · Flying Dutchman
1946 Tommy · All Alone · Princess · Mercury · NURP.38. BPC.6 · GI Joe
1947 Cologne · Duke of Normandy · NURP.43. CC.1418

5 KONI

1947 Olga · Upstart · Regal
2014 Warrior
2016 Reckless

Honorowe odznaczenie dla wszystkich zwierząt służących podczas I wojny światowej

1 KOT

1949 Simon

Odznaczony za waleczność okazaną pod ostrzałem na pokładzie HMS *Amethyst*, gdzie był kotem pokładowym, oraz skuteczne zwalczanie szczurów pomimo ran odniesionych od odłamków

1 SZCZUR

2020 Magawa

Odznaczony za oddanie służbie i wynajdywanie śmiercionośnych min lądowych w Kambodży

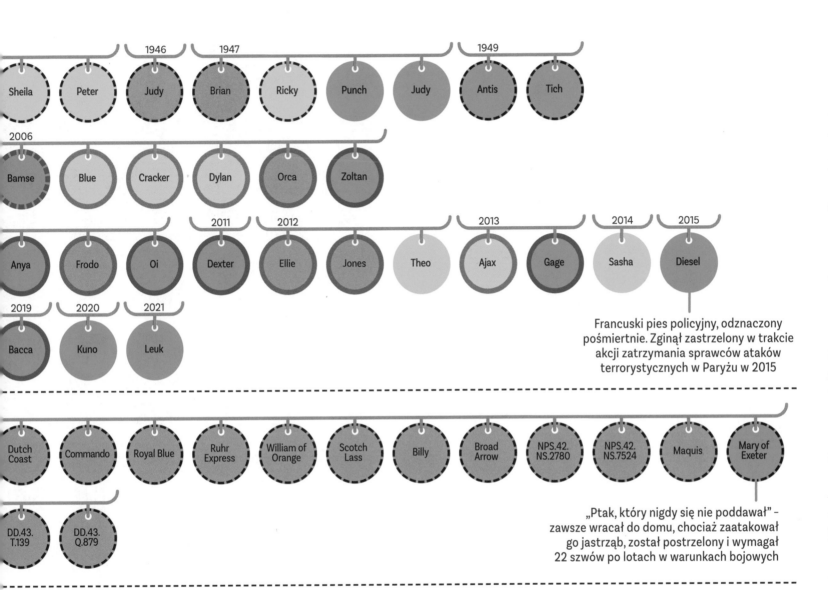

1946 · **1947** · **1949**

Sheila · Peter · Judy · Brian · Ricky · Punch · Judy · Antis · Tich

2006

Bamse · Blue · Cracker · Dylan · Orca · Zoltan

2011 · **2012** · **2013** · **2014** · **2015**

Anya · Frodo · Oi · Dexter · Ellie · Jones · Theo · Ajax · Gage · Sasha · Diesel

Francuski pies policyjny, odznaczony pośmiertnie. Zginął zastrzelony w trakcie akcji zatrzymania sprawców ataków terrorystycznych w Paryżu w 2015

2019 · **2020** · **2021**

Bacca · Kuno · Leuk

Dutch Coast · Commando · Royal Blue · Ruhr Express · William of Orange · Scotch Lass · Billy · Broad Arrow · NPS.42. NS.2780 · NPS.42. NS.7524 · Maquis · Mary of Exeter

DD.43. T.139 · DD.43. Q.879

„Ptak, który nigdy się nie poddawał" – zawsze wracał do domu, chociaż zaatakował go jastrząb, został postrzelony i wymagał 22 szwów po lotach w warunkach bojowych

Jakie zwierzę jest najdzielniejsze?

Zarówno Medal Dickin, dla zwierząt służących w siłach zbrojnych, jak i Złoty Medal, dla stworzeń w służbie cywilnej, miały być wyrazem hołdu dla niezwykłej odwagi naszych futrzastych i pierzastych przyjaciół. Przedstawiamy wszystkich odznaczonych tymi zwierzęcymi odpowiednikami Krzyży Wiktorii i Jerzego, aby się dowiedzieć, które stworzenia cechują się największą odwagą.

Jak to zrobiliśmy: Powyżej wymieniliśmy wszystkich uhonorowanych Medalem Dickin, dla zwierząt wykorzystywanych w siłach zbrojnych, oraz Złotym Medalem, dla stworzeń pełniących służbę cywilną. Oba są przyznawane przez charytatywną organizację weterynaryjną PDSA. Laureaci zostali pogrupowani według gatunków

1944 oznacza rok przyznania odznaczenia, a kolory wskazują na uzasadnienie wniosku:

● Podnoszenie morale ● Odwaga/walka ● Dostarczanie wiadomości/zaopatrzenie/czujność
● Odnajdywanie/ratowanie ● Odznaczenie honorowe ● Misje spadochronowe ● Patrolowanie

 Odznaczone za służbę podczas II wojny światowej

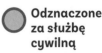 Odznaczone za służbę cywilną

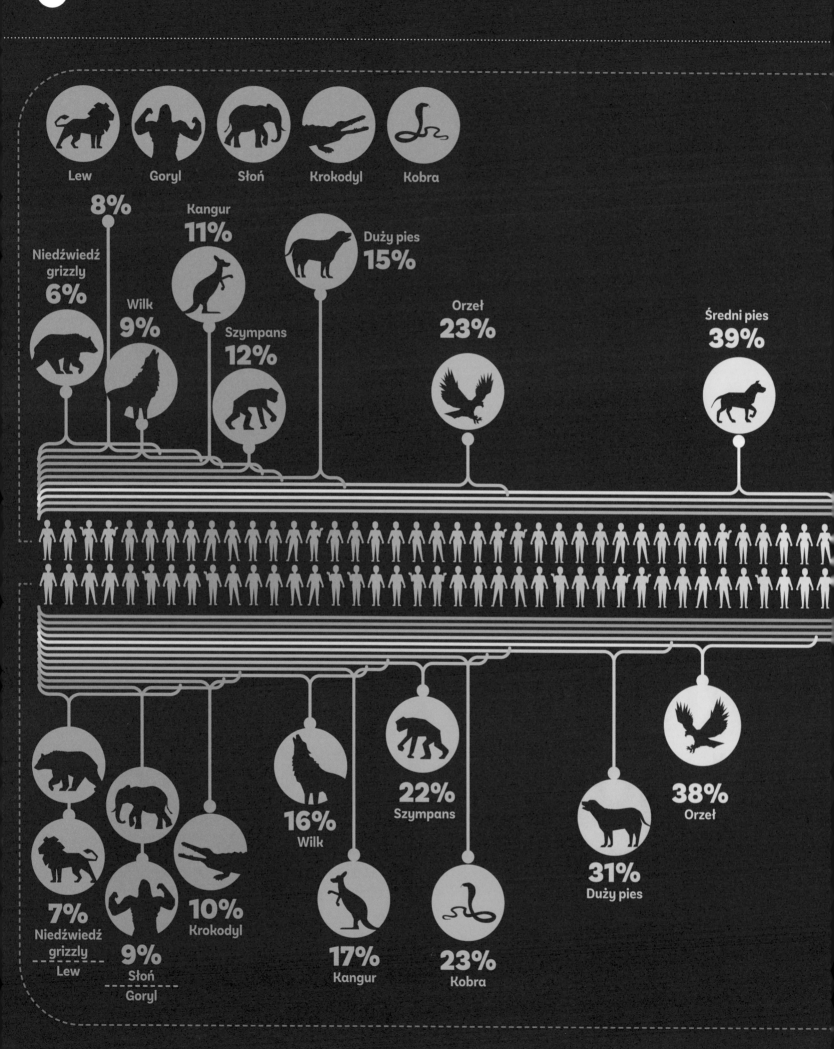

Czy wygrałbyś walkę z gęsią?

W sondażu zapytano Amerykanów, czy ich zdaniem byliby w stanie pokonać niektóre zwierzęta w walce wręcz. Wyniki przedstawiamy na wykresie. Uwaga: nie popieramy wdawania się ze zwierzętami w bijatykę, nawet jeśli jakaś gęś, orzeł czy goryl odnoszą się do nas niegrzecznie.

Jak to zrobiliśmy: Wzięliśmy wyniki ankiety przeprowadzonej w 2021 roku na próbie 1224 dorosłych mieszkańców USA i przedstawiliśmy je z podziałem na płeć. Liczby są reprezentatywne dla dorosłych mieszkańców USA.
Źródło: YouGov America

Odsetek Amerykanek, które pokonałyby…

Gęś
51%

Kot domowy
64%

Szczur
68%

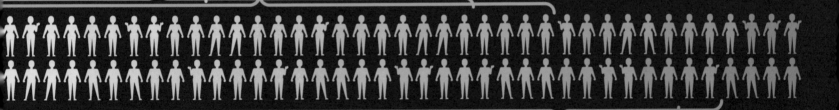

60%
Średni pies

71%
Gęś

74%
Kot domowy

76%
Szczur

Odsetek Amerykanów, którzy pokonaliby…

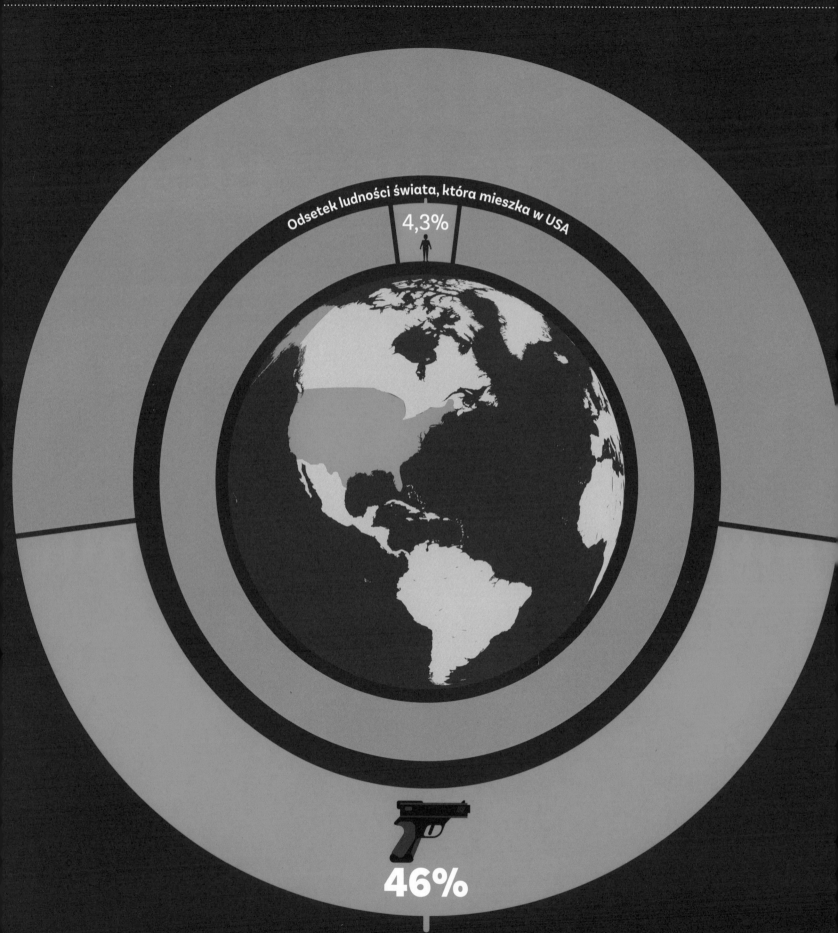

Odsetek ludności świata, która mieszka w USA

4,3%

46%

Odsetek broni na świecie, która znajduje się w prywatnych rękach w USA

Gdzie jest najwięcej broni?

Szacuje się, że w USA jest prawie 400 milionów sztuk broni palnej, przez co żaden inny rozwinięty kraj nie ma aż tak poważnych problemów z przemocą z użyciem broni. Zmiana tej sytuacji będzie bardzo trudnym zadaniem.

Jak to zrobiliśmy: Oparliśmy się na najświeższych dostępnych danych.

Źródła: BBC, „Billboard", Centers for Disease Control and Prevention, Everytown, FBI, Flemish Peace Institute, IBISWorld, McDonald's, Small Arms Survey, Starbucks, Departament Sprawiedliwości Stanów Zjednoczonych

21 Wiek, w którym można legalnie kupić w USA butelkę piwa

18 Wiek, w którym w większości stanów USA można legalnie kupić karabin szturmowy AR-15

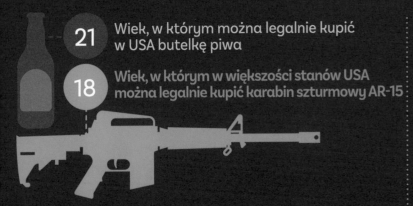

Liczba kontrolnych ocen nabywców broni palnej w USA w 2010 (w milionach)

 14,4

 39,7

Liczba kontrolnych ocen nabywców broni palnej w USA w 2020 (w milionach)

Łączna liczba punktów sprzedaży McDonald's i Starbucks w USA

 **28 970**

 55 891

Liczba licencjonowanych sprzedawców broni w USA

Szacunkowa liczba ludzi zabitych rocznie w Europie z użyciem broni palnej

 **1000**

 14 414

Średnia liczba ludzi zabitych rocznie w USA z użyciem broni palnej

Przychody ze sprzedaży biletów kinowych w Ameryce Północnej w 2017

11,4 mld $

 19,2 mld $

Średnie roczne przychody z obrotu bronią i amunicją w USA

Liczba dzieci i nastolatków zmarłych w 2019 w wypadkach samochodowych w USA

 3233

 3378

Liczba dzieci i nastolatków zmarłych w 2019 na skutek użycia broni palnej w USA, co jest główną przyczyną śmierci osób w wieku 19 lat i młodszych

Jak bardzo poważny jest amerykański problem z bronią palną?

W USA masowe strzelaniny stały się przerażająco regularnym zjawiskiem. Analiza takich ataków z 2017 - roku, w którym doszło do najgorszej masowej strzelaniny – pokazuje zniszczenia poczynione w tym kraju przez przemoc z użyciem broni.

Jak to zrobiliśmy: Po prawej stronie przedstawiliśmy wszystkie 427 masowych strzelanin, które zostały odnotowane w USA w 2017. Masową strzelaninę definiuje się jako zdarzenie, w którym zostają zastrzelone cztery osoby lub więcej. Liczbę ofiar śmiertelnych reprezentują czarne paski na zewnętrznym pierścieniu, a obrażenia od strzałów oznaczyliśmy kolorem ciemnoczerwonym. Dni bez masowej strzelaniny zostały zaznaczone na środkowym pierścieniu kolorem białym.

Źródło: Mass Shooting Tracker

Jaka była najgorsza masowa strzelanina w Ameryce?

Najbardziej krwawa masowa strzelanina w historii USA nastąpiła 1 października 2017 roku, gdy uzbrojony strzelec otworzył ogień do uczestników festiwalu Route 91 Harvest z 32 piętra hotelu Mandalay Bay w Las Vegas.

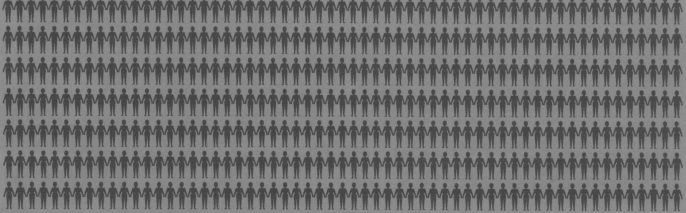

58 ludzi zabitych

413 ludzi z ranami postrzałowymi

Ranni i **zabici** w masowych strzelaninach w 2017 dzień po dniu

Stany, w których odnotowano masowe strzelaniny w 2017 (w tym Dystrykt Kolumbii)

Stany, w których nie odnotowano masowych strzelanin w 2017

STYCZEŃ · LUTY · MARZEC · KWIECIEŃ · MAJ · CZERWIEC · LIPIEC · SIERPIEŃ · WRZESIEŃ · PAŹDZIERNIK · LISTOPAD · GRUDZIEŃ

Jak często zdarzają się masowe strzelaniny w USA?

2017 był jak dotąd najgorszym rokiem pod tym względem, ale **dni bez masowej strzelaniny i tak stają się ostatnio coraz rzadsze:**

135 W 2017 · **123** W 2018 · **116** W 2019 · **86** W 2020

Która wojna kosztowała USA najwięcej?

W kwietniu 2021 roku prezydent Joe Biden ogłosił, że USA kończy działania w Afganistanie, najdłuższe militarne zaangażowanie tego kraju w konflikt na świecie. Jak się to ma do innych wojen pod względem zabitych lub rannych Amerykanów?

Jak to zrobiliśmy: Korzystając z materiałów Biura Spraw Publicznych USA, zebraliśmy dane na temat żołnierzy amerykańskich, którzy odnieśli „niezagrażające życiu obrażenia", oraz tych, którzy „zginęli w walce" (na teatrze działań wojennych lub poza nim). Pod uwagę wzięliśmy poważne konflikty (ponad 1900 ofiar wśród Amerykanów) od 1861 roku. Wojna w Zatoce Perskiej = operacja Pustynna Tarcza i Pustynna Burza, Afganistan = operacje Trwała Wolność i Strażnik Wolności, wojna w Iraku = operacje Iracka Wolność i Nowy Świt. Dane na temat wojny secesyjnej są niepełne.

Źródła: American Battlefields Trust, Departament Obrony Stanów Zjednoczonych, Departament Spraw Weteranów Stanów Zjednoczonych, Biuro Spraw Publicznych Stanów Zjednoczonych

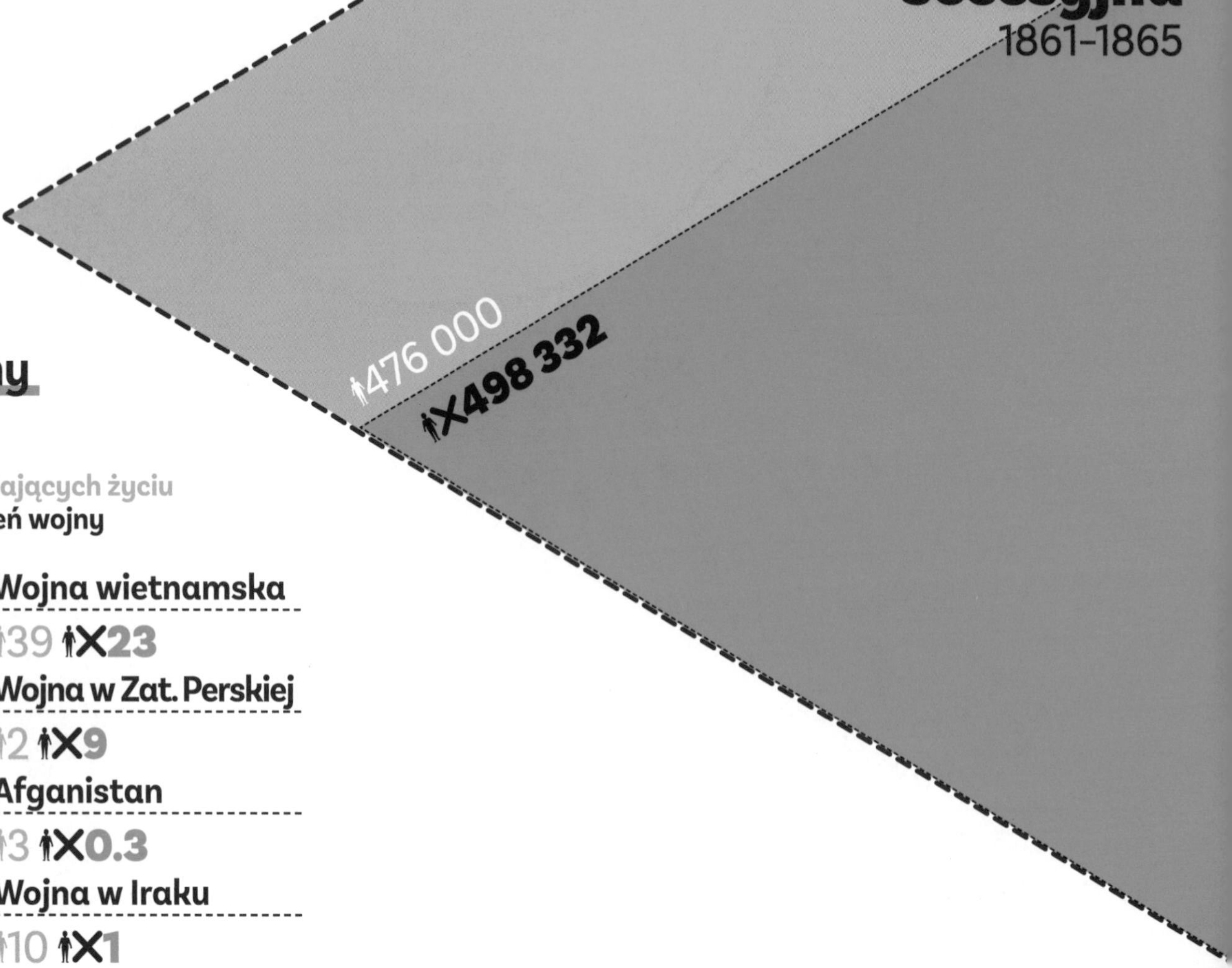

Wojna secesyjna
1861–1865

👤 476 000

👤✖498 332

Jaki jest dzienny koszt wojny?

Średnia liczba niezagrażających życiu obrażeń i zgonów na dzień wojny

Wojna secesyjna	Wojna wietnamska
👤326 👤✖**342**	👤39 👤✖**23**
I wojna światowa	**Wojna w Zat. Perskiej**
👤349 👤✖**200**	👤2 👤✖**9**
II wojna światowa	**Afganistan**
👤493 👤✖**298**	👤3 👤✖**0.3**
Wojna koreańska	**Wojna w Iraku**
👤92 👤✖**48**	👤10 👤✖**1**

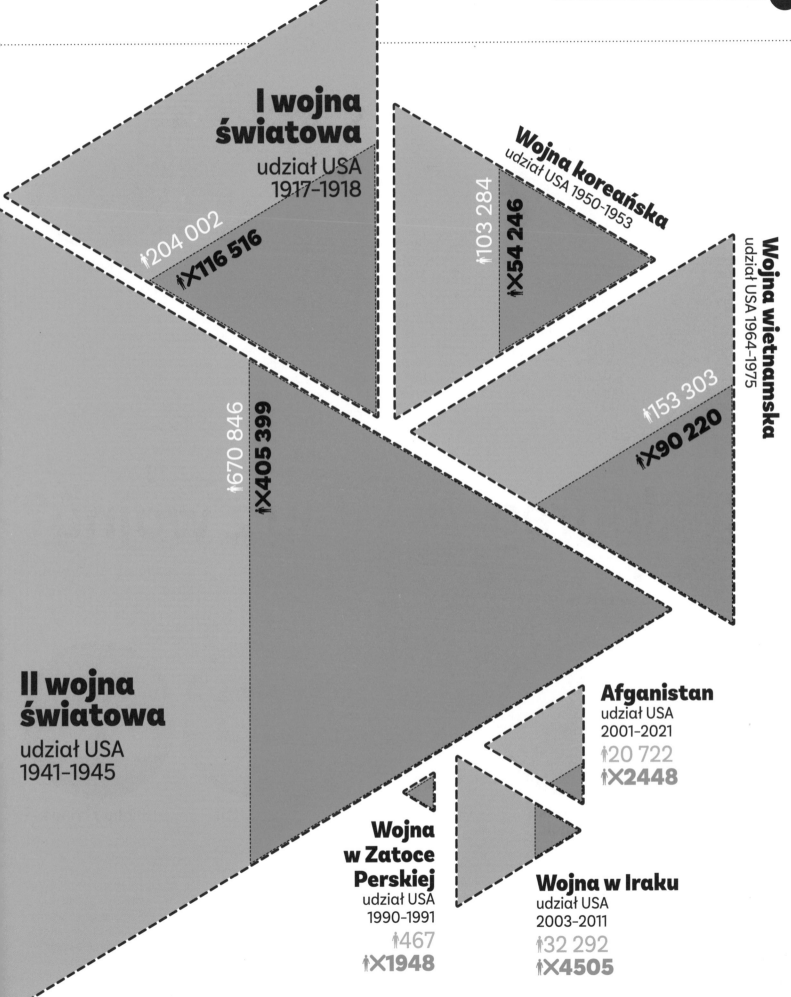

I wojna światowa
udział USA
1917–1918
♦204 002
♦X116 516

Wojna koreańska
udział USA 1950–1953
♦103 284
♦X54 246

Wojna wietnamska
udział USA 1964–1975
♦153 303
♦X90 220

II wojna światowa
udział USA
1941–1945
♦670 846
♦X405 399

Afganistan
udział USA
2001–2021
♦20 722
♦X2448

Wojna w Zatoce Perskiej
udział USA
1990–1991
♦467
♦X1948

Wojna w Iraku
udział USA
2003–2011
♦32 292
♦X4505

Konserwy

Zabiegając o dostawy żywności na front dla wojska podczas wojen rewolucyjnych w 1795 roku, rząd francuski ogłosił konkurs, żeby rozwiązać problem. Wygrał szef kuchni Nicolas Appert z projektem masowo produkowanych szklanych słoików i blaszanych puszek z mięsem

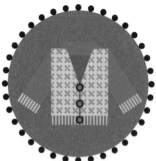

Kardigany

Powstały, aby pomóc brytyjskim wojskom przetrwać chłody ukraińskiej zimy podczas wojny krymskiej. Gdy stały się popularne, otrzymały w języku angielskim nazwę na cześć lorda Cardigana, który prowadził szarżę Lekkiej Brygady

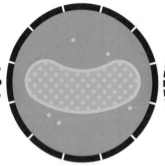

Cheetos

W poszukiwaniu sposobów na zmniejszenie wagi i objętości prowiantu dla żołnierzy podczas II wojny światowej armia amerykańska testowała liofilizację różnych produktów żywnościowych, w tym sera. Powstały w ten sposób proszek był używany do przyrządzania sosów na froncie, a w 1948 został wykorzystany do stworzenia popularnej marki chrupek serowych

Jednorazowe podpaski

Opracowana przez amerykańską firmę Kimberly-Clark wata celulozowa była bardzo chłonnym materiałem używanym do opatrunków w czasie I wojny światowej. Pielęgniarki Czerwonego Krzyża jako pierwsze używały go w celach higienicznych podczas miesiączki, a po wojnie firma zaczęła masową produkcję podpasek i tamponów

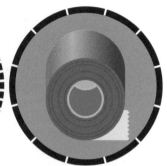

Taśma klejąca

W 1943 pracująca w fabryce amunicji Vesta Stoudt, matka dwóch synów służących w amerykańskiej marynarce wojennej, doszła do wniosku, że otwarcie zabezpieczonych plombami skrzynek zajmuje zbyt wiele czasu, od którego może zależeć życie. Zaproponowała, żeby wykorzystać wodoodporną taśmę, którą można łatwo i szybko zerwać

Co dobrego mamy z wojny?

Chociaż wojny uśmierciły setki milionów ludzi, przyczyniły się do powstania zaskakująco dużej liczby przedmiotów codziennego użytku.

Źródła: BBC, Anastacia Marx De Salcedo, *Combat-Ready Kitchen*, Vice, „Washington Post"

Chirurgia plastyczna

Pierwsza operacja plastyczna została przeprowadzona w 1917 roku przez nowozelandzkiego chirurga Harolda Gilliesa. Jego pacjentem był Walter Yeo, który nabawił się rozległych oparzeń twarzy podczas bitwy jutlandzkiej

Gotowa salsa guacamole

Metoda przetwarzania żywności w wysokim ciśnieniu dla produkcji szczególnie trwałych konserw, które można wysyłać na odległe pola walk, została opracowana w połowie lat 90. przez armię amerykańską współpracującą z takimi korporacjami jak Mars czy Unilever. Początkowo poddano temu procesowi m.in. awokado, co pozwoliło na produkcję gotowej do spożycia salsy guacamole, która pozostała zielona

Gotowe sałatki

Metoda pakowania w atmosferze zmodyfikowanej została opracowana przez Whirlpool i amerykańską marynarkę podczas wojny w Wietnamie. Pozwoliła na wysyłanie żołnierzom niemal świeżych warzyw, a po wojnie została zaadaptowana do potrzeb rynkowych i oparte na tej technologii produkty trafiły na półki sklepowe

Silly Putty

Gdy podczas II wojny Ameryka została odcięta od dostaw gumy z Azji Wschodniej, inżynier James Wright podjął próby stworzenia syntetycznej gumy z wykorzystaniem kwasu borowego i oleju silikonowego. Wojsko nie znalazło zastosowania dla otrzymanej maziowatej substancji, ale umieszczono ją w czerwonym jajku i zaczęto sprzedawać jako zabawkę

Slinky springs

Amerykański inżynier Richard James, który zajmował się w 1945 roku problemem zabezpieczania wrażliwego sprzętu na pokładach amerykańskich okrętów, strącił przypadkiem z półki sprężynę skrętną, która zaczęła „chodzić" po podłodze. Zafascynowany tym James wpadł na pomysł stworzenia popularnej zabawki

EpiPens

Ta ampułkostrzykawka została opracowana przez amerykańskiego badacza Sheldona Kaplana w połowie lat siedemdziesiątych jako sposób na podawanie antidotum na nowy radziecki gaz bojowy. Zatwierdzona do powszechnego użytku w 1987 pomogła od tamtego czasu niezliczonym alergikom w trudnych chwilach

Środek odstraszający owady

Szukając podczas II wojny światowej sposobu na uchronienie żołnierzy służących na Południowym Pacyfiku przed zarażeniem chorobami przenoszonymi przez komary, zwłaszcza malarią, naukowcy Lyle Goodhue i William Sullivan opracowali aerozol, który zawierał środki owadobójcze

Pianka pamiętająca

W 1966, w szczycie zimnej wojny i wyścigu kosmicznego, wynalazca Charles Yost otrzymał od NASA zadanie stworzenia foteli zwiększających szanse pilotów na przeżycie w razie wypadku. Jego badania doprowadziły do stworzenia pianki zapamiętującej swój kształt, która teraz jest powszechnie używana, od protetyki kończyn po produkcję materaców

Kuchenka mikrofalowa

W 1945 pracujący nad rozwojem radaru z magnetronem amerykański inżynier Percy Spencer zauważył, że promieniowanie mikrofalowe stopiło mu trzymany w kieszeni batonik czekoladowy. Zaintrygowany tym zaczął badać sprawę i rok później opatentował projekt pierwszej kuchenki mikrofalowej

Pilates

Internowany na początku I wojny światowej na wyspie Man niemiecki kulturysta Joseph Hubertus Pilates opracował własny system rozciągań dla utrzymania kondycji. Po uwolnieniu udostępnił ten system całemu światu

---

Jak to zrobiliśmy: Wyszukaliśmy przedmioty, których pochodzenie dało się powiązać z rozwojem wojskowości i militariów przy okazji konkretnych konfliktów. Wynalazki zostały oznaczone kolorami przypisującymi je do jednej z pięciu kategorii. Obwódka sygnalizuje okres, z którego pochodzi obiekt.

- ● Zdrowie i uroda
- ● Odzież i wygoda
- ● Żywność i napoje
- ● Produkcja i serwis
- ● Zabawki i gry

PRZED I WOJNĄ ŚWIATOWĄ · I WOJNA ŚWIATOWA · II WOJNA ŚWIATOWA · ZIMNA WOJNA I WIETNAM · PO ZIMNEJ WOJNIE

Stal nierdzewna

Podczas I wojny światowej poszukująca twardszych stopów do produkcji broni armia brytyjska zwróciła się o pomoc do metalurga Harry'ego Brearleya. Ten dzięki dodaniu chromu do płynnego żelaza wyprodukował metal odporny na rdzę. Z niego rozwinięto później stal nierdzewną, z której obecnie produkuje się sztućce

Lampy ultrafioletowe

W 1918 roku, gdy prawie połowa dzieci w Berlinie chorowała na krzywicę, niemiecki lekarz Kurt Huldschinsky zaczął eksperymenty z wystawieniem dotkniętych chorobą na światło ultrafioletowe, wspomagające produkcję potrzebnej organizmowi witaminy D. Tak otworzył drogę do stworzenia solariów

Superklej

W 1942 roku amerykański chemik Harry Coover spróbował opracować materiał, który mógłby zostać wykorzystany przy produkcji celowników do karabinów. Otrzymany przez niego cyjanoakryl okazał się zbyt łatwo wiążący do tej roli, ale przerobiono go na superklej, dzięki któremu uratowano sporo stłuczonych waz

Gotowe posiłki

Pierwsze mrożone posiłki do łatwego odgrzania opracowała amerykańska firma Maxson Food Systems na potrzeby sił zbrojnych, które chciały podczas II wojny światowej karmić żołnierzy transportowanych samolotami. Pomysłodawca William L. Maxson zmarł, zanim rozpowszechniono rzecz na rynku, ale inni z powodzeniem się tym zajęli

Kiełbaski wegetariańskie

W 1916 w dotkniętych poważnymi wojennymi niedoborami żywności Niemczech burmistrz Kolonii Konrad Adenauer wynalazł Kölner Wurst, bezmięsną kiełbasę z soi, mąki, kukurydzy, jęczmienia i mielonego ryżu. Jego pomysł nie został wówczas entuzjastycznie przyjęty

Czy miłujesz sąsiada swego?

Konkurs Piosenki Eurowizji został stworzony w celu promowania współpracy między krajami w Europie po II wojnie światowej, ale czy naprawdę głosuje się w nim na najlepsze piosenki? Może regionalna solidarność jest ważniejsza niż chwytliwy refren? Ujawniamy, kto komu przyznał najwięcej punktów w finale od początku istnienia konkursu w 1956 roku.

Jak to zrobiliśmy: Przedstawiliśmy wszystkie kraje, które kiedykolwiek startowały w Konkursie Piosenki Eurowizji, ujęte w pięć bloków:

- ○ **ZACHODNI**
- ○ **PÓŁNOCNY**
- ○ **WSCHODNI**
- ○ **PŁD.-WSCHODNI**

- ○ **PŁD.-ZACHODNI**
- ○ **OUTSIDERZY** (kraje spoza Europy)

Strzałki wskazują, kto dał komu najwięcej punktów od pierwszej edycji w 1956 do edycji w 2021. Grubość strzałek ilustruje odsetek dostępnych punktów w wyborze.

↗ 25–49% ↗ **50–74%** ↗ **75% i więcej** dostępnych punktów

Jeśli kraj, który otrzymał największy odsetek punktów już nie istnieje (np. Jugosławia), ukazano drugi w kolejności wybór.

Źródło: The Eurovision Song Contest Database

Towarzystwo wzajemnej adoracji: Uczestnicy, którzy najbardziej uwielbiają siebie nawzajem

Ci, którzy się wyłamali: Kraje, których ulubieniec znajduje się poza ich blokiem

Islandia

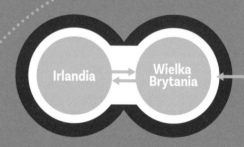
Irlandia — Wielka Brytania

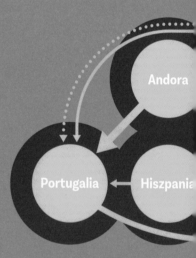
Andora
Portugalia
Hiszpania

Maroko

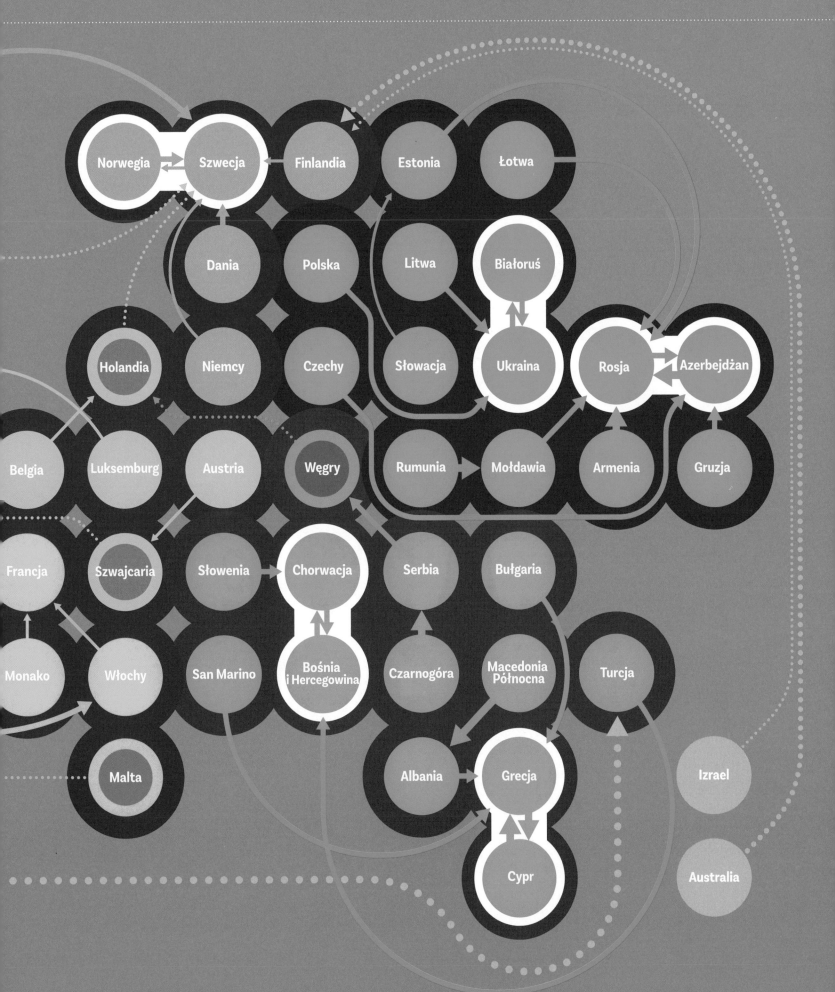

JESZCZE JAKIEŚ PYTANIA

Pytania o ryż,
mydło i powidło

Apptimistic

(*przym.*) Pewny siebie i żywiący nadzieję, że aplikacja będzie działać jak powinna

Beerboarding

(*rzecz.*) Próba wyciągnięcia z kogoś informacji przez upicie go

Borringe

(*czas.*) Pożyczyć coś, zgubić to, a potem czuć zażenowanie przy każdym spotkaniu z osobą, która ci to pożyczyła

Carcolepsy

(*rzecz.*) Stan powodujący, że pasażer zasypia zaraz po rozpoczęciu podróży samochodem

Carpet treader

(*rzecz.*) Termin stosowany przez agentów nieruchomości na kogoś, kto marnuje ich czas

Co to jest kiddle?

Collins przyjmuje online propozycje słów, które należałoby włączyć do jego słownika języka angielskiego. Przejrzeliśmy sugestie z ostatnich dziesięciu lat w poszukiwaniu najciekawszych neologizmów.

Jak to zrobiliśmy: Oznaczyliśmy słowa kolorami według kategorii:

● **Zwierzęta** ● **Biznes** ● **Dom i czas wolny** ● **Nauka i technologia** ● **Społeczeństwo i polityka**

Źródło: Podstrona Collins English Dictionary z propozycjami słów

Heircat

(*rzecz.*) Kot dziedziczący majątek lub własność zmarłego opiekuna

Hepeating

(*rzecz.*) Sytuacja, w której propozycja zgłaszana przez kobietę jest ignorowana, ale zostaje przyjęta, gdy powtórzy ją mężczyzna

Idinnerary

(*rzecz.*) Rozkład wieczornych posiłków w czasie urlopu lub podróży biznesowej

Investigoogle

(*czas.*) Prowadzić śledztwo lub dochodzenie z użyciem wyszukiwarki internetowej

Jealivation

(*rzecz.*) Motywacja wynikająca z zazdrości o cudze sukcesy

Octogator

(*rzecz.*) Aligator o ośmiu łapach

Päntsdrunk

(*rzecz.*) Fiński zwyczaj, w którym zdejmuje się spodnie i pije alkohol w wygodnych warunkach w domu

Phub

(*czas.*) Lekceważyć kogoś poprzez skupianie uwagi na własnej komórce

Scurryfunge

(*rzecz.*) Pospieszne sprzątanie domu po ujrzeniu nadchodzącego sąsiada, który zaraz zapuka do drzwi

Shrobe

(*czas.*) Nosić płaszcz jak pelerynę lub po zsunięciu go poniżej ramion

Chadults

(*rzecz.*) Dzieci, które wyrosły i stały się dorosłymi ludźmi

Chairdrobe

(*rzecz.*) Stos ubrań porzuconych na krześle. Patrz też *floordrobe*

Datachondriac

(*rzecz.*) Osoba, która ciągle uważa, że jej komputer jest zainfekowany przez złośliwego wirusa

Dispunctional

(*przym.*) Ktoś z natury niezdolny do punktualności

Epiphanot

(*rzecz.*) Pomysł, który z początku wydaje się genialny, ale naprawdę jest bezsensowny, głupi lub błędny

Factronise

(*czas.*) Traktować kogoś protekcjonalnie, wykorzystując fakty. Nie możemy uwierzyć, że tego nie wiedziałeś

Floiter

(*czas.*) Dotyczy owada lub ptaka: latać wokół czegoś bez powodu

Gramping

(*rzecz.*) Kamping z trzypokoleniową rodziną

Granddog

(*rzecz.*) Pies domowy o pozycji zbliżonej do wnuka

Handwavy

(*przym.*) Dotyczy dowodu, wyjaśnienia lub demonstracji: pozbawiony ważnych szczegółów lub uzasadnienia logicznego

Kayaktivist

(*rzecz.*) Protestujący w kajaku

Kiddle

(*rzecz.*) Całowanie i przytulanka w tym samym czasie

Lukewarmer

(*rzecz.*) Osoba, która wierzy w globalne ocieplenie, ale nie uważa go za katastrofę

Nonfrontational

(*przym.*) Początkowo unikający bezpośredniej konfrontacji, a potem okazujący niezadowolenie w mediach społecznościowych

Noseblind

(*przym.*) Niepotrafiący wykorzystać zmysłu powonienia

Stagmin

(*rzecz.*) Zarządca zaangażowany w organizację weekendu kawalerskiego

Unfluencer

(*rzecz.*) Influencer, który sprawia, że masz ochotę przestać coś robić

Woemance

(*rzecz.*) Toksyczny związek, w którym ciągle narzeka się na partnera

Yote

(*czas.*) Czas przeszły od *yeet*: rzucić coś z dużą siłą

Youthanize

(*czas.*) Zmienić markę produktu dla przyciągnięcia młodszej grupy klientów

Ile kosztuje wieża Eiffla?

Nie namawiamy nikogo do kradzieży największych metalowych pomników czy obiektów i sprzedawania ich na złom, ale przyszło nam do głowy, że może chcielibyście wiedzieć, czego w takim przypadku oczekiwać.

Jak to zrobiliśmy: Zestawiliśmy ciężar metalu w szeregu obiektów i pomnożyliśmy każdy tonaż przez aktualne ceny możliwe do uzyskania w punktach skupu złomu. Obiekty przedstawiliśmy w odpowiedniej skali z postaciami ludzi (przy przeciętnym wzroście 165 cm).

Źródła: Arup, BBC, Encyclopedia Britannica, Flushing Meadows Park, Muzeum Guggenheima w Bilbao, „The Indian Express", Muzeum Rodina, Narodowe Muzeum Historii Ukrainy w Drugiej Wojnie Światowej, Queen Elizabeth Olympic Park, Kristine Nielsen *Quid Pro Quo: Assessing the Value of Berlin's Thälmann Monument*, Société d'Exploitation de la Tour Eiffel, US National Park Service, Visit Falkirk. Informacja o cenach złomu w Wielkiej Brytanii od Reclamet Ltd., stan na 1 czerwca 2021

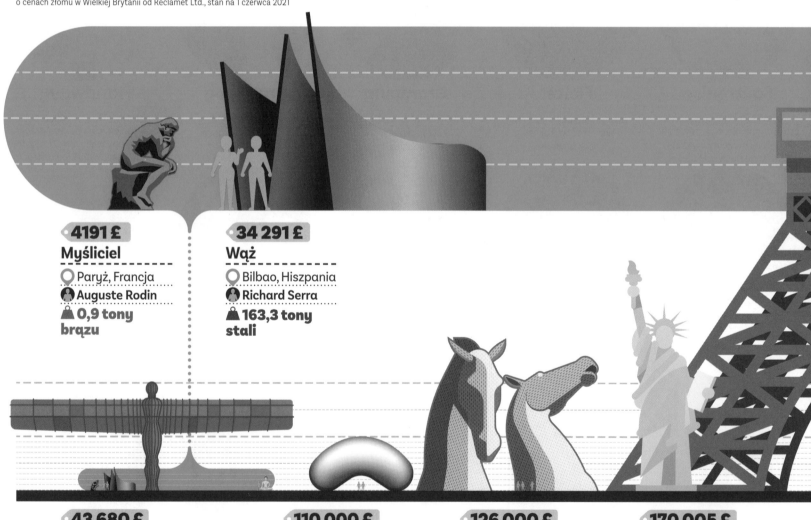

4191 £
Myśliciel
- Paryż, Francja
- Auguste Rodin
- 0,9 tony brązu

34 291 £
Wąż
- Bilbao, Hiszpania
- Richard Serra
- 163,3 tony stali

43 680 £
Anioł Północy
- Gateshead, Wlk. Brytania
- Antony Gormley
- 208 ton stali

110 000 £
Brama chmur
- Chicago, USA
- Anish Kapoor
- 100 ton stali nierdzewnej

126 000 £
Kelpie
- Falkirk, Szkocja
- Andy Scott
- 600 ton stali

170 005 £
Statua Wolności
- Nowy Jork, USA
- Frédéric Auguste Bartholdi
- 28,1 tony miedzi

1 533 000 £
Wieża Eiffla
Paryż, Francja
Gustave Eiffel
7300 ton żelaza

6 050 000 £
Wielki Budda z Lushan
Zhaocun, Chiny
Nieznany
1000 ton miedzi

335 225 000 £
Phra Phuttha Maha Suwanna Patimakon
(Złoty Budda)
Bangkok, Tajlandia
Nieznany
5,5 tony złota

180 480 £
Matka Ojczyzna
Kijów, Ukraina
Jewgienij Wuczeticz
90 ton stali nierdzewnej
i 388 ton stali

231 000 £
Pomnik Ernsta Thälmanna
Berlin, Niemcy
Lew Kerbel
50 ton brązu

420 000 £
ArcelorMittal Orbit
Londyn, Wielka Brytania
Anish Kapoor i Cecil Balmond
2000 ton stali

Ile wody zamienia się w wino?

Produkcja codziennych artykułów spożywczych pochłania zaskakująco dużo wody. Ile potrzeba wody, żeby stworzyć twój ulubiony trunek – i skąd się ją bierze?

Jak to zrobiliśmy: Przedstawiliśmy w proporcjonalny sposób średni globalny ślad wodny żywności i napojów. Ślady krajowe i lokalne znacznie się różnią, zwłaszcza w przypadku produktów zwierzęcych, ponieważ różne rodzaje pasz zawierają różne poziomy wody.

● **Całkowity ślad wodny** składający się głównie z „zielonej wody" (pochodzącej z opadów atmosferycznych, przechowywanej w glebie i zawartej w roślinach)
● **Odsetek śladu pochodzącego z „niebieskiej wody"** (z zasobów wód powierzchniowych lub podziemnych)
● **Odsetek śladu pochodzącego z „szarej wody"** (wody potrzebnej do asymilacji zanieczyszczeń)

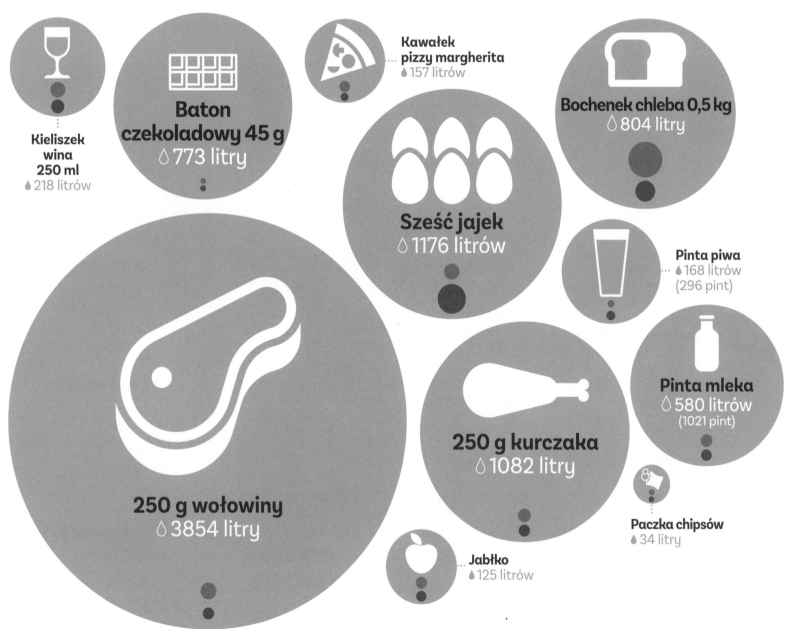

Kieliszek wina 250 ml
◊ 218 litrów

Baton czekoladowy 45 g
◊ 773 litry

Kawałek pizzy margherita
◊ 157 litrów

Bochenek chleba 0,5 kg
◊ 804 litry

Sześć jajek
◊ 1176 litrów

Pinta piwa
◊ 168 litrów (296 pint)

Pinta mleka
◊ 580 litrów (1021 pint)

250 g kurczaka
◊ 1082 litry

250 g wołowiny
◊ 3854 litry

Jabłko
◊ 125 litrów

Paczka chipsów
◊ 34 litry

Źródło: Water Footprint Network i Arjen Hoekstra

Jak szybki jest najszybszy komputer?

W 2020 roku japoński superkomputer Fugaku został oficjalnie uznany za najszybszy na świecie. Jest 2,8 razy szybszy niż stworzony przez IBM Summit, który dzierżył rekord od 2018 do 2020 roku. Ale jak naprawdę szybki jest nowy król petaflopów?

Jak to zrobiliśmy: Przedstawiliśmy Fugaku wraz z matematykiem, który próbuje mu dorównać.

Źródła: BBC, Live Science

415,53 Szybkość Fugaku w petaflopach
(petaflop = biliard operacji matematycznych na sekundę)

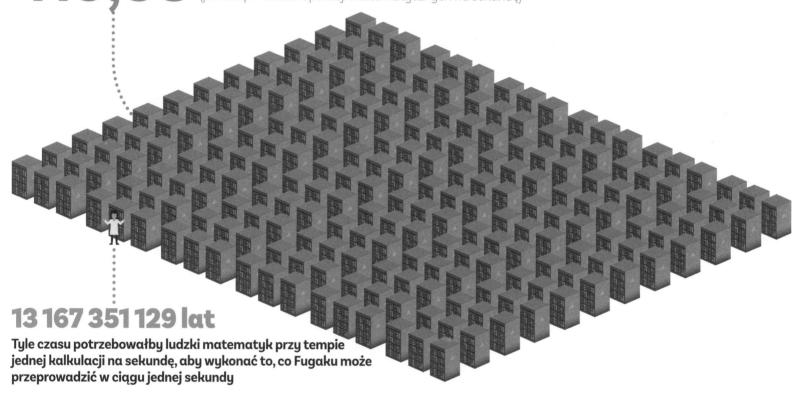

13 167 351 129 lat

Tyle czasu potrzebowałby ludzki matematyk przy tempie jednej kalkulacji na sekundę, aby wykonać to, co Fugaku może przeprowadzić w ciągu jednej sekundy

Jak szybkie jest 5G?

**Nowe chińskie sieci 5G deklarują średnią prędkość pobierania 125 megabajtów na sekundę.
Oto porównanie z osiągnięciami poprzednich faz przesyłu danych**

Jak to zrobiliśmy:
Obliczyliśmy, ile trwałoby ściągnięcie przeciętnego odcinka *Przyjaciół* (333 MB) w różnych generacjach sieci

Źródło: Digital Trends

1991	2000	2007	2009	2013	2019
2G	**3G**	**3G+**	**4G**	**4G+**	**5G**
7 godzin 24 minuty	29 minut 36 sekund	8 minut 53 sekundy	4 minuty 26 sekund	2 minuty 58 sekund	3 sekundy

Co wspólnego ma z tym miłość?

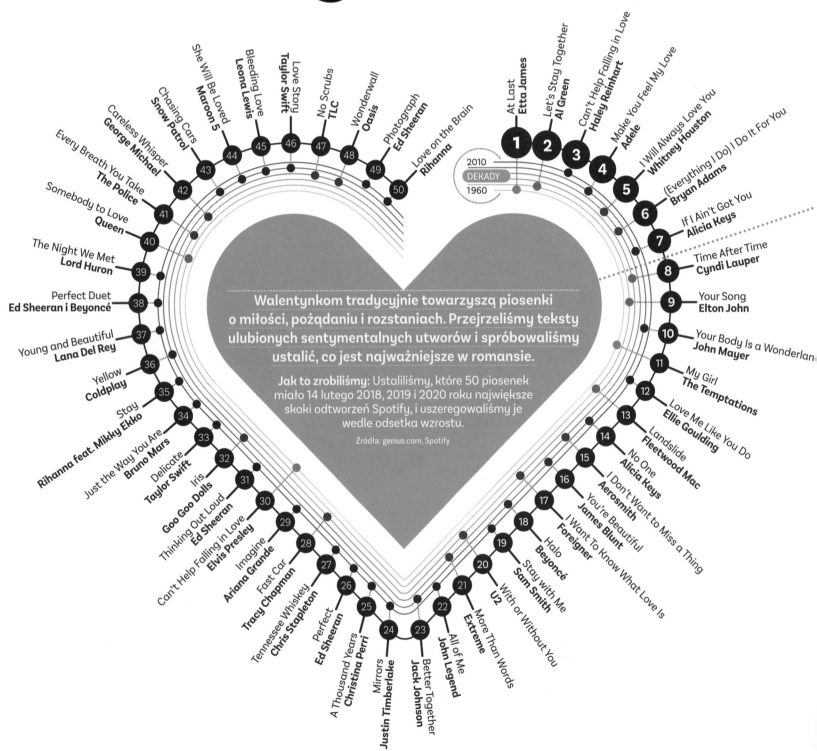

Walentynkom tradycyjnie towarzyszą piosenki o miłości, pożądaniu i rozstaniach. Przejrzeliśmy teksty ulubionych sentymentalnych utworów i spróbowaliśmy ustalić, co jest najważniejsze w romansie.

Jak to zrobiliśmy: Ustaliliśmy, które 50 piosenek miało 14 lutego 2018, 2019 i 2020 roku największe skoki odtworzeń Spotify, i uszeregowaliśmy je wedle odsetka wzrostu.

Źródła: genius.com, Spotify

1. At Last **Etta James**
2. Let's Stay Together **Al Green**
3. Can't Help Falling in Love **Haley Reinhart**
4. Make You Feel My Love **Adele**
5. I Will Always Love You **Whitney Houston**
6. (Everything I Do) I Do It For You **Bryan Adams**
7. If I Ain't Got You **Alicia Keys**
8. Time After Time **Cyndi Lauper**
9. Your Song **Elton John**
10. Your Body Is a Wonderland **John Mayer**
11. My Girl **The Temptations**
12. Love Me Like You Do **Ellie Goulding**
13. Landslide **Fleetwood Mac**
14. No One **Alicia Keys**
15. I Don't Want to Miss a Thing **Aerosmith**
16. You're Beautiful **James Blunt**
17. I Want To Know What Love Is **Foreigner**
18. Halo **Beyoncé**
19. Stay with Me **Sam Smith**
20. With or Without You **U2**
21. More Than Words **Extreme**
22. All of Me **John Legend**
23. Better Together **Jack Johnson**
24. Mirrors **Justin Timberlake**
25. A Thousand Years **Christina Perri**
26. Perfect **Ed Sheeran**
27. Tennessee Whiskey **Chris Stapleton**
28. Fast Car **Tracy Chapman**
29. Imagine **Ariana Grande**
30. Can't Help Falling in Love **Elvis Presley**
31. Thinking Out Loud **Ed Sheeran**
32. Iris **Goo Goo Dolls**
33. Delicate **Taylor Swift**
34. Just the Way You Are **Bruno Mars**
35. Stay **Rihanna feat. Mikky Ekko**
36. Yellow **Coldplay**
37. Young and Beautiful **Lana Del Rey**
38. Perfect Duet **Ed Sheeran i Beyoncé**
39. The Night We Met **Lord Huron**
40. Somebody to Love **Queen**
41. Every Breath You Take **The Police**
42. Careless Whisper **George Michael**
43. Chasing Cars **Snow Patrol**
44. She Will Be Loved **Maroon 5**
45. Bleeding Love **Leona Lewis**
46. Love Story **Taylor Swift**
47. No Scrubs **TLC**
48. Wonderwall **Oasis**
49. Photograph **Ed Sheeran**
50. Love on the Brain **Rihanna**

DEKADY 2010 / 1960

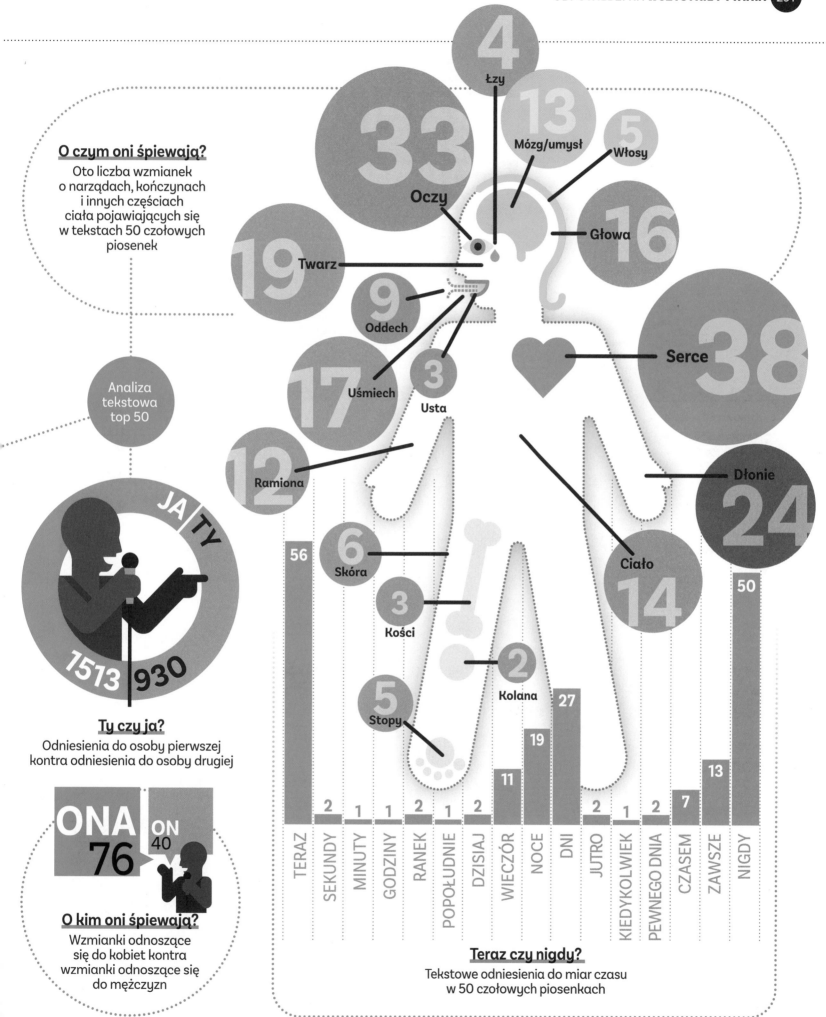

O czym oni śpiewają?

Oto liczba wzmianek o narządach, kończynach i innych częściach ciała pojawiających się w tekstach 50 czołowych piosenek

Analiza tekstowa top 50

33 Oczy

4 Łzy

13 Mózg/umysł

5 Włosy

16 Głowa

19 Twarz

9 Oddech

3 Usta

17 Uśmiech

38 Serce

12 Ramiona

24 Dłonie

14 Ciało

JA / TY

1513 **930**

Ty czy ja?

Odniesienia do osoby pierwszej kontra odniesienia do osoby drugiej

ONA **76**
ON 40

O kim oni śpiewają?

Wzmianki odnoszące się do kobiet kontra wzmianki odnoszące się do mężczyzn

6 Skóra

3 Kości

5 Stopy

2 Kolana

TERAZ	SEKUNDY	MINUTY	GODZINY	RANEK	POPOŁUDNIE	DZISIAJ	WIECZÓR	NOCE	DNI	JUTRO	KIEDYKOLWIEK	PEWNEGO DNIA	CZASEM	ZAWSZE	NIGDY
56	2	1	1	2	1	2	11	19	27	2	1	2	7	13	50

Teraz czy nigdy?

Tekstowe odniesienia do miar czasu w 50 czołowych piosenkach

Kogo najbardziej lubicie w rodzinie królewskiej?

Królowa jest popularna, ale jej poddani są mocno podzieleni, jeśli chodzi o pozostałych członków rodziny Windsorów. Chociaż są dość zgodni co do tego, kogo lubią najmniej...

NAJBARDZIEJ POPULARNA ♥

Dorośli członkowie rodziny królewskiej	NAJBARDZIEJ POPULARNA WŚRÓD MĘŻCZYZN	NAJBARDZIEJ POPULARNA WŚRÓD KOBIET	NAJBARDZIEJ POPULARNA WŚRÓD BOOMERÓW	NAJBARDZIEJ POPULARNA WŚRÓD POKOLENIA X	NAJBARDZIEJ POPULARNA WŚRÓD MILENIALSÓW
Królowa Elżbieta II	Królowa	Królowa	Królowa	Królowa	Królowa
Karol, książę Walii	Wilhelm	Katarzyna	Wilhelm	Wilhelm	Henryk
Camilla, księżna Kornwalii	Katarzyna	Wilhelm	Anna	Katarzyna	Katarzyna
Wilhelm, książę Cambridge	Anna	Anna	Katarzyna	Anna	Wilhelm
Katarzyna, księżna Cambridge	Henryk	Henryk	Zofia	Henryk	Meghan
Henryk, książę Sussex	Karol	Camilla	Karol	Karol	Anna
Meghan, księżna Sussex	Meghan	Zofia	Camilla	Camilla	Camilla
Andrzej, książę Yorku	Camilla	Karol	Edward	Zofia	Eugenia
Księżniczka Beatrycze	Beatrycze	Eugenia	Henryk	Beatrycze	Beatrycze
Księżniczka Eugenia	Edward	Edward	Eugenia	Meghan	Karol
Książę Edward, hrabia Wesseksu	Zofia	Beatrycze	Beatrycze	Edward	Edward
Zofia, hrabina Wesseksu	Eugenia	Meghan	Meghan	Eugenia	Zofia
Księżniczka Anna	Andrzej	Andrzej	Andrzej	Andrzej	Andrzej

NAJBARDZIEJ POPULARNA

1. Królowa
2. Wilhelm
3. Katarzyna
4. Anna
5. Henryk
6. Karol
7. Camilla
8. Meghan
9. Zofia
10. Beatrycze
11. Edward
12. Eugenia
13. Andrzej

Jak to zrobiliśmy: Powyższe tabele przedstawiają popularność członków brytyjskiej rodziny królewskiej wśród różnych grup wiekowych w Wielkiej Brytanii w maju 2021.

Źródło: Sondaż YouGov z maja 2021

Czy zwięzłość służy żartom?

Każdego roku na festiwalu teatrów ulicznych w Edynburgu przyznawana jest nagroda za najlepszy krótki żart. Żebyście mogli ocenić, czy zwięzłość rzeczywiście służy żartom, przedstawiamy ostatnich dziesięciu zwycięzców, poczynając od najbardziej małomównych.

Jak to zrobiliśmy: Zestawiliśmy zdobywców przyznawanej przez kanał Dave nagrody za najzabawniejszy żart festiwalu od 2010 do 2019 i uporządkowaliśmy ich według długości dowcipu.

Stewart Francis
◀ 2012
❝ Kto daje dzieciakom najgorsze imiona? Posh i Becks. ❞

Darren Walsh
◀ 2015
❝ Usunąłem wszystkie niemieckie kontakty z telefonu. Jest już wolny od Hansów. ❞

Tim Vine
◀ 2014
❝ Postanowiłem sprzedać odkurzacz. Tylko zbierał kurz. ❞

Ken Cheng
◀ 2017
❝ Nie podoba mi się nowa moneta funtowa, ale też i nie przepadam za drobnymi. ❞

Tim Vine
◀ 2010
❝ Byłem właśnie na wakacjach mojego życia. I powiem wam, nigdy więcej. ❞

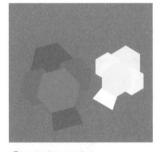

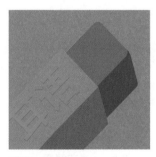

Nick Helm
◀ 2011
❝ Potrzebowałem ośmioczłonowego hasła, więc wybrałem Królewnę Śnieżkę i siedmiu krasnoludków. ❞

Olaf Falafel
◀ 2019
❝ Od czasu do czasu krzyczę „brokuły" i „kalafior". Może mam floreta. ❞

Masai Graham
◀ 2016
❝ Tato zasugerował, żebym się zgłosił jako dawca. Jesteśmy pod tym względem bardzo zgodni. ❞

Rob Auton
◀ 2013
❝ Podobno Cadbury ma wypuścić orientalny baton. Może wyjść z tego chińska wsypa. ❞

Adam Rowe
◀ 2018
❝ Praca w biurze zatrudnienia jest paskudna. Jak cię wyleją, to następnego dnia i tak musisz tam przyjść. ❞

Źródło: Dave

Co wolicie, psy czy koty?

Oto starcie największych futrzastych wrogów na świecie: kto ma większą księgę rodowodów, więcej obserwujących na Instagramie i więcej podróży kosmicznych na koncie?

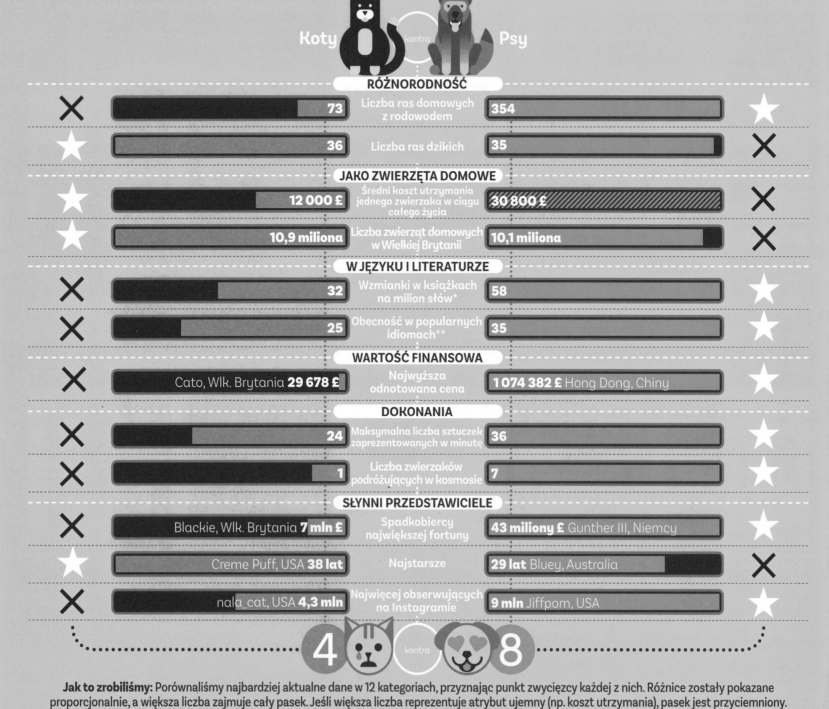

Koty | kontra | Psy

RÓŻNORODNOŚĆ

Koty			Psy
✗	73	Liczba ras domowych z rodowodem	354 ★
★	36	Liczba ras dzikich	35 ✗

JAKO ZWIERZĘTA DOMOWE

Koty			Psy
★	12 000 £	Średni koszt utrzymania jednego zwierzaka w ciągu całego życia	30 800 £ ✗
★	10,9 miliona	Liczba zwierząt domowych w Wielkiej Brytanii	10,1 miliona ✗

W JĘZYKU I LITERATURZE

Koty			Psy
✗	32	Wzmianki w książkach na milion słów*	58 ★
✗	25	Obecność w popularnych idiomach**	35 ★

WARTOŚĆ FINANSOWA

Koty			Psy
✗	Cato, Wlk. Brytania 29 678 £	Najwyższa odnotowana cena	1 074 382 £ Hong Dong, Chiny ★

DOKONANIA

Koty			Psy
✗	24	Maksymalna liczba sztuczek zaprezentowanych w minutę	36 ★
✗	1	Liczba zwierzaków podróżujących w kosmosie	7 ★

SŁYNNI PRZEDSTAWICIELE

Koty			Psy
✗	Blackie, Wlk. Brytania 7 mln £	Spadkobiercy największej fortuny	43 miliony £ Gunther III, Niemcy ★
★	Creme Puff, USA 38 lat	Najstarsze	29 lat Bluey, Australia ✗
✗	nala_cat, USA 4,3 mln	Najwięcej obserwujących na Instagramie	9 mln Jiffpom, USA ★

4 🐱 kontra 🐶 **8**

Jak to zrobiliśmy: Porównaliśmy najbardziej aktualne dane w 12 kategoriach, przyznając punkt zwycięzcy każdej z nich. Różnice zostały pokazane proporcjonalnie, a większa liczba zajmuje cały pasek. Jeśli większa liczba reprezentuje atrybut ujemny (np. koszt utrzymania), pasek jest przyciemniony.

* Google Ngram, 1800–2019 ** *Oxford Dictionary of English Idioms*. Źródła: BBC, Business Insider, Fédération Cynologique Internationale, *Księga rekordów Guinnessa*, The International Cat Association, IUCN, PDSA

Co mają ze sobą wspólnego Donald Trump i Jezus?

Najwięcej razy edytowane wpisy w Wikipedii. Na czyich stronach jest ich najwięcej?
Ile razy były poprawiane od chwili stworzenia?

Jak to zrobiliśmy: Wyszukaliśmy najczęściej edytowane strony Wikipedii dla osób i grup. Przedstawiamy je wraz z całkowitą liczbą zmian do 11 marca 2021.

DZIESIĘĆ OSÓB/GRUP Z NAJBARDZIEJ EDYTOWANYMI STRONAMI W WIKIPEDII

10

The Beatles
Brytyjski zespół rockowy
↳ **24 271**

9

Britney Spears
Amerykańska gwiazda popu
↳ **25 773**

8

The Undertaker
Amerykański wrestler i aktor
↳ **25 837**

7

Roger Federer
Szwajcarski tenisista
↳ **25 944**

6

Adolf Hitler
Niemiecki dyktator
↳ **26 904**

5

Barack Obama
44 prezydent USA
↳ **28 094**

4

Jezus
Syn Boży
↳ **30 697**

3

Michael Jackson
Amerykańska gwiazda popu
↳ **31 324**

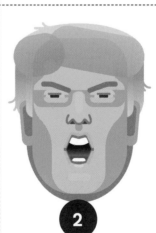

2

Donald Trump
45 prezydent USA
↳ **35 635**

1

George W. Bush
43 prezydent USA
↳ **47 252**

Źródło: Wikipedia

Czy nie jesteśmy czasem trochę zbyt irlandzcy?

Dla wielu mieszkańców USA 17 marca wiąże się tylko z jednym: piciem, i to w dużych ilościach. Ale czy Amerykanie są tak irlandzcy, jak mogłyby sugerować ich hulanki w Dniu Świętego Patryka?

Odsetek mieszkańców USA o irlandzkich korzeniach

9,6%

Odsetek mieszkańców USA obchodzących Dzień Świętego Patryka

55%

Jak to zrobiliśmy: Wypełnienie pokala ilustruje dane z 2019 roku, z ostatniego Dnia Świętego Patryka przed pandemią.

Źródła: The National Retail Federation, US Census Bureau

Poparzyłeś sobie paluszki?

W USA trzy czwarte obrażeń związanych z fajerwerkami zdarza się w tygodniach przylegających do Dnia Niepodległości. Co dokładnie kaleczą sobie ludzie?

Odnotowana liczba poszkodowanych 21 czerwca–21 lipca 2019:

7300

Jak to zrobiliśmy: Lista poniżej przedstawia odsetek miejsc odniesienia obrażeń, z którymi ludzie zgłaszali się na pogotowie.

Dłoń/palce 30,1%
Noga 23,3%
Oko 15,1%
Głowa/twarz/ucho 15,1%
Ramię 9,6%
Tors/inne 6,8%

Źródło: Consumer Product Safety Commission

Czy twój kot jest gotów na Halloween?

Halloween to w USA cały przemysł. Masa ludzi dekoruje swoje domy, wkłada kostiumy i przebiera swoje zwierzaki.

Jak to zrobiliśmy: Wielkość upiornych postaci oddaje skalę szacunkowych wydatków na kostiumy halloweenowe w USA w 2019 roku.

Kostiumy dla dorosłych 1,51 mld $
Kostiumy dla dzieci 1,16 mld $
Kostiumy dla zwierząt domowych 0,49 mld $

Źródło: The National Retail Federation

Czy oni wiedzą, że są święta?

AMERYKA PÓŁNOCNA

AMERYKA POŁUDNIOWA

Żeby odpowiedzieć na pytanie zadane przez Band Aid, przygotowaliśmy mapę, na której uwzględniliśmy kraje oficjalnie obchodzące Święta Bożego Narodzenia. Skoro byliśmy już przy temacie dni wolnych, sprawdziliśmy także, które kraje mają najwięcej wolnych od pracy świąt państwowych - osiem ustawowo wolnych dni rocznie w Wielkiej Brytanii to niewiele.

Jak to zrobiliśmy: Na mapie zaznaczyliśmy wszystkie kraje i terytoria, które wedle stanu na 2022 rok miały wolne dni od 23 do 28 grudnia i/lub od 6 do 8 stycznia (prawosławne Boże Narodzenie), biorąc pod uwagę święta przypadające w weekend. Boże Narodzenie w 2022 roku przypadło w niedzielę, co oznaczało zmniejszenie liczby dni wolnych w ciągu roku.
Jako średnią liczbę dni ustawowo wolnych przyjęliśmy średnią liczbę zaplanowanych oficjalnych dni świątecznych między 2021 a 2030. Święta, które są w miejscowych realiach weekendem/przedłużonym weekendem, nie były liczone.

Źródło: Światowa baza danych świąt państwowych Qppstudio

 Mają święto państwowe 25 grudnia lub blisko niego

 Mają święto w prawosławne Boże Narodzenie lub blisko niego

 Mają święto 25 grudnia i w prawosławne Boże Narodzenie lub blisko nich

 Nie mają święta 25 grudnia i w prawosławne Boże Narodzenie ani blisko nich

Kto ma najwięcej dni wolnych z okazji Bożego Narodzenia?

Kraje, w których przypada oficjalnie najwięcej dni świątecznych od 23 do 28 grudnia 2020 oraz od 6 do 8 stycznia 2021:

Bułgaria - cztery dni
Falklandy - cztery dni

EUROPA

AZJA

AFRYKA

AUSTRALIA
I OCEANIA

Kto ma najwięcej dni wolnych w roku?

Kraje/terytoria o najwyższej rocznej średniej dni
ustawowo wolnych od pracy w latach 2021–2030

Iran 24	Ⓐ	
Mjanma 23,6	Ⓑ	
Azerbejdżan 18,4	Ⓒ	
Kambodża 18,3	Ⓓ	
Sri Lanka 17,9	Ⓔ	

Kto ma najmniej wolnych dni w roku?

Kraje/terytoria o najniższej rocznej średniej dni
ustawowo wolnych od pracy w latach 2021–2030

Ⓕ Brazylia 5,7	
Ⓖ Urugwaj 5,6	
Ⓗ **Erytrea** 5,1	
Ⓘ **Wyspy Pitcairn** 4,7	
Ⓙ **Portoryko** 4,3	

Eva Morris

- WLK. BRYTANIA 8 listopada 1885
- 2 listopada 2000 **W WIEKU 114**
- Najstarsza osoba przez: **308 dni**
- Whisky i gotowana cebula

Marie Brémont

- FRANCJA 25 kwietnia 1886
- 6 czerwca 2001 **W WIEKU 115**
- Najstarsza osoba przez: **216 dni**
- Nie ujawniła

Maud Farris-Luse

- USA 21 stycznia 1887
- 18 marca 2002 **W WIEKU 115**
- Najstarsza osoba przez: **285 dni**
- Chodzenie na ryby

Grace Clawson

- WLK. BRYTANIA 15 listopada 1887
- 28 maja 2002 **W WIEKU 114**
- Najstarsza osoba przez: **71 dni**
- Dużo śmiechu, kawa, żadnego alkoholu czy tytoniu

Adelina Domingues

- REP. ZIEL. PRZYLĄDKA 19 lutego 1888
- 21 sierpnia 2002 **W WIEKU 114**
- Najstarsza osoba przez: **85 dni**
- Warzywa i fasola, żadnego alkoholu czy tytoniu

Mae Harrington

- USA 20 stycznia 1889
- 29 grudnia 2002 **W WIEKU 113**
- Najstarsza osoba przez: **130 dni**
- Nie ujawniła

Jak żyć wiecznie?

(Do maksymalnie 118 lat)

Jeśli chcesz przeżyć powyżej stu dziesięciu lat, pomocne mogą okazać się porady udzielane przez najbardziej superowych superstulatków.

Jak to zrobiliśmy: Wyszukaliśmy wszystkich posiadaczy tytułu „najstarszej osoby na świecie" w tym tysiącleciu, oznaczając ich kolorami według 📍 miejsca urodzenia. Uwzględniliśmy **ich wiek w chwili śmierci** 🕐, ⏱ okres posiadania tytułu i ❓przyczyny długowieczności podane w wywiadach. Gdy to pisaliśmy, posiadaczem tytułu był 118-letni Kane Tanaka.

Miejsce urodzenia: ● Afryka ● Azja (wyłącznie Japonia) ● Karaiby/Ameryka Łacińska ● Europa ● Ameryka Płn.
Sekrety: 🎋 Styl życia/aktywności ✗ Jedzenie i picie ☺ Postawa 🚫 Abstynencja ✝ Wiara w Boga

Źródła: BBC, CBS, „The Guardian", *Księga rekordów Guinnessa*, „LA Times", legacy.com, news.com.au, „New York Times", „The Daily Telegraph"

KOBIETY ● MĘŻCZYŹNI

Emma Tillman

- USA 22 listopada 1892
- 28 stycznia 2007 **W WIEKU 114**
- Najstarsza osoba przez: **4 dni**
- Wola Boża

Yone Minagawa

- JAPONIA 4 stycznia 1893
- 13 sierpnia 2007 **W WIEKU 114**
- Najstarsza osoba przez: **197 dni**
- Rozsądne odżywianie się, dużo snu

Besse Cooper

- USA 26 sierpnia 1896
- 4 grudnia 2012 **W WIEKU 116**
- Najstarsza osoba przez: **1 rok 166 dni**
- Niewtrącanie się w cudze sprawy, żadnego śmieciowego jedzenia

Dina Manfredini

- WŁOCHY 4 kwietnia 1897
- 17 grudnia 2012 **W WIEKU 115**
- Najstarsza osoba przez: **13 dni**
- Ciężka praca, wszystko w umiarze

Jiroemon Kimura

- JAPONIA 19 kwietnia 1887
- 12 czerwca 2013 **W WIEKU 116**
- Najstarsza osoba przez: **177 dni**
- Opalanie się i unikanie dużych porcji jedzenia

Misao Okawa

- JAPONIA 5 marca 1898
- 1 kwietnia 2015 **W WIEKU 117**
- Najstarsza osoba przez: **1 rok 193 dni**
- Jedzenie sushi, dużo relaksu

Gertrude Weaver

- USA 4 lipca 1898
- 6 kwietnia 2015 **W WIEKU 116**
- Najstarsza osoba przez: **5 dni**
- Ciężka praca, miłowanie Boga, wszystkich i wszystkiego

Jeralean Talley

- USA 23 maja 1899
- 17 czerwca 2015 **W WIEKU 116**
- Najstarsza osoba przez: **72 dni**
- Wiara w Boga

Yukichi Chuganji

- JAPONIA
  23 marca 1889
- 28 września 2003
  W WIEKU 114
- Najstarsza osoba
  przez: **273 dni**
- **Zdrowe jedzenie, bycie optymistą**

Mitoyo Kawate

- JAPONIA
  15 maja 1889
- 13 listopada 2003
  W WIEKU 114
- Najstarsza osoba
  przez: **46 dni**
- **Ciasto szyfonowe**

Ramona Iglesias-Jordan

- PORTORYKO
  31 sierpnia 1889
- 29 maja 2004
  W WIEKU 114
- Najstarsza osoba
  przez: **198 dni**
- **Potrawy smażone na smalcu**

Maria Esther de Capovilla

- EKWADOR
  14 sierpnia 1889
- 27 sierpnia 2006
  W WIEKU 116
- Najstarsza osoba
  przez: **2 lata 90 dni**
- **Spokojne usposobienie**

Elizabeth Bolden

- USA
  15 sierpnia 1890
- 11 grudnia 2006
  W WIEKU 116
- Najstarsza osoba
  przez: **106 dni**
- **Nie ujawniła**

Emiliano Mercado del Toro

- PORTORYKO
  21 sierpnia 1891
- 24 stycznia 2007
  W WIEKU 115
- Najstarsza osoba
  przez: **44 dni**
- **Jedzenie polenty, poczucie humoru**

Edna Parker

- USA
  20 kwietnia 1893
- 26 listopada 2008
  W WIEKU 115
- Najstarsza osoba
  przez: **1 rok 105 dni**
- **Dobra edukacja**

Maria de Jesus

- PORTUGALIA
  10 września 1893
- 2 stycznia 2009
  W WIEKU 115
- Najstarsza osoba
  przez: **37 dni**
- **Żadnego tytoniu, alkoholu, kawy czy mięsa**

Gertrude Baines

- USA
  6 kwietnia 1894
- 11 września 2009
  W WIEKU 115
- Najstarsza osoba
  przez: **252 dni**
- **Bóg, żadnego alkoholu czy tytoniu, żadnych wygłupów**

Kama Chinen

- JAPONIA
  10 maja 1895
- 2 maja 2010
  W WIEKU 114
- Najstarsza osoba
  przez: **233 dni**
- **Regularne ćwiczenia, unikanie stresu**

Eugenie Blanchard

- USA
  16 lutego 1896
- 4 listopada 2010
  W WIEKU 114
- Najstarsza osoba
  przez: **186 dni**
- **Dziewictwo**

Maria Gomes Valentim

- BRAZYLIA
  9 lipca 1896
- 21 czerwca 2011
  W WIEKU 114
- Najstarsza osoba
  przez: **229 dni**
- **Chleb, kawa, codziennie owoce i mleko z siemieniem lnianym na śniadanie każdego dnia**

Susannah Mushatt Jones

- USA
  6 lipca 1899
- 12 maja 2016
  W WIEKU 116
- Najstarsza osoba
  przez: **330 dni**
- **Dużo snu, jajka na bekonie, żadnego alkoholu czy tytoniu**

Emma Morano

- WŁOCHY
  29 listopada 1899
- 15 kwietnia 2017
  W WIEKU 117
- Najstarsza osoba
  przez: **338 dni**
- **Surowe steki i brandy każdego dnia, odejście od męża w wieku 39 lat**

Violet Brown

- JAMAJKA
  10 marca 1900
- 15 sierpnia 2017
  W WIEKU 117
- Najstarsza osoba
  przez: **153 dni**
- **Ciężka praca i wiara w Boga**

Nabi Tajima

- JAPONIA
  4 sierpnia 1900
- 21 kwietnia 2018
  W WIEKU 117
- Najstarsza osoba
  przez: **218 dni**
- **Dobre jedzenie i dobry sen**

Chiyo Miyako

- JAPONIA
  2 maja 1901
- 22 lipca 2018
  W WIEKU 117
- Najstarsza osoba
  przez: **92 dni**
- **Przesypianie co najmniej ośmiu godzin w nocy**

Kane Tanaka

- JAPONIA
  2 stycznia 1903
- Najstarsza osoba
  przez: **ponad 2 lata**
- **Zgłębianie matematyki, wiara w Boga**

Co jeszcze można powiedzieć…?

Indeks spraw i sprawek

I wojna światowa
- Wynalazki z nią związane 278
- Straty USA 276

II wojna światowa
- Wynalazki z nią związane 278
- Straty USA 276

A-ha (zespół) 129
Abraham, F. Murray 152
Abradż al-Bajt, Wieża zegarowa 066
Absalomie, Absalomie! 162
AC/DC (zespół) 128
Achebe, Chinua 162
Adams, Bryan 290
Adams, Douglas 162
Adams, John 190
Adams, John Quincy 190
Adaptacja (film) 155
Addington, Henry 192
Adele (piosenkarka)
- Nagroda Grammy 228
- Popularne utwory 128
- Romantyczna piosenka 290
Aerosmith 290
Affleck, Casey 152
Afganistan
- Konflikty, śmiertelność 267
- Porównanie z innymi krajami 060
- Poziom braku szczęśliwości 217
- Użycie marihuany 076
- Wierzenia religijne 187
- Wojny USA w 276
Afryka Południowa 076
Aladyn
- Jako film Disneya 144
- Status przeboju 149
Albania
- Głosowania na Eurowizji 280
- Użycie marihuany 076
Aldrin, Buzz 171
Alfred Wielki (król) 195
Algieria
- Użycie marihuany 076
Ali, Laila 046
Ali, Muhammad
- Deklaracja wielkości 050
- Porównanie z innymi pięściarzami 046
- Przemowa 196
All I Wanna Do 228
All I Want for Christmas Is You 230
Alkohol
- Globalne użycie 080
- Sprzedaż nieletnim 082
All of Me 290
Alonso, Fernando 047
Alpert, Herb 228
Amis, Martin 162
Amsterdam
- Potencjał piknikowy 063
- Uczestnictwo w świętach 062
Amunicja 251
Andora
- Głosowania na Eurowizji 280
- Poziom dzietności 033
Andrews, Julie 153
Anioł północy 286
Anioł stróż 182

Anna Karenina 163
Anna (królowa) 195
Another Day in Paradise 228
Antena tubowa 031
Ant-Man
- I Osa 157
- Postacie w filmie 157
Antykoncepcyjna pigułka 031
Antylopa indyjska 109
Apollo, wyprawy 171
Aquarius/Let the Sunshine In 228
AR-15 273
Arabia Saudyjska
- Porównanie z innymi krajami 060
- Użycie marihuany 077
ArcelorMittal Orbit 286
Argentyna
- Użycie marihuany 076
- Tytuły sportowe 057
Arktyka 239
Arliss, George 152
Armagedon
- Historyczne proroctwa 258
- Czas do zagłady 260
Armagedon (film) 149
Armenia
- Głosowania na Eurowizji 280
- Użycie marihuany 076
- Poziom szczęśliwości 216
Armstrong, Neil
- Apollo 11 171
- Spacer księżycowy 177
Arthur, Chester A. 190
Artyści trapezowi 218
Asquith, Herbert 192
Asteroidy 256
Astrologia 183
Astrologowie 258
Astronauci 170
At Last (piosenka) 290
Ataki 11 września 182
Athelstan (król) 195
Atlantyk 219
Attenborough, David 084
Attlee, Clement 192
Atwood, Margaret 162
Austen, Jane 163
Austin
- Potencjał piknikowy 063
- Uczestnictwo w świętach 062
Australia
- Cena kokainy 078
- Głosowania na Eurowizji 280
- Użycie marihuany 076
- Porównanie z innymi krajami 060
Australijska piłka nożna 057
Austria
- Głosowania na Eurowizji 280
- Użycie marihuany 076
- Porównanie z innymi krajami 060
- Spożycie piwa 081
Auton, Rob 293
Autostopem przez Galaktykę 162
Avengers, franczyza
- Kasowe przeboje roku 151
- Postaci 157
Awatar (film) 150
Azerbejdżan
- Głosowania na Eurowizji 280
- Użycie marihuany 076
- Święta państwowe 299

Backstreet Boys 128
Bad Boys 4 (film) 084
Bad Guy (piosenka) 228
Badminton 057
Bahamy
- Użycie marihuany 076
- Porównanie z innymi krajami 060
Baines, Gertrude 301
Baldwin, Stanley 192
Balfour, Arthur 192
Balmain 071
Balony na ogrzane powietrze 234
Balvin, J. 129
Bałwan 222
Bambi
- Jako film Disneya 144
- Status hitu 144
Bancroft, Anne 153
Band Aid 230
Bandy (sport) 056
Bangkok 286
Bangladesz
- Użycie marihuany 076
- Medale olimpijskie 059
Banks, Sonny 051
Banksy 224
Barbados 076
Bardeen, John 233
Barnes, Randy 053
Baron Grenville 192
Barrymore, Lionel 152
Baseball 057
Bateman, Mary 259
Baterie elektryczne 028
Bates, Kathy 153
Baxter, Warner 152
Bazylika Świętego Piotra 067
Bean, Alan 171
Beat It 228
Beatles, The
- Najczęściej słuchane utwory 154
- Najlepsi członkowie 159
- Najwięcej wspólnych nagrań 159
- Osiągnięcia muzyczne 153
- Ulubione albumy 158
- W Wikipedii 295
- Wszystkie nagrane utwory 154
Beautiful Day 228
Beauvais, katedra w 064
Beery, Wallace 152
Belgia
- Astronauci 176
- Głosowania na Eurowizji 280
- Użycie marihuany 076
Belize
- Użycie marihuany 076
- Najbardziej niebezpieczne miasto 254
Ben-Hur 145
Benigni, Roberto 152
Benin 060
Bennett, Tony 228
Benson, George 228
Berbick, Trevor 051
Bergman, Ingrid 153
Berlin 286
Bermudy
- Użycie marihuany 076
- PKB 209

Berry, Halle 153
Besmanoff, Willi 051
Bette Davis Eyes 228
Better Together 290
Beyoncé 290
Bezos, Jeff 225
Bezpieczna winda 029
Bhutan 076
Białoruś
• Efekty globalnego ocieplenia 244
• Głosowania na Eurowizji 280
• Użycie marihuany 076
• Kosmonauci 176
Biden, Joe 190
Biegunki 246
Bielizna
• Prasowanie 082
• Wciąganie w 30 sekund 223
Bijatyka w dżungli 050
Big Ben 067
Bilbao 286
Bioróżnorodność 242
Biya, Paul 201
Blady ogień 162
Blair, Tony 192
Blanchard, Eugenie 300
Blanchett, Cate 153
Bleeding Love 290
Blin, Jürgen 051
Blondie 226
Blondin, Charles 220
Blunt, James 290
Bogart, Humphrey 152
Bolden, Elizabeth 300
Boliwia
• Historyczny PKB 209
• Użycie marihuany 076
• Liczba kurczaków 123
Bolt, Usain
• Porównanie z innymi posiadaczami rekordów świata 052
• Rekordy olimpijskie 041
• Pokonanie w wyścigu 054
Bon Jovi 129
Bonar Law, Andrew 192
Bonavena, Oscar 051
Bond, James
• Jako franczyza 150
• Odwiedzone kraje 160
• Odwiedzone miasta 161
• Osiągnięcia aktorskie 158
Bongo, Omar 201
Booth, Shirley 153
Borg, Björn 045
Borgnine, Ernest 152
Bośnia i Hercegowina
• Głosowania na Eurowizji 280
• Użycie marihuany 076
Botham, Ian 043
Botswana
• Porównanie z innymi krajami 060
• Poziom braku szczęśliwości 217
Boulevard of Broken Dreams 228
Boks
• Najlepsi pięściarze 046
• Muhammad Ali 050
Boyle, Susan 226
Bóg
• Wiara 185
• Długowieczność a wiara 301
Bracia Karamazow 163
Bradman, Don 043
Brama chmur 286
Brando, Marlon 152
Brandy 301
Brazylia
• Użycie marihuany 076
• Najbardziej niebezpieczne miasto ... 254

• Spożycie kurczaków 123
• Święta państwowe 299
Brémont, Marie 301
Bridgerton (TV show) 075
Bridges, Jeff 152
Broadway 141
Brody
• Najwięcej ołówków 223
• Zdobywcy Oscarów 153
• Premierzy Wlk. Brytanii 193
• Prezydenci USA 191
Brody, Adrien 152
Brontë, Charlotte 163
Brontë, Emily 163
Broń atomowa
• Rola w możliwej zagładzie 260
• Spadek globalnych zasobów 241
Brooks, Garth 130
Brosnan, Pierce 159
Brown, Gordon 192
Brown, Violet 301
Brunei 123
Brynner, Yul 152
Bublé, Michael 230
Buchanan, James 190
Budynek Chryslera 064
Buenos Aires
• Potencjał piknikowy 063
• Uczestnictwo w świętach 062
Buffalo 118
Buffett, Warren 206
Bugner, Joe 051
Bullock, Sandra 153
Bulwar Zachodzącego Słońca 235
Bułgaria
• Głosowania na Eurowizji 280
• Użycie marihuany 076
Bungee 234
Burdż Chalifa
• Wysokość współcześnie 066
• W kontekście historycznym 064
• Popularność na Instagramie 067
Burgess, Anthony 162
Burkina Faso 076
Burstyn, Ellen 153
Burundi
• Emisja CO_2 089
• Porównanie z innymi krajami 060
• Demografia 033
Bush, George H.W. 190
Bush, George W.
• Na Wikipedii 295
• Porównanie z innymi prezydentami USA ... 190
Buszujący w zbożu 162
Butch Cassidy i Sundance Kid 146
Bydło
• Liczba w porównaniu do kurczaków ... 119
• Liczba w Wlk. Brytanii 098

Cage, Nicolas 152
Cagney, James 152
Callaghan, James 192
Calment, Jeanne Louise 035
Cameron, David 192
Cameron, James 148
Camilla, księżna Kornwalii 292
Campbell-Bannerman, Henry 192
Camping, Harold 258

Camus, Albert 162
Can't Help Falling in Love 290
Canning, George 192
Captain & Tennille 228
Careless Whisper 290
Carey, Mariah
• Czas popularności 128
• Osiągnięcia muzyczne 133
• Przebój świąteczny 230
Carnes, Kim 228
Carney, Art 152
Carroll, Lewis 163
Carter, Jimmy 190
Casablanca (film) 235
Castro, Fidel 201
Cavachon 072
Cavapoo 072
Céline 071
Céline, Louis-Ferdinand 162
Celuloid 029
Cernan, Gene 171
Challenger (wahadłowiec kosmiczny) ...175
Chamberlain, Neville 192
Chamenei, Sayyid Ali 200
Chandler, Raymond 162
Chanel
• Czarna suknia 071
• No 5, perfumy 074
• Tweedowa marynarka 071
Changchun 211
Change the World 228
Changsha 211
Chaplin, Charlie 196
Chapman, Tracy
• Popularność przeboju 128
• Romantyczna piosenka 290
Charakterystyczne punkty krajobrazu ... 067
Charles, Ray 228
Chasing Cars 290
Chaucer, Geoffrey 163
Cheetos (chrupki) 278
Cheng, Ken 293
Cher 153
Chiang Kaj-szek 200
Chicago 286
Chicago (musical) 131
Chile
• Cena kokainy 078
• Użycie marihuany 076
China Zun (wieżowiec) 066
China 117 Tower 066
Chinatown (film) 235
Chiny
• Astronauci 176
• Emisja CO_2 089
• Globalna pozycja 212
• Inicjatywa Jeden pas, jedna droga ... 212
• Kontrola zasobów naturalnych 213
• Największe miasta 211
• Porównanie z innymi krajami 060
• Postawy wobec religii 187
• Przyszły PKB 209
• Przemiany społeczne 210
• Tytuły sportowe 057
• Wzrost ekonomiczny 209
Chipsy
• Powietrze w torebce 085
• Ślad wodny 288
Chiyo, Miyako 301
Chirurgia plastyczna 278
Chleb
• Najlepsze od czasu krojonego chleba ... 030
• Ślad wodny 288
• Ujednolicenie nazwy 084
Chleb bananowy 251
Chłopcy z ferajny 235
Chodzenie po linie 220

Chongqing 211
Chorkie 072
Choroba Alzheimera 246
Choroba niedokrwienna serca 247
Choroby nerek 246
Choroby prenatalne 247
Choroby zakaźne 242
Chorwacja
• Użycie marihuany 077
• Głosowania na Eurowizji 280
Christie, Julie 153
Chrześcijaństwo 186
Chug 072
Churchill, Winston
• Porównanie z innymi premierami Wlk. Brytanii 192
• Przemowy 197
Chuvalo, George 051
Chwasty (film) 147
Ciało (wzmianki w romantycznych piosenkach) 291
Ciało, cechy 037
Ciasto szyfonowe 301
Ciemna materia 147
Clapton, Eric 228
Clark, Belinda 043
Clark, Jim 047
Clark, LaMar 051
Clawson, Grace 301
Cleveland, Grover 190
Clinton, Bill 190
Clocks (piosenka) 228
CN Tower 064
Co się wydarzyło w Madison County ... 147
Coates, Denise 224
Cockapoo 072
Colbert, Claudette 153
Coldplay
• Cena za występ 226
• Nagroda Grammy 228
• Popularne przeboje 128
• Romantyczne piosenki 290
Cole, Nat King 228
Cole, Natalie 228
Collins, Phil 228
Colman, Olivia 153
Colman, Ronald 152
Columbia (wahadłowiec kosmiczny) .. 175
Colvin, Shawn 228
Comăneci, Nadia 041
Conan Doyle, Arthur 163
Connery, Sean
• Jako Bond 159
• Status aktorski 148
Conrad, Joseph 163
Conrad, Pete 171
Coolidge, Calvin 190
Cooper, Besse 300
Cooper, Gary 152
Cooper, Henry 051
Coopman, Jean-Pierre 051
Coppola, Francis Ford 235
Cori, Gerty 232
Coronation Street 164
Cotillard, Marion 153
Counting Crows 129
Covid-19
• Jako główna przyczyna śmierci 246
• W teoriach spiskowych 182
• Wyszukiwania Google 250
• Życie w lockdownie 250
• Rozprzestrzenianie się po świecie .. 248
Craig, Daniel 159
Crawford, Broderick 152
Crawford, Joan 153
Crosby, Bing 152
Cross, Christopher 228
Crow, Sheryl 228
Crowe, Russell 152

Crumpets 083
Cruyff, Johan 048
CTF Finance Centre (wieżowiec) 066
Cud na 34 Ulicy 130
Cukrzyca
• Jako główna przyczyna śmierci 246
• Globalny wzrost liczby przypadków .. 238
Curie-Skłodowska, Maria 232
Curiosity, łazik 031
Curling 056
Cypr
• Użycie marihuany 077
• Głosowania Eurowizji 280
Cywety 106
Cywilizacja 026
Czad
• Porównanie z innymi krajami 060
• Demografia 033
Czarna Pantera 157
Czarnogóra
• Cena kokainy 078
• Głosowania na Eurowizji 280
• Użycie marihuany 077
Czarnoksiężnik z Oz 235
Czarodziejska góra 163
Czas apokalipsy (film) 235
Czekolada 288
Czengdu 211
Czepki pływackie 222
Czerwona księga 114
Czerwone wino 074
Czistiakowa, Galina 053
Człowiek z blizną 235
Czwarta władza 155

Daft Punk 228
Dalian 211
Dalton, Timothy 158
Dania
• Ceny kokainy 078
• Głosowania na Eurowizji 280
• Użycie marihuany 077
• Porównanie z innymi krajami 060
• Poziom szczęśliwości 217
Daniel, Trevor 128
Daniels, Billy 051
Darin, Bobby 228
David Copperfield 163
David Thoreau, Henry 163
Davis, Bette 153
Davis, Warwick 148
Dawca pamięci (film) 155
Day-Lewis, Daniel 152
Days of Wine and Roses 228
DC-3, samolot 030
de Capovilla, Maria Esther 300
de Cervantes, Miguel 163
de Havilland, Olivia 153
de Jesus, Maria 301
De Niro, Robert 152
Defoe, Daniel 163
Del Rey, Lana 290
del Toro, Emiliano Mercado 301
Delfiny 234
Delicate (piosenka) 290
DeMille, Cecil B. 148
Demokratyczna Republika Konga 060
Demon Slayer: Mugen Train 151
Diaba, Genzebe 052

Diabeł ubiera się u Prady 155
Diablica (film) 155
Diamenty są wieczne 147
DiCaprio, Leonardo 152
Dickens, Charles 163
Dinozaury 023
Dion, Céline 228
Disraeli, Benjamin 192
Dixie Chicks 228
Dłonie (wspomnienia w romantycznych piosenkach) 291
Długowieczność 034
Đoković, Novak 045
Do latarni morskiej 162
Do They Know It's Christmas? 230
Dobry żołnierz 163
Doktor Strange 157
Dom duchów 155
Domingues, Adelina 301
Don Kichot 163
Don't Know Why 228
Don't Worry, Be Happy 228
Donat, Robert 152
Donauinselfest 062
Dongguan 211
Dos Santos, José Eduardo 201
Dostojewski, Fiodor 163
Douglas-Home, Alec 192
Douglas, Michael 152
Downey Jr, Robert 148
Doktor Strangelove albo jak przestałem się martwić i pokochałem bombę 235
Drakula (książka) 163
Drake (wykonawca) 133
Dreiser, Theodore 162
Drapacze chmur
• Historycznie najwyższe 064
• Obecne najwyższe 066
Dressler, Marie 153
Dreyfuss, Richard 152
Driving Home for Christmas 230
Droga do Indii 163
Drożdże 250
Drób 098
Drzewa 100
Druhny 223
Drużyna pierścienia 162
Duch (film) 149
Duchy 183
Dublin
• Potencjał piknikowy 063
• Uczestnictwo w świętach 062
Dujardin, Jean 152
Duma i uprzedzenie 163
Dunaway, Faye 153
Dunn, Richard 051
Duvall, Robert 152
Dwoje do poprawki 155
Dwutlenek węgla
• Światowa emisja 239
• Przechwytywanie 100
Dyskryminacja rudowłosych 084
Dystansowanie społeczne 251
Dzieci
• Negatywny odbiór zdjęć 082
• Skąd się biorą 030
Dzieci północy 162
Dziennikarze 239
Dzień Króla 062
Dzień Naleśnika 083
Dzień Niepodległości 149
Dzień Świętego Patryka 296
• Obchody w Dublinie 062
• Obchody w USA 296
Dziesięcioro przykazań 145
Dzisiejsze czasy 235

Dzika rzeka 155
Dzwony Najświętszej Marii Panny 144
Dźwięki muzyki 143
Dżibuti 060

E

Eagles (zespół) 228
EastEnders (serial) 165
Eden, Anthony 192
Edgar Spokojny (król) 195
Edred (król) 195
Edwig (król) 195
Edynburg
• Potencjał piknikowy 063
• Uczestnictwo w świętach 062
Edmund (król) 195
Edmund II Żelaznoboki (król) 195
Edward I Długonogi (król) 195
Edward II (król) 195
Edward III (król) 195
Edward IV (król) 195
Edward Spowiednik (król) 195
Edward Starszy (król) 195
Edward Męczennik (król) 195
Edward V (król) 195
Edward VI (król) 195
Edward VII (król) 195
Eggo, wafle 075
Egipt 077
Egzorcysta 147
Eilish, Billie
• Popularne przeboje 129
• Nagrody Grammy 228
• Cena za występ 226
Einstein, Albert 223
Eisenhower, Dwight D. 190
Ekko, Mikky 290
Ekstremalne zjawiska pogodowe 242
Ekwador 077
El Guerrouj, Hicham 052
Elektryczność
• Wzrost globalnego dostępu 241
• Wzrost produkcji zielonej energii 241
• Źródła w pełni odnawialne 096
Eliot, George 163
Elżbieta I (królowa)
• Następcy tronu 195
• Przemowy 197
Elżbieta II (królowa)
• Następcy tronu 195
• Zaszczyty przyznane w czasie panowania ... 205
• Popularność 292
• Przemowy 197
• Obiekty nazwane jej imieniem 198
Ellis, Jimmy 051
Ellison, Ralph 162
Eminem 128
Emma (książka) 163
Emmerdale (serial) 164
Empire State Building
• Wysokość w kontekście historycznym ... 064
• Na Instagramie 067
ENIAC 030
Enterprise 175
E-petycje 084
EpiPen 279
Epoka brązu 027
Erytrea
• Porównanie z innymi krajami 060
• Święta państwowe 299

Eskorta (film) 155
Esperti, Tony 051
Estonia
• Cena kokainy 078
• Efekty globalnego ocieplenia 244
• Głosowania na Eurowizji 280
• Użycie marihuany 077
• Postawy wobec religii 187
Ethelred II Bezradny (król) 195
Etiopia
• Ofiary śmiertelne konfliktów 267
• Porównanie z innymi krajami 060
Eton 193
E.T. (film) 129
Eugene Shoemaker 180
Eurowizja, Konkurs Piosenki 280
Evangelista, Alfredo 051
Evert, Chris 045
Every Breath You Take 290
Everything I Do, I Do It For You 290
Everything I Wanted 228
Extreme (zespół) 290
Eyadéma, Gnassingbé 200

F

Fairytale of New York 230
Faith, Percy 228
Falafel, Olaf 293
Falcon 9 178
Falcon Heavy 178
Falkirk 286
Fangio, Juan Manuel
• Porównanie z innymi kierowcami F1 047
• Ferrari posiadane kiedyś przez 224
Fantastyczny Pan Lis 155
Farris-Luse, Maud 301
Fast Car 290
Fatalne zauroczenie 134
Faulkner, William 162
Federer, Roger
• Porównanie z innymi tenisistami 045
• W Wikipedii 295
Ferrer, Jos 152
Festiwal w Edynburgu 062
Festiwal Tanga 062
Fête de l'Humanité 062
Field, Sally 153
Fielding, Henry 163
Fidżi 077
Filipiny 077
Fillmore, Millard 190
Filmy
• Do obejrzenia przed śmiercią 235
• Najbardziej kasowe 128
• Z najstarszym aktorem 219
• Z uniwersum Marvela 138
Finch, Peter 152
Finlandia
• Efekty globalnego ocieplenia 245
• Głosownie na Eurowizji 280
• Kobiety na stanowiskach przywódczych ... 203
• Porównanie z innymi krajami 060
• Poziom szczęśliwości 217
• Użycie marihuany 077
Finnbogadóttir, Vigdís 202
First Time I Ever Saw Your Face, the 228
Firth, Colin 152
Fisher, Carrie 148
Fistball 056

Fitzgerald, F. Scott 163
Fitzpatrick, Cathryn 043
Flack, Roberta 228
Flaubert, Gustave 163
Fleeman, Donnie 051
Fleetwood Mac 290
Fletcher, Louise 153
Florence Foster Jenkins 155
Folley, Zora 051
Folwark zwierzęcy 162
Fonda, Henry 152
Fonda, Jane 153
Fontaine, Joan 153
Ford, Gerald 190
Ford, Harrison 148
Foreman, George 050
Swen Widłobrody (król) 195
Formuła 1 047
Forster, E.M. 163
Foster the People 128
Foster, Bob 051
Foster, Jodie 153
Foster, Mac 051
Fotografia 028
Foxx, Jamie 152
Fracht kontenerowy 030
Francja
• Astronauci 176
• Cena kokainy 078
• Głosowania na Eurowizji 280
• Porównanie z innymi krajami 060
• Spożycie wina 081
• Użycie marihuany 077
• Wzrost ekonomiczny 209
Francis, Stewart 293
Franco, Francisco 200
Frankenstein
• Jako przebój kasowy 143
• Najlepsze książki 163
Frazier, Joe 051
Fugaku 289
Furgony z lodami
• Okłamywanie dzieci 082
• Zarządzenie rady miejskiej 085
Futsal 057

G

G20 088
Gable, Clark 152
Gabon 060
Gady 115
Gagarin, Jurij
• Pierwszy człowiek w kosmosie 170
Gambino, Childish 228
Gambit królowej 075
García Márquez, Gabriel 162
Garfield, James A. 190
Garson, Greer 153
Gateshead 286
Gaynor, Janet 153
Gazy cieplarniane 090
Gąbki 021
Geronimi, Clyde 148
Get Lucky 228
Getz, Stan 228
Gęsi
• Jako przeciwnik w walce 271
• Liczba wobec liczby kurczaków 118
Gibson, Mel 196
Gilberto, Astrud 228

Gilberto, João 228
Gin z tonikiem 075
Girl from Ipanema 228
GJ 1061 c (egzoplaneta) 102
GJ 1061 d (egzoplaneta) 102
GJ 273 b (egzoplaneta) 102
GJ 667 C c (egzoplaneta) 102
GJ 667 C f (egzoplaneta) 102
Gladstone, William Ewart 192
Glenn, John 173
Globalne ocieplenie
- Emisje CO_2 088
- Jako największe zagrożenie 242
- Teorie spiskowe 182
- Skutki w różnych krajach 244
- Środki zaradcze 092
- Wzrost od 2010 239

Gładkozęby rekin czarnopłetwy 117
Głęboki sen 162
Głowa (wspomnienia w romantycznych piosenkach) 291
Głód 241
Goalball 057
Godzina policyjna 251
Godziny (film) 155
Going My Way 144
Goldador 072
Goldendoodle 072
Goldfinger 146
Golding, William 162
Golf
- Mistrzostwa świata 057
- Najlepszy gracz 044
- Na Księżycu 177
- Postrzegany jako nudny w Wlk. Brytanii 083

Gołębie 268
Goo Goo Dolls
- Popularność przeboju 128
- Romantyczne piosenki 290

Goodenough, John 233
Goryle 270
Gorman, Amanda 197
Gotowane cebulki 300
Gotowe posiłki do odgrzania
- Druga wojna światowa 279
- Wynalezienie 030

Gotye (zespół) 228
Goulding, Ellie 290
Gouraud-Morris, Violette 053
GPS, technologia 031
Gra o tron 075
Gra w karty 223
Graceland (piosenka) 228
Graf, Steffi 045
Graham, Masai 293
Grande, Ariana
- Cena za występ 226
- Piosenki świąteczne 230
- Romantyczne piosenki 290

Grant, Ulysses S. 190
Grease (film) 147
Grecja
- Głosowania na Eurowizji 280
- Użycie marihuany 077

Green Day 228
Green, Al 290
Grenlandia 077
Grenville, George 192
Griffith-Joyner, Florence
- Osiągnięcia sportowe 052
- Porównanie z innymi olimpijczykami 041

Grizzly, niedźwiedź 270
Grona gniewu 162
Gruzja
- Głosowania na Eurowizji 280
- Użycie marihuany 077

Gruźlica
- Jako główna przyczyna śmierci 246
- Globalny spadek liczby przypadków 240

Gry planszowe 251
Gryzonie 118
Guangzhou 211
Gudźarat 286
Gwatemala
- Użycie marihuany 077
- Najbardziej niebezpieczne miasto 254

Gwinea 060
Gwoździe 223
Guacamole konserwowe 278
Guinness, Alec 152
Gujana
- Użycie marihuany 077
- Liczba kurczaków a liczba ludzi 123
- Historyczny PKB 209

Guns N' Roses 128
Gwiazda Teegardena b 102
Gwiazdy popu
- Cena za koncert 226
- Nagrody Grammy 228
- Największe 130

Gwiaździsta ropucha arlekin 116
Gwiezdne wojny, franczyza
- Jako przebój kasowy 143
- Czas ekranowy poszczególnych postaci 146
- Status 150

Gwinea Równikowa 060

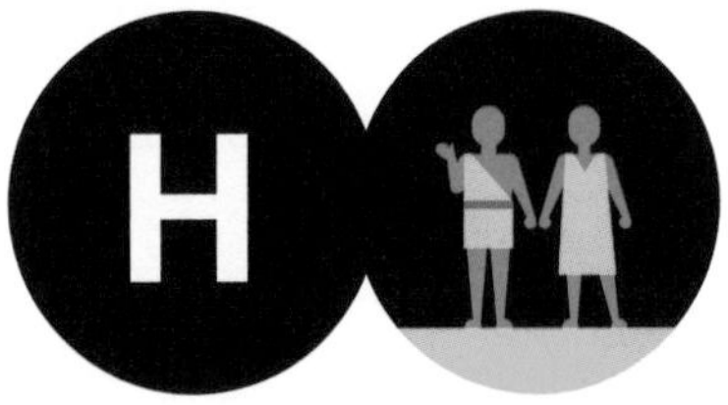

Hackman, Gene 152
Hagen, Walter 044
Haiti 077
Halloween, kostiumy 297
Halo (piosenka) 290
Hamill, Mark 148
Hamilton, Lewis 047
Hamm, Mia 048
Hanks, Tom 152
Harbin 211
Harding, Warren G. 190
Hardy, Thomas 163
Harold Godwinson (król) 195
Harold Zajęcza Stopa (król) 195
Harrington, Mae 301
Harris, Kamala 197
Harrison, Benjamin 190
Harrison, Rex 152
Harrison, William Henry 190
Harry Potter i Kamień Filozoficzny
- Przebój kasowy 150
- Najlepsze książki 162

Hardekanut (król) 195
Hasselhoff, David 226
Hawaje (film) 132
Hawthorne, Nathaniel 163
Hayes, Helen 153
Hayes, Johnny 052
Hayes, Rutherford B. 190
Hayward, Susan 153
Heath, Edward 192
Hefei 211
Heller, Joseph 162
Hello (piosenka) 228
Helm, Nick 293
Helms, Susan 177
Hemingway, Ernest 162
Henryk I (król) 195
Henryk II (król) 195
Henryk III (król) 195
Henryk IV (król) 195
Henryk V
- Dziedziczenie 195
- Przemowy 197

Henryk VI (król) 195
Henryk VII (król) 195
Henryk VIII (król) 195
Hepburn, Audrey 153
Hepburn, Katharine 153
Here We Go Again 228
Hess, Béatrice 042
Heston, Charlton 152
Higher Love 228
Hipopotamy
- Długowieczność 035
- Jako trofeum myśliwskie 110

Historia wszechświata 020
Hiszpania
- Cena kokainy 078
- Głosowania na Eurowizji 280
- Porównanie z innymi krajami 060
- Użycie marihuany 076

Hitchcock, Alfred 235
Hitler, Adolf 295
HIV
- Spadek liczby przypadków 240
- Teorie spiskowe 182

HMHS Britannic 252
Hodża, Enver 201
Hoffman, Dustin 152
Hoffman, Philip Seymour 152
Hogan, Ben 044
Hokej na lodzie 056
Hokej na rolkach 056
Hokej na trawie 056
Holden, William 152
Holliday, Judy 153
Holmes, Larry 051
Honduras
- Użycie marihuany 077
- Najbardziej niebezpieczne miasto 254

Hongkong
- Użycie marihuany 077
- Postawy wobec religii 187

Hoover, Herbert 190
Hopkins, Anthony 152
Horine, George 053
Hot dogi 222
Hotel California 228
Houphouët-Boigny, Félix 200
Houston, Whitney
- Nagrody Grammy 228
- Osiągnięcia muzyczne 132
- Romantyczne piosenki 290

Hrabia Grey 192
Hrabia Aberdeen 192
Hrabia Bute 192
Hrabia Chatham 192
Hrabia Derby 192
Hrabia Liverpool 192
Hrabia Roseberry 192
Hrabia Shelburne 192
Hrabia Wilmington 192
Hubble, teleskop kosmiczny 031
Hugo, Victor 163
Hunsaker, Tunney 051
Hunt, Helen 153
Hunter, Holly 153
Huragany 243
Hurston, Zora Neale 162
Hurt, William 152
Huxley, Aldous 162
Hydroksychlorochina 251

I Don't Want to Miss a Thing 290
I Honestly Love You 228
I Left My Heart in San Francisco 228
I Want to Know What Love Is 290
I Wish It Could Be Christmas Everyday 230
Islandia
• Cena kokainy 078
• Głosowania na Eurowizji 280
• Kobiety na stanowiskach przywódczych 203
• Porównanie z innymi krajami 060
• Poziom szczęśliwości 217
• Użycie marihuany 077
If I Ain't Got You 290
Iglesias-Jordan, Ramona Trinidad 300
IKEA 224
Imagine (piosenka) 290
Imperium kontratakuje 148
Incredible Hulk 156
Indie
• Porównanie z innymi krajami 060
• Przyszły PKP 209
• Użycie marihuany 077
Indiana Jones i ostatnia krucjata 148
Indiana Jones i świątynia zagłady 148
Indonezja 077
Indyki
• Liczba wobec liczby kurczaków 118
• Jako trofeum myśliwskie 108
Infekcja dolnych dróg oddechowych 247
Infrastruktura informatyczna 242
Instagram
• Najchętniej fotografowane miejsca 067
• Najwięcej śledzących kota 294
• Najwięcej śledzących psa 223
Internet 031
Irak
• Postawy wobec religii 187
• Śmierć w konfliktach 267
• W porównaniu z innymi krajami 060
Iran
• Postawy wobec religii 187
• Święta państwowe 299
• Użycie marihuany 077
• W porównaniu z innymi krajami 060
Iris (piosenka) 290
Irlandia
• Cena kokainy 078
• Głosowania na Eurowizji 280
• Porównanie z innymi krajami 060
• Użycie marihuany 077
Iron Man 156
Irons, Jeremy 152
Irwin, James 171
Islam 186
It Happened One Night 143
It's a Wonderful Life 235
It's Too Late 228
It's Beginning to Look a Lot Like 230
It's Complicated 155
Izrael
• Głosowania na Eurowizji 280
• Użycie marihuany 077

Jabłka
• Najgłośniejsze jedzenie 222
• Zmiażdżone bicepsem 222
Jackapoo 072
Jackson, Andrew 190
Jackson, Glenda 153
Jackson, Janet 131
Jackson, Michael
• Nagrody Grammy 228
• Osiągnięcia muzyczne 133
• W Wikipedii 295
Jackson, Wilfred 148
Jacobsson, Jonas 042
Jajka
• Proroctwa na skorupkach 259
• Ślad wodny 288
Jakub I / VI (król) 195
Jakub II / VII (król) 195
Jamajka
• Najbardziej niebezpieczne miasto 254
• Porównanie z innymi krajami 060
• Użycie marihuany 077
James, Etta 290
James, Henry 163
Jane Eyre 163
Jannings, Emil 152
Japonia
• Astronauci 176
• Oczekiwana długość życia 035
• Porównanie z innymi krajami 060
• Postawy wobec religii 187
• Przyszły PKB 209
• Tytuły sportowe 057
• Użycie marihuany 077
• Wzrost ekonomiczny 209
Jaskrawoniebieski motyl 117
Jawara, Dawda 200
Jay Z 128
Jądro ciemności 163
Jean, Wyclef 128
Jeddah Tower 064
Jedyna prawdziwa rzecz 155
Jedzenie na wynos 251
Jefferson, Thomas 190
Jemen
• Porównanie z innymi krajami 060
• Postawy wobec religii 187
Jensen, Anders 259
Jerzy I (król) 195
Jerzy II (król) 195
Jerzy III (król) 195
Jerzy IV (król) 195
Jerzy V (król) 195
Jerzy VI (król) 195
Jezus Chrystus
• Obywatelstwo brytyjskie 085
• Powrót 258
• W Wikipedii 295
Jinan 211
Jiroemon, Kimura 301
Joachim z Fiore 258
Jobs, Steve 196
Joel, Billy
• Nagrody Grammy 228
• Osiągnięcia muzyczne 131
Jan (król) 195
John, Elton
• Osiągnięcia muzyczne 132

• Przeboje świąteczne 230
• Romantyczne piosenki 290
Johnson, Alonzo 051
Johnson, Andrew 190
Johnson, Boris 192
Johnson, Jack 290
Johnson, Lyndon B. 190
Jones, Doug 051
Jones, Jennifer 153
Jones, Norah 228
Jones, Susannah Mushatt 301
Jordan, Barbara C. 197
Journey (zespół) 129
Joyce, James 163
Joyner-Kersee, Jackie 041
Jug (psy) 072
Julia (film) 155
Julie i Julia (film) 155
Just the Way You Are
• Nagroda Grammy 228
• Romantyczne piosenki 290

K2-72 e (egzoplaneta) 103
Kabaddi 057
Kaczki 119
Kadafi, Muammar 201
Kafka, Franz 163
Kama, Chinen 300
Kambodża
• Użycie marihuany 076
• Święta państwowe 299
Kameleon Voeltzkowa 117
Kamery sieciowe 251
Kamizelki odblaskowe 223
Kanczyl srebrnogrzbiety 117
Kandydat (film) 155
Kane, Tanaka 301
Kanada
• Astronauci 176
• Cena kokainy 078
• Użycie marihuany 076
• Porównanie z innymi krajami 060
Kanał la Manche 219
Kandyd (książka) 163
Kangur drzewny 116
Kangury 270
Kapitan Ameryka
• Hit roku 157
• Postaci 156
Kapitan Marvel 157
Karakale
• Rzekome wyginięcie 116
• Jako trofeum myśliwskie 108
Karol I (król) 195
Karol II (król) 195
Karta kredytowa 030
Katarzyna, księżna Cambridge 292
Katar 089
Katastrofy
• Morskie 252
• Naturalne 242
• Spowodowane przez asteroidy 256
Katedra w Strasburgu 064
Kazachstan
• Astronauci 176
• Użycie marihuany 077
• Wykorzystanie w filmach z Jamesem Bondem 160
Kąpielówki 223

Keaton, Diane 153
Kelly, Grace 153
Kelpie 286
Kennedy, John F.
• Porównanie z innymi prezydentami USA ... 190
• Przemowy 197
• Teorie spiskowe 183
Kenny, Mike 042
Kenia 077
Kepler-1229 b (egzoplaneta) 103
Kepler-1649 c (egzoplaneta) 103
Kepler-442 b (egzoplaneta) 103
Kerouac, Jack 162
Kesey, Ken 162
Keys, Alicia 290
Khalid (piosenkarz) 129
Khan, Chaka 226
Khan, Imran 043
Kiedy umieram 162
Kidman, Nicole 153
Kiełbaski wegetariańskie 279
Kijów 286
Killers 128
Killing Me Softly with His Song 228
Kim, Ir Sen
• Genealogia 194
• Czas przy władzy 200
Kim, Dzong II 194
Kim, Dzong Un 194
Kimbra (piosenkarka) 228
Kindar-Martin, Jade 220
King Kong 143
King, Carole 228
King, George 259
Kings of Leon 228
Kingsley, Ben 152
Kipchoge, Eliud 052
Kiss 226
Kiss from a Rose 228
Kissinger, Henry 233
Kiviat, Abel 052
Klasa 037
Klimatyzacja 030
Kłębowisko żmij 144
Knut Wielki (król) 195
Kob moczarowy 106
Kobiety
• Jako głowy państw i rządów 202
• Jako laureatki Nagrody Nobla 232
• W biznesie 241
• W parlamentach 240
• W Rock 'n' Roll Hall of Fame 140
Kobry 270
Kochanica Francuza 155
Kody kreskowe 030
Kokaina 078
Kolana (wzmianki w romantycznych piosenkach) 291
Kolonia, katedra 064
Kolor oczu 037
Kolor purpury 162
Koloseum 067
Kolumbia
• Użycie marihuany 077
• Najbardziej niebezpieczne miasto 254
Kombajn zbożowy 028
Kometka 222
Kompleks Portnoya 162
Komputery
• Osobiste 031
• Kwantowe 031
• Najszybsze 289
Komu bije dzwon 162
Kondory andyjskie 035
Konflikty
• Od 1946 264
• Międzypaństwowe 242
• Liczba ofiar 266

Konie
• Długowieczność 035
• Liczba wobec liczby kurczaków 118
• Odwaga 268
Konserwy 278
Kontynenty 037
Konwertor Bessemera 029
Kopanie dziur 223
Kopciuszek
• Hit kasowy 145
• Jako film Disneya 144
Korea Południowa
• Porównanie z innymi krajami 060
• Użycie marihuany 076
Korea Północna
• Obecność w filmach z Jamesem Bondem 160
• Porównanie z innymi krajami 060
• Postawy wobec religii 187
• Przywódcy 194
• Testy atomowe 261
Kosgei, Brigid 052
Kostadinowa, Stefka 053
Kostaryka
• Użycie marihuany 077
• Porównanie z innymi krajami 060
Koszykówka 057
Koszykówka na wózkach 057
Kości (wzmianki w romantycznych piosenkach) 291
Kościół Mariacki w Stralsundzie 064
Kościół św. Mikołaja w Hamburgu 064
Koty
• Jako przeciwnik w walce 271
• Najdłużej żyjące 034
• Najgłośniejsze mruczenie 222
• Największy spadek 294
• Odwaga 268
• Obecność w literaturze 294
• Obecność w popularnych idiomach 294
• Porównanie z psami 294
• Tytuły szlacheckie 084
• W kosmosie 294
Koziorożec alpejski 107
Kozy
• Długowieczność 034
• Liczba kóz a liczba kurczaków 118
Kraina Lodu (film)
• Przebój kasowy 151
• Jako film Disneya 144
Kraje 060
Krauss, Alison 228
Kravitz, Lenny 226
Kręgowce 036
Krokodyle
• Jako przeciwnik 270
• Najdłużej żyjący 036
• Jako trofeum myśliwskie 109
Królewna Śnieżka i siedmiu krasnoludków
• Jako film Disneya 144
• Jako przebój kasowy 143
Króliki
• Długowieczność 034
• Liczba w porównaniu z liczbą kurczaków 118
Krzyk w ciemności 155
Książę Andrzej 292
Książę Devonshire 192
Książę Edward 292
Książę Grafton 192
Książę Henryk (Harry) 292
Książę Karol 171
Książę Karol (Charles) 292
Książę Newcastle 192
Książę Portland 192
Książę Wellington 192
Książę Wilhelm (William) 292
Książki
• Najlepsze 162
• Najstarszy autor 219

Księga dżungli
• Jako przebój kasowy 146
• Jako film Disneya 144
Księżniczka Anna 292
Księżniczka Beatrycze 292
Księżniczka Eugenia 292
Księżyc
• Ludzie, którzy po nim chodzili 177
• Pozostawione rzeczy 180
• Teorie spiskowe o lądowaniu w 1969 183
Krowy 034
Król Lew
• Jako przebój kasowy 149
• Jako film Disneya 144
Krykiet
• Najlepszy gracz 043
• Najstarszy gracz w reprezentacji 218
• Mistrzostwo świata 056
Kryzys finansowy 242
Kuba 060
Kubrick, Stanley 235
Kuchenki mikrofalowe 279
Kultura rolna 027
Kunming 211
Kusotymalek czarnobrewy 117
Kurczaki 120
Kuwejt 077
Kwarantanna 251

Labradoodle 072
Lacrosse 057
Lady Antebellum 228
Lagerlöf, Selma 232
Lancaster, Burt 152
Landslide (piosenka) 290
Lange, Jessica 15
Języki
• Chęć nauki 234
• Najpopularniejsze 037
Laos
• Porównanie z innymi krajami 060
• Użycie marihuany 077
Lampa ultrafioletowa 279
Larry, kot 084
Larson, Brie 153
Last Christmas 230
Lauda, Niki 047
Laughton, Charles 152
Lauper, Cyndi 290
Lavorante, Alejandro 051
Lawrence z Arabii 146
Lawrence, Jennifer 153
Lazenby, George 158
Le Duc Tho 233
Lee, Brenda 230
Lee, Harper 162
Legend, John
• Popularność przeboju 128
• Romantyczna piosenka 290
Leigh, Vivien 153
Lekkoatletyka 052
Lemmon, Jack 152
Lemony Snicket 155
Leonow, Aleksiej 177
Leopardy 109
Lesotho
• Oczekiwana długość życia 035
• Poziom braku szczęśliwości 217

Lessing, Doris 162
Let Them All Talk 155
Let's Stay Together 290
Lewis, Al 051
Lewis, Carl 041
Lewis, Leona 290
Liban
• Porównanie z innymi krajami 060
• Użycie marihuany 077
Liberia
• Porównanie z innymi krajami 060
• Użycie marihuany 077
Libia 060
Lichtenstein 059
Liga rugby
• Mistrzostwa świata 057
• Najwięcej uczestników młyna 223
Lil Jon 128
Lincoln, katedra 064
Lincoln, Abraham 197
• Porównanie z innymi prezydentami USA 190
• Przemowy 197
Linkin Park 128
Lippincott, Donald 052
Lisowska, Natalja 053
Liston, Sonny 051
Litwa
• Efekty globalnego ocieplenia 244
• Głosowania na Eurowizji 280
• Kobiety na stanowiskach przywódczych 203
• Spożycie alkoholu 080
• Użycie marihuany 077
Little Colorado River Gorge Navajo Tribal Park ... 220
Małe kobietki
• Meryl Streep 155
• Najlepsze książki 163
Lloyd George, David 192
Lodówka 028
Logan, George 051
Lolita (książka) 162
Londyn
• Uczestnictwo w świętach 062
• Potencjał piknikowy 063
• Wartość pomnika jako złomu 286
• Powierzchnia a rozmiar roju szarańczy 255
London, Brian 051
London, Jack 163
Lord Huron 290
Lord Jim 163
Lord North 192
Lord Russell 192
Loren, Sophia 153
Lot nad kukułczym gniazdem 162
Lotte World Tower 066
Louis Stevenson, Robert 163
Love Me Like You Do 290
Love on the Brain 290
Love Story (film) 147
Love Story (piosenka) 290
Love Will Keep Us Together 228
Lowry, Malcolm 162
Lubbers, Rudi 051
Lucy 023
Ludacris 128
Ludzie
• Domino materacowe 223
• Historyczna liczba ludności 019
• Inne gatunki 025
• Liczba wobec liczby kurczaków 119
• Malunki naskalne 026
• Najbardziej długowieczni 300
• Najwcześniejsi znani 025
• Pierwsze kamienne narzędzia 024
• Oczekiwana długość życia 035
• Stosunek liczby martwych do żywych 019
• Użycie ognia 025
• Wspólne cechy 037

• Współcześni 019
Lukas, Paul 152
Luske, Hamilton 148
Luksemburg
• Głosowania na Eurowizji 280
• Porównanie z innymi krajami 060
• Użycie marihuany 077
• Wina 081
Luther King, Martin 197
Luwr 067
Lwy
• Jako przeciwnik w walce 270
• Jako trofeum myśliwskie 107
• Liczba pozostałych w Afryce 107
Lyle, Ron 051

Łatynina, Łarysa 041
Łotwa
• Astronauci 176
• Efekty globalnego ocieplenia 244
• Głosowania na Eurowizji 280
• Użycie marihuany 077
Łowca jeleni 147
Łzy (wzmianki w romantycznych piosenkach) 291

MacColl, Kirsty 230
MacDonald, Ramsay 192
Mack the Knife 228
MacLaine, Shirley 153
Macmillan, Harold 192
Macy's Parada w Święto Dziękczynienia 062
Madagaskar
• Porównanie z innymi krajami 060
• Użycie marihuany 077
Madison, James 190
Madonna (piosenkarka) 132
Madox Ford, Ford 163
Magnani, Anna 153
Major, John 192
Majowie 258
Makao 077
Make You Feel My Love 290
Makepeace Thackeray, William 163
Malatgański płaz beznogi 116
Malawi 060
Malezja
• Spożycie kurczaków 123
• Użycie marihuany 077
Malcolm X 196
Malediwy
• PKB 209
• Użycie marihuany 077
Malek, Rami 152
Mali
• Porównanie z innymi krajami 060
• Stopa przyrostu 033
Malshi 072
Malta
• Głosowania na Eurowizji 280
• Użycie marihuany 077

Maltipoo 072
Małpy 107
Małż twardy 036
Małżeństwo
• Gejowskie 241
• Jako pozycja na liście życzeń 234
• Najstarsza osoba zawierająca 219
Mamma Mia! 155
Mamma Mia! Here We Go Again 155
Mancini, Henry 228
Mandela, Nelson
• Przemowy 197
• Uhonorowanie 199
Manfredini, Dina 301
Manhattan (film) 155
Mann, Thomas 163
Maradona, Diego 048
March, Fredric 152
Maria I, Krwawa (królowa) 195
Maria II (królowa) 195
Marihuana 076
Markiz Rockingham 192
Markiza Salisbury 192
Maroko
• Głosowania na Eurowizji 280
• Postawy wobec religii 187
• Użycie marihuany 077
Maroon 5 290
Mars 102
Mars, Bruno
• Nagroda Grammy 228
• Romantyczne piosenki 290
Marsden, Brian G. 259
Marskość wątroby 246
Marson, Roberto 042
Marta 048
Martin, Ricky 226
Marvel (kompania medialna) 150
Marvin, Lee 152
Mary of Exeter (gołębica) 268
Mary Poppins powraca 147
Marzenia (spełnione) 218
Maski chirurgiczne 250
Mathis, Buster 051
Matka Ojczyzna! 287
Matlin, Marlee 153
Mauretania
• Porównanie z innymi krajami 060
• Postawy wobec religii 187
Mauritius
• Użycie marihuany 077
May Alcott, Louisa 163
May, Theresa 192
Mayer, John 290
Mayweather Jr, Floyd 046
Mbasogo, Teodoro Obiang Nguema 201
Mcandless II, Bruce 177
McCartney, Paul
• Osiągnięcia muzyczne 131
• Teorie spiskowe o jego śmierci w 1966 182
McConaughey, Matthew 152
McDonald's
• Domowej roboty 251
• Kanapka rybna 224
• Liczba lokali 273
McDormand, Frances 153
McEwan, Ian 162
McFerrin, Bobby 228
McKinley, William 190
McLaglen, Victor 152
McQueen, Alexander 071
Meatloaf (zespół) 226
Mechaniczna pomarańcza
• Filmy do obejrzenia przed śmiercią 235
• Najlepsze książki 162
Meghan, księżna Sussex 292

Mejzliková II, Marie
- Bieg na 100 metrów 052
- Skok w dal 053

Melodia Broadwayu 142
Melville, Herman 163
Merry Christmas Everyone 230
Merry Xmas Everybody 230
Messi, Lionel 048
Meksyk
- PKB 209
- Użycie marihuany 077

Miasta
- Najbardziej niebezpieczne 254
- Powstanie 026
- Potencjał piknikowy 063
- Uczestnictwo w świętach 062

Miasteczko Middlemarch 163
Michael, George 290
Midler, Bette 228
Mildenberger, Karl 051
Mięsożercy 098
Mikroczip 031
Miliarderzy
- Chińscy 210
- Moralne aspekty 082
- Rozkład demograficzny 206

Milland, Ray 152
Miller, Stephen 042
Miller, William 259
Milionerzy 224
Milton Keynes 224
Milton, John 163
Minnelli, Liza 153
Miód pitny 075
Mirren, Helen 153
Mirrors (piosenka) 290
Misao, Okawa 301
Mission: Impossible II 150
Mistrzostwa świata 056
Mitchell, Edgar 171
Mitchell, Margaret 162
Miteff, Alex 051
Mitoyo, Kawate 300
Mjanma
- Porównanie z innymi krajami 060
- Święta państwowe 299
- Użycie marihuany 077

Mleko 288
Moby Dick 163
Model T Forda 030
Modugno, Domenico 228
Moët & Chandon's, szampan Dom Pérignon 224
Mołdawia
- Głosowania na Eurowizji 280
- Użycie marihuany 077

Monako
- Głosowania na Eurowizji 280
- Historyczny PKB 209

Monocykle 222
Monroe, James 190
Monzon, Carlos 046
Moon River
- Nagroda Grammy 228

Moonraker 147
Moore, Archie 051
Moore, Julianne 153
Moore, Roger 158
Morano, Emma 301
Morderstwo
- Jako główna przyczyna śmierci 246
- Spadek globalnych przypadków 241
- W serialach telewizyjnych 164

More Than Words 290
Morkie 072
Morris, Eva 300
Morrison, Toni 162
Morze Martwe 234
Moss, Stirling 047
Most na rzece Kwai 145
Mount Everest
- Ludzie, którzy weszli na górę 231
- Najstarsza osoba na górze 219

Mozambik 060
Mózg (wzmianki w romantycznych piosenkach) 291
Mraz, Jason 128
Mroczny Rycerz 150
Mrs Dalloway 162
Mrs Robinson 228
Mugabe, Robert 201
Muły 118
Muni, Paul 152
Mur berliński 261
Museveni, Yoweri 201
Music of the Heart 155
MV Dona Paz 252
MV Wilhelm Gustloff 252
My Girl 290
My Heart Will Go On 228
Myszy 034
Myszy i ludzie 162
Myśliciel 286

N

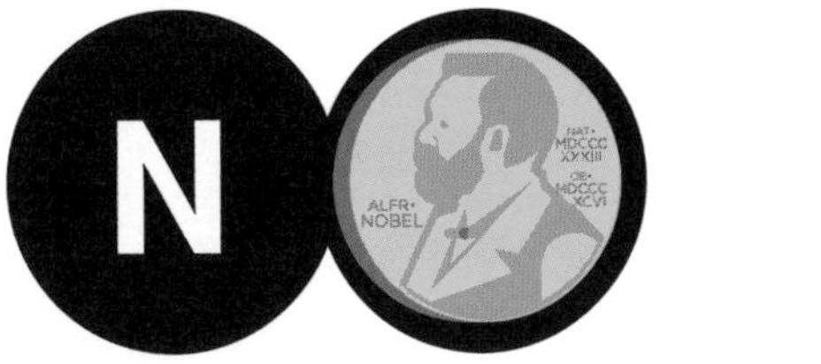

Nabi, Tajima 301
Nabokov, Vladimir 162
Nadal, Rafael 045
Nagrania dźwięku 029
Nagroda Nobla 232
Największe widowisko świata 145
Namibia 081
Nankin 211
Napad na bank 218
Napoje gazowane 288
Narita, Mayumi 042
Narodziny
- Spadek umieralności niemowląt 240
- W późniejszym życiu 219

Naszyjniki 075
Nauczanie domowe 251
Navrátilová, Martina 045
Na Zachodzie bez zmian 162
Neal, Patricia 153
Need You Now 228
Nel blu dipinto di blu (Volare) 228
Neologizmy 284
Netball 056
Newman, Paul 152
Newton-John, Olivia 228
Newton, Isaac 258
Nędznicy 163
Niagara, wodospad
- Odwiedzenie na liście życzeń 234
- Przejście po linie 220

Nicholson, Jack 152
Nickelback 128
Nicklaus, Jack 044
Niderlandy
- Astronauci 176
- Cena kokainy 078
- Głosowania na Eurowizji 280
- Porównanie z innymi krajami 060
- Poziom szczęśliwości 217
- Tytuły sportowe 057
- Użycie marihuany 077

Niedźwiedzie 109
Niemcy
- Astronauci 176
- Cena kokainy 078
- Głosowania na Eurowizji 280
- Laureaci Nagrody Nobla 233
- Przyszły PKB 209
- Spożycie alkoholu 080
- Spożycie piwa 081
- Użycie marihuany 077
- W porównaniu z innymi krajami 060
- Wzrost ekonomiczny 209

Nierówność dochodów
- Jako globalne zagrożenie 242
- Wzrost na Zachodzie 238

Nietlispach, Franz 042
Niewidzialny człowiek 162
Niger
- Porównanie z innymi krajami 060
- Stopa przyrostu 033

Nigeria 077
Night We Met 290
Nikaragua
- Porównanie z innymi krajami 060
- Użycie marihuany 077

Nikt (film) 290
Ningbo 211
Nirvana (zespół) 128
Niven, David 152
Nixon, Richard 190
Normalni ludzie 075
No Scrubs 290
Norton, Ken 051
Norwegia
- Cena kokainy 078
- Głosowania na Eurowizji 280
- Porównanie z innymi krajami 060
- Użycie marihuany 077

Nostalgia 083
Nostradamus 258
Not Ready to Make Nice 228
Notre-Dame 067
Notre-Dame, katedra w Rouen 064
Notting Hill, Karnawał 062
Nowa Zelandia
- Porównanie z innymi krajami 060
- Kobiety na stanowiskach przywódczych 203
- Tytuły sportowe 057
- Użycie marihuany 077

Nowotwory 247
Nowy Jork (miasto)
- Porównanie obszaru do roju szarańczy 255
- Potencjał piknikowy 063
- Uczestnictwo w świętach 062
- Wartość pomników jako złomu 286

Nowy wspaniały świat 162
Nuda 251

O

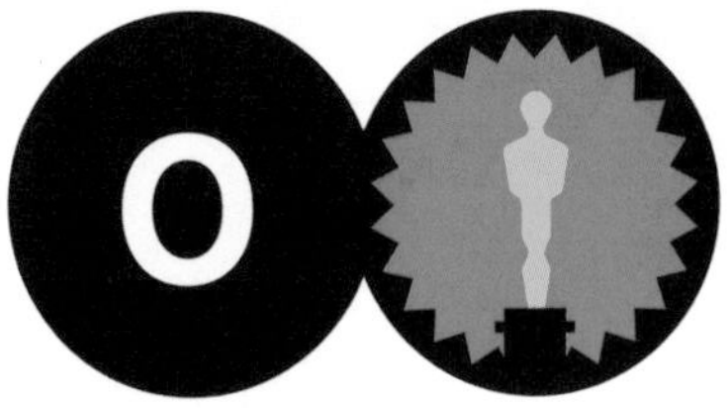

O'Connor, Peter 053
Oasis (zespół)
- Popularność przebojów 128
- Romantyczne piosenki 290

Obama, Barack
- Porównanie z innymi prezydentami USA 190
- W Wikipedii 295

Obcy 182
Obcy (film) 235
Obcy (książka) 162
Obfitość (film) 155
Obiekty bliskie Ziemi 256
Obliczenia w chmurze 031
Obuwie sportowe 030

Obywatel Kane 235
Ocean Arktyczny 244
Ocean Indyjski 244
Ocean, Frank 084
Oczekiwana długość życia 241
Oczy (wzmianki w romantycznych piosenkach) 291
Oddech (wzmianki w romantycznych piosenkach) 291
Odgłosy kawiarniane 250
Odstraszacz owadów 279
Odziarniarka 028
Ojciec chrzestny
- Jako przebój kasowy 147
- Filmy do obejrzenia przed śmiercią 235

Ojcowie i synowie 163
Olbrzymia pszczoła Wallace'a 116
Oldman, Gary 152
Olivier, Laurence 152
Olimpiady
- Kto jest najlepszym olimpijczykiem 041
- Kto zdobywa medale 058
- Pojedynki rycerskie 084
- Najstarszy zdobywca medalu 219

Oman 060
One World Trade Center 066
Opowieści kanterberyjskie 163
Opowieść podręcznej 162
Orły 270
Orły na piasku 223
Orwell, George 162
Orzechy 222
Oscary
- Najlepsi aktorzy 152
- Najstarszy zdobywca 219

Osły
- Długowieczność 035
- Liczba wobec liczby kurczaków 118

Ostankino, wieża 064
Ostatnia audycja 155
Ostrom, Elinor 232
Orzechy kokosowe 222
Otton III, cesarz 258
Otyłość 238
Owady 114
Owca kanadyjska 106
Owce
- Liczba wobec liczby kurczaków 119
- Liczba w Wlk. Brytanii 098
- Właściwa liczba mnoga 084

Owens, Jesse 041

P

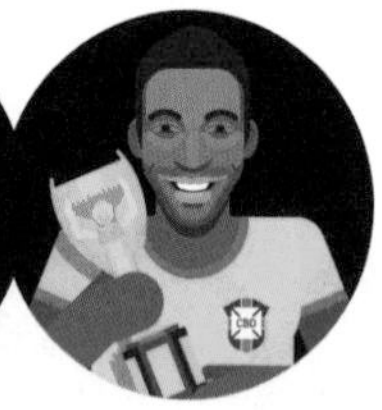

Pachołki drogowe 222
Pacino, Al 152
Pacquiao, Manny 046
Padel 057
Page, Geraldine 153
Pająki 034
Pajęczaki 115
Pajęczyna Carlotty 162
Pakistan
- Porównanie z innymi krajami 060
- Poziom szczęśliwości 216
- Użycie marihuany 077

Palau 089
Paltrow, Gwyneth 153
Panama 077
Pandemia 250
Panele słoneczne 096
Pani Bovary 163
Pankhurst, Emmeline 197
Panowie w cylindrach (film) 143
Pantomima 082
Papier toaletowy 250
Papierowy samolot 222
Papua-Nowa Gwinea
- Porównanie z innymi krajami 060
- Postawy wobec religii 187

Parada Równości 062
Parada uliczna 062
Paragraf 22 162
Paragwaj 077
Paraolimpiady
- Najlepszy zawodnik 042
- Kraje biorące udział 058

Parowozy 028
Paryż
- Potencjał piknikowy 063
- Udział w świętach 062
- Wartość pomników jako złomu 286
- Zniszczony przez asteroidę 256

Park, Inbee 044
Park jurajski 149
Parker, Edna 301
Parton, Dolly 226
Pasquette, Didier 220
Passenger (piosenka) 128
Pasteryzacja 029
Patterson, Floyd 051
Pauling, Linus 233
Pawiany 107
Peake, Tim 177
Peck, Gregory 152
Peel, Robert 192
Pekin 211
Pelé 048
Pelham, Henry 192
Penicylina 030
Penn, Sean 152
Perceval, Spencer 192
Perfect (piosenka) 290
Perfect Duet 290
Perlice 118
Perri, Christina 290
Peru 077
Peskatarianie 098
Pet Shop Boys 226
Petit, Phillippe 220
Petitclerc, Chantal 042
Petty, Tom 128
Pęknięcie (film) 259
Phelps, Michael 041
Phoenix, Joaquin 152
Photograph (piosenka) 290
Phra Phuttha Maha Suwanna Patimakon 286
Pianka pamiętająca 279
Pickford, Mary 153
Pieniądze
- Globalna dystrybucja 206
- Nowe sposoby wydawania 074

Pieniądze (książka) 162
Pierce, Franklin 190
Piercy, Violet 052
Pierdzące poduszki 223
Pies 082
Pies Baskervillów 163
Pieśń Południa 144
Pilates 279
Piłka nożna
- Najlepszy zawodnik 048
- Najstarszy zawodnik na mundialu 218
- Kobiet a mężczyzn 055

Piłka nożna plażowa 056
Piłka ręczna 056
Piłka wodna 056
Ping An Finance Centre 066
Pinokio
- Jako film Disneya 144
- Jako przebój kasowy 144

Piosenki
- Beatlesów 134
- Bożonarodzeniowe 230
- Najdłużej popularne 129
- Romantyczne 290
- Zdobywcy Grammy 228

Piotruś Pan
- Jako film Disneya 144
- Jako przebój kasowy 145

Piraci z Karaibów: Na krańcu świata 150
Piraci z Karaibów: Skrzynia umarlaka 150
Pismo 026
Pizza 288
Plant, Robert 228
Plastelina 278
„Playboy" 218
Player, Gary 044
Please Read the Letter 228
Pluszowe zabawki 223
Płaskoziemcy 182
Płazy 115
Płonący wieżowiec 147
Płyn do dezynfekcji 251
Płyny
- CBD 074
- Oliwa 074
- Surowa ropa naftowa 074

Pływanie nago 223
Pocztówki znad krawędzi 155
Podpaski jednorazowe 278
Podróż do kresu nocy 162
Podróże Guliwera 163
Podwójne ubezpieczenie 235
Pod wulkanem 162
Pogoda 082
Pogońcowate 116
Pogrzeby 251
Pogues 230
Poitier, Sidney 152
Pokój Marvina 147
Pokuta (książka) 162
Polakow, Walerij 173
Polska
- Cena kokainy 078
- Głosowania na Eurowizji 280
- Kobiety na stanowiskach przywódczych 203
- Spożycie piwa 081
- Użycie marihuany 077

Police (zespół)
- Popularność przebojów 129
- Romantyczne piosenki 290

Polk, James K. 190
Polo 057
Południowy Atlantyk 244
Południowy Pacyfik (film) 145
Południowy Pacyfik (ocean) 244
Pomchi 072
Pomnik Ernsta Thälmanna 286
Pomniki 286
Pomnik Waszyngtona 064
Pomoc dla bezrobotnych 250
Pomsky 072
Poochon 072
Popeye, Marynarz 075
Pornstar martini 085
Po rozum do mrówek (film) 155
Porta, Albert 259
Portman, Natalie 153
Portoryko
- Przyrost naturalny 033
- Święta narodowe 299
- Użycie marihuany 077

Portret artysty z czasów młodości 163
Portret damy 163

Portret Doriana Graya 163
Portugalia
- Głosowania na Eurowizji 280
- Porównanie z innymi krajami 060
- Użycie marihuany 077
- Wina 081

Porty lotnicze 094
Poszukiwacze zaginionej Arki 148
Potwór z Loch Ness
- Historyczne relacje 184
- Wiara w istnienie 182

Powell, Charlie 051
Powell, Mike 053
Powody do obaw 238
Powody do radości 240
Powrót do przyszłości
- Status hitu 148
- Filmy do obejrzenia 235

Powrót Jedi 148
Pozdrowienia z Rosji 146
Poziom morza 239
Poznanie pozazmysłowe 183
Pożegnanie z Afryką 155
Pożegnanie z bronią 162
Półkule 037
Północ, północny zachód 235
Północna Macedonia
- Cena kokainy 079
- Głosowania na Eurowizji 281
- Użycie marihuany 077

Północny Atlantyk 245
Północny Pacyfik 245
Pralnia (film) 147
Predator (dron) 031
Prekariat 238
Presley, Elvis
- Muzyczne osiągnięcia 130
- Romantyczne piosenki 290

Prime (film) 155
Prince (piosenkarz) 132
Princess, gołębica 268
Prinz, Birgit 048
Proces (książka) 163
Prom (film) 155
Prost, Alain 047
Proust, Marcel 162
Proxima Centauri b 102
Przebranie za strachy na wróble 223
Przemiana 163
Przeminęło z wiatrem
- Jako przebój kasowy 143
- Najlepsze książki 162

Przemówienia 196
Przeprosiny 082
Przestrzeń kosmiczna
- Najstarsza osoba w kosmosie 219
- Spacery w próżni 177
- Śmieci na orbicie 179
- Wszyscy, którzy tam byli 170

Przewlekła obturacyjna choroba płuc 247
Przygody Alicji w Krainie Czarów 163
Przygody Hucka Finna 163
Przygody Tomka Sawyera (film) 143
Przyjaciele (serial) 289
Przyjęcia
- Drive-by 251
- Wynajęcie gwiazdy popu 226

Przywódcy polityczni
- Kobiety 202
- Najdłużej rządzący 200

Psy
- Długowieczność 034
- Duże, jako przeciwnik 270
- Koszt 073
- Liczba dzikich ras 294
- Liczba ras 294
- Najwięcej psów na zdjęciu 223
- Największy spadek 294
- Na rolkach w ludzkim tunelu 223
- Obecność w popularnych idiomach 294
- Odwaga 268
- Pochodzenie 072
- Porównanie z kotami 294
- W kosmosie 294
- Psy w wężu tanecznym 222
- Średnie, jako przeciwnik 270

Psychoza (film) 235
Ptaki 035
Pudle 072
Puggle 072
Pulp Fiction 235
Puszki po napojach
- Przyssane do ludzkiego ciała 223
- Zmiażdżone dłonią ściskającą jajko 222

Pynchon, Thomas 162

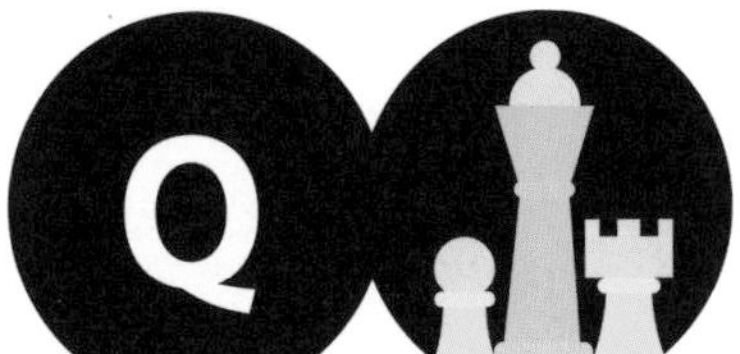

Qingdao 211
Quarry, Jerry 051
Queen (zespół)
- Popularność przebojów 129
- Romantyczne piosenki 290

Quo vadis (film) 145

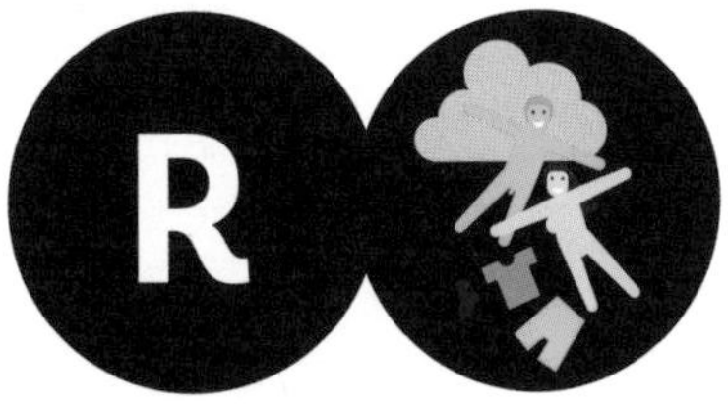

Rachunki za leczenie 240
Radio 029
Radiohead 128
Rafineria naftowa 029
Rain Man 148
Rainer, Luise 153
Raj, Mithali 043
Raj utracony 163
Rakieta Stephensona 028
Rakiety
- Największe 178
- Na paliwo ciekłe 030

Rea, Chris 230
Reagan, Ronald
- Porównanie z innymi prezydentami USA 190
- Przemówienia 197

Reaktor atomowy
- Emisja gazów cieplarnianych 096
- Wynalezienie 030

Red and the Black (album) 163
Redmayne, Eddie 152
Rehab (piosenka) 228
Reinhart, Haley 290
Rejs wycieczkowy 234
Rekordy świata 222
Remarque, Erich Maria 162
Reptilianie 182
Republika Czeska
- Głosowania na Eurowizji 280
- Porównanie z innymi krajami 060
- Postawy wobec religii 187
- Spożycie alkoholu 080
- Spożycie piwa 081
- Użycie marihuany 077

Republika Dominikany
- Liczba kurczaków a ludzi 123
- Użycie marihuany 077

Republika Środkowoafrykańska
- Najbardziej niebezpieczne miasto 254
- Porównanie z innymi krajami 060

Rewolucja przemysłowa
- Początek 027
- Wynalazki 028

Ręce (wzmianki w romantycznych piosenkach) 291
Ricki and the Flash 155
Rihanna (piosenkarka)
- Osiągnięcia muzyczne 132
- Popularne utwory 128
- Romantyczne piosenki 290

Rijker, Lucia 046
Ringette 056
Roberts, Julia 153
Robertson, Cliff 152
Robinson Crusoe 163
Robinson, Jim 051
Robinson, Sugar Ray 046
Roboty 085
Rock & Roll Hall of Fame 140
Rockin' Around the Christmas Tree 230
Rocky (film)
- Jako franczyza 150
- Jako przebój kasowy 147

Rodgers, Nile 228
Rogers, Ginger 153
Rok 1984 162
Roller derby 057
Rolling in the Deep 228
Rolling Stones, The 133
Rumunia
- Głosowania na Eurowizji 280
- Postawy wobec religii 187
- Użycie marihuany 077

Ronaldo, Cristiano 048
Ronson, Mark 228
Roosevelt, Franklin D. 190
Roosevelt, Theodore 190
Rosanna (piosenka) 228
Rose, Ralph 053
Roselle, pies 268
Ross 128 b 102
Rośliny 124
Roth, Philip 162
Rowe, Adam 293
Rower stacjonarny 251
Rowery 251
Rowling, J.K. 162
Rozpinane swetry 278
Różowe flamingi 235
Rudolph, Wilma 041
Rush, Geoffrey 152
Rushdie, Salman 162
Rosja
- Kosmonauci 176
- Efekty globalnego ocieplenia 244
- Głosowania na Eurowizji 280
- Porównanie z innymi krajami 060
- Użycie marihuany 077

Rugby na wózkach 057
Russo, Anthony 148
Russo, Joe 148
Rwanda
- Ofiary w konfliktach 267
- Porównanie z innymi krajami 060
- Poziom braku szczęścia 217

Rybołówstwo 301
Ryby
- Globalne zasoby 112
- Przełowienie 112
- Zagrożone 115
- Niewykorzystane 113

Ryjkowiec kanterberyjski 116

Ryjówka somalijska 116
Ryszard I, Lwie Serce (król) 195
Ryszard II (król) 195
Ryszard III (król) 195
Ryzyko 242
Rzeźnia numer pięć 162

S

Sabedong, Duke 051
Sagrada Familia 067
Sahara Zachodnia 187
Sailing (piosenka) 228
Saint Jhn 148
Saint Lucia 077
Saksofon 029
Salamandra Jacksona 116
Salazar, António de Oliveira 200
Salih, Ali Abd Allah 201
Salinger, J.D. 162
Salty, pies 268
Salwador
• Najbardziej niebezpieczne miasto 254
• Użycie marihuany 077
Salut 1 171
Sałatka paczkowana 278
Samochody elektryczne 092
Samochód 029
Samolot 030
Sampras, Pete 045
Samson i Dalila 144
San Francisco
• Potencjał piknikowy 063
• Uczestnictwo w świętach 062
San Marino 280
Sanger, Frederick 233
Santa Tell Me 230
Santana (piosenkarz) 228
Sarandon, Susan 153
Sartre, Jean-Paul 233
Sasebi przylądkowy 106
Sassou Nguesso, Denis 201
Satelity
• Jako kosmiczny złom 179
• Wynalezienie 030
Saturn V 178
Sawa, Homare 048
Sawicka, Swietłana 177
Sąsiedzi (serial) 165
Schell, Maximilian 152
Schmitt, Harrison 171
Schnoodle 072
Schumacher, Michael 047
Scofield, Paul 152
Scorsese, Martin 235
Scott, David 171
Scott, George C. 152
Scott, Travis 128
Scynk Bocourta 117
Seal (piosenkarz) 228
Seawise Giant 252
Seks w wielkim mieście 075
Seles, Monica 045
Sen, Hun 201
Senna, Ayrton 047
Ser
• Liczba gatunków na pizzy 222
• Zakupy napędzane przez TV 075
Serbia
• Głosowania na Eurowizji 280
• Użycie marihuany 076

Serce (wzmianki w romantycznych piosenkach) 291
Serrano, Amanda 046
Serwetki 223
Serum prawdy 085
Seszele 080
Shakin' Stevens 230
Shakira 128
Shanghai Tower 066
Shantou 211
Shavers, Earnie 051
She Will Be Loved 290
Shearer, Norma 153
Sheeran, Ed
• Popularne utwory 128
• Romantyczne piosenki 290
Shelley, Mary 163
Shenyang 211
Shenzhen 211
Shepard, Alan
• Apollo 14 171
• Gra w golfa na Księżycu 177
Shields, Claressa 046
Shihpoo 072
Shijianzhuang 211
Shorkie 072
Shrek 2 150
Siatkówka 057
Sieci społecznościowe 031
Sierpień w hrabstwie Osage 147
Sierra Leone
• Porównanie z innymi krajami 060
• Użycie marihuany 076
Sieć elektroenergetyczna 029
Sierżant York 130
Signoret, Simone 153
Siler, Herb 051
Silkwood (film) 147
Silnik odrzutowy 030
Silnik spalania wewnętrznego 029
Simon & Garfunkel 228
Simon, Paul 228
Sinatra, Frank 228
Singapur
• Porównanie z innymi krajami 060
• Przyrost naturalny 033
Skrzypłocze 074
Skrajne ubóstwo 240
Skydiving 234
Slade (zespół) 230
Slinky Springs 278
Slumsy 241
Słonie
• Długowieczność 035
• Jako przeciwnicy w walce 270
• Jako trofeum myśliwskie 111
Słońce też wschodzi 162
Słowacja
• Głosowania na Eurowizji 280
• Użycie marihuany 076
Słowenia
• Głosowania na Eurowizji 280
• Użycie marihuany 076
• Wina 081
Smalec 300
Smith, Anne 052
Smith, Maggie 153
Smith, Sam
• Nagrody Grammy 228
• Romantyczne piosenki 290
Smooth (piosenka) 228
Smugi kondensacyjne 182
Snoop (piosenkarz) 226
Snow Patrol 290
Sobers, Garfield 043
Softball 056
Sokół 180
Sokrates 197

Sołowjow, Anatolij 177
Somalia
• Porównanie z innymi krajami 060
• Postawy wobec religii 187
• Przyrost naturalny 033
Somebody That I Used to Know 228
Somebody to Love 290
Sony PlayStation 031
Sophie, hrabina Wessex 292
Sörenstam, Annika 044
Sotomayor, Javier 053
Space Launch System 178
Spacek, Sissy 153
SpaceX, statek kosmiczny 178
Spacey, Kevin 152
Spanie 301
Spartakus 146
Spears, Britney 295
Spice Girls 128
Spider-Man 157
Spielberg, Steven 148
Spinks, Leon 051
Spitz, Mark 041
Sportowcy 049
Sprawa Kramerów 155
Springadors 072
Sprocker 072
Sprollie 072
Sproodle 072
Sprzedaż biletów kinowych
• Najbardziej kasowych filmów 142
• W porównaniu z przychodem w handlu bronią 273
Squash 057
Sri Lanka
• Święta państwowe 299
• Użycie marihuany 076
Ssaki
• Długowieczność 036
• Zagrożone gatunki 115
Stal nierdzewna 279
Stand-up (forma teatralna) 293
Stany Zjednoczone
• Astronauci 176
• Cena kokainy 078
• Konfrontacja z ZSRR 260
• Koszty wojen 276
• Laureaci Nagrody Nobla 233
• Masowe strzelaniny 274
• Najstarsza osoba, która została prezydentem 218
• Obchody dnia Świętego Patryka 296
• Obrażenia od fajerwerków 297
• Porównanie z innymi krajami 060
• Posiadanie broni 273
• Prezydenci 190
• Przyszły PKB 209
• Spożycie kurczaków 123
• Tytuły sportowe 057
• Użycie marihuany 076
• Wzrost ekonomiczny 209
Stapleton, Chris 290
Starbucks 273
Stary człowiek i morze 162
Statua Wolności 286
Stay (piosenka) 290
Stay With Me
• Nagroda Grammy 228
• Romantyczne piosenki 290
Stefan z Blois (król) 195
Stegozaurus 023
Steiger, Rod 152
Steinbeck, John 162
Stendhal 163
Step into Christmas 230
Sterne, Laurence 163
Stewart, Jackie 047
Stewart, James 152
Stewart, Rod 131

Still of the Night 155
Sto jeden dalmatyńczyków
• Jako film Disneya 132
• Jako przebój kasowy 130
Sto lat samotności 162
Stoker, Bram 163
Stone, Emma 153
Stopy (wzmianki w romantycznych piosenkach) 291
Storto, Daniel 071
Stranger Things 075
Strangers in the Night 228
Streep, Meryl
• Filmy z udziałem 155
• Oscarowe role 153
Streisand, Barbra
• Osiągnięcia muzyczne 131
• Oscarowe role 153
Stroessner, Alfredo 200
Strzałki/rzutki
• Mistrzostwa świata 056
• Wbijane w mapę 234
Strzelanie z bata 223
Strzyżenie domowe 250
Styles, Harry
• Cena za występ 226
• W duecie 084
Sudan 060
Sudan Południowy 060
Sufrażystka (film) 147
Sunny Come Home 228
Superklej 279
Superstulatkowie 300
Surinam 076
Swank, Hilary 153
Swift, Jonathan 163
Swift, Taylor
• Osiągnięcia muzyczne 133
• Romantyczne piosenki 290
• W duecie 084
SXSW 062
Sylwester II, papież 258
Syn swego kraju 162
Syria
• Porównanie z innymi krajami 060
• Śmierć w konfliktach 267
Szachy 075
Szanghaj Ekspres 129
Szara taśma 278
Szarańcza 255
Szczepionki
• Teorie spiskowe 182
• Wyszukiwanie w Google 251
Szczęki (film) 147
Szczęście 216
Szczury
• Jako przeciwnik w walce 271
• Odwaga 269
Szkarłatna litera 163
Szklana pułapka 3 135
Szpinak 075
Sztuczki magiczne 222
Sztuczna inteligencja (film) 147
Sztuka 058
Szwajcaria
• Głosowania na Eurowizji 280
• Kobiety na stanowiskach przywódczych 203
• Porównanie z innymi krajami 060
• Poziom szczęśliwości 217
• Użycie marihuany 076
Szwecja
• Cena kokainy 078
• Głosowania na Eurowizji 280
• Porównanie z innymi krajami 060
• Tytuły sportowe 057
• Użycie marihuany 076
Szympansy 270

Ś

Ślad wodny
• Czekolady 288
• Jajek 288
• Piwa 288
• Pizzy 288
• Wina 288
• Wołowiny 288
Ślimaki 115
Śmierć
• Covid-19 248
• Filmy do obejrzenia przed śmiercią 235
• W serialach 164
• Na wojnie 266
• Główne przyczyny 246
• Rzeczy do zrobienia przed 234
Śniadanie w łóżku 223
Śpiewający błazen 142
Śpiewak jazzbandu 142
Świeczki 223
Święta Bożego Narodzenia
• Kraje obchodzące 298
• Powiązane piosenki 230
• Zakaz obchodzenia 084
Świnie
• Liczba wobec liczby kurczaków 118
• Liczba w Wlk. Brytanii 098

T

T-shirty 223
Tadżykistan 060
Tenis stołowy 057
Taft, William Howard 190
Tajlandia 076
Tajwan
• Przyrost naturalny 033
• Użycie marihuany 076
Taksówkarz 235
Talley, Jeralean 301
Tallulah wąwóz 221
Talmud 259
Tame Impala 148
Tamiza 220
Tandy, Jessica 153
Taniec ulotnych marzeń (film) 147
Tanni Grey-Thompson 042
Tanzania 060
Targowisko próżności 163
Taste of Honey 228
Taylor, Elizabeth 153
Taylor, Katie 046
Taylor, Sarah 043
Taylor, Stafanie 043
Taylor, Zachary 190
Tears in Heaven 228
Teatr 141
Telefon 029
Telefon komórkowy 031
Telegraf 029
Telewizja
• Wpływ na sprzedaż 075
• Wynalezienie 030
Temptations 290

Tendulkar, Sachin 043
Tenis na wózkach 056
Tenis stołowy 057
Tenis
• Najlepszy gracz 045
• Mistrzostwo świata 057
Tennessee Whiskey 290
Teorie spiskowe 182
Terminator 2: Dzień sądu 135
Terrell, Ernie 051
Tessa d'Urberville 163
Tęcza grawitacji 162
Thatcher, Margaret
• Porównanie z innymi premierami Wlk. Brytanii ... 192
• Przemowy 197
Theme from A Summer Place 228
Their Eyes Were Watching God 162
Theron, Charlize 153
Thinking Out Loud 290
This is America 228
This is the Army 144
This Masquerade 228
Thompson, Emma 153
Thor 156
Thousand Years, A 290
Thunberg, Greta 196
Tianjin 211
Tianjin Finance Centre 066
Tierieszkowa, Walentina 170
Tillman, Emma 301
Timberlake, Justin 290
Times Square 067
Timor Wschodni 187
Titanic (film) 149
Titanic, RMS 252
Tito, Dennis 174
Tito, Josip Broz 200
TLC (zespół) 290
Togo
• Porównanie z innymi krajami 060
• Użycie marihuany 076
Tokelau 187
Tokio
• Potencjał piknikowy 063
• Uczestnictwo w świętach 062
Tolkien, J.R.R. 162
Tołstoj, Lew 163
Tom Jones (książka) 163
Tomografia komputerowa 031
Top Gun 148
Torikoe Festiwal 062
Toto (zespół)
• Nagrody Grammy 228
• Popularne utwory 129
Toy Story 3 151
Tracy, Spencer 152
Tragedia amerykańska 162
Train (zespół) 128
Traktory napędzane ropą 029
Transfer (film) 147
Transformers: Wiek zagłady 137
Tranzystory 030
TRAPPIST-1 d (egzoplaneta) 102
TRAPPIST-1 e (egzoplaneta) 102
Tristram Shandy 163
Trofea myśliwskie 106
Truman, Harry S. 190
Trump, Donald
• Porównanie z innymi prezydentami USA ... 190
• Przemowy 197
• W Wikipedii 295
Trynidad i Tobago
• Liczba kurczaków wobec liczby ludzi 123
• Użycie marihuany 076
Tsedenbal, Yumjaagiin 200
Tunezja
• Użycie marihuany 076
• Postawy wobec religii 187

Turbina parowa 029
Turbiny wiatrowe, automatyczne 029
Turbiny wiatrowe 096
Turcja
• Głosowania na Eurowizji 280
• Użycie marihuany 076
Turgieniew, Iwan 163
Turkmenistan 060
Turner, Tina 228
Tusz do drukarek 074
Twain, Mark 163
Twarz (wzmianki w romantycznych piosenkach) 291
Tyler, John 190
Tyrannosaurus Rex 022

U

U2 (zespół)
• Nagrody Grammy 228
• Romantyczne piosenki 290
Uchodźcy 238
UFO 168
Uganda 080
Ukulele 223
Ukraina
• Kosmonauci 176
• Głosowania na Eurowizji 280
• Użycie marihuany 076
Ukryta strategia 147
Ulisses (książka) 163
Umiłowana (książka) 162
Undertaker, The 295
Unforgettable (piosenka) 228
Unihokej 057
Uniwersytet w Cambridge 204
Uniwersytet Oksfordzki 204
Up, Up and Away 228
Upadek państwa 242
Uptown Funk 228
Urbanizacja 037
Urugwaj
• Cena kokainy 078
• Użycie marihuany 076
• Święta państwowe 299
Urumczi 211
USA for Africa 228
Use Somebody 228
Usher 128
Uśmiech (wzmianki w romantycznych piosenkach) ... 291
Uwiedzenie Joe Tynana 147
Uzbekistan
• Kosmonauci 176
• Użycie marihuany 076

V

Valentim, Maria Gomes 300
Van Buren, Martin 190
Vanilla Ice 226
Vauxhall Astra 224
Verve, the 128
Vine, Tim 293
Virgin Galactic
• Koszt podróży 224
• Informacja w „Vogue'u" 071

„Vogue"
• Koszt zakupu wszystkiego 071
• Najstarsza gwiazda na okładce 218
Voight, Jon 152
Voltaire 163
von Suttner, Bertha 232
Vonnegut, Kurt 162
Voorhees, Nancy 053
Voss, James S 177
V-2, rakieta 030

W

Wahadłowiec kosmiczny 172
Walden (książka) 163
Walentynki 083
Walk On 228
Walker, Alice 162
Walkman 031
Wallace i Gromit 075
Wallenda, Nik 220
Wallendam, Karl 220
Walpole, Robert 192
Walsh, Darren 293
Walt Disney Animation Studios 144
Wałek malarski 251
Wambach, Abby 048
Wampiry 182
Wargi (wzmianki w romantycznych piosenkach) 291
Warner, Don 051
Washington, Denzel 152
Washington, George 190
Watykan 187
Wayne, John 152
Wątpliwość (film) 147
Wąż (rzeźba) 286
Wczoraj i dziś 147
W drodze 162
We Are the World 228
Weaver, Gertrude 301
Webb, Karrie 044
Weeknd, the 128
Weganizm 098
Wegetarianizm 098
Welociraptor 022
Wenecja 234
Wenezuela
• Porównanie z innymi krajami 060
• Użycie marihuany 076
Wepner, Chuck 051
West End 141
Węgry
• Głosowania na Eurowizji 281
• Użycie marihuany 077
Wham!
• Popularne utwory 129
• Utwory świąteczne 230
Wharton, Edith 163
What a Fool Believes 228
What's Love Got to Do with It 228
Whisky
• Rola w długowieczności 300
• Najdroższa 074
Whiston, William 258
Whitaker, Forest 152
White Christmas 145
White, E.B. 162
White, Ed 177
Whitman, Walt 163
Whitworth, Kathy 044

Wiadomości tekstowe 031
Wiązanie azotu cząsteczkowego 030
Wibratory dwufunkcyjne 075
Wicehrabia Goderich 192
Wicehrabia Melbourne 192
Wicehrabia Palmerston 192
Wichrowe wzgórza 163
Wieczór (film) 147
Wiek niewinności 163
Wielbłądy 118
Wielka Brytania
• Astronauci 176
• Cena kokainy 078
• Elitarne uniwersytety 204
• Emisje CO_2 088
• Emisje gazów cieplarnianych 090
• Głosowania na Eurowizji 280
• Królowie i królowe 195
• Najpopularniejsi członkowie rodziny królewskiej 292
• Laureaci Nagrody Nobla 233
• Najstarsza osoba na listach przebojów 219
• Najstarsza osoba na listach albumów 218
• Najstarsza osoba na rowerze 218
• Opinie obywateli 082
• Porównanie z innymi krajami 060
• Premierzy 192
• Przyszły PKB 209
• Tytuły sportowe 057
• Użycie marihuany 076
• Wzrost ekonomiczny 209
• Zaszczyty i tytuły 205
Wilder, Billy 235
Wiedeń
• Uczestnictwo w świętach 062
• Potencjał piknikowy 063
Wielki Kanion
• Na liście życzeń 234
Wielka piramida w Gizie 064
Wielka Stopa 182
Wielki Budda z Lushan 286
Wielki Gatsby 163
Wielki Ziegfeld 143
Wielki Wybuch 020
Wielki Zderzacz Hadronów 031
Wielkie brytyjskie wypieki 075
Wielkie nadzieje 163
Wietnam 060
Wieża Eiffla
• Uderzona przez asteroidę 256
• Wysokość w historycznym kontekście 064
• Na Instagramie 067
• Wartość jako złomu 286
Wieża Elżbiety (Big Ben) 067
Wieża wiertnicza 029
Wikipedia 295
Wiktoria (królowa) 195
Wilberforce, William 197
Wilde, Oscar 163
Wilhelm I, Zdobywca (król) 195
Wilhelm II (król) 195
Wilhelm III (król) 195
Wilhelm IV (król) 195
William Pitt Młodszy 192
Williams, Cleveland 051
Williams, Pharrell
• Cena za występ 226
• Nagrody Grammy 228
Williams, Robin 196
Williams, Serena 045
Wilki
• Jako przeciwnik 270
• Jako trofeum myśliwskie 108
Wilson, Harold 192
Wilson, Woodrow 190
Wimbledon 218
Wind Beneath My Wings 228

Wino 085
• Ślad wodny 288
• Zbyt małe butelki 085
Winehouse, Amy 228
Winslet, Kate 153
Winwood, Steve 228
Wirtualne zwiedzanie 251
With Or Without You 290
Witherspoon, Reese 153
Wizzard (wykonawca) 230
Władca much 162
Władca pierścieni. Dwie wieże 136
Władca pierścieni. Powrót króla 136
Włochatka zwyczajna 117
Włochy
• Astronauci 176
• Cena kokainy 078
• Głosowania na Eurowizji 281
• Użycie marihuany 077
• Wina 081
Włosy (wzmianki w romantycznych piosenkach) ... 291
W obronie życia 147
Wojna
• Wynalazki wynikłe z wojen 278
• Zaangażowanie USA 276
Wojna i pokój 163
Wojna secesyjna 276
Wojna w Iraku 276
Wojna koreańska 276
Wojna w Zatoce 276
Wojna wietnamska
• Straty USA 276
• Wynalazki z nią związane 278
Wolf 1061 c 102
Wolność 239
Wołowina
• Ślad wodny 288
Wonder, Stevie 132
Wonderwall 290
Woods, Tiger 044
Woodward, Joanne 153
Woolf, Virginia 162
World Trade Center 220
Woskowanie brwi 222
W poszukiwaniu straconego czasu 162
Wright, Mickey 044
Wright, Richard 162
Współczesna dziewczyna (serial) 075
Współczynnik dzietności 032
Wszystko rozpada się 162
Wściekłość i wrzask 162
Wulkany 234
Wycieczki 234
Wybór Zofii 147
Wyman, Jane 153
Wybrzeże Kości Słoniowej 060
Wynalazki
• Jako skutek wojen 278
• Od początku rewolucji przemysłowej 028
Wypadki drogowe 246
Wyrok śmierci
• Kraje niewykonujące 241
• Wzrost liczby 239
Wyspa skarbów 163
Wyspy Pitcairn 299
Wyspy Salomona 060

Wyspy Zielonego Przylądka 076
Wyścigi koni 074

Xian 211

Yona, Minagawa 301
You Can't Take It With You 143
You're Beautiful 290
Young and Beautiful 290
Young, Jimmy 051
Young, John 171
Young, Loretta 153
Your Body Is a Wonderland 290
Your Song 290
Yousafzai, Malala
• Laureaci Nobla 233
• Przemówienia 196
Yukichi, Chuganji 301

Zabić drozda 162
Zachowania stadne 250
Zachowanie pod prysznicem 082
Zachowanie w restauracji 082
Zające 118
Zakochać się (film) 147
Zakochany kundel
• Jako film Disneya 130
• Jako przebój kasowy 131
Zambia
• Użycie marihuany 076
• Porównanie z innymi krajami 060
Zapasy 056
Zapasy (amatorskie) 056
Zatoka serc (serial) 165
Zawał 247
Zawrót głowy (film) 235
Zbrodnia i kara 163
Zderzenie pięściami 083
Zdrowe odżywianie się 301
Zdrowy rozsądek 084
Zebry 110
Zedong, Mao 200

Zegar zagłady 260
Zellweger, Renée 153
Zestawy krawieckie 075
Ze śmiercią jej do twarzy 147
Zew krwi 163
Zezwolenie na wyjście z domu 250
Zgaga (film) 147
Zhaocun 286
Zhengzhou 211
Zhigang, Zhai 177
Ziemia
• Powstanie 021
• Podobne planety 102
• Zagrożenie asteroidami 256
Zimbabwe
• Porównanie z innymi krajami 060
• Poziom braku szczęścia 217
Zimna wojna 279
Zjednoczone Emiraty Arabskie
• Przyrost naturalny 033
• Użycie marihuany 076
Złom 286
Złoto 208
Złoty notes 162
Znieczulenie 029
Zoom
• Randki na 251
• Włączanie dźwięku 251
Zorn, Trischa 042
Zorza polarna 234
Zurych
• Udział w świętach 062
• Potencjał piknikowy 063
Związek rugby
• Mistrzostwa świata 056
Zwierzęta
• Odwaga 268
• Zagrożone wyginięciem 116
• Wyginięcie gatunków 114

Źdźbła trawy 163

Żarówka energooszczędna 029
Żarty 293
Żelazna Dama 147
Żiwkow, Todor 200
Żonglerka 223
Żółwie 036
Żółwie z Fernandiny 117
Życie w Hollyoaks (serial) 165
Żywe obrazy 223

Co znalazło się w tej książce?

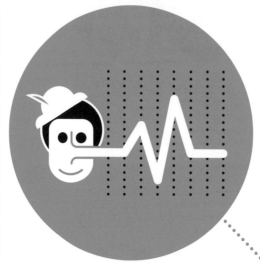

Jak wpadliście na ten pomysł?

Wszystko zaczęło się od „Delayed Gratification", czasopisma z nurtu uważnego i dogłębnego dziennikarstwa, które zaczęliśmy wydawać w styczniu 2011 roku. Jego zadaniem jest przyglądanie się wielkim wydarzeniom w chwili, gdy opadnie już kurz, wyjawienie czytelnikom, co stało się później, i zwrócenie uwagi na historie, które zostały pominięte lub błędnie odczytane.

Jedną z istotnych cech „Delayed Gratification", obok długich form i fotoreportaży, były od początku infografiki, które zamieszczaliśmy od pierwszego numeru. Same w sobie atrakcyjne, pomagały dojrzeć szersze tło i wpływy ważnych wydarzeń, dawały szanse na nowe spostrzeżenia i uzyskanie dystansu przez skupienie się na faktach.

W kwietniu 2020, aby zająć się czymś podczas pierwszego covidowego lockdownu w Wielkiej Brytanii, zaczęliśmy przygotowywać zaktualizowane wersje najlepszych infografik, jakie opublikowaliśmy w „Delayed Gratification", i dodawać nowe, specjalnie stworzone do tej książki.

Okłamaliście mnie?

Nie, ale powinniśmy powiedzieć kilka słów o danych. W każdym przypadku staraliśmy się wyszukać jak najbardziej wiarygodne i aktualne zestawy informacji, ale nie zawsze są one wyczerpujące. Wielu ludzi gromadzących informacje dysponuje ograniczonymi zasobami, niepełnym dostępem do tego, co najważniejsze, i musi borykać się z wieloma przeciwnościami, więc nawet najlepsze źródła nie są zgodne w różnych kwestiach.

I nie tylko to, bo przy wyborze danych – na przykład na temat najlepszego kraju na świecie (s. 60) czy najlepszego sportowca wszech czasów (s. 40) - wiedzieliśmy, że dobór źródeł może mieć wpływ na wyniki. Staraliśmy się być tak uczciwi i rzetelni, jak tylko to możliwe przy dokonywaniu podobnych wyborów.

Poza tym zostaje jeszcze kwestia zwykłych, ludzkich błędów. Wiele razy sprawdziliśmy dane w tej książce, ale jest ich tak dużo, że zgodnie z prawami Murphy'ego jakieś błędy musiały się pojawić. Gdybyście coś wypatrzyli, dajcie nam znać mailem na infographics@slow-journalism.com, a my już się tym odpowiednio zajmiemy.

Komu należy podziękować?

Naszym kolegom i przyjaciołom z „Delayed Gratification" - Chrisowi Bournowi, Vicky Burgess, Jeremy'emu Lawrence'owi, Matthew Lee, Jamesowi Montague i Loes Witschge. Tym, którzy od wielu lat nam kibicują, w tym Cathy Runciman, Kerin O'Connor i Janey Elliott. Timowi Batesowi i Daisy Chandley z PFD, Rowanowi Yappowi i zespołowi Bloomsbury.

Wszystkim, którzy pomogli nam zebrać i sprawdzić dane: Francesce Adkins, Jamesowi Cary'emu-Parkesowi, Willowi Coldwellowi, Frankiemu Listerowi-Fellowi, Joe Lo, Esther Marshall, Ianowi Morrisowi, Penny Woods, dr. Joeriemu Rogeljowi, Davidowi Shawowi, Anthony'emu Smartowi, dr. Paulowi Taylorowi, Laurensowi Vreekampowi, Philowi Webbowi i Chrisowi Zimmermannowi.

I na końcu równie ważnym: dr. Tomowi Almerothowi-Williamsowi, Olivierowi Beltramiemu, Fridzie Berg, Garethowi Collinsowi, Rebecce Downie, Stephenowi Edridge'owi, Ginie Fullerlove, Robertowi Marcusowi, H. Jayowi Meloshowi, Andy'emu O'Keeffe'owi, Therese Pettersson, Rishemu Sharmie, Nicky Thompson i Eliotowi Van Buskirkowi.

ODPOWIEDZI NA WSZYSTKIE PYTANIA

200 INFOGRAFIK OBJAŚNIAJĄCYCH ŚWIAT

ROB ORCHARD | CHRISTIAN TATE | MARCUS WEBB

z „Delayed Gratification"

REBIS

Kto jest odpowiedzialny za tę książkę?

Do jej powstania przyczyniła się ogromna grupa osób (patrz poprzednia strona), ale dane zebrali Rob i Marcus, redaktorzy „Delayed Gratification", a zaprojektował ją i zilustrował w całości Christian, szef artystyczny czasopisma.

Rob Orchard	**Christian Tate**	**Marcus Webb**
Którą infografikę w tej książce najbardziej lubicie?		
Jako ktoś, u kogo podejście do życia waha się między pesymizmem a optymizmem, najbardziej lubię infografiki dotyczące świata, który zmienia się na gorsze (s. 238) albo na lepsze (s. 240).	Dziesięć lat temu zmieściliśmy tych, którzy byli w kosmosie, na dwóch stronach magazynu – po aktualizacji na potrzeby książki wyszło aż osiem stron (s. 170), co złożyło się na całą historię ludzi w kosmosie.	„Ile kosztuje wieża Eiffla?" (s. 286) była ostatnią infografiką przygotowaną dla tej książki, a nasza ostatnia wspólna praca zawsze jest moją ulubioną.
Jaki fakt odkryty podczas pracy nad tą książką uważacie za najciekawszy?		
Że istnieje zapasowa Ziemia, na którą możemy uciec w razie konieczności, ale podróż tam zajmie nam 324 843 lata (s. 102).	Byłem mile zaskoczony, gdy odkryłem, że przeczytałem już 32 ze 100 najlepszych książek (s. 162). Teraz muszę jeszcze znaleźć 709 godzin, 4 minuty i 12 sekund na pozostałe.	Że według naszych obliczeń Warwick Davis jest najbardziej popularnym aktorem drugoplanowym w historii kina (s. 134). Odkrycie tego fascynującego faktu wymagało przejścia 4086 linii w arkuszu.
Bez kogo nie dałbyś rady tego zrobić?		
Jess, Freddiego, Oscara i Charliego	Jamesa i Arthura, Lisy, Eddiego i Heather	B, Millera, Barneya, mamy i taty (oraz Bobby'ego i CT). Ale głównie B

Jeśli chcesz nauczyć się tworzyć własne infografiki, prowadzimy regularne warsztaty na ten temat, ze zniżkami dla subskrybentów „Delayed Gratification". Aby dowiedzieć się, jak wziąć udział w jednym z nich i zobaczyć więcej naszych prac, odwiedź

slow-journalism.com